El colonialismo interno en la narrativa chicana:

*el Barrio, el Anti-Barrio
y el Exterior*

Bilingual Press/Editorial Bilingüe

General Editor
    Gary D. Keller

Managing Editor
    Karen S. Van Hooft

Associate Editors
    Ann Waggoner Aken
    Theresa Hannon

Assistant Editor
    Linda St. George Thurston

Editorial Consultant
    Barbara Firoozye

Editorial Board
    Juan Goytisolo
    Francisco Jiménez
    Eduardo Rivera
    Severo Sarduy
    Mario Vargas Llosa

Address:
Bilingual Press
Hispanic Research Center
Arizona State University
Box 872702
Tempe, Arizona 85287-2702
(602) 965-3867

El colonialismo interno en la narrativa chicana:

el Barrio, el Anti-Barrio y el Exterior

Manuel de Jesús Hernández-Gutiérrez

Bilingual Press/Editorial Bilingüe
TEMPE, ARIZONA

© 1994 by Bilingual Press/Editorial Bilingüe

All rights reserved. No part of this publication may be reproduced in any manner without permission in writing, except in the case of brief quotations embodied in critical articles and reviews.

ISBN 0-927534-21-5

Library of Congress Cataloging-in-Publication Data

Hernández-Gutiérrez, Manuel de Jesús.
    El colonialismo interno en la narrativa chicana: el barrio, el anti-barrio y el exterior / by Manuel de Jesús Hernández-Gutiérrez.
       p. cm.
    Includes bibliographical references and index.
    ISBN 0-927534-21-5 (pbk.)
    1. American fiction—Mexican American authors—History and criticism.
2. Mexican Americans—Intellectual life. 3. Mexican Americans in literature.
4. Imperialism in literature. 5. Colonies in literature. 6. Narration (Rhetoric)
I. Title.
PS153.M4H475   1993
813.009'86872—dc20   93-29609
                                                                                                                   CIP

PRINTED IN THE UNITED STATES OF AMERICA

Cover design by Thomas Detrie

Cover art El Birdman *by Frank Hernández*

Contenido

PROLOGO	1

I. LA NARRATIVA CHICANA: LA LUCHA DE UNA *COLONIA INTERNA* POR SU AUTORREPRESENTACION LITERARIA — 8

Introducción	8
Los mexicanoestadounidenses y el modelo de la colonia interna	12
Historia de la narrativa mexicanoestadounidense	19
El impacto de la narrativa chicana y el compromiso del narrador	21
Una tradición propia: el redefinir *America* o los Estados Unidos como sociedad pluralista	26

II. EL PROYECTO IDEOLOGICO: LA AUTORREPRESENTACION CHICANA EN LA NARRATIVA — 28

La transformación de objeto literario a sujeto narrador	28
Un *phénomène idéologique complex*	32
Macherey: una reformulación del contexto histórico y la forma	33
Crítica del método machereano	35
El proyecto ideológico: la autorrepresentación chicana en la narrativa	38
Un nuevo género literario chicano: la *narrative of self-identity*	39
El sujeto narrador: una visión del mundo y una ideología descolonizadora	41
La representación ideológica: el discurso narrativo y la sociedad	43
Las casas editoriales chicanas: Quinto Sol, Tonatiuh, Justa y Pajarito	46
Los objetos-temáticos-matrices *(otm):* el viaje, la escritura y la descolonización	51
La fábula y los dos componentes estructuralistas	54

III. EL ESPACIO POCHISTA: EL ASIMILARSE A LA CULTURA ANGLOAMERICANA — 57

Introducción	57
El proyecto ideológico de los cincuenta	58

La condición de la sociedad estadounidense	61
El discurso narrativo angloamericano y los mexicano-estadounidenses	63
El sujeto narrador: una visión del mundo angloamericana, de ideología asimilacionista	66
Los objetos-temáticos-matrices *(otm)*	70
Se codifica la figuración	77
Los espacios estructurantes	77
El mito revelador: el Edén, o la exclusión del Anti-Barrio	94

IV. EL ESPACIO MIGRANTE: EN BUSCA DEL SUDOESTE 101

Introducción	101
El proyecto ideológico de autorrepresentación chicana y Tomás Rivera	103
La condición de la sociedad estadounidense	105
La condición del discurso narrativo mexicano-estadounidense	106
El sujeto narrador: una visión del mundo chicana y una ideología descolonizadora	111
Los objetos-temáticos-matrices *(otm)*	114
Se codifica la figuración	124
El Barrio: el brote agónico	125
El Anti-Barrio: la continuidad y persistencia de su hegemonía	131
El Exterior: la migración forzada, la dependencia espiritual y la muerte	134
El mito revelador: el pensamiento como último refugio para el espacio de origen	136

V. EL ESPACIO INDIGENISTA: CRITICA SOCIAL Y UTOPIA 142

Introducción	142
El proyecto ideológico de autorrepresentación chicana y Miguel Méndez	146
La representación ideológica	148
El sujeto narrador	153
Los objetos-temáticos-matrices *(otm)*	159
Se codifica la figuración	168
Los espacios estructurantes	168
El mito revelador: la utopía indigenista	179

VI. EL SISTEMA DE [PERSONAJES] NOVELESCOS: DEL POCHO AL CHICANO 184

Introducción	184
El sistema sémico de [personajes] novelescos	185
La narrativa mexicoamericana de los cincuenta: Villarreal	189

El sistema de [personajes] en *Pocho*   191
La narrativa de los setenta: del pocho al chicano   204
El sistema de [personajes] en *"... y no se lo tragó la tierra"*   205
El sistema de [personajes] en *Peregrinos de Aztlán*   213
Conclusión   223

VII. CONCLUSION—LA PROBLEMATICA DEL SUJETO CHICANO: LA AUTORREPRESENTACION Y EL DESARROLLO   225

BIBLIOGRAFIA   233

Obras de la narrativa mexicanoestadounidense en orden cronológico   233
Antologías de literatura chicana en orden cronológico   242
Textos narrativos hispanoestadounidenses en orden cronológico   243
Bibliografía cronológica de tesis doctorales sobre la literatura chicana   245
Bibliografías, reseñas, entrevistas, manifiestos, artículos de periódico y otras obras en orden alfabético   248
Literaturas relevantes: afroamericana, angloamericana, chicanesca, mexicana y antillana   249
Historia y sociología sobre el mexicanoestadounidense   250
Teoría y crítica literaria   252

INDICE   260

Dedicatoria

En primer lugar dedico este estudio a siete personas; a su manera, cada una ha jugado un papel en cuanto a lograr el privilegio de producir esta obra:

>Virginia Covarrubias
>
>Amalia Gutiérrez Briseño   Carolynn Christian Heising
>
>Carlos Blanco Aguinaga   Arturo Pacheco Delgado
>
>Richard Lyman   María Auxilio Hernández de Pelly

Jugaron el papel de apoyo numerosos amigos, consejeros y conocidos que me acompañaron en parte o todo el proceso: Valentín Hernández, Patricio Dunn, Linda Ortiz, Virgilio Soliz, Gina Valdovinos, Carlos Bermúdez, Raúl Ortiz, Andy Villalobos, Elmer Aragón, Héctor Montes, Sandy Ortiz, Francisco Alarcón, Gloria Treviño, Patricia Montenegro, Margarita Rivera, Antonia Shular Castañeda, Melinda Meléndez, José Saldívar, Clementina Almaguer, Carlos Manuel Chávez, María Aurea Sotomayor, Luis Reyes, Rosaura Sánchez, Juan Rodríguez, MEChA, CGSA, GSASP, María Macías, Danny Sánchez, Manuel Saldaña, Ed Escobar, Félix Miramontes, Mario Cavallari, Arturo Islas, Mary Morrison Nur, varios residentes de Casa Zapata, de Hammarskjold y de Synergy, Mr. Moore, el psicólogo que murió, Herman Schimdt, Arturo Islas, Espy, Valeria, Xchel, la poesía de Pablo Neruda, Túyoílosdemás, Deidre, Melinda y la Soledad.

Nota de reconocimiento

Queda claro que para desarrollar las ideas en este trabajo necesité la ayuda de un gran número de personas. Fue en una clase del profesor Tomás Ybarra-Frausto de la Universidad de Stanford donde escribí un ensayo sobre *Pocho* (1959) de José Antonio Villarreal, el cual más tarde sirvió de núcleo para este estudio. Después tuve la fortuna de obtener la guía intelectual de la profesora Sylvia Wynter de la misma universidad, quien me recomendó tres métodos críticos que me fueron útiles en armar mi teoría de la narrativa chicana de los setenta: 1) *Pour une théorie de la production littéraire* (1966) de Pierre Macherey, *Political Unconscious* (1981) de Fredric Jameson, y *S/Z* (1970) de Roland Barthes. Sumé algunas ideas de estas obras de la crítica a los conceptos estructuralistas que asimilé en una clase de introducción a la crítica literaria ofrecida por el profesor Robert Ball. Para una visión histórica del mexicanoestadounidense, me acordé de y acudí a *Race and Class in the Southwest: A Theory of Racial Inequality* (1979) del profesor Mario Barrera, cuya obra representa el trabajo teórico de más resonancia de los setenta sobre la minoría racial mexicana de los Estados Unidos. *Race and Class in the Southwest* me ayudó a entender los principios ideológicos de la narrativa chicana de los setenta y a concretizar las ideas y modelos de los susodichos críticos literarios. Al mismo tiempo, agradezco muchísimo a la profesora Jean Franco quien, además de apoyarme durante mis años de estudios graduados así como desafiarme con el estudio de la literatura, fue una incisiva lectora del manuscrito, ofreciéndome varias sugerencias, antes de presentarlo yo como disertación. Agradezco igualmente la guía intelectual del profesor Kurt Muller-Vollmer, quien me ayudó a comprender a Hegel, específicamente la dialéctica amo y esclavo, en su clase sobre el pensamiento humanista del siglo XIX. Con mucha dedicación, la profesora Wynter me acompañó hasta la conclusión de mi tesis doctoral. Cuando esta obra se desarrollaba como manuscrito de la tesis, me ayudó a trabajar el lenguaje mi condiscípula Patricia Montenegro. Para desarrollar la obra como el presente trabajo, me ayudó mi amigo Eloy González, autor de la única novela en español que discurre en el Noreste de los Estados Unidos, y tiene como tema las andanzas de algunos marielitos: *Un golondrino no compone primavera* (1984). Excepto en el caso de la necesaria inclusión de vocablos chicanos todavía no catalogados como estándar, jugó el papel de árbitro lingüístico la edición de 1984 del

Diccionario de la Real Academia Española, que me regaló mi hermana María Auxilio Hernández de Pelly. Quedo muy agradecido con el Humanities Research Center de la Universidad de Washington State donde se preparó la mayor parte de este manuscrito. Específicamente, le doy las gracias al profesor Thomas C. Faulkner, director del centro, y a Rhonda L. Blair, la administradora. Jian Wang, oriunda de Wuhan, China, jugó el papel de experta en la computadora Macintosh. Se llevaron a cabo otros cambios en el Faculty Computer Lab de la Universidad DePaul en Chicago, Illinois.

Por último, la claridad máxima en la expresión de la palabra y la calidad óptima en el preparar la versión final del manuscrito se lo debo a Karen S. Van Hooft, Editora Gerente de la Editorial Bilingüe, bayo cuya supervisión revisé mi obra tres adicionales veces, eliminando algunas contradicciones, datos incorrectos y errores de gramática y ortografía. De manera directa, me tocó experimentar y presenciar el rigor editorial bajo el cual la Sa. Van Hooft ha dirigido la Editorial Bilingüe desde los fines de los setenta hasta ahora y ha logrado, como visto por el consciente lector y crítico de la literatura chicana, la preparación y publicación libresca de mejor cantidad y calidad a nivel del individuo en la historia de las editoriales chicanas contemporáneas. El resurgimiento y reestablecimiento de la literatura mexicano-estadounidense en el mundo, tanto a nivel literario como crítico, quedará eternamente endeudado al agudo conocimiento lingüístico bilingüe y a la pluma roja de la Sa. Van Hooft.

Prólogo

> Oh let America be America again.
> The land that has never been yet
> And yet must be
> The land where man is free.
> —Langston Hughes

"*America / blue eyes and blond hair / America from England / Protestant America / pilgrims / Dutch New York / America of George Washington . . . America I too / live on this continent / and in this country / I too am an American / and my eyes are brown and my hair / obsidian black / America from Spain / . . .*". Publicados en 1971, estos versos del poema "I, Too, America" de Leo Romero señalan una encrucijada en la realidad sociohistórica del mexicanoestadounidense (la minoría racial mexicana de los Estados Unidos).[1] La encrucijada proyecta la transformación sociocultural que tomó lugar en las comunidades mexicanas del Sudoeste, el Medioeste y el Noroeste del Pacífico en la década de los setenta como parte de los cambios sociohistóricos de la sociedad estadounidense: la lucha de las minorías raciales por sus derechos civiles, las luchas de los jóvenes angloamericanos contra la guerra de Vietnam y los valores tradicionales de sus padres y la lucha de la mujer por participar en la vida económica del país. Antes de los setenta, la sociedad estadounidense se caracterizó por la ideología de *Americanism* cuyo crisol étnico —el modelo asimilacionista tradicional— era eurocéntrico y contribuía a excluir a los estadounidenses de ascendencia mexicana, así como a otras minorías raciales, de los beneficios del desarrollo y de forjar su propia imagen literaria. El ser *American* —sinó-

---

[1] Como es un campo de investigación nuevo, escribir sobre la minoría racial mexicana requiere muchas veces el desarrollo de nuevos términos sociales. En este estudio, se usa el término *mexicanoestadounidense* para referirse al mexicanonorteamericano como un ser histórico, es decir, tiene sentido objetivo. Para referirnos y distinguir las diferentes generaciones usamos los términos *mexicoamericano* y *chicano*. Este es sinónimo de la década de los setenta; aquél lo es de los cincuenta. Mexicoamericano y chicano, además, se distinguen porque éste es sinónimo de la autodeterminación cultural mientras aquél lo es de la asimilación a la cultura angloamericana. Para el lugar de los versos, véase Leo Romero, "I, Too, America", *We Are Chicanos: An Anthology of Mexican American Literature,* ed. Phillip D. Ortego (New York: Washington Square Press, 1973), pp. 175-178.

nimo del angloamericano— connotaba una identidad que excluía al mexicanoestadounidense de la *mainstream* o corriente cultural dominante. Por otro lado, éste no puede ser mexicano en el sentido de la identidad nacionalista establecida en el siglo XIX con la independencia de México del imperio español, pues nace y/o vive fuera de la economía, la literatura y el territorio de México.

En contraste con las condiciones socioeconómicas opresivas vigentes desde 1848 hasta la segunda guerra mundial, que pasan de la colonización clásica a la integración laboral subordinada, el mexicanoestadounidense obtuvo algunos avances económicos y culturales como resultado de la lucha por los derechos civiles durante los sesenta y setenta. A nivel de conciencia, éste desarrolló una clase intelectual cuyos miembros se formaron en las universidades estadounidenses y se autoapelaron *chicanos*. Sus integrantes asimilaron y desarrollaron los estudios sobre el mexicanoestadounidense producidos por varios intelectuales que tienen carácter de precursores: Carey McWilliams, George Sánchez, Paul Taylor, Ernesto Galarza y Américo Paredes.

La producción de la nueva clase intelectual incluyó un aporte cualitativo en la rama de la literatura. Además de facilitar la transición definitiva de la cultura oral a la escrita, el mexicanoestadounidense se transformó de objeto literario a sujeto emisor[2] capaz de desarrollar su propio discurso. Específicamente en la narrativa, el sujeto narrador chicano abrió un nuevo espacio sociocultural en donde se cuestionaba la naturaleza de la sociedad estadounidense y las identidades de *American* y de *mexicano*. Como el chicano compartía el cuestionamiento sociocultural de la vida estadounidense con los afroamericanos, los indígenas norteamericanos, los jóvenes angloamericanos y la mujer norteamericana, el sujeto narrador chicano participó en postular una nueva *America* (refiriéndose solamente a los Estados Unidos). Su nueva identidad de *American* se caracterizó a partir de los setenta por una sociedad pluralista. En ésta se ha venido reconociendo la autodeterminación cultural no sólo de los angloamericanos, sino también de las minorías raciales y de la mujer.

Cuando el crítico enfrenta el corpus narrativo chicano producido durante los setenta, vacila en cuanto a explicar su existencia. El sentido histórico del hombre moderno demanda una explicación de la formación social del

---

[2]Desde principios del siglo XVIII, escritores angloamericanos residentes en el Este de los Estados Unidos han escrito obras literarias en que el mexicanoestadounidense aparece como protagonista o personaje secundario, controlando ellos de esta manera una imagen unidimensional del mexicano del Sudoeste. A partir de los 1970, escritores mexicanoestadounidenses conscientemente producen su propio discurso narrativo con el efecto de tomar control de su imagen.

Prólogo

mexicoestadounidense, o el chicano como se le conoce hoy en día.[3] La necesidad de una explicación se agudiza por el hecho de que el primer texto histórico comprehensivo sobre el mexicanoestadounidense se haya publicado ciento un años después de la conquista del Sudoeste: *North from Mexico: The Spanish-Speaking People of the United States* (1949) de Carey McWilliams. Durante un siglo, ningún intelectual se preocupó por escribir una historia del Sudoeste desde el punto de vista del mexicanoestadounidense. Los textos históricos antes de 1949 sobre esta región presentan el punto de vista del angloamericano. En la sociología antes de los sesenta, se presenta a los mexicanoestadounidenses como una subcultura. Cualquier integración a la *mainstream* angloamericana toma la forma de la integración forzada a la cultura anglosajona. Se suprime una integración recíproca que sería el mecanismo lógico de una sociedad pluralista. Como escribe el historiador Albert Camarillo, sólo recientemente aparece un *corpus* substancial de estudios sobre el chicano.[4] Aparte de los precursores, los autores de éste son producto —uno de tantos— de la lucha por los derechos civiles.

Escribir la historia del Sudoeste desde el punto de vista del mexicanoestadounidense socava el modelo asimilacionista usado para interpretar el desarrollo de la sociedad estadounidense. Según este modelo, los nuevos inmigrantes entran primero a los Estados Unidos, luego se asimilan y entonces obtienen la movilidad social. Como son ahora nuevos seres, pueden formar parte de la corriente de la vida angloamericana: el llamado *melting pot*, o crisol étnico. En el caso de los mexicanoestadounidenses, la práctica general de los historiadores y sociólogos ha sido aplicar este patrón identificado con los inmigrantes étnicos blancos y de Europa: primero, asimilación a la cultura anglosajona; y subsiguientemente, movilidad social. Es decir, todo inmigrante se debe asimilar al crisol étnico de base europea antes de poder ascender de clase. Aunque reconocen la incongruencia del modelo asimilacionista, ya que los "inmigrantes mexicanos" son en realidad nativos del Sudoeste, Carey McWilliams y Leonard Pitt presentan al mexicanoestadounidense como parte del crisol étnico, un "asimilado", admitiendo en forma ingenua que la integración de este grupo está todavía por completarse.

Ambos historiadores señalan sólo oblicuamente el contexto de dominación establecido como resultado y a partir de la conquista del Sudoeste.

---

[3]Esta autoapelación es un sinónimo de la autodeterminación como grupo. Véase: Tino Villanueva, "Prólogo", *Chicanos: Antología histórica y literaria*, ed. Tino Villanueva (México: Fondo de Cultura Económica, 1980), p. 11.

[4]Albert Camarillo, *Chicanos in a Changing Society* (Cambridge: Harvard University Press, 1979), p. 2.

En ningún instante confiesan la inaplicabilidad del modelo asimilacionista. Mucho menos lo rechazan. Por otro lado, tanto McWilliams como Pitt limitan la historia del mexicanoestadounidense al marco nacional de la sociedad estadounidense, tratando al mexicanoestadounidense a nivel internacional únicamente como ente pasivo. Pitt identifica la conquista del Sudoeste como un instante en la victoria de las sociedades orientadas a la tecnología y el progreso sobre las sociedades relativamente tradicionalistas y estáticas. McWilliams reconoce la lucha del mexicanoestadounidense por la autodeterminación cultural en el Sudoeste, pero lo presenta como figura pasiva a nivel internacional, según el porcentaje desproporcionado de soldados chicanos muertos durante la Segunda Guerra Mundial en comparación a miembros de la cultura dominante.

Con el hecho del desarrollo de una clase intelectual significativa de chicanos a partir de los setenta,[5] algunos de sus miembros optan por aplicar una variación nueva del modelo asimilacionista. Entre éstos se encuentran Fernando Peñalosa, Joan W. Moore, Leo Grebler y Ralph Guzmán. Por otro lado, gana popularidad y se establece un nuevo modelo de interpretación histórica y sociológica: el *colonialismo interno*. Entre sus teóricos y practicantes merecen mención, en parte: Robert Blauner, Tomás Almaguer, Joan W. Moore (se incorpora después de usar el modelo asimilacionista), Rodolfo Acuña, Edward Murguía, Guillermo Flores, Carlos Muñoz y Mario Barrera.[6] Según Robert Staples, estos autores aparecen poco después de que el movimiento por los derechos civiles desenmascarase como inaplicables y vacíos los conceptos asimilacionistas y surgiera entre los activistas de minoría racial una orientación "nacionalista".[7] Estos activistas se alejan de alianzas multiraciales, en particular con los angloamericanos, y se organizan a nivel de grupo racial o étnico. Ponen énfasis en tres factores: 1) el vacío de los conceptos asimilacionistas; 2) la necesidad de desarrollar una actitud de resistencia entre la población minoritaria ya que ésta había internalizado las explicaciones estereotípicas sobre la desigualdad (la mentalidad colonizada); y 3) la visión de los Estados Unidos como un país imperialista con colonias externas e internas sostenida por los activistas

---

[5]Esta clase resulta de la lucha de las minorías raciales por los derechos civiles. Específicamente, se instituyeron programas de acción afirmativa en las universidades, haciendo posible que un buen número de jóvenes mexicanoestadounidenses asistiera a éstas y se graduara con títulos especializados.

[6]Para un resumen de la popularidad y la trayectoria de este modelo de interpretación, véase: Carlos Muñoz, Jr. "The Quest for Paradigm: The Development of Chicano Studies and Intellectuals", *History, Culture and Society* (Ypsilanti: Bilingual Press/Editorial Bilingüe, 1983), pp. 19-36.

[7]Robert Staples, "Race and Colonialism: The Domestic Case in Theory and Practice", *Black Scholar* (June 1967), pp. 37-48.

minoritarios y angloamericanos—visión cuyo contexto es la década de los setenta, el período de más intenso involucramiento de las fuerzas militares de los Estados Unidos en Vietnam.

En conjunción con los activistas, varios sociólogos e historiadores, específicamente los mencionados arriba, comienzan a usar el modelo de la colonia interna para explicar la experiencia de las minorías raciales. Según Mario Barrera, "It became a means of criticizing a number of academic writings which treated America's racial minorities within the same framework as European ethnic immigrants".[8] Este *framework*, o marco teórico, es el modelo asimilacionista clásico: el crisol étnico de base europea, principalmente inglesa-germánica. Para Blauner y Barrera, las experiencias de las minorías raciales y las de los inmigrantes étnicos de Europa —los blancos— eran y continuarían siendo significativamente distintas. Los grupos de ascendencia tercermundista de los Estados Unidos han experimentado un sistema de discriminación más estructurado que la experiencia de los inmigrantes europeos. Por ejemplo, el mexicanoestadounidense no había seguido fielmente el modelo clásico de asimilación: inmigrante, asimilado y ascenso de clase. Cuando el crítico aplica la teoría de la colonia interna como mecanismo heurístico a cualquier comunidad minoritaria, éste desenvuelve la visión del mundo particular a su historicidad étnica y minoritaria, pluralizando de esta manera la identidad tradicional de *American*.

En el caso específico del mexicanoestadounidense, o el chicano, Barrera ha logrado el mejor desarrollo del concepto del colonialismo interno y la mejor aplicación a la experiencia del Sudoeste. Sin salirse del contexto de la sociedad estadounidense compuesta de clases, Barrera se vale del modelo para presentar una teoría de desigualdad racial, contribuyendo a la discusión del papel del nacionalismo durante épocas de grandes movimientos históricos. La teoría traza el origen de la desigualdad chicana desde la conquista del Sudoeste, hecho que representa un capitalismo angloamericano en expansión. Este sistema instituye y estructura inmediatamente la desigualdad, incorporando económicamente la región conquistada a la cultura conquistadora por medio del desplazamiento de la población mexicana de sus tierras y el surgimiento de una fuerza laboral estratificada a base de raza o etnicidad. La incorporación específica de cada trabajador agrícola u obrero a la sociedad estadounidense juega un papel específico en su autoidentidad. Esto lo refleja la narrativa de los setenta: cierto sujeto chicano se presenta en la forma de narrador o personaje que sigue rememorando la conquista del

---

[8]Mario Barrera, "A Theory of Racial Inequality", *Race and Class in the Southwest* (Notre Dame: University of Notre Dame Press, 1979), p. 189.

Sudoeste y está consciente de su posición subordinada en la estructura de clases, en particular la migrante, la obrera y la clase media. En su visión del mundo, estas clases se enfrentan a las identidades nacionalistas de *American* y de *mexicano*.

Puesto que explicar el *corpus* narrativo chicano producido durante los setenta ha perturbado las categorías y periodizaciones de la crítica, nosotros creemos que el modelo de la colonia interna, según lo desarrollan Tomás Almaguer y Mario Barrera, es válido a nivel de mecanismo heurístico para iluminar el fenómeno narrativo tanto al nivel de fondo como de forma. Es decir, utilizamos el modelo para incorporar su estructura social al modelo tripartita de Pierre Macherey, que es la base teórica de este estudio. Aplicamos algunos elementos del colonialismo interno a los tres niveles: el proyecto ideológico, la representación y la figuración. Por ejemplo, usamos el concepto del colonialismo interno hasta en el título del estudio y en el título del capítulo I. No tratamos, por lo tanto, el modelo de la colonia interna como un fenómeno congelado o estático. Reconocemos que su formulación teórica continúa en desarrollo: textos, crítica, contracrítica y debates. Hasta el momento, además de presentar un entendimiento comprehensivo de la formación social del mexicanoestadounidense o chicano, dicho modelo ofrece la única interpretación histórica alternativa al modelo asimilacionista. Nos sirve específicamente para explicar lo que transcurrió desde el punto de vista del chicano en la sociedad estadounidense durante los setenta. En cuanto al marxismo ortodoxo, Tomás Almaguer figura como el único sociólogo chicano que ofrece una alternativa a las interpretaciones del modelo asimilacionista y del modelo de la colonia interna.[9] Coetáneamente, Almaguer pasa por una transición teórica, habiendo contribuido anteriormente al desarrollo del segundo modelo. Todavía están por aplicar sus nuevos postulados teóricos de manera extensiva al fenómeno del Sudoeste.

En el presente estudio nos valemos del modelo de la colonia interna para proyectar la producción de un nuevo espacio sociocultural —chicano— desde donde se desafían las identidades tradicionales como *mexicano* y *American*. Se niega de esta manera el hecho de que una identidad nacional pueda definir o identificar una civilización. Respecto a la *America* pluralista, el estudio de la narrativa chicana de los setenta considera la complejidad cultural de solamente uno de sus grupos. Para entender todos los

---

[9]Véase: Tomás Almaguer, "Class, Race and Chicano Oppression", *Socialist Revolution*, 5.3 (July-Sept.), 1975. Sobre su última discusión, véase: Tómas Almaguer, "Ideological Distortions in Recent Chicano Historiography: The Internal Colony Model and Chicano Historical Interpretations", *Aztlán*, 18.1 (Spring 1987), pp. 7-28.

cambios socioculturales que se instituyen como resultado de la lucha por los derechos civiles, se le recomienda al lector consultar los estudios literarios sobre los trabajos narrativos de las otras minorías raciales y los de la mujer norteamericana.

I

LA NARRATIVA CHICANA: LA LUCHA DE UNA *COLONIA INTERNA* POR SU AUTORREPRESENTACION LITERARIA

> There is undeniable evidence that the 1970s will witness the emergence of many Mexican American novelists who will relate the experience of their people who are truly unknown men to the vast majority of the American people.
>
> —Helena Monahan, 1972

Introducción

Sorpresivamente, durante la década de los setenta, en géneros como el cuento, la autobiografía, la sátira, el romance y la novela, surge una narrativa chicana, acompañada de su *corpus* crítico.[1] La sorpresa reside no en que esté escrita por chicanos, en la mayoría de los casos, sino en que estos narradores pertenecen a una minoría racial subordinada en los Estados Unidos. El logro se resalta más cuando tenemos en cuenta las teorías sociológicas prevalecientes antes de los setenta, que sostenían que el mexicanoestadounidense no podía prosperar en la sociedad norteamericana, o moderna, a causa de sus propias deficiencias biológicas y/o culturales; por ende, tampoco tendría acceso a formas artísticas complejas, sin necesidad de mencionar su falta de facultad para utilizarlas.[2] En universidades, colegios y círculos literarios chicanos, en contraste, se habla de una narrativa mexicanoestadounidense cuyos autores pertenecen a las diferentes provincias del

---

[1] El adverbio *sorpresivamente* se refiere al tono de los ensayos críticos publicados a principios de los setenta. En su mayoría los críticos chicanos no están enterados de que existían obras narrativas mexicanoestadounidenses en el siglo XIX. Al mismo tiempo, el tono de sorpresa indica el aprecio, por parte de los chicanos, de ver por primera vez una consciente diseminación de la narrativa mexicanoestadounidense. Por otro lado, hubo críticos que creían que la novela chicana no podía existir, que los chicanos no tenían la educación ni los medios para desarrollarla. Véanse: Juan Rodríguez, "El florecimiento de la literatura chicana", *Otra cara de México,* ed. David R. Maciel (México: Ediciones El Caballito, 1977), pp. 348-369; y Alejandro Morales, "Visión panorámica de la literatura mexicoamericana hasta el boom de 1966", Diss. Rutgers University, 1975, pp. 263-278. Para una discusión de los géneros que se practican, véase: Héctor Calderón, "To Read Chicano Narrative: Commentary and Metacommentary", *Mester,* 2.2 (May), 1983.

[2] Véase: Mario Barrera, "A Theory of Racial Inequality", *Race and Class in the Southwest* (Notre Dame, IN: University of Notre Dame Press, 1979), pp. 174-219.

Sudoeste: California, Nuevo México, Texas y Arizona. La primera obra de esta narrativa, *Un cadáver sobre el trono* de A. A. de Orihuela, aparece en 1854, únicamente seis años después del Tratado de Guadalupe. Desafortunadamente, el interés crítico, como disciplina, se inicia sólo recientemente con la disertación "The Chicano Novel: Toward Definition and Literary Criticism" (1972) de Helena Monahan. Ignorando la narrativa del siglo XIX, este estudio mantiene que la novela chicana es "an indigenous subgenre within the body of American literature".[3] Aparte de la tesis de Monahan, hoy existen más de quince: cada una ofrece una visión particular.[4] No obstante, ninguna es exhaustiva o definitiva. La crítica literaria sobre la narrativa chicana se acumula también en la forma de artículos. Sus páginas enfocan la temática, el etnicismo, el mercado y la evolución histórica.[5] Además, Ramón Saldívar, un crítico bastante joven, ha formulado una teoría acerca de esta narrativa.[6]

---

[3]Helena Monahan, "The Chicano Novel: Toward Definition and Literary Criticism", Diss. Saint Louis University, 1972, p. 1. Los narradores José Antonio Villarreal y Rudolfo A. Anaya concuerdan con la tesis de Sor Helena. Véanse: José Antonio Villarreal-R., "Chicano Literature: Art and Politics from the Perspective of the Artist", *The Identification and Analysis of Chicano Literature*, ed. Francisco Jiménez (New York: Bilingual Press/Editorial Bilingüe, 1979), pp. 161-168; y Juan D. Bruce-Novoa, "Rudolfo A. Anaya", *Chicano Authors: Inquiry by Interview,* (Austin: University of Texas Press, 1980), pp. 157-158. Uno de los primeros historiadores y críticos de la literatura chicana parece también concordar con ellos, véase: Philip Darraugh Ortego, "Backgrounds of Mexican American literature", Diss. University of New Mexico, 1971.

[4]En orden, véanse las siguientes tesis: la de Helena Monahan; Rafael F. Grajeda, "The Figure of the Pocho in Contemporary Chicano Fiction", Diss. University of Nebraska, 1974; Oscar Urquídez Somoza, "Visión axiológica en la narrativa chicana", Diss. University of Arizona, 1977; Salvador Rodríguez del Pino, "La novela chicana escrita en español: cinco autores comprometidos", Diss. University of California at Santa Barbara, 1978; Elaine Dorough Johnson, "A Thematic Study of Three Chicano Narratives: *Estampas del Valle y otras obras*, *Bless Me, Ultima*, and *Peregrinos de Aztlán",* Diss. University of Wisconsin, 1978; Aristeo Brito, "Paraíso, caída y regeneración en tres novelas chicanas", Diss. University of Arizona, 1978; y Loretta Carrillo, "The Search for Selfhood and Order in Contemporary Chicano Fiction", Diss. Michigan State University, 1979. La disertación de Rodríguez del Pino ya se ha publicado; véase, *La novela chicana en español: cinco autores comprometidos* (Ypsilanti, MI: Bilingual Press/Editorial Bilingüe, 1982). Para otras tesis, véase la bibliografía al final de nuestra obra.

[5]El narrador Tomás Rivera divide la historia de la narrativa chicana en tres etapas. Véase: Salvador Rodríguez del Pino, "La novela chicana de los setenta comentada por sus escritores y críticos", *The Identification and Analysis of Chicano Literature*, ed. Francisco Jiménez (New York: Bilingual Press/Editorial Bilingüe, 1979), pp. 153-160.

[6]Véase: Ramón Saldívar, "A Dialectic of Difference: Towards a Theory of the Chicano Novel", *MELUS*, 6.3 (Fall 1979), pp. 73-92. Su artículo ha sido recopilado en una antología de ensayos críticos; véase: Ramón Saldívar, "A Dialectic of Difference: Towards a Theory of the Chicano Novel", *Contemporary Chicano Fiction: A Critical Survey*, ed. Vernon Lattin (Binghamton, NY: Bilingual Press/Editorial Bilingüe, 1986), pp. 13-31. Con la publicación de *Chicano Narrative: The Dialectics of Difference* (Madison, WI:

En la primavera de 1977 se lleva a cabo una serie de entrevistas en la Universidad de California en Santa Bárbara, titulada *Encuentros*, que incluye a seis de los más conocidos narradores y cuatro de los críticos más respetados: en orden, Tomás Rivera, Miguel Méndez, Aristeo Brito, Alejandro Morales, Rudolfo Anaya, Ron Arias, Tomás Ybarra-Frausto, Juan Bruce-Novoa, Juan Rodríguez y Luis Leal. En sus discusiones concordaron, después de varios años de duda y especulación por parte de los críticos, que sí existía una narrativa chicana, formulando ellos mismos las características más prominentes de ésta: un modelo.[7] En los primeros esfuerzos de gestación de una literatura chicana, se puso en tela de juicio el que verdaderamente existiera una literatura mexicanoestadounidense a partir de 1848 con características propias y únicas. El hecho histórico de dicha literatura se dedujo de la siguiente manera: puesto que la literatura chicana refleja una realidad singular en cuanto a visión histórica, cultura y valores, esto la califica como "nacional" con relación a las otras literaturas del mundo: rusa, francesa, mexicana, etcétera. La narrativa chicana, siendo parte integral de una literatura mundial específica, representa y describe un mundo o *weltanschauung* ausente en otras visiones narrativas como la mexicana, la angloestadounidense y la afroamericana.[8] En cada texto

---

University of Wisconsin Press, 1990), Saldívar desarrolla su teoría a la máxima expresión: no sólo expande su visión de la narrativa mexicanoestadounidense al considerar el trabajo precursor de Américo Paredes, sino que amplía y concretiza el marco histórico al asimilar la investigación de los historiadores chicanos llevada a cabo durante los 1980, investigación que incluye estudios sobre el papel de la mujer chicana.

[7] Véase: Salvador Rodríguez del Pino, "La novela de los setenta comentada por sus escritores y críticos", pp. 153-160. La duda sobre la existencia de una narrativa chicana se debe más bien a la falta de diseminación de la literatura mexicanoestadounidense en el pasado. No es que ésta no existiera, sino que el sistema educativo y las editoriales estadounidenses ignoraban su existencia. Esta ausencia creativa en la literatura estadounidense formaba parte de la colonización directa del mexicanoestadounidense. Como producto de la lucha por los derechos civiles, la minoría racial mexicana ha entrado a un período de "neocolonialismo". Aún así, su literatura comienza activamente a diseminarse durante los setenta.

[8] Esta posición coincide con las teorías de Saldívar y de Blauner, las cuales proponen que la literatura de una minoría nacional contiene su propia visión del mundo. Sin embargo, las categorías centrales a sus respectivas teorías, *difference* y *weltanschauung*, a pesar de aludir a un contexto histórico de opresión, no rebasan lo abstracto y mistifican el objeto artístico a causa de una formulación inherentemente idealista. Su idealismo ofusca la compleja realidad socioeconómica de las comunidades mexicanoestadounidenses, en particular el elemento de clase social. Basándose en la categoría *difference*, en su teoría Saldívar no concretiza su distinción del mexicanoestadounidense ante el angloamericano más allá de a grandes rasgos históricos. El artículo "Chicano Writing" de Robert Blauner no contiene suficiente historia para representar concretamente el *weltanschauung* del mexicanoestadounidense.

Afortunadamente, Saldívar ha enfrentado su idealismo como lo demuestra su nuevo libro *Chicano Narrative: The Dialectics of Difference* (1990), donde supera las

narrativo, su *weltanschauung* está ligado a la clase del narrador, sea migrante u obrera; este hecho hace posible una diversidad ideológica entre ellos mismos. La diversidad se establece a pesar de que predomina como tema "la búsqueda de identidad": qué es ser chicano y qué es lo chicano. Cada narrador tiene su representación individual. En cuanto al lenguaje, su expresión es variada: inglés, español y bilingüismo. Por último, la falta de familiaridad con esta narrativa por parte del lector mundial se debe, al menos en parte, a la escasa diseminación por los severos problemas de publicación en el mercado literario.

La narrativa chicana de los setenta mina y trastoca las categorías y las periodizaciones en la crítica literaria. Unos críticos mantienen que la narrativa chicana es narrativa *American* (angloamericana) mientras que otros que es mexicana. Algunos ven similaridades entre la narrativa chicana y la afroamericana. Unos pocos, fieles a un sentido de inferioridad, típico del colonizado, quisieran concentrarse exclusivamente en los llamados valores "universales" de la literatura chicana y evitar tener en cuenta la denuncia social específica que dicha literatura conlleva. Igualmente, se realizan análisis textuales para ligar textos particulares a las estéticas o estilos ya establecidos en el mundo.[9] En sus esfuerzos por utilizar nuevas categorías de crítica literaria, los críticos escriben inclusive de cierta apropiación de formas y contenidos externos a la literatura mexicanoestadounidense a través de la cual los narradores de los setenta crean una narrativa auténticamente chicana. Puede encontrarse entre la crítica un eclecticismo que no logra aún iluminar la dialéctica inherente de la narrativa chicana.

En "A Dialectic of Difference: Toward A Theory of the Chicano Novel" (1979), Ramón Saldívar —como el primer pionero— trata de dar coherencia al estudio de la narrativa chicana basándose en la categoría *difference*, cuya función básica es distinguir históricamente al mexicanoestadounidense del angloamericano. Empero, su historicismo es vago e impreciso. A pesar de que Saldívar cita a los críticos marxistas acostumbrados, la categoría *difference* carece de datos históricos, estableciéndose así un análisis superficial de la literatura chicana. No nos puede dar, por el momento, un

---

limitaciones teóricas de su ensayo "A Dialectic of Difference: Toward a Theory of the Chicano Novel" (1979). Con aquella obra, a nuestro parecer Saldívar podría abrir un marco teórico que rebasa y sobrepasa tanto la teoría sobre el mexicanoestadounidense de Mario Barrera como la de Tomás Almaguer.

El concepto de *literatura mundial* no es sinónimo con el de *literatura universal*. Este se limita a la forma del texto; aquél considera el contexto histórico mundial donde se plasma la obra. Véase, Fernando Morán, *Novela y semidesarrollo* (Madrid: Taurus Ediciones, 1971), pp. 197-202.

[9]Véase: Luis María Brox, "Los límites del costumbrismo en *Estampas del Valle y otras obras*", *Mester*, 5.2 (April 1975), pp. 101-104.

entendimiento dialéctico del desarrollo de la narrativa chicana como parte de la sociedad moderna y su interacción con las formas literarias del Occidente, de Latinoamérica y del mundo.[10] Por ejemplo, Saldívar cierra cualquier conexión de la narrativa de los setenta con la del siglo XIX; sólo retrocede hasta *Pocho* (1959) de José Antonio Villarreal. A nuestro parecer, cualquier discusión concreta y productiva de la narrativa mexicanoestadounidense parte del reconocimiento de los chicanos como una "colonia interna" de los Estados Unidos, la principal metrópoli moderna, es decir, centro de poder.[11] De esta manera, se explica el desarrollo de la narrativa chicana como el medio literario a través del cual el narrador chicano enfrenta la narrativa mundial como sistema, especialmente la angloamericana.

Los mexicanoestadounidenses y el modelo de la colonia interna

La teoría de los mexicanoestadounidenses como colonia interna cobra interés al cerrarse la década de los sesenta. Interesada en la rebelión chicana en curso, Joan Moore publica en 1969 el artículo "Colonialism: The Case of the Mexican American". Cuatro años después, 1973, varios intelectuales chicanos, todos muy jóvenes, aplican y desarrollan la interpretación colonial del chicano: Mario Barrera, Carlos Muñoz, Charles Ornelas, Guillermo Flores y Tomás Almaguer. La utilidad teórica del modelo de la colonia interna resuena en el trabajo de este último. Consciente de las teorías sociológicas prevalecientes que culpan al mexicanoestadounidense mismo por su estado de opresión y falta de desarrollo cultural, Almaguer señala la importancia del modelo como lo desarrolla Robert Blauner:

> It has not been until the last few years that new paradigms in conceptualizing the true situation of Third World people within the United States have been examined

---

[10]Por ejemplo, J. Jorge Klor de Alva, "Chicano Philosophy", *Chicano Literature: A Reference Guide*, eds. Julio Martínez and Francisco Lomelí (Westport, CT: Greenwood Press, 1985), pp. 148-161. El autor examina la producción intelectual chicana de los sesenta y setenta, inclusive la literaria, ante un trasfondo filosófico, que incluye una mayor parte de la filosofía del Occidente.

[11]Para una historia del desarrollo y la aplicación del modelo de la colonia interna en el caso de los chicanos, véanse: Tomás Almaguer, "Toward the Study of Chicano Colonialism", *Aztlán*, 2.1 (Spring 1971), pp. 7-21; Mario Barrera, Carlos Muñoz and Charles Ornelas, "The Barrio as an Internal Colony", *People and Politics in Urban Society*, ed. Harlan Han (Los Angeles: Sage Publications, 1972), pp. 465-498; Rodolfo Acuña, *Occupied America: The Chicano's Struggle Toward Liberation* (San Francisco: Canfield Press, 1972); y Mario Barrera, *Race and Class in the Southwest: A Theory of Racial Inequality* (Notre Dame, IN: University of Notre Dame Press, 1979). Sobre el actual pensamiento de Almaguer sobre este modelo, véase: Tomás Almaguer, "Ideological Distortions in Recent Chicano Historiography: The Internal Colony Model and Chicano Historical Interpretations", *Aztlán,* 18.1 (Spring 1987), pp. 7-28.

and developed. Probably, the most useful of the new perspectives has been the ***internal colony model***[12] [negrilla suya].

El estado histórico de una colonia interna tiene sus precedentes. En su principio, figura como una colonia clásica: un pueblo externo establece su dominio militar y político sobre cierta unidad geográfica y trata también de implantar su cultura. En la mayoría de los casos, el dominio económico se continúa y la colonia existe subordinada o dependiendo de la metrópoli. Puesto que de la colonia clásica evoluciona la colonia interna, son similares, excepto que cambia la relación colonia/metrópoli. La colonización de los residentes de este tipo de colonia se desenvuelve dentro de las fronteras geográficas de la nación metropolitana.

Influido por Robert Blauner y Joan Moore, Almaguer aplica el concepto del colonialismo interno al Sudoeste. Para él, los mexicanoestadounidenses ingresan a los Estados Unidos por medio de una conquista clásica, pues eran el pueblo nativo de lo que hoy es el Sudoeste.[13] Esta conquista se reconoce bajo el derecho internacional: el Tratado de Guadalupe Hidalgo, que señala el fin de la guerra de 1848, es el documento en que yace el reconocimiento formal de los mexicanoestadounidenses como conquistados. Siendo documento de colonización, determina a nivel legal las relaciones sociopolíticas entre dos naciones.[14] La vida de los mexicanoestadounidenses poco después de la conquista refleja la colonización clásica. El cambio de una colonia clásica a una colonia interna ocurre, por lo tanto, al serles otorgado el derecho de estado a los varios territorios conquistados, *p. ej.*, Texas, California y las otras provincias del Sudoeste.[15] Para entonces los mexicanoestadounidenses se han vuelto no sólo una minoría racial, en términos de población, sino que su condición de conquistados requiere que vivan en vecindades separadas de la población angloamericana. Históricamente, llega a existir el barrio. Esta segregación geográfica sigue un patrón ligado a la necesidad de mano de obra subordinada: primero, el desarrollo agrícola y, segundo, el industrial. El control externo de la

---

[12]Almaguer, "Toward the Study of Chicano Colonialism", p. 10. Tres años más tarde, Almaguer abandona el modelo de la colonia interna y opta por el marxismo ortodoxo. Véase: Tomás Almaguer, "Historical Notes on Chicano Oppression", *Aztlán*, 5.1-2 (Spring/Fall 1974), pp. 27-54.

[13]Almaguer, "Toward the Study of Chicano Colonialism", p. 11. Para él, los años de lucha racial entre los pobladores del norte de México y los Estados Unidos culminan en la guerra entre ambos países vecinos.

[14]Varios críticos y escritores chicanos aceptan el año 1848 como el principio de la literatura mexicanoestadounidense: Luis Leal, Rolando Hinojosa, Arturo Madrid, Herminio Ríos, Juan Rodríguez, Francisco Jiménez y otros. En comparación, Edward Simmen identifica el principio como el año 1947.

[15]Almaguer, "Toward the Study of Chicano Colonialism", p. 17.

comunidad mexicanoestadounidense caracteriza la existencia del barrio. No obstante, para Almaguer, la minoría racial mexicana no tiene a su alcance la opción clásica de la independencia nacional como los países del Tercer Mundo.[16] Su estado histórico como colonia interna se lo impide. Por su tipo de opresión, a los chicanos les queda únicamente el destino de pertenecer a los Estados Unidos y vivir los cambios socioeconómicos de la metrópoli, o cultura dominante. Su destino depende generalmente de las relaciones entre ésta y el mundo.

Una aplicación más históricamente comprensiva de la colonia interna aparece en *Race and Class in the Southwest* (1979) de Mario Barrera. Anteriormente, Barrera había limitado su primera aplicación de la teoría a nivel local en su artículo "The Barrio as Internal Colony" (1972). Siete años después, la aplica al Sudoeste. En *Race and Class in the Southwest*, Barrera lleva más lejos que Almaguer la teoría del mexicanoestadounidense como colonizado interno: después de reevaluar las teorías de colonización reconocidas mundialmente, inclusive el neocolonialismo y el colonialismo interno, su aplicación de éste al Sudoeste refleja una extensiva investigación histórica. A base de un entendimiento general del proceso de colonización, reconoce validez en el colonialismo interno como teoría de desigualdad racial. Se puede de este modo explicar la discriminación enfrentada por el chicano en la sociedad estadounidense. Sin embargo, Barrera reconoce limitaciones en el modelo de la colonia interna, específicamente como lo desarrolla Robert Blauner. La conceptualización de éste se basa principalmente en el concepto de intereses de grupo. Para Barrera, no es suficiente. El integra la teoría de la colonia interna a la lucha de clases. A base de esta síntesis teórica —mantiene Barrera— se puede estudiar concretamente la situación histórica y cotidiana del chicano.

Según Barrera, la discriminación racial enfrentada por el chicano tiene su origen en la conquista de 1848, etapa que corresponde a un capitalismo angloamericano en expansión. Esto prepara la institución estructural de la desigualdad racial por medio de la incorporación económica de la región a los Estados Unidos con el desplazamiento de la población mexicanoestadounidense de sus tierras y el surgimiento de una fuerza laboral estratificada a base de raza o etnicidad. El poblador del Sudoeste pasa por una transformación social: de ranchero, minero y ganadero a un ser despojado, sin poder y subordinado al angloamericano a base de la relación del mercado laboral. Mientras en el Este se desarrolla la revolución industrial, las

---

[16]No importan los esfuerzos por forjar una nación-estado llamada Aztlán, por obtener el control de la comunidad, o por desarrollar un capitalismo chicano. Para que el mexicanoestadounidense obtenga su liberación, necesita llevarse a cabo en forma concurrente un cambio fundamental en la sociedad estadounidense.

industrias de labor intensiva (la agricultura, la minería y la ganadería), se establecen en el Sudoeste, enfrentando la demanda de una vasta cantidad de labor barata y sin sindicación. Los pobladores del Sudoeste, conquistados y despojados, la suplen, hecho que continúa hasta la industrialización de esta región cuando a los mismos se les incorpora en forma subordinada a las industrias manufactureras. Su incorporación toma la forma de una mayor especialización como segmento y fraccionamiento de clase dentro de la estructura socioeconómica de la sociedad estadounidense.

Además de la conciencia histórica como conquistado, dos elementos centrales constituyen el modelo de Barrera: una definición propia del colonialismo interno y la estructura de clases de una sociedad capitalista como la presenta Erik Olin Wright. Barrera define a nivel político el colonialismo interno de la siguiente manera:

> Internal colonialism is a form of colonialism in which the dominant and subordinate populations are intermingled, so that there is no geographically distinct "metropolis" separate from the "colony".[17]

Aunque similar, esta relación colonia/metrópoli no es la empleada, a veces, por autores latinoamericanos para explicar la explotación y el dominio político de una región sobre otra en el mismo país. En su formulación no juega ningún papel el elemento de etnicidad, *p. ej.*, la relación económica entre el Noreste y el Sur de los Estados Unidos. Para Barrera, el colonialismo interno incluye la subordinación étnica o racial, cuyo origen proviene de una usurpación histórica sufrida por el grupo. La conquista de 1848 y la subsecuente subordinación de la mano de obra mexicanoestadounidense explican concretamente las vecindades segregadas y la discriminación sufrida por los chicanos.

En cuanto a la estructura socioeconómica presentada por Wright, tres clases principales forman la sociedad capitalista avanzada: los capitalistas, los obreros y los pequeños burgueses; existen además otras tres categorías, pero éstas comparten características de dos o más clases, y su verdadera posición es intermediaria.[18] Esta estructura socioeconómica caracteriza la sociedad estadounidense. Como los mexicanoestadounidenses pertenecen a estas tres clases, especialmente la vasta mayoría que forma parte de la clase obrera, Barrera acepta esta estructura para su modelo de la colonia interna, excepto que llama atención al escaso análisis del racismo y la desigualdad racial dentro de la tradición marxista. Anteriormente, los estudios de la

---

[17]Barrera, *Race and Class in the Southwest,* p. 194. Su empleo del modelo de la colonia interna sirve para formular una teoría de la desigualdad racial (p. 189).
[18]Barrera, *op. cit.*, p. 204. Véase el esquema en la página 215.

experiencia de las minorías raciales se han limitado a la simple anotación del prejuicio racial o no han rebasado el pragmatismo político.

Para profundizar el estudio marxista de la experiencia mexicanoestadounidense, Barrera suma dos conceptos claves al modelo de la colonia: la *segmentación del mercado laboral*; y el *fraccionamiento de clase*.[19] El primero reconoce la existencia de dos mercados laborales: uno con beneficios, seguridad y ascenso, para el angloamericano; el otro sin ningún futuro, con malas condiciones de trabajo y el desempleo crónico, para el chicano. El concepto de *fraccionamiento de clase* explica las distinciones entre los obreros mismos: de industria, de servicio y otras. Entre los mexicanoestadounidenses estos dos conceptos, como en el caso de otras minorías raciales y la mujer norteamericana, se caracterizan por una estructuración clasista (el mercado dual) y por una atribución clasista (el color de la piel o el sexo) no sólo a nivel de la clase obrera, sino al de todas las clases de la sociedad capitalista avanzada (los Estados Unidos).

---

[19]El concepto de *segmentación del mercado laboral* proviene de la existencia de un mercado dual en la sociedad estadounidense. A base de este elemento estructural se explica la persistencia del desempleo entre las minorías raciales. En el primer mercado laboral se encuentran los trabajos que ofrecen cierta seguridad y estabilidad, un buen sueldo con buenas condiciones de trabajo, una posibilidad de ascenso y un proceso estable en la administración de los reglamentos de trabajo. Los trabajos pertenecientes al segundo mercado laboral se caracterizan por unas condiciones de trabajo opuestas al primero y se les considera a estos trabajos sin ningún futuro. La mayoría de los obreros mexicano-estadounidenses, como en el caso de otras minorías raciales y el de la mujer norteamericana, están concentrados en el segundo mercado laboral. Por extensión, la dinámica del mercado dual explica también la situación del profesional chicano en relación a los profesionales de la cultura mayoritaria. El concepto de *fraccionamiento de clase*, según Nicos Poulantzas (citado en las páginas 210-211 de Barrera, *Race and Class in the Southwest*), proviene de la existencia de varios tipos de divisiones en las mismas clases de una sociedad capitalista avanzada y las divisiones basadas en el fraccionamiento de clase son las más importantes. Este fraccionamiento se basa en la estructura de ocupaciones y es la causa de las distinciones entre los obreros de industria *versus* los obreros sin especialización. Para Mario Barrera, sin embargo, el trabajo de Poulantzas no explica suficientemente la condición del chicano. El sugiere que en una clase existen dos tipos de divisiones principales y cada una de éstas tiene sus subdivisiones, que Barrera denomina *segmentos de atribución clasista*. Bajo los segmentos de atribución clasista existen dos subdivisiones principales, una basada en la raza y/o etnicidad y la otra en el sexo. Barrera define así un segmento de atribución clasista: "An ascriptive class segment (segmento de atribución clasista) is a portion of class which is set off from the rest of the class by some readily identifiable and relatively stable characteristic of the persons assigned to that segment, such as race, ethnicity, or sex, where the relationship of the members to the means and process of production is affected by that demarcation (p. 212)". Según Barrera, se incorpora a los mexicanoestadounidenses a la economía política de los Estados Unidos como segmentos subordinados de atribución clasista, y han ocupado históricamente tal posición estructural a todos los niveles de clase, inclusive los intelectuales. El texto narrativo *Two Ranges* (1974) de Robert C. Medina ilustra muy bien los conceptos *segmentación del mercado laboral* y *fraccionamiento de clase*.

Para comunicar mejor la síntesis teórica de un desarrollo en el modelo de la colonia interna, Barrera ofrece el siguiente diagrama:

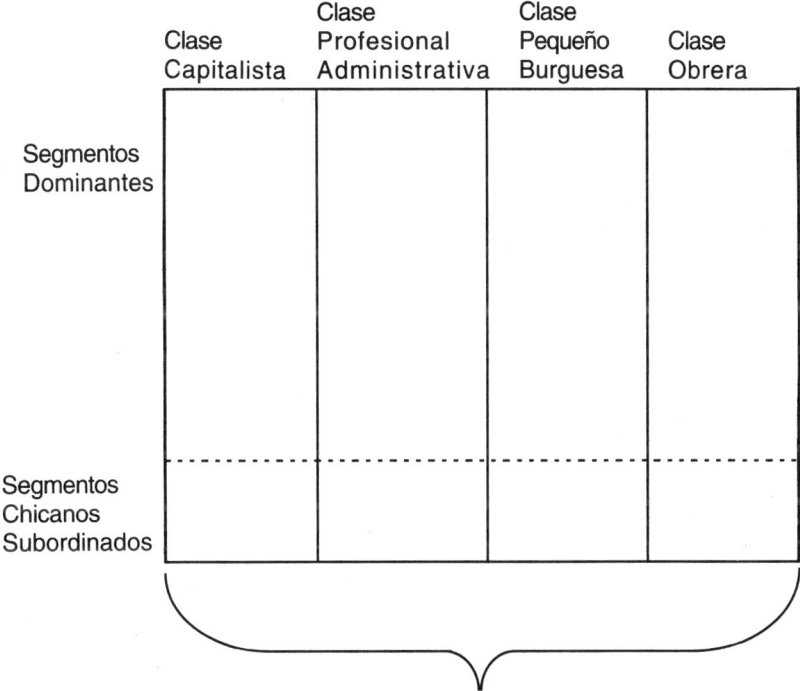

(En conjunto, los segmentos subordinados forman la colonia interna.)

La línea punteada representa las funciones de la segmentación del mercado laboral y del fraccionamiento de clase para forjar una colonia interna. En cada segmento, la participación del mexicanoestadounidense en la estructura socioeconómica toma cierta forma específica a su estado subordinado. Sin embargo, persiste una solidaridad chicana a pesar de esta segmentación. Barrera explica de la siguiente manera la dinámica inherente en las relaciones socioeconómicas y políticas entre los miembros de la comunidad chicana, que incluye al narrador o novelista:

> Chicanos also constitute a colony with a certain coherence across class lines in the sense that they are liable to be in frequent contact with each other. Thus the bilin-

gual Chicano teacher, a member of the professional managerial class, comes in contact with Chicano parents from the working class. Chicano social workers are liable to have a largely Chicano clientele, as are other Chicano professionals. Chicano members of the petty bourgeoisie or (small) capitalist class also rely primarily on other Chicanos for their livelihood . . .[20]

Por su entrenamiento o vocación, el narrador chicano pertenece a la clase profesional administrativa.[21] Por convicción, la mayoría de los narradores chicanos sostienen que escriben para sus comunidades, con las cuales comparten la discriminación racial; por ejemplo, algunos de estos narradores aluden a su falta de acceso a las principales editoriales estadounidenses de Nueva York. Al nivel de las editoriales existe un tipo de mercado dual. Aunque el narrador chicano mantiene intereses en común —las manifestaciones de la dominación— con los diferentes segmentos mexicanoestadounidenses subordinados conforme a su lugar en la sociedad estadounidense, mantiene también intereses en oposición, los de clase. En ciertas situaciones están de acuerdo, en otras están opuestos. Por esta razón, el narrador chicano, en su existencia diaria se enfrenta a contradicciones de clase, raza, color y lengua, que se codifican dentro del discurso narrativo como espacio, personaje y lengua, bajo el tema de la búsqueda de identidad.

Además de establecer la experiencia sociohistórica del chicano dentro de la sociedad estadounidense, el modelo de la colonia interna, según lo desarrollan Almaguer y Barrera, se caracteriza por tener una relación histórica con el resto del mundo. Para Almaguer, el colonialismo interno de la minoría racial mexicana es una extensión del colonialismo occidental.[22] Lógicamente, sus formas artísticas, como la novela, se ponen al alcance del chicano. Por esta razón, un estudio diacrónico de la narrativa chicana, basado en el modelo de la colonia interna como elemento heurístico, facilitaría establecer no sólo las interrelaciones e interconexiones de género literario (estética, estilo y estructura) con la narrativa angloamericana, sino también con las narrativas afroamericana, mexicana, sudamericana y europea. En cuanto al contenido de los textos narrativos de los setenta, la relación del chicano al mundo fuera de los Estados Unidos se manifiesta en forma variada: los temas abarcan del exilio a la muerte.

---

[20]Barrera, *Race and Class in the Southwest,* p. 216.
[21]Es cierto que la mayoría de los narradores chicanos provienen de las clases migrante y obrera. Su educación universitaria, empero, les facilita cambiar de clase y adoptar nuevos valores de clase. Miguel Méndez es el único que, por ser autodidacta, no tiene una educación universitaria. Mas, poco después de publicar *Peregrinos de Aztlán* (1974), una institución educativa de post-secundaria reconoció su virtuosidad lingüística y le ofreció un puesto como profesor de lengua y literatura. Ya no es albañil, sino profesional.
[22]Almaguer, "Toward the Study of Chicano Colonialism", p. 10.

Historia de la narrativa mexicanoestadounidense

La historia de la narrativa mexicanoestadounidense se divide, por el momento, en dos períodos: el Primer Período de 1848 a la Segunda Guerra Mundial; segundo, el Período Chicano o narrativa contemporánea.[23] La mayoría de los textos narrativos del Primer Período se escriben en español y son publicados, por lo general, en periódicos mexicanoestadounidenses en forma de entregas. Esto indica la intención de los autores de llegar a los lectores del Sudoeste mexicano y mantener una comunidad literaria durante la época de colonización clásica y hasta la institución del colonialismo interno. En contraste, no existen pruebas de que algunas editoriales angloamericanas hayan publicado novelas u otras obras narrativas de importancia escritas en inglés o en español por personas de ascendencia mexicana durante esta misma época. Por otra parte, existen narrativas serias y populares de narradores angloamericanos que denigran al mexicano recién colonizado, como lo demuestran los estudios de Philip Ortego, Raymund A. Paredes y Cecil Robinson.[24] Además de establecer las conexiones de género, estética y estilo en relación al desarrollo de la narrativa occidental y mundial, un estudio de la narrativa del Primer Período establecería las posiciones ideológicas de sus autores y los elementos ideológicos de esta época sociohistórica particular integrados al texto, contribuyendo así al entendimiento histórico de la narrativa chicana contemporánea.[25]

---

[23]La categoría *narrativa mexicanoestadounidense* implica la historia de cierto fenómeno literario que se inicia en 1848. Por falta de investigación y estudio, no se divide ahora en más períodos la época de 1848 a 1942. Aún hoy se están desenterrando textos narrativos de esta época. Por ejemplo, Juan Rodríguez identifica tres obras del siglo XIX, que clasifica como románticas o del período del romanticismo. Véase: Juan Rodríguez, "Notes on the Evolution of Chicano Prose", *Modern Chicano Writers*, eds. Joseph Sommers and Tomás Ybarra-Frausto (Englewood Cliffs, NJ: Prentice Hall, 1979), pp. 67-73. De mucho interés, hace dos o tres años, fue el descubrimiento de la escritora María Amparo Ruiz de Barton, quien a fines del siglo XIX publicó una novela bajo seudónimo para evitar la represión política. Véase: C. Loyal [María Amparo Ruiz de Barton], *The Squatter and the Don* (San Francisco, 1885). A nuestro parecer, Ruiz de Barton jugará, por la grandeza de su novela, un papel en la literatura chicana del siglo XIX tan importante como el de Sor Juana Inés de la Cruz en la literatura colonial de México.

[24]Véanse: Philip Darraugh Ortego, "Backgrounds of Mexican American Literature"; Raymund A. Paredes, "The Image of the Mexican in American Literature", Diss. University of Texas at Austin, 1973; y Cecil Robinson, *Mexico and the Hispanic Southwest in American Literature* (Tucson, AZ: University of Arizona Press, 1977).

[25]Sobre la relación entre la ideología y la literatura, véase: Pierre Macherey, *Pour un théorie de la production littéraire* (París: Librarie Francois Maspero, 1966). Específicamente, se recomiendan los capítulos: "Lenine, critique de Tolstoi", pp. 125-142; "L'image dans le miroir", pp. 142-157; y "La fonction du roman", pp. 255-266. Al partir del estudio de Lenín sobre la narrativa de Tolstoi y la revolución rusa, Macherey desarrolla

Como lo señala Monahan, el intento de los narradores chicanos de forjar una comunidad de lectores parece tener éxito durante el Período Chicano, al menos en los sesenta y los setenta. Este logro literario ocurre durante el período histórico en que se ha instituido definitivamente el estado de colonia interna y las comunidades mexicanoestadounidenses actúan bajo una influencia aún más decisiva de la cultura mayoritaria. Esto se demuestra por el uso del inglés como medio literario. Aparte de eso el hecho que facilita el logro es el establecimiento de editoriales chicanas cuyo principio generador es un proyecto ideológico. A diferencia de éstas, las editoriales angloamericanas no lograron jamás establecer una comunidad de lectores chicanos. Sus lectores siempre pertenecían a la cultura dominante, aun cuando se presenta la apertura al mexicanoestadounidense.

Las editoriales chicanas, producto del Movimiento Chicano, contribuyen decisivamente al florecimiento de la narrativa chicana contemporánea, es decir, la reafirmación autorrepresentativa del mexicanoestadounidense. Estas editoriales publican los textos narrativos que reciben más atención crítica, logran el éxito comercial y obtienen reconocimiento internacional: Quinto Sol Publications, Editorial Justa Publications y Editorial Peregrinos. Respectivamente, las obras son: *". . . y no se lo tragó la tierra"* (1971) de Tomás Rivera, *Bless Me, Ultima* (1972) de Rudolfo A. Anaya y *Peregrinos de Aztlán* (1974) de Miguel Méndez.[26] Aparte del éxito comercial de John Rechy cuyo interés principal es la problemática del homosexual,[27] las editoriales angloamericanas sólo habían publicado un texto narrativo, en inglés, significativo para los chicanos y la crítica: *Pocho* (1959) de José Antonio Villarreal. El éxito comercial de *Pocho* se debe al Movimiento Chicano de los sesenta y setenta (la participación de la minoría racial mexicana en la lucha por los derechos civiles al lado de los afroamericanos, los indígenas y la mujer norteamericana) cuyo producto —uno de tantos— es el establecimiento de Centros de Estudios Chicanos en las universidades y colegios para concientizar tanto al mexicanoestadounidense como al

---

un esquema teórico para el estudio de la ideología y la literatura. Este se puede emplear para estudiar la narrativa chicana.

[26]*". . . y no se lo tragó la tierra"* recibe la mayor atención crítica. Hoy día *Bless Me, Ultima* pasa los 200.000 ejemplares de venta. Publicada por Editorial Justa en 1977, *Generaciones y semblanzas* de Rolando R. Hinojosa-S. recibió en 1976 el Premio Casa de las Américas; se le reconoce méritos al nivel de estructura, de personaje, de lenguaje y de visión del mundo. Otras editoriales chicanas son: Ventura Press, Action Printers, Pajarito Publications, Bilingual Press/Editorial Bilingüe, Cíbola Press y Bilingüe Publications.

[27]Philip Ortego reconoce a Rechy como narrador chicano. Véase su disertación: "Backgrounds of Mexican American Literature", p. 217.

angloamericano y al afroamericano sobre la historia y la cultura del Sudoeste desde el punto de vista del poblador de ascendencia mexicana.[28]

En contraste con la narrativa escrita principalmente en español del Primer Período, la expresión lingüística de la narrativa chicana contemporánea varía del inglés al español, como se formula en las entrevistas históricas llevadas a cabo en la Universidad de Santa Bárbara en 1977. No tiene substancia, por consiguiente, cualquier clasificación de la narrativa chicana que se base sólo en el empleo del lenguaje o sus variaciones dialectales. Se puede decir lo mismo en el caso de la forma, la ascendencia del autor y los personajes.[29] El papel de las editoriales chicanas, no importa su magnitud, y el de las editoriales angloamericanas y mexicanas, así como las variaciones de expresión lingüística, de estructura, de estilo y de personajes, contribuyen en conjunto a definir una narrativa chicana contemporánea, con características particulares. Estos y todos los factores mencionados anteriormente reflejan la heterogeneidad inherente a la narrativa chicana de los setenta e intervienen en la supervivencia de la nueva comunidad literaria.

El impacto de la narrativa chicana y el compromiso del narrador

En declaraciones públicas, dedicatorias en las portadas, artículos y mesas redondas, los autores de la nueva narrativa atestiguan escribir para los mexicanoestadounidenses o para los diferentes barrios regados a través del Sudoeste. Como primeros esfuerzos, en un desafío a las editoriales angloamericanas de Nueva York,[30] Raymund Barrio (n. 1921) organiza su propia editorial, la primera chicana de la época contemporánea, para publicar *The Plum Plum Pickers* (1967). La introducción de Earl Conrad a esta obra

---

[28]Si no fuese por el activismo político del chicano durante los años sesenta y el establecimiento de centros de Estudios Chicanos en los colegios y las universidades estadounidenses, *Pocho* no hubiera sido tan diseminada ni tan estudiada entre los chicanos. Eso lo reconoce el mismo autor.

[29]En la narrativa *Below the Summit* (1976) de Joseph Torres-Metzgar aparece un anglo como protagonista. Por lo tanto, en el caso de autores angloamericanos no se debe hacer a un lado sus esfuerzos por escribir narrativas chicanas, por ejemplo, Amado Muro y Jaime Sagel.

En la historia mundial de la novela tenemos ejemplos clásicos como B. Traven y la narrativa mexicana y como Joseph Conrad y la literatura inglesa. Ambos ingresan a una nueva sociedad y saben interpretar el espíritu de su pueblo adoptado. La cuestión de la asimilación es una calle de dos vías. Algunos chicanos ingresan a la sociedad angloamericana y miembros de ésta ingresan a la chicana.

[30]William Hogan, "World of Books", *San Francisco Chronicle*, March 10, 1970, s. p.

tiene vigencia en la documentación de los esfuerzos por forjar una comunidad de lectores chicanos. Escribe Conrad:

> There are millions of Spanish-speaking people in the United States, and many of these exist on the migrant-unemployed-disadvantaged level. Barrio's novel speaks in a substantial way to that interest.[31]

De más resonancia son las palabras de Tomás Rivera (1935-1984), cuya narrativa "... *y no se lo tragó la tierra*" gana el premio de 1970 otorgado por la editorial chicana Quinto Sol Publications. En una entrevista, el crítico Juan Bruce-Novoa le pregunta a Rivera sobre el papel social del escritor:

> Later, 1967-68, I'm writing. The Chicano Movement was *una fuerza total ya* [a complete power already] in the university and so forth. I wanted to document, somehow, the strength of those people that I had known. And I was only concerned about the migrant workers, the people I had known best. I had been a migrant worker. So I began to see that my role—if I want to call it that—would be to document that period of time, but giving it some kind of spiritual strength or spiritual history.[32]

Rudolfo A. Anaya (n. 1937), autor del texto narrativo chicano de más éxito comercial, tiene ya desde el inicio de la década de los sesenta la idea de que escribe para los mexicanoestadounidenses. Esto empieza cuando cursa su licenciatura en New Mexico University. Consciente de un futuro "Renacimiento Chicano" —reafirmación autorrepresentativa— en la literatura,[33] llega a concluir:

> As I grew older, I turned inward, and there I found my people, who are timeless, enduring, eternal. They are the source of our heritage, our history, the religion and myths, the stories and dreams. . . . And the source is so deep and beautiful that it will provide a modern context of expression with materials enough to truly create a renaissance.[34]

Aunque en un tono irónico y sutil, típico de su estilo narrativo, Rolando R. Hinojosa-S. (n. 1929), ganador del Premio Casa de las Américas en 1976, sostiene el ideal también de escribir para los chicanos, específicamente para la provincia de Texas:

---

[31] Earl Conrad, "Foreword", *The Plum Plum Pickers* (Sunnyvale, CA: Ventura Press, 1970), p. i.
[32] Juan D. Bruce-Novoa, "Tomás Rivera", *Chicano Authors: Inquiry by Interview* (Austin: University of Texas Press, 1980), p. 148.
[33] Philip D. Ortego estudia este renacimiento en su artículo "The Chicano Renaissance", *Social Casework*, 52.5 (May 1971), pp. 294-307. Su término de *Chicano Renaissance* para designar la producción literaria de los setenta ha sido el blanco de una serie de críticas.
[34] Anónimo, "About the Author", volante distribuido por Quinto Sol Publications. Se distribuye al publicarse *Bless Me, Ultima*, 1972.

> There are some eternal verities and anyone who writes wants to state them for himself and for his time. In my home state there is something called Texas Academy of Arts and Letters—I may not have the title right, but it's that type of thing, and some of the people in it are Larry King, Larry McMurtry, Bill Moyers, and so on. Now I don't believe that they as Texans have read Chicano literature, and so their view of Texas is lacking in one big respect. That aside, they, as Texans, are writing about verities in Texas and they certainly know what they are writing about.[35]

En Arizona, al publicar *Peregrinos de Aztlán* en 1974, Miguel Méndez (n. 1930) declara en la introducción:

> Desde estos antiguos dominios de mis abuelos indios escribo esta humildísima obra, reafirmando la gran fe que profeso a mi pueblo chicano, explotado por la perversidad humana.[36]

Esta intención de escribir para los mexicanoestadounidenses figura como la característica principal y común a los narradores chicanos de los 1970: Richard Vásquez, Oscar Zeta Acosta, Edmund Villaseñor, Robert C. Medina, Alejandro Morales, Joseph Torres Metzgar, Nash Candelaria, Gina Valdés y otros; una intención que sostienen ya bien fuera la editorial publicadora de sus obras chicana, angloamericana o mexicana. Pero merece notarse que los que publican en editoriales chicanas están en la vanguardia.

Cualquier narrativa, sin embargo, necesita la función y cooperación de varios componentes para establecer una comunidad: escritores, editoriales, distribuidoras[37] y lectores. Entra también en juego la ideología particular del narrador tanto ante el angloamericano como ante la comunidad chicana. A causa de estos factores —los componentes y la ideología— nunca falta el cuestionamiento del compromiso que sostienen los narradores chicanos.[38] El propio José Antonio Villarreal, autor de la supuesta primera novela chicana, escribe al comentar sobre la década de los setenta y el papel social de los narradores:

---

[35] Juan Bruce-Novoa, "Rolando Hinojosa", *Chicano Authors: Inquiry by Interview* (Austin: University of Texas Press, 1980), p. 55.

[36] Miguel Méndez-M., "Prefacio", *Peregrinos de Aztlán* (Tucson, AZ: Editorial Peregrinos, 1974), p. 10.

[37] Dos de las distribuidoras chicanas son Milagro Books de San Francisco, California y Relámpago Books de Austin, Texas.

[38] Véase: Juan D. Bruce-Novoa, "Interview with José Antonio Villarreal", *Revista Chicano-Riqueña*, 4.2 (primavera 1976), p. 40.

> This means, of course, that we who call ourselves Chicanos are a minority within a minority, and we as writers or scholars form an even smaller minority which pretends to speak for all our people.[39]

Por consiguiente, el narrador chicano de los setenta se enfrenta a tres tareas: identificar y ligarse a una tradición narrativa propia, unirse a un público definido y desarrollar al mismo tiempo una futura narrativa mexicanoestadounidense que parta de los temas situados antes de y durante los setenta. Desde un principio, la narrativa chicana de los setenta se enfrenta a la supuesta ausencia de una tradición propia. Aunque viven conscientes de textos unidimensionales escritos por narradores angloamericanos, los narradores chicanos no tienen la menor idea de que existían los textos del Primer Período. Ninguno los estudia. Al contrario, se forman tanto dentro de la narrativa angloamericana como de la latinoamericana, en particular la mexicana. Por ejemplo, José Antonio Villarreal reedita al principio del Período Chicano una obra asimilacionista en términos de forma e ideología: busca integrar la experiencia mexicanoestadounidense a la literatura *American* o angloamericana.[40] Asimismo, las narrativas publicadas antes de *The Plum Plum Pickers* e *"... y no se lo tragó la tierra"*, de 1967 y 1971, siguen la vía ideológica de la asimilación. Sólo el Movimiento Chicano, en conjunto con la participación de otros sectores estadounidenses en la lucha por los derechos civiles, fomenta la autodeterminación cultural entre los intelectuales y narradores de los setenta, lo cual contribuye al establecimiento de la narrativa chicana contemporánea.

Sin embargo, tanto los narradores como los críticos se dan cuenta rápidamente de las realidades, la problemática y las exigencias de la narrativa chicana establecida durante la década de los setenta: el mercado dual, el aislamiento del escritor y el acceso —poco— a la comunidad mexicanoestadounidense. Como resultado, la tarea de unirse a un público definido continúa hoy día. El desarrollo futuro de los temas actuales de la narrativa

---

[39] José Antonio Villarreal, "Chicano Literature: Art and Politics from the Perspective of the Artista", p. 162. Este problema, la separación entre el pueblo y el escritor, ya es planteada por el crítico Juan Rodríguez en su artículo sobre Tomás Rivera. Véase: Juan Rodríguez, "The Problematic in Tomás Rivera's '... y no se lo tragó la tierra' ", *Revista Chicano-Riqueña*, 6.3 (1978), pp. 42-50.

[40] Hasta hoy, Villarreal insiste en que la literatura chicana forma parte de la literatura *American* (angloamericana). Esto refleja el hecho histórico de que escribe y publica *Pocho* en una década en que la identidad de *American* es todavía eurocéntrica. En la colección crítica *Chicano Authors: Inquiry by Interview* (1980) de Juan Bruce-Novoa, escribe Villarreal, "In short, I do not believe that there ever will be a Chicano literature that can be separate from American literature; and that makes it directly traceable to English literature" (p. 42). De esta manera, Villarreal parece aceptar la definitiva asimilación del Sudoeste a la cultura mayoritaria.

chicana, asimismo, está por verse. Cuando se leen los principales textos narrativos de los setenta, no aparece el tratamiento de nigún hecho histórico reconocido —ni la lucha por los derechos civiles— como en la narrativa mexicana de la Revolución (de Azuela a Fuentes) o la narrativa rioplatense de la Argentina (de Mármol a Sábato). De manera similar al caso de los estilos, parece no existir un diálogo intertextual entre los narradores chicanos.

Los narradores chicanos de los setenta emplean el tema de la búsqueda de identidad como principal técnica narrativa en sus esfuerzos por forjar una comunidad de lectores, valiéndose del Sudoeste como metáfora espacial para comunicarse con el público en las comunidades mexicanas del Sudoeste: este tropo genera un nuevo espacio sociocultural. Conscientes de su exclusión, ya bien como personajes verídicos o como minoría racial históricamente formada, de la narrativa *American* (angloamericana) y también la mexicana, los narradores chicanos se sientan a escribir. Cuando lo hacen, producen en la mayoría de los casos discursos narrativos caracterizados por un espacio que parte de su lugar de nacimiento, seguido por su pueblo o ciudad, luego su provincia, y por último, hacia el fondo, el Sudoeste. En sus fabulaciones, traen al mundo narrativo principalmente a personajes en busca de sí mismos.

Tanto el espacio literario como el tema predominante, el de la búsqueda de identidad, aparte de desenmascarar el contexto de subordinación, codifican un provincialismo hasta hoy insuperado. No aparece todavía el narrador chicano, ni el poeta, que incluya en un texto expecífico al Sudoeste o una mayor parte de éste y tenga un conocimento profundo de los mexicanoestadounidenses como minoría racial heterogénea pero unida.[41] La mayoría de los autores enfoca locales limitados. Mientras persista tal provincialismo en la narrativa chicana, en cuanto al espacio y personaje, existirá duda sobre el objetivo de los narradores chicanos en forjar la comunidad deseada. Los presentes textos narrativos demuestran trágica pero fielmente la condición histórica de los mexicanoestadounidenses como grupo sociocultural fragmentado.

No obstante, los esfuerzos por establecer una narrativa chicana han tenido sus logros. Existe una infraestructura que, a pesar de ser rudimentaria, contribuye a su supervivencia y continuidad: las editoriales y distribuidoras chicanas, así como una crítica oficial con contactos internacionales. La nueva clase media, por lo tanto, ofrece la posibilidad de un público lector. Por

---

[41]La heterogeneidad del mexicanoestadounidense asombra durante los cuarenta al historiador Carey McWilliams. El es uno de los primeros intelectuales en estar expuesto a ella. Véase el prólogo a su trabajo: *North from Mexico* (1968).

estas dos razones y como continúa la colonización interna —subordinación— del mexicanoestadounidense, un estudio interpretativo de los principales narradores chicanos y sus textos narrativos establecería el aporte específico de cada uno dentro de la autorrepresentación chicana en la narrativa. Estos son: *Pocho* de José Antonio Villarreal, *". . . y no se lo tragó la tierra"* de Tomás Rivera, *Peregrinos de Aztlán* de Miguel Méndez y *Memories of the Alhambra* (1977) de Nash Candelaria. El texto de Candelaria señala el fin de la literatura chicana de los setenta.

Una tradición propia: el redefinir *America* o los Estados Unidos como sociedad pluralista

Este estudio se basa en el postulado histórico de la narrativa chicana como expresión literaria de una colonia interna constituida, primero, por la conquista y luego, por la incorporación subordinada en el mercado laboral dual. Analiza por lo tanto la textualización de su estado dominado a dos niveles: social y textual. En cuanto a éste, enfoca el tema principal, la búsqueda de identidad, para desconstruir el contexto de dominación estructurado textualmente a base de un sistema de relaciones, oposiciones y técnicas narrativas, incluyendo las funciones de varios códigos y signos.[42] El estudio cuestiona tres acontecimientos significativos en la crítica literaria de los setenta: la afirmación de que la narrativa chicana es un subgénero de la literatura *American* (angloamericana), el modelo descriptivo formulado en las entrevistas *Encuentros* de la Universidad de California en Santa Bárbara y la teoría neoidealista de Saldívar. Se desenvuelve de esta manera una dialéctica de la narrativa chicana que le da el lugar que le corresponde en el desarrollo histórico de la narrativa mundial, en su interacción con la narrativa latinoamericana específicamente, y con la narrativa occidental en general, en cuanto a estética, estilo y estructura, haciendo a un lado la

---

[42]La actividad de desconstruir un texto específico consiste, al nivel de su forma, en identificar las técnicas concretas que producen el significado. En este estudio se identifican las técnicas particulares de la búsqueda de identidad en cada texto narrativo seleccionado para descubrir así al colonialismo interno como "lo no dicho" o el mensaje del texto. Dialécticamente, se desenvuelve un sistema narrativo en el cual el colonialismo interno, en la mayoría de los casos, fija los límites del discurso narrativo chicano. En su artículo "The Structuralist Activity", Roland Barthes escribe: "The goal of all structuralist activity, whether reflexive or poetic, is to reconstruct an 'object' in such a way as to manifest thereby the rules of functioning (the 'functions') of this object. Structure is therefore actually a *simulacrum* of the object, but a directed, *interested* simulacrum, since the imitated object makes something appear which remained invisible, or if one prefers, unintelligible in the natural object (p. 149)". Véase: Roland Barthes, "The Structuralist Activity", *The Structuralists: From Marx to Levi-Strauss*, eds. and intro. by Richard T. DeGeorge and Fernande M. DeGeorge (New York: Doubleday, 1972), pp. 143-154.

preocupación recurrente de que si la narrativa chicana o es angloamericana o es mexicana. Para nosotros, esta preocupación se basa en lo aparente, no en lo histórico.

En realidad, la producción de la narrativa chicana de los setenta, que se puede ligar a la mexicanoestadounidense de épocas anteriores, es una expresión de esa específica encrucijada sociocultural por la cual pasó la minoría racial mexicana, o el chicano. En esta encrucijada puede distinguirse entre la experiencia mexicanoestadounidense de los años antes de los sesenta, caracterizados por una *America* eurocéntrica, y los años después de los sesenta, conocidos por una *America* pluralista, de múltiples identidades. Se sugiere por lo tanto que la narrativa chicana de los setenta abre un nuevo espacio sociocultural de donde se desplaza la identidad nacionalista. Sin ser angloamericano ni mexicano, aunque comparte características culturales con ambas identidades, el chicano mantiene su propia identidad cultural con una conciencia histórica que lo liga al resto del mundo, donde el nacionalismo se desvanece después de tener la hegemonía cultural desde principios del siglo XIX. Este estudio, por último, llama la atención a una tradición narrativa propia al mexicanoestadounidense y al alcance de futuras generaciones de narradores. De manera similar a la de los otros grupos que participan en la lucha por los derechos civiles durante los setenta, los afroamericanos, los indígenas norteamericanos, los asiáticos norteamericanos y la mujer norteamericana, la narrativa chicana está a la vanguardia en mantener la existencia de una *America* pluralista.

II

EL PROYECTO IDEOLOGICO: LA AUTORREPRESENTACION CHICANA EN LA NARRATIVA[1]

> I don't know if he [Steinbeck] was talking about early California or what, but to me he was talking about raza and really putting them down. These were animals that used to screw in the mud, and forever drinking and fighting. To me no eran raza, yet they were. Los conocí, I knew what he was talking about, but I didn't like the way he was writing about them.[2] —José Montoya, 1980

La transformación de objeto literario a sujeto narrador

Aunque según Philip D. Ortego y Raymund A. Paredes se establece la raíz siglos atrás en la contienda cultural Inglaterra *versus* España, desde

---

[1] Este capítulo presenta el logro decisivo del chicano en establecer una tradición narrativa propia durante los setenta. Al ser un movimiento literario reciente y todavía no bien estudiado, se revela su coherencia en la aplicación del método crítico desarrollado por Pierre Macherey. Tiene éste tres niveles: el proyecto ideológico, la representación, y la figuración. Para respaldar el significado histórico del proyecto ideológico de autorrepresentación, específicamente en la narrativa, se reconoce el hecho histórico de que la sociedad angloestadounidense niega y reprime este derecho a los mexicanoestadounidenses como producto de la conquista del Sudoeste y su subsecuente subordinación. Desde principios de los 1800 hasta los años 1950 se le trata como objeto literario. El mexicanoestadounidense no sólo sufre la conquista militar, el control político, la explotación económica como proletario, sino también se le expropian por medio de un discurso normativo los medios de representación literaria, negándosele una autoimagen. Citamos a Sylvia Wynter para llamar atención al significado de la expropiación literaria que sufre el mexicanoestadounidense por más de un siglo: "The aesthetic is not less 'material' than the *economic*. The expropriation of the means of aesthetic perception, of the mechanics of critical judgement are no less and perhaps far more terrible with respect to its consequences than the expropriation of the means of production. The means of enacting, exercising, developing the innate faculty—*the eye for the line and for significant form*, an eye physical in earlier circumstances where the natural environment was the dominant challenge, now conceptual and aesthetic in a situation where man's greater obstacle to the realization of his powers, to the free play and development of his faculties, is now the socio-cultural environment". Véase: Sylvia Wynter, "In Quest of Matthew Bondsman: Some Cultural Notes on the Jamesian Journey", *Urgent Tasks* 12 (Summer 1981), p. 66.

[2] José Montoya, "Russian Cowboys, Early Berkeley and Sunstruck Critics: On Being a Chicano Writer", *Metamorfosis* 3.1 (Spring/Summer 1980), p. 49.

años antes de la conquista de 1848 hasta la mitad del siglo XX, el mexicanoestadounidense sufre la condición de ser objeto literario, materia prima, de una narrrativa normativa, que lo objetiva y comercializa repetidas veces por medio de sus varios géneros narrativos, forjando una imagen objetivada del chicano que legitima ante el mundo su conquista y subordinación. Esta narrativa de dominación es la angloamericana.[3] En primer lugar, ante el lector angloamericano que forma el público más numeroso y, en segundo lugar, frente al lector mexicoamericano, por haberse educado o asimilado algunos de los conquistados durante la historia del discurso angloamericano, y ante el lector europeo, a través de varias traducciones, se codifica para ellos un discurso normativo en la narrativa angloamericana a base de imágenes esterotípicas.[4] En su inicio, los narradores anglosajones de la postconquista, cuyas obras publican y distribuyen las casas editoriales de Nueva York y de Filadelfia, reducen al mexicanoestadounidense a un mestizo cruel, matón, un conquistado acobardado, inferior, un ser lleno de odio, el víbora, el grasoso, un perro medio indio. En las mismas editoriales, los narradores anglosajones partidarios del romanticismo decimonónico moderan un poco el discurso

---

[3]Véase: Philip D. Ortego, "Backgrounds of Mexican American Literature", Diss. University of New Mexico, 1971; y Raymund Arthur Paredes, "The Image of the Mexican in American Literature", Diss. University of Texas at Austin, 1973. El trabajo de Paredes presenta la mejor contribución al estudio de la imagen de la minoría racial mexicana en la narrativa angloamericana.

[4]Para formular la categoría *discurso normativo*, nos valemos del concepto de la sanción normalizadora desarrollado por Michel Foucault en el capítulo "Los medios del buen encauzamiento" de su estudio *Vigilar y castigar: nacimiento de la prisión* (1975). Foucault identifica esta sanción como uno de los instrumentos para facilitar el éxito del poder disciplinario en cualquier institución de disciplina, *p. ej.*, el campamento militar y la escuela de enseñanza. En general, la institución desarrolla y mantiene un código de disciplina que aplica a los miembros para individuarlos, jerarquizarlos, compararlos, homogeneizarlos o excluirlos; es decir, normaliza. El código disciplinario se transforma en un discurso que clasifica, forma categorías, establece medios, fija normas. En una ocasión, Foucault extiende el concepto de la sanción normalizadora, el instrumento, al "texto" o (la) literatura (pp. 188-189); sugiere que "el poder de la Norma" es la nueva ley de la sociedad moderna. A base del desarrollo y la extensión del concepto, la narrativa angloamericana que se vale del mexicanoestadounidense como materia prima desde 1848 hasta más o menos 1950 es también una institución de disciplina, enseñanza, con poder disciplinario. Su sanción normalizadora se expresa por medio de un discurso normativo cuyo objetivo es de legitimar la relación de dominación entre el angloamericano y el mexicoestadounidense. La práctica de objetivar por parte de los narradores angloamericanos tiene como lógica legitimar el punto de vista del angloamericano acerca de la conquista del Sudoeste, el desplazamiento de sus pobladores y la subordinación laboral de éstos. De esta lógica emanan los estereotipos, o sea, las imágenes normativas, del mexicanoestadounidense durante la segunda parte del siglo XIX. Véase: Michel Foucault, "Los medios del buen encauzamiento", *Vigilar y castigar: nacimiento de la prisión*, trad. Aurelio Garzón del Camino (México: Siglo XIX, 1981), pp. 175-198.

normativo pero no dejan de presentarle al lector un ser esterotipado: el grasoso angelical, el aristócrata peninsular, la bella castellana de ojos azules, un ser apasionado pero violento, la beata inflexible y arrogante, el hombre natural, un bárbaro. Se suman en seguida a estos dos grupos, las imágenes cuasigrotescas presentadas por los novelistas del oeste, autores del género "cowboy novel": el borracho perezoso, un sin fin de peleones, degenerados y criminales sin alma: la mestiza dócil o fácil, el incurable bandido —cruel y diabólico— y los mil y un mugrosos sin el derecho de vivir. Entran ahora los narradores darvinistas, que hacen desfilar ante el lector a un ser débil y patético: el semipayaso, un desganado, el ser inferior de nacimiento. Sólo con la aparición de los narradores liberales, aunque éstos heredan el discurso normativo, se humaniza un poco la imagen del mexicanoestadounidense, pero todavía persiste la inclinación a esterotipar. Tenemos ahora al mestizo del espíritu indomable, un ser exótico y extraño pero todavía violento —aunque algo paciente—, en fin, un ser de determinación pero primitivo, el marginado.[5]

Los principales autores de este discurso normativo en la narrativa angloamericana son: Timothy Flint, Joseph Holt Ingraham, James Wilmer Dallam, Jeremiah Clemens, William Gilmore Simms, Justin Jones, Newton Curtis, A. J. H. Duganne, especialmente el tejano Major Sam S. Hall, Mayne Reid —un aventurero inglés—, Joseph Badger, Alfred Henry Lewis, Stephen Crane, Frank Norris, O. Henry, Bret Harte, Helen Hunt Jackson, Gertrude Atherton, Jack London, Katherine Anne Porter, Willa Cather y John Steinbeck. Entre estos narradores figura como excepción John Rollin Ridge, un indígena *cherokee* educado en Nueva Inglaterra. Su

---

[5]En términos del significado histórico de la nueva narrativa chicana, este discurso normativo angloamericano de más de cien años tiene una fuerte vigencia y representa el enorme desafío a los narradores chicanos. El tiraje de los novelistas postconquista, por ejemplo, pasa de los cuatro millones sólo entre 1860 y 1865. A la fecha, se venden al año más de 700.000 ejemplares de la narrativa *Ramona* (1848) de Helen Hunt Jackson, que continúa en el mercado. Asimismo, las casas editoriales del Este de los Estados Unidos persisten en publicar obras de narradores angloamericanos que escriben tanto sobre el mexicano como el mexicanoestadounidense; p. ej., *The Milagro Beanfield War* (1974) de John Nichols. Ya que las casas editoriales angloamericanas dominan el mercado, esto puede reducir el impacto de la nueva narrativa chicana. *Bless Me, Ultima* (1972) de Rudolfo Anaya, la obra de más éxito comercial, vende hasta el presente sólo 200.000 ejemplares. En contraste, la obra de Nichols pasa por su quinta reimpresión y de ella se ha filmado una película. Puede decirse que no resulta sorprendente que el público lector angloamericano, adaptado al discurso normativo, prefiere la óptica narrativa de un escritor anglo a la de un chicano.

La descripción que hacemos del discurso normativo angloamericano se basa en dos estudios claves e importantes: *With the Ears of Strangers* (1963) del angloamericano Cecil Robinson y la disertación "The Image of the Mexican in American Literature" de Raymund A. Paredes.

obra *The Life and Adventures of Joaquin Murieta* [sic] (1854), publicada y distribuida principalmente en California, se sale de los perímetros del discurso normativo, rebasando su objetivación, y presenta una rara apertura de representación para el mexicano que reside en el Sudoeste durante el siglo XIX.

Como respuesta al susodicho discurso normativo, cuya fuerza y vigencia residen en sus casas editoriales situadas en el Este de los Estados Unidos, una escasa producción de narrativa mexicanoestadounidense, publicada en el Sudoeste durante el mismo período histórico y producida a base de recursos editoriales en estado de subdesarrollo, codifica un discurso narrativo único y distinto a otros en el mundo. Este existe fuera de los perímetros del discurso normativo angloamericano. Es un discurso autóctono, sin objetivación, que se adapta y se reinventa en relación al desarrollo sociohistórico del mexicanoestadounidense y a una percibida continuidad cultural.[6] En contraste con la amplia diseminación de entonces y de ahora accesible a los textos ligados al discurso normativo angloamericano, las obras del siglo pasado pertenecientes al discurso narrativo mexicanoestadounidense aún son o poco o casi nada leídas tanto por los estudiantes que asisten a las varias instituciones educativas integrantes del sistema educativo de los Estados Unidos como por el público lector estadounidense. Los mismos narradores chicanos de los setenta no sabían de ellas hasta recientemente.

A pesar de la apertura aparentemente instituida poco después de la Segunda Guerra Mundial y ofrecida —por parte de las casas editoriales del Este de los Estados Unidos— a narradores estadounidenses de ascendencia mexicana, el insoportable peso del discurso normativo angloamericano sobre el mexicanoestadounidense es lo que durante la década de los setenta lleva al florecimiento y desarrollo de nuevos esfuerzos de autoafirmación literaria. Estos esfuerzos chicanos resultan en círculos de narradores y casas editoriales distribuidas a través del Sudoeste.[7] A principios de los 1980,

---

[6]Para algunos estudios en esta área, véase *La Palabra*, revista de literatura y crítica chicana en español.

[7]En el Sudoeste se publican a los siguientes narradores aperturistas: Josephina Niggli, Fray Angélico Chávez, José Antonio Villarreal, Richard Vásquez, John Rechy y Floyd Salas. Sin embargo, sólo dos obras tienen éxito comercial, aunque éste se debe al movimiento social de los sesenta y setenta y a los esfuerzos por desarrollar una tradición narrativa propia: *Pocho* (1959) de José Antonio Villarreal y *Chicano* (1970) de Richard Vásquez. Durante los setenta, las casas editoriales del Este también publican a narradores de ascendencia mexicana: John Rechy, Oscar Zeta Acosta, Edmund Villaseñor, y Rodolfo "Corky" Gonzales. De este último autor, Bantam Books reimprime en 1972 *I Am Joaquin*, obra publicada por primera vez en 1967 con fondos del mismo autor y reconocida por la crítica como el poema más militante del Movimiento Chicano.

tanto la mayoría de los críticos chicanos como varios angloamericanos, en conjunto con algunos críticos en diferentes partes del mundo, reconocen que el mexicanoestadounidense se ha vuelto el sujeto de su propia narrativa como resultado de la existencia de un *corpus* de textos narrativos.[8] En efecto, los nuevos esfuerzos del chicano producen durante los 1970 un cambio cualitativo en su ser consistente en una transformación que va de ser objeto literario, el *otro*, moldeado y remoldeado, a ser sujeto narrador, emisor, un productor de su propio discurso narrativo.[9] El mexicanoestadounidense entra a nuevos parámetros literarios: toma conciencia de una narrativa propia. Su nueva realidad literaria tiene su origen en un proyecto ideológico.

Un *phénomène idéologique complex*

Para entender la vigencia histórica de un grupo de textos, Pierre Macherey avanza como esencial el concepto crítico de considerarlo expresión de un *phénomène idéologique complex*, el cual tiene su origen en un proyecto ideológico.[10] Este trae coherencia al grupo de textos. Se trata, pues, no de reducir el grupo a un significado histórico, marcado o latente, sino de dirigir la atención del lector a la variación interna del fenómeno, a la diversidad que desde un principio forma parte de su coherencia.

Para el estudio de un texto particular perteneciente a cierto grupo de textos, Macherey postula que la coherencia particular y específica al proyecto ideológico establece un principio de cierre cuya función consiste en fijar la eficacia patente entre las relaciones internas de sus varios elementos constitutivos.[11] Se distingue así del método de interpretación histórica cuyo objetivo se limita a situar el significado de la obra únicamente en su propio contexto histórico. A partir de la coherencia, se lleva a cabo una descripción

---

Los esfuerzos por obtener la autorrepresentación coinciden con la autoconciencia cultural de otros grupos socioculturales de los Estados Unidos: los afroamericanos, los indígenas, los asiáticos, los jóvenes y la mujer.

[8]Al nivel mundial, véase la tesis de Rocard Marcianne, *Les fils du soleil* (París: G.-P. Maisonneuve et Larose, 1980). En términos de la narrativa, *Generaciones y semblanzas* (1976) se publica y distribuye en Latinoamérica. Luego se traduce al alemán.

[9]Para una selección de textos que ilustran el proceso, véase la antología de Edward Simmen, *The Chicano: From Caricature to Self-Portrait* (1971). Empero, este texto no identifica ningún proyecto ideológico.

[10]Pierre Macherey, *Pour une théorie de la production littéraire* (Paris: Librairie Francois Maspero, 1966), pp. 183-184. Véase específicamente el capítulo "Jules Verne, ou le recit en defaut", pp. 183-275.

[11]Sobre la definición de "un principio de cierre", véase Macherey, *op. cit.*, pp.185 y 192.

sistemática de los elementos del texto que, sin alterar el discurso narrativo, se propone únicamente desarmar su estructrura. Su rearmazón, también parte integral del método machereano, se facilita a través de su análisis textual (el aislamiento de sus signos, las técnicas específicas, la definición de símbolos míticos, etcétera) y de una reestructuración (el reconocimiento de una jerarquía en sus elementos).[12] En contraste al análisis histórico, la lógica del texto reside en su composición total, inmediata e inherente. No importa si el análisis de la obra va más allá de una simple problemática de forma. El texto tiene su lógica interna. Además de identificar los logros y los límites de su discurso particular, la descripción sistemática de un texto desentierra una visión singular que, integrada al estudio y el análisis de cada obra perteneciente al grupo de textos, contribuye a la comprensión concreta y general del proyecto ideológico específico generador, subyacente al *phénomène idéologique complex*, proyecto ideológico que tiene a su vez coherencia en relación a otros proyectos ideológicos.

Macherey: una reformulación del contexto histórico y la forma

El método crítico de Macherey responde a los dos enfoques tradicionales para estudiar el texto narrativo, enfoques vistos como diferentes y opuestos: primero, el contexto histórico o medio social (la intención u origen); segundo, la forma. En su reformulación, Macherey no se limita ni a uno ni a otro, sino que postula una estrecha conjunción entre ambos facilitada por la coherencia del proyecto ideológico. Es decir, Macherey no considera la forma y el contexto histórico como separados y diferentes, incompatibles; para él, son dos niveles de un mismo sistema, formando en conjunto con el proyecto ideológico un modelo.[13] El estudio de un grupo de obras aplicando este método crítico revela lo que verdaderamente logran los escritores que participan en un proyecto ideológico en común tanto al nivel histórico como al de forma.

Macherey asimila el contexto histórico a su modelo bajo el nivel de *representation*, la representación, que se divide en dos partes. La primera es un sujeto cuyo origen fue y es el proyecto ideológico en medio del *phénomène idéologique complex*. (En otro método crítico al proyecto ideológico únicamente se le identificaría como la intención del autor y no se ligaría a otras partes o elementos.) La segunda parte de la representación viene siendo la *representation idéologique*, la representación ideológica, o

---

[12] Pierre Macherey, *A Theory of Literary Production*, trad. Geoffrey Wall (Boston: Routledge and Kegan Paul, 1978), p. 161.
[13] Macherey, *Pour une théorie de la production littéraire*, pp. 189-254.

las condiciones del discurso narrativo. Estas enfocan la escritura en formación en cuanto a personajes típicos, su psicología, el género narrativo, el estilo y el lenguaje; asimismo, se trata de una escritura que no existe aparte de las editoriales, un contrato, un público, un plan de publicación, los colaboradores, la publicidad y los ilustradores.[14] La representación ideológica, por lo tanto, está ligada a las condiciones generales de una sociedad, y a su ideología. Esta expresa el estado de la sociedad como cierta forma de conciencia social, el sujeto-programa, siendo éste el estado histórico de una narrativa particular, el género, los personajes típicos e inclusive la situación del escritor, en el sentido de que la representación refleja la ideología de la profesión: el público, las casas editoriales y otros elementos sociales. Ambas partes, el sujeto y la representación ideológica, se suman al proyecto ideológico. De este modo entra un programa ideológico en la escritura o narrativa donde se transforma, después de una secundaria y necesaria elaboración, en un objeto literario, el texto en sí.

Cuando considera la forma de un texto específico, Macherey denomina a este nivel la *figuration* o figuración, categoría que sirve para expresar la acción y efecto de figurar o figurarse una cosa, es decir, que se figura el objeto literario, *p. ej.*, una novela particular. La energía y los elementos procedentes de las dos partes de la representación, el sujeto y la representación ideológica, al moldear el programa ideológico, promueven y fomentan la figuración del texto. Por su parte, varios elementos narrativos internos constituyen la figuración: en orden, los objetos-temáticos-matrices (*otm*), las individuaciones del sujeto (los personajes), los signos machereanos, el tiempo, el espacio, la fábula y el mito revelador. Facilitados por una variabilidad interna al texto, esos elementos funcionan como los instrumentos que producen la figuración.[15]

Para entender el mecanismo inmanente a la figuración, se presenta el siguiente proceso. Como expresión específica de un sujeto narrador que tiene su origen en la representación, los *otm* inician y promueven, sin rebasar la coherencia del proyecto ideológico, el movimiento de los temas principales en cierta narrativa; los mismos contribuyen a establecer cierta especificidad a la obra como integrante del universo narrativo.[16] En simultáneo desarrollo, el sujeto se individualiza en la forma de personajes cuya existencia es producto de la intención del autor y de la interacción entre los

---

[14]*Ibid.*, p. 199.
[15]Macherey, *A Theory of Literary Production*, p. 160. La variabilidad se expresa al nivel del grupo de textos. Véase también: Macherey, *Pour une théorie de la production littéraire*, p. 232. La variabilidad se expresa también al nivel de los elementos de la figuración.
[16]Macherey, *A Theory of Literary Production*, p. 172.

otm. Los múltiples signos machereanos, desplazándose en el tiempo y el espacio, producen varias unidades narrativas en el discurso; y en conjunción, valiéndose del principio de variabilidad típico a la figuración, la fábula provee el orden y determina el género narrativo del texto como resultado de transcribir al nivel de la figuración el sujeto-programa del proyecto ideológico, programa ideológico autocuestionado únicamente por el mito revelador, que, como veremos, representa la inversión total de la fábula.[17] El crítico retrocede entonces hasta la representación, reconsidera el proyecto ideológico, en todas sus partes y sus niveles y puede describir sistemáticamente el logro de cualquier texto en relación al grupo que constituye el *phénomène idéologique complex*.

Crítica del método machereano

Si bien Macherey ofrece un modelo totalizante cuyos tres niveles —proyecto ideológico, representación y figuración— hacen posible un estudio exhaustivo y sistemático de un grupo de obras, este método tiene su origen y desarrollo, desde nuestra perspectiva postestructuralista, en una época de transición: de la crítica temática a la estructuralista. Mientras que ésta abstrae simulacros del texto que rigen su estructura narrativa, aquélla pone énfasis en el estudio del tema y el desarrollo del personaje. Aunque no es partidario de la crítica temática —puesto que en su modelo introduce la categoría *otm*, Macherey considera la intencionalidad del autor como moldeada por el contexto histórico y reconoce un sistema de personajes inherente al género del proyecto ideológico—, su coexistencia con esta tendencia explica la recurrente práctica de Macherey en ver, de un modo u otro, los elementos internos a la figuración como esencialmente temas; *p. ej.*: 1) los objetos-temáticos-matrices; 2) por su estrecha conexión a éstos, los personajes; y 3) hasta el mismo mito revelador, que en su estudio de Julio Verne denomina "el tema revelador".[18] La representación, que tiene su origen mucho antes de la figuración, no se escapa del constante uso de Macherey de categorías temáticas: de la primera parte, o el sujeto, emanan los *otm*. Por otra parte, su entendimiento de la figuración como una estructura sistemática acerca a Macherey al estructuralismo.

---

[17]*Ibid.*, p. 175. Recuérdese que el proyecto ideológico existe antes de y determina los dos niveles del texto específico: la representación y la configuración. Véase también pp. 176-178.

[18]Macherey, *Pour une théorie de la production littéraire*, pp. 224-232.

Sin embargo, desde una perspectiva estructuralista, el modelo machereano no reconoce la noción de Saussure del signo lingüístico[19] ni incorpora la noción del texto como un discurso lingüístico, un mensaje verbal.[20] No puede el crítico identificar, por consiguiente, la serie de relaciones y oposiciones[21] que, como leyes artísticas, rigen tanto el empleo marcado de ciertos signos lingüísticos ligados al proyecto ideológico como la función de cada personaje.[22] En su punto más débil, el modelo machereano no liga el discurso narrativo a las nociones lingüísticas de *diacronía* y *sincronía*.[23] En una época en que, a base de sus experimentos con el tiempo, el espacio y el narrador, los escritores modernistas y postmodernistas hacen las principales contribuciones al desarrollo de la narrativa mundial contemporánea, las nociones de diacronía y sincronía son de suma importancia, especialmente cuando algunos narradores chicanos también aportan su propia contribución.[24] El "estructuralismo" de Macherey, incipiente en la categoría *otm*, proviene de considerar al texto como una estructura dinámica producida a base de los varios elementos de la figuración, la cual se logra por medio de la intencionalidad del autor y que también es moldeada por el contexto social. Macherey, por lo tanto, no reconoce la noción estructuralista de la obra como texto lingüístico. Por estas razones, el énfasis que Macherey pone en la producción del texto puede beneficiarse con las nociones y conceptos estructuralistas.

Por los avances en las indagaciones críticas desde los años en que Macherey desarrolla su teoría crítica, en este estudio de la narrativa chicana se emplea el modelo machereano únicamente como base, no como método autosuficiente. En el estudio de la narrativa chicana de los setenta como un *phénomène idéologique complex*, se reconoce la necesidad de un proyecto ideológico y de los dos niveles del texto —no la obra— como han sido

---

[19]Véase: Ferdinand de Saussure, "From *Course in General Linguistics*", *The Structuralistists: From Marx to Levi-Strauss*, eds. Richard and Fernande DeGeorge (New York: Anchor Books, 1972), pp. 59-79.

[20]Véase: Roman Jakobson, "Linguistics and Poetics", *The Structuralists: From Marx to Levi-Strauss*, eds. Richard and Fernande DeGeorge (New York: Anchor Books, 1972), pp. 85-122.

[21]Sobre la noción de las relaciones y oposiciones estructuralistas, véase: Jonathan Culler, "Linguistic Metaphors in Criticism", *Structuralist Poetics* (New York: Anchor Books, 1972), pp. 96-109.

[22]Sobre la noción de leyes artísticas en el discurso narrativo, véase: de Saussure, "Nature of the Linguistic Sign", *op. cit.*, pp. 59-79.

[23]Véase: Roland Barthes, "The Structuralist Activity", *The Structuralists: From Marx to Levi-Strauss*, eds. Richard and Fernande DeGeorge (New York: Anchor Books, 1972), pp. 148-154.

[24]Por ejemplo: "*. . . y no se lo tragó la tierra*", *Peregrinos de Aztlán* y *La verdad sin voz*.

postulados por Macherey. Se reformulan, sin embargo, los niveles de figuración y representación. Dentro de este último se expande la función de los *otm*, considerándoseles ahora como relaciones estructurantes entre los dos niveles. De la figuración, se acepta su noción como sistema narrativo, reteniéndose los elementos de la fábula, el tiempo y el mito revelador, mas se transforman los signos figurativos de Macherey y la noción del personaje. En el caso de ésta, se retienen dos ideas: los personajes son individuaciones del sujeto y los estructuran hasta cierto punto los *otm* y la intención del narrador. Se expande la noción del personaje en cuanto al papel que juegan en su estructuración el espacio y el signo lingüístico. Es decir, se analiza el sistema de personajes según el método desarrollado por Fredric Jameson, que consiste en estudiar al "personaje" particular como producto de un sistema sémico y, similar a Macherey, como miembro de un sistema de personajes típico de un sistema narrativo.[25] En el caso de los signos machereanos, a éstos los reemplaza la noción lingüística del signo presentado por los estructuralistas al desarrollar la semiótica. En este estudio, reconociendo la asociación implícita del signo figurativo machereano con la retórica tradicional, mantenemos la noción del texto como un sistema semiótico, evolucionando el nivel de figuración. Es decir, para poder emplear el modelo machereano como base teórica, se incluyen nociones y categorías críticas de otros modelos, principalmente de los estructuralistas, pero también de la sociología. Inclusive se emplean los distintos códigos narrativos identificados por Roland Barthes, especialmente el *proairetic* o proirético, el *semic* o sémico, y el cultural; éstos tres contribuyen decisivamente a precisar el desenvolvimiento de la figuración.[26] Con algún cambio, los otros dos elementos de la figuración mantienen sus funciones decisivas. La fábula, al encauzar el programa ideológico del sujeto, sigue determinando el género narrativo mientras que el mito revelador, al reestructurar los elementos narrativos, cuestiona e invierte el proyecto ideológico. Entre la fábula y el mito revelador, dos componentes estructurales y formados a base de sus propias relaciones y oposiciones conforman también el discurso lingüístico o figuración: uno funciona en la fábula a nivel de espacio; el otro se subsume al mito revelador.[27] En ambos componentes juega un papel el espacio, lo cual indica su función estructurante a nivel de la figuración.

---

[25] Véase: Fredric Jameson, *The Political Unconscious* (New York: Cornell University Press, 1981), pp 161-169.
[26] Véase: Roland Barthes, *S/Z*, trad. Richard Miller (New York: Hill and Wang, 1974).
[27] Culler, "Linguistic Metaphors in Criticism", p. 99.

El proyecto ideológico: la autorrepresentación chicana en la narrativa

En su texto teórico *A Theory of Literary Production*, Pierre Macherey declara el siguiente principio para iniciar el estudio de una obra literaria:

> The only point of departure for the specific study of a work—by no means that upon which it actually depends, but its real beginning—is the validity of an ideological project.[28]

(La frase "the specific study of a work" implica también un grupo de obras.) La narrativa que emana de las comunidades mexicanoestadounidenses durante los setenta no es ninguna excepción a este principio. Tiene su proyecto ideológico: la autorrepresentación chicana en la narrativa. Como los afroamericanos, otras minorías raciales y la mujer norteamericana, el mexicanoestadounidense lucha por dejar de existir como objeto literario, materia prima, de los narradores angloamericanos. Desea ahora ser su propio sujeto narrador, un emisor.

La introducción a la quinta edición de *El espejo/The Mirror* (1972) —la primera antología de literatura chicana contemporánea publicada por esfuerzos autóctonos[29]— contiene en su forma lingüística concreta el proyecto ideológico de la narrativa chicana.[30] Específicamente, se expresa en el punto número cuatro:

> Firmemente creyendo que la autodeterminación por la cual ha venido añorando y luchando reñidamente el pueblo chicano desde mediados del siglo diecinueve se logra solamente mediante esfuerzos chicanos, se presenta esta antología concebida, integrada, y publicada por chicanos sin ninguna obligación de quedar suma y submisamente agradecidos a fundaciones o firmas ángloamericanas [sic].[31]

---

[28]Macherey, *A Theory of Literary Production*, p. 167.

[29]*El espejo/The Mirror* representa igualmente la primera antología de literatura mexicanoestadounidense en la historia del Sudoeste.

[30]La crítica reconoce este documento como un manifiesto de la narrativa chicana de los setenta. Por incluir poesía y teatro, funciona también como el proyecto ideológico de estos géneros. Varios años antes, Cecil Robinson ya presentía la nueva narrativa chicana, véase: *With the Ears of Strangers* (Tucson: University of Arizona Press, 1963). El historiador Carey McWilliams la extrañaba, véase: *North from Mexico* (New York: Greenwood Press, 1968). Stan Steiner y Robert Blauner reconocen desde un principio su importancia histórica; véanse, respectivamente: *La Raza: The Mexican Americans* (New York: Harper Colophon Books, 1970); y *Racial Oppression in America* (New York: Harper and Row, 1972), el capítulo "Chicano Writing", pp. 162-181.

[31]Hermino Ríos-C. y Octavio I. Romano, "Introducción", *El espejo/The Mirror* (Berkeley: Quinto Sol Publications, 1972), p. xi. De interés particular, la revista *El Grito*, órgano de Quinto Sol, ya había publicado un artículo que atestigua al peso enajenante del discurso normativo angloamericano. Véase: Francisco Ríos, "The Mexican

En el signo político *autodeterminación* yace implícitamente el proyecto de autorrepresentación chicana en la narrativa del mundo. Como este proyecto ideológico es producto de una conciencia crítica, sus integrantes, tanto escritores como críticos, reconocen una continuidad literaria en existencia desde el siglo XIX hasta el presente y se ligan a ella para hacer a un lado la discontinuidad que se percibía antes de los 1960. Aunque constituida por una escasa producción narrativa, la herencia literaria del mexicanoestadounidense fija, como declarado en la cita de arriba, los rasgos principales de la narrativa chicana de los setenta: 1) concebida, integrada y publicada por chicanos; y 2) sin obligación a fundaciones o firmas angloamericanas. Se establece así un tipo de programa ideológico que alude tanto a su representación como su figuración (el texto en sí). Cuando se elaboran un poco más los rasgos del proyecto ideológico, en los puntos cinco y seis de la misma introducción, la narrativa chicana se distingue de la peninsular, de la precolombina y de la mexicana, aunque no se las elimina a éstas como parte del "legado histórico" de los narradores chicanos.[32] (Se alude aquí a las condiciones de la narrativa mundial.)

La lista de 122 escritores, incluída al pie de la introducción a *El espejo/The Mirror*, prueba definitivamente que en este documento yace el proyecto ideológico de la narrativa chicana.[33] Estos escritores son los colaboradores, uno de los varios elementos de la representación ideológica. En la lista aparecen casi todos los narradores chicanos de los setenta más reconocidos y procedentes de las varias provincias del Sudoeste: Tomás Rivera, Nick C. Vaca, Miguel Méndez-M., Oscar Zeta Acosta, Ron Arias, J. L. Navarro, Richard Vásquez, Estela Portillo, Rudolfo A. Anaya, Rolando R. Hinojosa-S. y Alfredo de la Torre.

Un nuevo género literario chicano: la *narrative of self-identity*

Además de generar un grupo de obras, el proyecto ideológico tiene, según Macherey, la capacidad de producir un nuevo género narrativo.[34] Por ejemplo, Julio Verne trae al mundo la ciencia-ficción. En el caso de la literatura chicana de los setenta, la *narrative of self-identity* se establece

---

in Fact, Fiction, and Folklore", *El Grito: A Journal of Contemporary Mexican American Thought*, 2.4 (Summer 1969), pp. 14-28.

[32]Ríos y Romano, "Introducción", p. xi.

[33]El nombre de Mario T. García aparece dos veces. El desequilibrio a favor de California no niega su importancia en relación al Sudoeste.

[34]Macherey, *A Theory of Literary Production*, pp. 162 y 172.

como el nuevo género.³⁵ Como su máxima expresión se publican: *". . . y no se lo tragó la tierra"* (1970) de Tomás Rivera, *Bless Me, Ultima* (1972) de Rudolfo A. Anaya, *Peregrinos de Aztlán* (1974) de Miguel Méndez-M., *The Road to Tamazunchale* (1975) de Ron Arias, *Generaciones y semblanzas* (1976) de Rolando Hinojosa-S., y *Memories of the Alhambra* (1977) de Nash Candelaria.³⁶ La diversidad en géneros narrativos que constituyen el *phénomène idéologique complex* de la narrativa chicana acentúa la importancia central de la *narrative of self-identity* para el mexicano-estadounidense. La crítica señala que se cultivaron otros géneros narrativos durante los setenta: el proletario, el picaresco, el autobiográfico, el de ciencia-ficción, el sentimental, el feminista, el de romance, y el de aventura. Sin embargo, como si fuera producto de un consciente plan, la *narrative of self-identity* supera todos los géneros en el mercado y en los círculos críticos.

Las palabras a continuación, dichas cuando Tomás Rivera recibe en 1970 el Primer Premio Nacional Literario Quinto Sol por su novela *". . . y no se lo tragó la tierra"* y repetidas en la introducción a la primera edición de *The Road to Tamazunchale* de Ron Arias, atestiguan el valor y la importancia de la creación y el desarrollo de un nuevo género en la narrativa mexicanoestadounidense:

> I think it is imperative that those Chicanos who need it, immerse themselves in the profound and satisfying intent of finding their identity. I do not think that the search has to manifest itself as dogma for those Chicanos who do not demand this search from their own lives. Chicanismo to me represents the rebirth of a spirit which now . . . begins to manifest itself in different forms. One of these is of course, literature. I believe that the most important thing for art and literature is to liberate itself from dogmas and to express freely not only the suffering, the injustices, but rather the totality of the Chicano. Our intent in literature, then, has to be totally human.³⁷

---

³⁵La narrativa de autoidentidad se acepta como género sólo dentro del contexto de una narrativa mexicanoestadounidense. No se niega, por lo tanto, que un género similar ha existido o existe en otras condiciones históricas.

³⁶Como cuentista, Nick C. Vaca es uno de estos narradores. Véase: Nick C. Vaca, "Hijo del sol", *The Chicanos: From Caricature to Self-Portrait,* ed. Edward Simmen (New York: Mentor Book, 1971), pp. 308-316.

³⁷Tomás Rivera, "Foreword", *The Road to Tamazunchale. West Coast Poetry Review*, 4.4 (1975), 9. El número completo de la revista se dedica a publicar la novela de Arias. Este nuevo género narrativo mexicanoestadounidense, por su adherencia a la autorrepresentación, tiene tanta importancia como el realismo mágico en Latinoamérica. En el prólogo de 1967 a su obra *El reino de este mundo*, Alejo Carpentier declara la incapacidad de las estéticas contemporáneas de Europa en transcribir la realidad caribeña. Los narradores angloestadounidenses exhiben una incapacidad similar en presentar la realidad del chicano.

La frase "it is imperative that those Chicanos who need it, immerse themselves in the profound and satisfying intent of finding their identity" alude a y proyecta para el lector el nuevo género narrativo, la *narrative of self-identity*. Generalmente, este género es la expresión de la clase media que, en coyuntura con los trabajadores agrícolas y los obreros urbanos, luchan por reapropiarse de su identidad cultural. Además de identificar el nuevo género narrativo, la cita susodicha tiene una doble resonancia: primero, identifica a Rivera como el iniciador de la *narrative of self-identity*; y segundo, reconoce como practicante de este género narrativo a Arias, quien publica su obra en 1975 durante la cumbre del género. Dos años después, la aparición de *Memories of the Alhambra* de Nash Candelaria señala el cierre en la importancia del nuevo género, la *narrative of self-identity*.

En todos los textos que forman parte del nuevo género narrativo del mexicanoestadounidense (novelas, cuentos, poemas, dramas), "la búsqueda de identidad" se expresa como la preocupación principal. Ya implícita aquélla en el proyecto ideológico y codificada como un objeto-temático-matriz (el viaje) en la figuración, la búsqueda se convierte en la fábula de **quién soy**. De esta manera, la búsqueda de identidad promueve el desarrollo del programa ideológico que, a través de su elaboración como objeto literario, distingue a la vez que liga la *narrative of self-identity* a previos géneros narrativos en la literatura mexicanoestadounidense.[38] Aún así, hubo variaciones en la expresión de la nueva narrativa. Los textos narrativos de los 1980, por su parte, sólo contienen residuos de la *narrative of self-identity*, una vez revolucionaria y vigente.[39]

El sujeto narrador: una visión del mundo y una ideología descolonizadora

Después de precisar el proyecto ideológico, Macherey lo divide en dos partes: 1) un sujeto, que implica una visión total del mundo y una ideología y que —al ser el sujeto la suma de ellas— depende de ambas la visión y la ideología; y 2) la representación o condición del discurso narrativo, la cual está ligada al estado general de la sociedad.[40] Desciende ahora el lector a la representación.

---

[38]Macherey, *A Theory of Literary Production*, p. 165.
[39]Véase: Gina Valdés, *There are No Madmen Here* (San Diego: Maize Press, 1982), p. 72.
[40]Macherey, *op. cit.*, 174.

De igual forma a la presencia del proyecto ideológico de autorrepresentación chicana en la narrativa, el sujeto intérprete aparece en la introducción histórica a la quinta edición de *El espejo/The Mirror*. A partir de la alusión a un estudio histórico de la narrativa mexicanoestadounidense desde su origen en 1848 hasta el desarrollo de una nueva literatura llamada chicana, el punto número dos de la introducción revela sucintamente los elementos integrantes de la visión del mundo del sujeto narrador chicano al nivel de historia (la conquista y subordinación laboral), de cultura popular, de subconciencia y de tradición literaria:

> Aún más, no es ésta una literatura que solamente reacciona ante la sociedad anglonorteamericana, sino que es una literatura que va recreando sus leyendas, sus mitos, sondeando las zonas más íntimas de la subconciencia colectiva, y en fin, que va definiéndose, dándose forma y contenido, creando en vez de reaccionando. Claro está que se nutre de sus raíces precolombinas e hispanas así como de otras fuentes occidentales, pero insiste en su propio ser.[41]

De manera similar a los sociólogos Tomás Almaguer y Mario Barrera, que aplican el modelo de la colonia interna a la experiencia mexicanoestadounidense, Herminio Ríos-C. y Octavio I. Romano-V., autores de la introducción a *El espejo/The Mirror*, reconocen una relación, aunque marginada, del mexicanoestadounidense con el Occidente como parte de la visión mundial del sujeto chicano.[42] Más adelante en la introducción, la visión chicana del mundo se plasma en el empleo de tres frases que ponen énfasis en el Sudoeste como espacio primordial de la nueva narrativa: en orden, "del chicano aztlanense", "la literatura chicana aztlanense" y "en el suelo ancestral de los chicanos". A base de una alusión al mito de Aztlán —verdad geográfica para los aztecas— estas frases funcionan aquí como categorías analíticas que facilitan el programa ideológico de forjar a nivel del Sudoeste un discurso de autorrepresentación en la narrativa: es decir, de autodefinición y de autoafirmación.

En cuanto a sus esfuerzos, el sujeto narrador chicano emplea como estrategia regresar en el tiempo y el espacio hasta la prehistoria y poner en cuestión los siglos de objetivación, de *otredad*, a manos de un discurso normativo del angloamericano. Este retorno representa una contraestrategia

---

[41]Ríos y Romano, "Introducción", p. x. Philip D. Ortego sostiene una concepción similar de la herencia occidental en la literatura del chicano. Véase: Philip Darraugh Ortego, "Backgrounds of Mexican American Literature" Diss. University of New Mexico, 1971, p. 5. En el campo de la sociología, Tomás Almaguer reconoce también la relación del mexicanoestadounidense con el Occidente. Véase: Tomás Almaguer, "Towards The Study of Chicano Colonialism", *Aztlán*, 2.1 (Fall 1971), 15.

[42]Esto no quiere decir que el chicano pertenezca únicamente a la cultura de Occidente, pues parte de su ser es también tercermundista.

para desconstruir el discurso normativo. La contraestrategia es similar a las de otras identidades culturales reprimidas en los Estados Unidos antes de los setenta: el regreso a Africa del afroamericano, el retorno al matriarcado de la mujer norteamericana, el regreso a Asia de los asiáticoestadounidenses y la vuelta a la naturaleza de los jóvenes y los indígenas. El proceso analítico del sujeto narrador chicano —el regresar a la prehistoria— explica los numerosos niveles en su visión del mundo como aparecen enumerados en la susodicha cita.

Esta misma cita alude en la última cláusula independiente a la ideología del sujeto narrador chicano, una ideología autorrepresentativa, "descolonizadora":. . . **insiste en su propio ser** [negrilla nuestra]. Por su parte, la cláusula dependiente que abre el punto número cuatro revela el objetivo ideológico:

> 4. Firmemente creyendo que la autodeterminación por la cual ha venido añorando y luchando reñidamente el pueblo chicano desde mediados del siglo diecinueve **se logra solamente mediante esfuerzos chicanos** [negrilla nuestra]. . . [43]

Y por si acaso le queda duda al lector, el punto número siete —el último— deja muy claro y en forma directa la ideología descolonizadora del sujeto: "obras chicanas que reflejan experiencias chicanas **desde un punto de vista chicano** [negrilla nuestra]. . . ".[44] Se trata, pues, de escuchar a un narrador colonizado pero también armado de una ideología de autorrepresentación, es decir, descolonizadora. Este narrador busca y codifica su propia visión de la sociedad chicana y del mundo.[45]

La representación ideológica: el discurso narrativo y la sociedad

En cuanto a la representación, este nivel hace posible el estudio de la condición del discurso narrativo ligada al estado de la sociedad. Se estudia ahora el tipo de conciencia colectiva, el tipo de discurso narrativo y la situación del escritor. Primero, cuando se cierra la década de los sesenta, el mexicanoestadounidense retoma conciencia de su condición como conquistado, estado que lo mantiene explotado y subordinado a base de la discriminación. En los setenta el chicano se aleja de la política integracionista de los años 1950 y enfrenta directamente su situación de colo-

---

[43]Ríos y Romano, "Introducción", p xi.
[44]*Ibid.*
[45]Al nivel de la figuración, la visión de la sociedad chicana como parte del mundo se convierte en el principio de cierre.

nizado interno.[46] Sin tomar mucho en cuenta su incipiente nacionalismo, *El plan espiritual de Aztlán* (1969) presenta de un modo conciso pero concreto la conciencia colectiva que da lugar al proyecto ideológico de autorrepresentación:

> Institutions shall serve our people by providing the services necessary for a full life and their welfare on the basis of restitution, not handouts or beggar's crumbs. Restitutions for past economic slavery, political exploitation, ethnic and cultural psychological destruction, and denial of civil and human rights.[47]

El tono y contenido de esta cita marca el significado de las frases "estado anímico" y "dolorosas llagas" que aparecen en la introducción a la quinta edición de *El espejo/The Mirror*. Esta conciencia colectiva dura sólo hasta mediados de los setenta cuando los programas de acción afirmativa, al ofrecer la apertura económica a algunos chicanos, pocos, reducen la militancia y cierran el período de lucha abierta. A principios de los ochenta el chicano vive la crisis general inflacionaria que opera en la sociedad estadounidense y en el mundo.

En cuanto al discurso narrativo sobre el mexicanoestadounidense que se publica antes de los setenta, comparten la hegemonía narrativa las más recientes obras del discurso normativo angloamericano,[48] dejando a un lado a los escritores aperturistas de ascendencia mexicana. Es decir, aunque ya desaparecidos, Gertrude Atherton, Jack London, Katherine Anne Porter, Willa Cather y John Steinbeck continúan presentando, por medio de sus textos, al mexicanoestadounidense en forma de estereotipo. Como respuesta, el californiano Francisco Ríos critica severamente la continua imagen unidimensional del mexicanoestadounidense en la literatura angloamericana en su artículo "The Mexican in Fact, Fiction, and Folklore" (1969).[49] Mientras tanto, en la Universidad de Texas en Austin, Raymund A. Paredes investiga el discurso normativo y escribe la contundente tesis "The Image of the Mexican in American Literature" (1973). Por su parte,

---

[46]Para un resumen de los eventos históricos de esta época, véase: Sonia A. López, "The Role of the Chicana within the Student Movement", *Essays on la Mujer*, eds. Rosaura Sánchez and Rosa Martínez-Cruz (UCLA: Chicano Studies Center Publications, 1977), pp. 16-29; Rodolfo Acuña: *Occupied America: A History of Chicanos* (New York: Harper and Row, 1980); Carey McWilliams, *North from Mexico* (New York: Greenwood Press, 1968); y John Chávez, *The Lost Land: The Chicano Image of the Southwest* (Albuquerque: University of New Mexico Press, 1984).

[47]Anónimo, "El plan espiritual de Aztlán", *Aztlán: An Anthology of Mexican American Literature,* eds. Luis Valdez and Stan Steiner (New York: Vintage Books, 1972), pp. 404-405.

[48]El origen de este discurso normativo data anterior a 1848.

[49]Véase: Francisco Ríos, "The Mexican in Fact, Fiction, and Folklore", *El Grito: A Journal of Contemporary Mexican American Thought* 2.4 (Summer 1969), pp. 14-28.

los narradores aperturistas de ascendencia mexicana no satisfacen con sus obras las demandas del nuevo público lector chicano. Ni éste ni el lector angloamericano los reciben bien. Escritas en la mayoría antes de los 1960, las obras aperturistas caen en el silencio.[50] Esta es la suerte de Josephina Niggli, José Antonio Villarreal y de Richard Vásquez. Desde México, varios narradores mexicanos, apoyados por sus casas editoriales, agravan la situación del mexicanoestadounidense como objeto literario. Ellos también presentan una imagen unidimensional del chicano, imagen normativa.[51] El público lector chicano, aumentado por estudiantes en instituciones de enseñanza superior y por una ascendiente aunque débil clase media, rechaza tanto al discurso normativo angloamericano que mantiene la hegemonía sobre su imagen como la imagen igualmente estereotípica presentada en la narrativa mexicana.[52] Este público busca objetos literarios de autorrepresentación propios.

Para los setenta, el discurso narrativo sobre el mexicanoestadounidense emana principalmente de su propio sujeto narrador. Conscientes de una tradición narrativa autóctona, los narradores chicanos inauguran nuevos parámetros literarios. A *The Plum Plum Pickers* (1967) de Raymund Barrio, publicada a base de los propios recursos del autor, se suman los textos narrativos pertenecientes directamente al proyecto ideológico y su género de autorrepresentación. Ante el lector no sólo chicano sino también angloamericano, afroamericano, mexicano y latinoamericano, desfilan ahora personajes complejos y genuinos, de representación típica, individual y auténtica, una imagen emitida por un narrador chicano y moldeada en su propio medio rural o urbano: el adolescente anónimo de *". . . y no se lo tragó la tierra"*, Antonio Juan Márez y Luna, el Búfalo Café, Rafa Buenrostro y Jehú Malacara, Benjamín Chávez, Chepa, Loreto Maldonado, Don Fausto Tejeda, Jorge Curiel o el Buen Chuco, y José Rafa. En contraste con el discurso narrativo del mexicanoestadounidense durante el siglo XIX, escrito principalmente en español, un discurso bilingüe —a

---

[50] Véase el artículo: Richard D. Woods, "The Chicano Novel: Silence after Publication", *Revista Chicano-Riqueña*, 4.3 (verano 1967), pp. 42-47. *Pocho* sólo tiene éxito comercial después de establecerse el movimiento chicano. De éste, se benefician también Josephina Niggli, Fray Angélico Chávez, José Antonio Villarreal y Floyd Salas.

[51] Por ejemplo, véase: María Herrera-Sobek, "The Bracero Experience in Fiction", *The Bracero Experience: Elitelore versus Folklore*, intro. James W. Wilkie (Los Angeles: University of California, Los Angeles, Latin American Center, 1979), pp. 13-36. En comparación con la imagen unidimensional del mexicanoestadounidense en la narrativa angloamericana, esta área necesita estudio. Véase también: José Revueltas, *Los motivos de Caín* (México: Tipográfica Impulso, 1957).

[52] Véase el punto número siete de la introducción a la quinta edición de *El espejo/The Mirror*.

veces en español, a veces en inglés o a veces en ambos (*caló*)— sirve como el medio lingüístico. Sólo la visión del mundo y la ideología descolonizadora del sujeto narrador chicano unifica este nuevo discurso narrativo. Además, para no perder a cualquier lector potencial, los textos narrados en español tienen la mayoría de los casos sus traductores: Herminio Ríos-C., Gustavo Valadez, Rosaura Sánchez, Eva Price y otros. Varios artistas ilustran las páginas de los textos sumando otra dimensión al nuevo discurso narrativo: Dennis Martínez y Edel Villagómez, cuatro y tres textos respectivamente, Oscar Bernal y Carolyn Bunch, dos textos cada artista. Malaquías Montoya, Angel Hernández, Desolina, Frank S. Balderrama, Roberto Valle y Nancy J. Young, todos una obra.

Las casas editoriales chicanas: Quinto Sol, Tonatiuh, Justa y Pajarito

> ¿Qué [sic] no hay escritores chicanos? ¿Qué [sic] no hay obras chicanas? Mentiras. Estos escritores y sus obras lo desmienten.[53]

Estas palabras que cierran la introducción a la quinta edición de *El espejo/The Mirror*, además de la lista de 122 escritores al final, reflejan la situación del escritor chicano durante los 70: éste se enfrenta a la tarea de establecer, o reestablecer, una tradición narrativa. De las filas de la nueva clase media en formación se presentan escritores que, animados por la simultánea autoafirmación de los trabajadores agrícolas y los obreros urbanos así como por la de otras identidades culturales reprimidas en los Estados Unidos, ven significado en la lucha colectiva y aceptan su desafío. En las páginas de varias revistas chicanas, tanto de literatura como de sociología, en los festivales populares chicanos —los *Flor y Canto* y los *Canto al Pueblo*— y en los periódicos chicanos, inclusive *La Opinión* de Los Angeles, California, aparecen cientos de narradores.[54] Pero todavía así el acceso a una casa editorial figura como el problema central. Para rebasarlo, se llevan a cabo varios y diferentes esfuerzos: algunos narradores toman en serio la apertura por parte de las casas editoriales angloamericanas, principalmente las del Este, y les mandan sus manuscritos; otros fundan sus propias casas editoriales con el único propósito de publicar su obra; y un narrador publica en México. El hecho decisivo es, sin embargo, la fundación de las casas editoriales chicanas independientes como Quinto Sol

---

[53]Ríos y Romano, "Introducción", p. xi.
[54]Algunas de las revistas son: *Caracol, Tejidos, El Grito, Mango, Chismearte, Vórtice, Revista Chicano-Riqueña* (ahora llamada *The Americas Review*), *The Bilingual Review* y *Grito del Sol*.

Publications, Tonatiuh International, Editorial Justa Publications y Pajarito Publications. A la labor de estas cuatro se debe la publicación y existencia de las varias obras representativas que provienen de las cinco provincias del Sudoeste. La historia de las primeras tres editoriales está intrínsecamente relacionada con el interés de dos editores de textos narrativos chicanos muy reconocidos y respetados en el campo de la literatura chicana, Octavio I. Romano-V., un doctor en antropología, y Herminio Ríos-C., ex-profesor de literatura comparada en la Universidad de California, Berkeley; ambos fundan las editoriales y las mantienen a base de un gran esfuerzo individual. Quinto Sol Publications llega a existir como el proyecto de un grupo de sociólogos chicanos, profesores y estudiantes postgraduados, quienes a fines de los años 1960 residen en la ciudad de Berkeley. Entre ellos se encuentra el antropólogo Octavio Romano, uno de los guías del movimiento.[55] Su órgano de difusión, *El Grito: A Journal of Contemporary Mexican-American Thought* (1967-1975), publica al principio estudios sociológicos que denuncian las teorías racistas sobre el mexicanoestadounidense en el campo de la sociología. Más tarde, la mesa editorial decide incluir literatura chicana en los campos de la narrativa, la poesía y el teatro. Para 1969, Octavio Romano edita y publica la antología *El espejo/The Mirror*, que se imprime tres veces en menos de dos años. En 1971 Herminio Ríos-C. ingresa a Quinto Sol Publications: se incluye su nombre en la página de editores de *El Grito* y se le atribuye la traducción al inglés de la primera edición de *"... y no se lo tragó la tierra"*. En la introducción a ésta se identifica a Herminio Ríos con el título de redactor en la sección de literatura. Durante 1972 ambos colaboran en la histórica quinta edición de *El espejo/The Mirror* y publican la narrativa ganadora del Segundo Premio Quinto Sol, *Bless Me, Ultima*, escrita por el chicano de New Mexico (nuevomexicano) Rudolfo A. Anaya. Octavio Romano y Herminio Ríos continúan colaborando juntos hasta 1974, cuando cesa Quinto Sol de publicar narrativa o simplemente literatura chicana. Desde entonces no aparecen ni la revista *El Grito* ni nuevos textos narrativos.[56] Sólo quedan para el público lector las obras ya mencionadas y otras pocas publicadas durante su corta colaboración: *Estampas del Valle y otras obras* (1973) del tejano Rolando Hinojosa, *Blue Day on Main Street* (1973) del californiano J. L. Navarro y *Cachito mío* (1973) del tejano José Acosta Torres.

---

[55]Véase: Robert Blauner, "Chicano Writing", *Racial Oppression in America* (New York: Harper and Row, 1972), pp. 162-181.
[56]En 1977 sale *Mi abuela fumaba puros* de Sabine Ulibarrí. Empero, en ninguna parte aparece el nombre de Herminio Ríos. Sí aparece el de Octavio Romano.

En la narrativa chicana continúan la labor de Quinto Sol Publications dos nuevas casas editoriales: Editorial Justa Publications y Tonatiuh International. Esta última, fundada por Octavio Romano, inicia sus publicaciones con la colección de cuentos *Rain of Scorpions and Other Writings* (1975) de la feminista y tejana Estela Portillo; Editorial Justa Publications, establecida por Herminio Ríos-C., imprime *Heart of Aztlán* (1976) de Rudolfo A. Anaya.[57] Para fines de los setenta publican entre ambas casas editoriales once obras narrativas: Tonatiuh International, cuatro; y Editorial Justa Publications, siete.[58] De éstas, cuatro pertenecen a nuevos narradores chicanos jamás publicados: *Below the Summit* (1976) y *Nambé—Year One* (1976) de los narradores nuevomexicanos Joseph V. Torres-Metzgar y Orlando Romero; *I plesha lichans tu di flac* (1977) del tejano Saúl Sánchez; y *Rosa, la flauta* (1980) del nuevomexicano Sergio Elizondo. Editorial Justa Publications reimprime, además, la segunda narrativa de Rolando Hinojosa-S., *Generaciones y semblanzas* (1977), premiada y publicada por Casa de las Américas en 1976 bajo el título *Klail City y sus alrededores*. A principios de los 1980, tanto Tonatiuh International como Editorial Justa Publications tenían planes de publicar más textos de narrativa chicana.

Dirigida por el nuevomexicano José Armas, Pajarito Publications, aunque no menos importante, juega un papel secundario. Su labor se limita a publicar y a editar dos novelas, además de la revista literaria *De Colores* (1973-1981), que incluye en sus páginas narrativas cortas. En 1978 Pajarito reimprime *The Road to Tamazunchale* de Ron Arias y anuncia la publicación de *El león salió de la jaula* (1980) de Alfredo de la Torre, ganadora del Premio Pajarito Nacional—1977. Además, Pajarito Publications edita algunas antologías sobre los festivales populares *Flor y Canto* y *Canto al Pueblo*.

Sin salirse de la coherencia del proyecto ideológico, varios otros tipos de casas editoriales participan en el desenvolvimiento de la representación ideológica. En primer lugar, existen las casas editoriales organizadas por el

---

[57] Ya salió la primera novela de Estela Portillo. Véase: *Trini* (Binghamton, New York: Bilingual Press/Editorial Bilingüe, 1986).

[58] Tonatiuh publica: *Rain of Scorpions* (1975) de Estela Portillo, *Below the Summit* (1976) de Joseph V. Torres-Metzgar, *Nambé—Year One* (1976) de Orlando Romero y *Pelón Drops Out* (1979) de Celso A. de Casas. Editorial Justa imprime: *Heart of Aztlán* (1976) de Rudolfo A. Anaya, *I plesha lichans tu di flac* (1977) de Saúl Sánchez, *Tortuga* (1979) de Rudolfo A. Anaya, *Cuentos para niños traviesos* (1979) y *Tata Casehua y otros cuentos* (1980) de Miguel Méndez-M., y *Rosa, la flauta* (1980) de Sergio Elizondo. Aparte de estas seis obras nuevas, Editorial Justa en 1977 reimprime la novela *Klail City y sus alrededores* bajo el nuevo título de *Generaciones y semblanzas*, obra que ganó en 1976 el Premio Casa de las Américas y fue imprimida por primera vez en Hispanoamérica.

autor mismo para publicar su propia obra: Ventura Press (California) de Raymund Barrio, autor de *The Plum Plum Pickers*; Editorial Peregrinos (Arizona) de Miguel Méndez-M., que publica también *El diablo en Tejas* (1976) de Aristeo Brito; Bilingüe Publications (Nuevo México) de Roberto C. Medina, autor de *Two Ranges* (1974) y *Fabián no se muere* (1978) y Cíbola Press (California) de Nash Candelaria, casa editorial organizada bajo el consejo de Raymund Barrio. Fieles a su política de apertura, las editoriales angloamericanas, principalmente las del Este, publican a narradores mexicanoestadounidenses y a dos o tres narradores angloamericanos que escriben sobre el mexicanoestadounidense.[59] Las principales son: Anchor Books/Doubleday, Avon Books —una división de la Hearst Corporation—, Straight Arrow Books (San Francisco, California), Bantam Books, Titan Publishing Company (Nuevo México), Pocket Books —la división Simon and Schuster de la Gulf and Western Corporation—, Y'Bird (Berkeley, California, redactada por dos escritores afroamericanos), y Ballantine Books —una división de Random House—, que publica *The Milagro Beanfield War* (1974) de John Nichols, un narrador angloamericano. Participan igualmente varias editoriales universitarias e independientes: la University of California, Irvine, la University of California, San Diego y la University of New Mexico; la revista *West Poetry Review*, que publica la primera edición de *The Road to Tamazunchale* de Ron Arias; y por último, la Editorial Joaquín Mortiz de México, D. F., México, que publica *Caras viejas y vino nuevo* (1975) y *La verdad sin voz* (1979) de Alejandro Morales.

El papel decisivo de las cuatro editoriales susodichas en la producción de la narrativa chicana durante la década de los setenta tiene su resonancia al identificar las editoriales de los ochenta. Bilingual Review/Press y Arte Público Press comparten el papel principal, jugando un papel secundario, aunque no menos importante, Tonatiuh International, Maize Press, y Dos Pasos Editores. Aparte de estas cinco editoriales, participan varias otras pequeñas. Por su parte David R. Godine, una pequeña pero prestigiosa editorial angloamericana, aunque de más alcance al público lector estadounidense que cualquiera de las principales editoriales chicanas, toma la vanguardia en la apertura ofrecida por las editoriales del Este al publicar *Hunger of Memory* (1981) de Richard Rodríguez, una autobiografía de ideología conservadora y opuesta a la autoafirmación cultural. Por su parte, unas dos o tres editoriales mexicanas publican narrativas, antologías y obras de crítica

---

[59]Los narradores angloamericanos son: John Nichols y Frank Bonham. Este último escribe *Viva Chicano* (1970). Dirigida a los adolescentes, la acción del texto ocurre en Boyle Heights, un barrio del Este de Los Angeles.

chicanas. En los ochenta se desarrolla incluso un nuevo fenómeno: surgen editoriales europeas que reimprimen, en traducción a varias lenguas europeas, obras sobresalientes de la narrativa chicana de los setenta.

Una breve encuesta de la narrativa mexicanoestadounidense de los ochenta indica que, comparado con los setenta, las editoriales que editan narrativa chicana son ahora estables y publican un mayor número de obras así como a más narradores. Primero, Tonatiuh International imprime, además de una colección de cuentos, cinco novelas —una más que en los setenta—. Maize Press, por su parte, edita tres obras narrativas mexicanoestadounidenses, que incluye *Crónicas diabólicas* (1982) de Jorge Ulica (1870-1926), escritor de los 1920. Empero, la historia literaria deja claro en los ochenta el dominio del campo por parte de Arte Público Press y Bilingual Review/Press. Irónicamente, ésta tuvo sus raíces en Nueva York y aquélla inició su labor en el Medioeste. Hoy en día ambas tienen su oficina en el Sudoeste: Arte Público Press en Houston, Texas, y Bilingual Review/Press en Tempe, Arizona. En conjunto estas dos editoriales imprimieron en los 1980 unas ochenta y cinco novelas, biografías y colecciones de cuentos, que incluye alrededor de catorce obras de narradoras chicanas. Como logro decisivo de la década pasada, el número de narrativas mexicanoestadounidenses se duplica, editándose más de cien, comparado con unas cincuenta y cinco en los setenta.

Dos Pasos Editores y Tonatiuh International, como Quinto Sol y Justa Publications en los setenta, se limitan a publicar narrativa de mexicanoestadounidenses. A diferencia de éstas, Bilingual Review/Press y Arte Público Press, y a un nivel secundario Maize Press, exhiben características que hacen a estas editoriales responsables del aumento en el número de narrativas chicanas en los Estados Unidos y el mundo. Entre estas características, tenemos: 1) el reimprimir obras clásicas y recientes de narradores precursores (Ulica, Ulibarrí y Villarreal); 2) el publicar la segunda o tercera edición de obras ya establecidas como representativas por los narradores chicanos de los setenta (Barrio, Morales y Sagel); 3) el diseminar narrativa escrita por la mujer chicana (Gina Valdés, Ana Castillo, Beverly Silva, Mary Helen Ponce, Patricia Preciado Martin, Alma Luz Villanueva, Helena María Viramontes, Sandra Cisneros, Denise Chávez y Margarita Cota-Cárdenas); 4) el iniciar la publicación de crítica literaria en forma de libro sobre la narrativa chicana; 5) el incluir en sus títulos impresos, además de a otros hispanoestadounidenses, a narradores *nuyorrican* y cubanoamericanos (respectivamente Nicholasa Mohr y Roberto G. Fernández); 6) el reclutar activamente la participación de escritores hispanoamericanos y peninsulares en las mesas editoriales (Nicanor Parra, Severo Sarduy, Mario Vargas Llosa y Juan Goytisolo); y 7) el interactuar recíproca y ventajosamente con los medios angloamericanos de comunicación del Este; *p. ej.*: el *New York Times, Los Angeles Times* y *San Francisco Chronicle*. Todas estas características indican que la narrativa chicana de los ochenta —continua expresión de la narrativa mexicanoestadounidense— forma parte de un nuevo proyecto ideológico, que pide ser definido por los críticos.

Los objetos-temáticos-matrices *(otm):* el viaje, la escritura y la descolonización

Gestados en el seno del proyecto ideológico, los *otm* ligan o conectan los dos niveles del texto: la representación y la figuración. Como manifestaciones del sujeto narrador chicano, establecida ya la visión y la ideología de éste, los *otm* inician y mantienen el movimiento de los otros elementos que estructuran la figuración. Logran esto sin rebasar la coherencia del proyecto ideológico y sólo después de tomar parte en la representación. A base de esta función estructurante, se establece una lógica entre los tres niveles del modelo machereano.[60]

A partir de su visión del mundo como colonizado interno y de su ideología descolonizadora, los *otm* del sujeto narrador son: el viaje (sea en el tiempo o en el espacio), la escritura y la descolonización.[61] Los tres tienen un valor equivalente y pueden existir en cualquier combinación con el único requisito de que aparezca el viaje como el título implícito de la obra. A base de este requisito, el protagonista de la *narrative of self-identity* resulta ser el chicano típico, si no individuo, cuya búsqueda de identidad ocurre en relación tanto a las sociedades angloamericana y chicana como al mundo. No sólo el protagonista, sino los personajes secundarios aparecen en constante movimiento: los viajes son la razón y el producto de sus esfuerzos en encontrarse consigo mismos, en encontrar su lugar en el mundo. El narrador-protagonista de *Bless Me, Ultima*, Antonio Márez y Luna, emprende un viaje anímico en el tiempo y el espacio para comprender su separación de una comunidad pastoral de Nuevo México y de su cultura provinciana (comunidad aparentemente desintegrada por el desarrollo económico). En la *narrative of self-identity,* el personaje chicano reconoce a

---

[60]Macherey, *A Theory of Literary Production*, p. 172.
[61]En *Pocho* de José Antonio Villarreal todavía predomina la asimilación del mexicanoestadounidense a la cultura angloamericana. Esta asimilación funciona como *otm* en la narrativa de los cincuenta. Con la autoafirmación cultural del chicano durante los setenta, la asimilación se transforma en el *otm*, la descolonización, en la *narrative of self-identity*. La narrativa chicana refleja un cambio ideológico en el modo de integración estructural al desarrollo estadounidense.

través del viaje su papel en la sociedad estadounidense y en el mundo: su identidad.

El segundo *otm*, la escritura, se codifica a varios niveles del discurso lingüístico de una narrativa específica. Por ejemplo, tomamos conciencia de esto en el lenguaje del narrador en primera persona como en *The Autobiography of a Brown Buffalo* (1972) de Oscar Zeta Acosta; en el lenguaje del narrador omnisciente como en *Pocho*; en la introducción al texto hecha por el narrador-autor como en *Memories of the Alhambra*; y en el nivel metalingüístico ligado al lenguaje del narrador omnisciente como en *"... y no se lo tragó la tierra"*.[62] La escritura se expresa también tanto al nivel del personaje central como al del secundario. Por ser expresión concreta de la escritura, los narradores y los personajes toman el papel de exploradores. Sus objetivos principales consisten en desconstruir las imágenes unidimensionales del mexicanoestadounidense codificadas por el discurso normativo de la narrativa angloamericana y en estructurar nuevas imágenes autorrepresentativas como parte de los nuevos parámetros literarios. Cuando logran esto los narradores y los personajes, enfrentan y examinan la relación del chicano no sólo con la sociedad angloestadounidense sino también con todo el mundo a varios niveles: la historia, la clase social, la cultura popular, la subconciencia colectiva y las tradiciones literarias. Igualmente, se examinan las contradicciones de clase en la *narrative of self-identity* como parte de la exploración del narrador o del personaje. El *otm* de la escritura, en su especificidad, viene siendo la expresión lingüística del sujeto narrador chicano; de esta forma, la escritura ejerce la facultad de producir imágenes, símbolos y metáforas de autorrepresentación. Este segundo *otm* de la escritura, entonces, constituye el verbo de una colonia interna.

En la *narrative of self-identity*, el tercer *otm*, la descolonización, se codifica como la lucha primordial del chicano contra los arquetipos de los colonizadores —el español del siglo XVI y el anglosajón del siglo XIX— y como el constante enfrentamiento entre el chicano típico y los presentes tipos que mantienen su subordinación o ponen en duda su existencia: el angloamericano y el mexicano. Al intervenir la descolonización en la hegemonía del discurso normativo, se desenvuelve un discurso chicano donde se expresa el encuentro fundamental con el *otro*. La *narrative of self-identity* muestra, a modo de inversión, una innegable inquietud ante la representación del angloamericano. Anteriormente, un sujeto anglosajón representaba al chicano como la *otredad*. En ciertas expresiones de la descolonización, algunos angloamericanos son ahora esta entidad pasiva. Irónicamente, la

---

[62]Sobre la noción de un nivel metalingüístico como parte del discurso narrativo, véase: Roman Jakobson, "Linguistics and Poetics", p. 93.

nueva visión del *otro* incluye en la mayoría de los casos representaciones unidimensionales de la mujer, sea el personaje femenino una angloamericana, una mexicana o una chicana. Sólo una narrativa feminista de la mujer chicana, que figura como una variación del proyecto ideológico, balancea un poco la insuficiencia del tercer *otm*, ampliando la visión del mundo y la ideología descolonizadora del sujeto narrador chicano.[63]

El hecho de que el *otm*, la descolonización, se mueva en tan amplia visión del mundo, implica la reconsideración de la historia y la sociedad estadounidense. Varios de los títulos de las obras, por ejemplo, señalan de entrada un regreso a la prehistoria del mexicanoestadounidense: *The Autobiography of a Brown Buffalo, Peregrinos de Aztlán, Heart of Aztlán, Nambé—Year One,* y *Memories of the Alhambra.* Al nivel metafórico, estos títulos conjuran imágenes de movimiento en la historia cuyo objetivo es encontrar o redefinir el origen del chicano. Fomentado por la descolonización, el contenido de la narrativa completa la forma del texto, forjando así imágenes de autorrepresentación. De este modo, el viajero-emisor-descolonizador, portando dos máscaras complementarias —narrador y personaje— se manifiesta al nivel del discurso como el verbo de una colonia interna y toma por necesidad una forma concreta al nivel de la especificidad social, el personaje: Richard Rodríguez, el arquetipo del asimilado; los simbióticos Jehú Malacara y Rafa Buenrostro; Theresa Trujillo y Valentina Ballesteros, feministas y espíritus independientes; la arriesgada Chepa; don Fausto Tejada, en busca del origen por medio de la muerte; y el existencialista "Búfalo Café", cuyo nombre hace que pasemos de un animal en peligro de extinción a un ser trágicamente humano.

Más allá de su variada psicología forjada en las luchas y los enfrentamientos con el angloamericano y el mexicano típicos, todos estos personajes comparten un mismo semblante: el de colonizado interno; conquistado, subordinado, bilingüe, marginado, explotado pero ejerciendo la autodeterminación. Es decir, la descolonización no trata de representar exclusivamente un tipo de psicología o de crear "nuevos personajes", sino de confirmar el papel descolonizador de los protagonistas: cada uno, en un instante u otro, resulta ser el sujeto o verbo privilegiado de una colonia interna.

---

[63]De interés ideológico, en la narrativa feminista de la chicana, donde no se rebasa la posición económica subordinada de la mujer, el hombre se convierte en *el otro*. Por ejemplo, en la obra *Victuum* (1976) de Isabella Ríos, las protagonistas proveen la continuidad al barrio y a la narración en sí.

La fábula y los dos componentes estructuralistas

La fábula

Una vez reconocido que la representación lleva en una forma u otra a la figuración, se pasa al análisis y a la reestructuración del discurso narrativo específico. Se revela de este modo hasta qué punto se realiza el proyecto ideológico: su continuidad o sostenimiento en la figuración, su cuestionamiento del proyecto, o su autosuficiencia al tercer nivel. De manera estipulada anteriormente al reformularla, dos componentes estructuralistas forman parte de la figuración, cada uno con sus propias relaciones y oposiciones.[64] los espacios estructurantes y el mito revelador. Ligados a la fábula, estos componentes se establecen como las normas o reglas[65] cuya función reside en participar también en la estructuración del discurso narrativo, particularmente al nivel del signo lingüístico, la metáfora, el símbolo, el mito, el monólogo, el diálogo, la escena y el personaje.[66] Se trata, pues, de descifrar la fábula **quién soy** encontrada en la narrativa chicana de autoidentidad, fábula que rige el orden de los varios elementos internos a la figuración.[67]

El Barrio, el Anti-Barrio y el Exterior

Tres espacios estructurantes forman parte de la figuración típica a la *narrative of self-identity*. Estos son: el Barrio, el Anti-Barrio y el Exterior. En su contribución a estructurar el discurso lingüístico específico, cada espacio tiene dos funciones: la de significante y la de significado.[68] Primero,

---

[64]Sobre la noción de relaciones y oposiciones estructuralistas, véase: Jonathan Culler, "Linguistic Metaphors in Criticism", p. 99.

[65]Culler, *op. cit.*, p. 96.

[66]Véase: Ferdinand de Saussure, "From *Course in General Linguistics*", *The Structuralists: From Marx to Levi Strauss*, pp. 59-79.

[67]Postulamos aquí la poética de la *narrative of self-identity*. Sobre la noción de una poética en un texto o género, véase: Jakobson, "Linguistics and Poetics", p. 85. El proyecto ideológico, el sujeto narrador chicano, los *otm*, los signos lingüísticos y los espacios estructurantes: ninguno de estos elementos por sí mismo, aislado, puede producir la figuración. Se necesita el establecimiento de un orden general al nivel del discurso lingüístico específico, un orden que agrupe las imágenes en series y dirija su desenvolvimiento e integración al discurso narrativo. De lo contrario, cualquier "texto" sería imposible de leer, ciertamente estaría incompleto. Como mencionado a través de este ensayo, el esperado y necesario orden lo provee la fábula **quién soy**, dilema tan antiguo como la historia de la humanidad.

[68]En el estudio de la narrativa, poca atención se le ha prestado al espacio como elemento de significado. Sólo después de aparecer el estudio fenomenológico de Gaston Bachelard, *La poetique de l'espace* (1958), surge un consciente interés en desarrollar varios conceptos críticos sobre el espacio. A esta obra le sigue la colección de ensayos *Figures*

el Barrio se reduce a un espacio o "territorio libre" de donde parte y a donde regresa el explorador chicano, siendo este espacio en la mayoría de los casos los restos de una vasta región que antes les pertenecía. Segundo, el Anti-Barrio viene siendo el espacio donde existen los medios socio-económicos y las instituciones culturales que pertenecen a la sociedad angloestadounidense, entidades sociales cuyo objetivo reside en determinar el papel económico y la imagen del explorador chicano, y en asimilarlo. Por último, el Exterior figura como el ambiente que rodea los primeros dos espacios estructurantes donde transcurre una lucha perpetua entre los residentes del Barrio y los del Anti-Barrio; en el Exterior el explorador chicano enfrenta el exilio, la muerte y peor, la inexistencia. De cada espacio emana una relación estructurante: la relación de autodeterminación, el Barrio; la relación de hegemonía, el Anti-Barrio; y la relación de entropía, el Exterior. Estas tres relaciones producen un par de oposiciones: entre los residentes del Barrio y los residentes del Anti-Barrio; y entre los sujetos envueltos en una lucha perpetua y los seres indiferentes a este suceso propio a la sociedad estadounidense. Los espacios estructurantes y sus oposiciones y relaciones, en conjunto y por medio de su interacción, contribuyen a codificar la fábula **quién soy** o la búsqueda de identidad.

El mito revelador

Un principio de inclusión y exclusión caracteriza al mito revelador, que yace al centro de la figuración. Se establece como un subsistema en el discurso narrativo.[69] Para la narrativa chicana de los setenta, el mito revelador viene siendo *Aztlán*,[70] similar al mito de Africa en la literatura afroamericana. Más allá de su intención nacionalista en la *narrative of self-identity,* este mito sitúa el origen y la usurpación de un territorio específico —el Sudoeste— proyectando la integración subordinada del mexicano-estadounidense a la sociedad angloamericana. Escrita por José Antonio

---

(1966) de Gerard Genette. Su ensayo "Espace et langage" eleva el estudio del espacio a los niveles de **significante** y **significado**, apoyándose en el concepto del signo lingüístico según De Saussure. Nosotros partimos de este desarrollo crítico sobre el espacio en la narrativa. Otro estudio del espacio como elemento de significado es *L'espace humain* (1962) de Georges Matore.

[69]Pierre Macherey, *A Theory of Literary Production*, pp.199-206.

[70]La repetida mención de este mito en los títulos de novelas, antologías, cuentos y colecciones de poesía apoya este postulado. Por ejemplo, véase: *Floricanto en Aztlán* (1971) de Alurista; "El plan espiritual de Aztlán" (1969), Anónimo; *Aztlán: An Anthology of Mexican American Literature* (1972), eds. Luis Valdez y Stan Steiner; *Voices of Aztlán: Chicano Literature Today* (1974), eds. Dorothy E. Harth y Lewis M. Baldwin; *Peregrinos de Aztlán* (1974) de Miguel Méndez; *Heart of Aztlán* (1976) de Rodolfo A. Anaya; y "Strange Rumblings in Aztlán" (1971) de Hunter Thompson.

Villarreal en 1959, la novela *Pocho* falla en integrarse a la narrativa angloamericana y hace necesaria la invención o reinvención de un mito propio a la experiencia del chicano. Para responder a la fábula y medir la resonancia del proyecto ideológico, el mito de Aztlán, ocupando el centro de un sistema narrativo, funciona como principio de inclusión y exclusión por medio del cual el sujeto narrador chicano codifica y emite definitivamente su visión del mundo y su ideología descolonizadora en la narrativa mundial. El género de la *narrative of self-identity* tiene, por consiguiente, tres relaciones: la relación de peregrino, que procede del "territorio libre"; la relación de conflicto (la dialéctica amo y esclavo), que codifica la interacción entre el chicano típico, el angloamericano y el resto del mundo a nivel de cultura, clase y género (sexo); y la relación de residencia, que sitúa un lugar fijo para el peregrino.[71] A partir de éstas, se produce el siguiente par de oposiciones: entre la residencia fija donde es posible la autoimagen (el Barrio) y el espacio donde se estereotipa al chicano (el Anti-Barrio); y, la otra oposición, entre el espacio donde transcurre la asimilación (el Barrio y el Anti-Barrio) y el mundo (el Exterior), donde aguarda el ninguneo: el exilio, el desgaste, o la muerte. Al igual que las relaciones y oposiciones de los espacios estructurantes, las del mito central de la figuración, Aztlán, contribuyen a forjar la función de cada miembro en el sistema de personajes novelescos, que caracteriza a la *narrative of self-identity*, el nuevo género narrativo del escritor mexicanoestadounidense, autoapelándose hoy chicano.

---

[71]Esta relación estructuralista, como su oposición, se lleva a cabo al nivel de la dialéctica amo y esclavo. Para una explicación de ésta, véase: Georg Wilhem Friedrich Hegel, "Interdependence and Dependence of Self-Consciousness—Master-Servant", *The Philosophy of Hegel* ed. Carl J. Friedrich (New York: The Modern Library, 1954), pp. 399-410.

III

EL ESPACIO POCHISTA: EL ASIMILARSE A LA CULTURA ANGLOAMERICANA

> It is, as I mentioned, a part of American literature. In short, I do not believe that there will be a Chicano literature that can be separate from American literature; and that makes it directly traceable to English literature. . . . And we are by style, form, and technique extremely traditional and adhere very strongly to the tradition of American letters.
> —José Antonio Villarreal, en *Chicano Authors: Inquiry by Interview* (1980), de Juan Bruce-Novoa

Introducción

En *Chicano Authors: Inquiry by Interview* (1980) el reconocido crítico Juan Bruce-Novoa, quien sostiene que *Pocho* (1959) de José Antonio Villarreal es la primera novela chicana, enjuicia al autor de la siguiente manera:

> As important as he is to Chicano literature Villarreal is still a controversial figure. He openly questions the validity of the term "Chicano Literature" itself. Having suffered at the hands of nonliterary critics, he is rightfully skeptical of criticism based on social, political, or racial criteria. He would prefer that his work be judged solely on its merit as literature, and recently *Pocho* has begun to be studied in that light. Yet whatever his opinion about the validity of the term Chicano, and in spite of his refusal to call himself a Chicano, it would be difficult to understand Chicano literature without taking into account the work of José Antonio Villarreal.[1]

¿Villarreal un narrador chicano? ¿Pertenece al proyecto ideológico de los setenta?

---

[1] Juan D. Bruce-Novoa, "José Antonio Villarreal," *Chicano Authors: Inquiry by Interview* (Austin: University of Texas Press, 1980), p. 38. El sustantivo *inquiry* o encuesta implica investigación. Por cierto, este texto era el más erudito sobre los autores chicanos. Recientemente, dos volumenes biográficos han rebasado el aporte de *Chicano Authors*. Véanse: Francisco A. Lomelí and Carl R. Shirley, *Chicano Writers: First Series* (Detroit: Gale Research, 1989) y Francisco A. Lomelí and Carl R. Shirley, *Chicano Writers: Second Series* (Detroit: Gale Research, 1992).

A pesar de la abierta negación del californiano, Bruce-Novoa insiste en considerarlo como integrante de esta narrativa, otorgándole además el lugar central: fundador. Bruce-Novoa le otorga ese atributo en su tesis, donde sostiene que la literatura chicana es un fenómeno reciente sin tradición histórica.[2] Por otro lado, varios investigadores y críticos como Luis Leal, Juan Rodríguez, Francisco Lomelí, Doris Meyer y Charles Tatum reconocen una historia continua de la narrativa mexicanoestadounidense a partir de la conquista de 1848. Existen además los textos narrativos del discurso normativo angloamericano. ¿Podría Villarreal pertenencer a esta tradición?

Bruce-Novoa, por el momento, estaría de acuerdo con nosotros en lo siguiente: en los años cincuenta Villarreal no está consciente de la historia literaria mexicanoestadounidense ni del tratamiento unidimensional del mexicanoestadounidense, elementos claves al proyecto ideológico de autorrepresentación chicana. Villarreal no tiene conciencia histórica del Sudoeste ni de su narrativa autóctona. Existe fuera del proyecto ideológico de los setenta. El epígrafe citado al principio de este capítulo indica más bien una intención de formar parte del discurso narrativo angloamericano, tendencia típica de los mexicoamericanos durante los años cuarenta y cincuenta. Estos aspiraban a formar parte de la literatura *American* o angloamericana, cuya base cultural es la anglosajona.[3] Conscientes nosotros del proyecto ideológico de autorrepresentación chicana en la narrativa, así como en la literatura chicana en general, podemos ver a Villarreal como un precursor inconsciente de los narradores de los setenta. Tal hecho reside en la ausencia de un proyecto ideológico colectivo entre los mexicanoestadounidenses durante los cincuenta.

El proyecto ideológico de los cincuenta

Se inicia el estudio de *Pocho* (el trabajo narrativo más importante de José Antonio Villarreal) con una reconstrucción de su proyecto ideológico. En contraste con el proyecto ideológico de los setenta, la escasa documen-

---

[2] Véase: Juan D. Bruce-Novoa, "Introduction", *Chicano Authors*, pp. 4-9.
[3] Véase: Sonia A. López, "The Role of the Chicana Within the Student Movement", *Essays on la Mujer*, edas. Rosaura Sánchez y Rosa Martínez-Cruz (UCLA: Chicano Studies Center Publications, 1977), pp. 16-29. Aunque el artículo enfoca únicamente la historia de la mujer chicana, establece al principio un amplio contexto histórico dentro del cual se caracterizan los años cuarenta y cincuenta como una época de política integracionista para los mexicanoestadounidenses. Dentro de este contexto, las declaraciones públicas de Villarreal lo identifican como un narrador asimilacionista. Puesto que aspira a asimilarse, rebasa el sentido histórico que tiene el chicano sobre el Sudoeste, lo cual resulta un elemento estructurador en cualquier texto narrativo.

tación dificulta precisar el tipo de sujeto que interpreta el proyecto ideológico al cual pertenece Villarreal. Durante los cincuenta no existe la extensa red de revistas, periódicos y grupos de escritores que se forma durante los sesenta y setenta para realizar el proyecto ideológico de autorrepresentación chicana. Un reportaje aislado, "Cannery Worker Writes Novel About Mexican-Americans' Life" (1959) de Jeannette Befame resulta ser el documento donde se encuentra una aproximación al proyecto ideológico en cuestión así como a su sujeto. Al examinar el reportaje se desenvuelve la representación ideológica del proyecto ideológico vigente durante los cincuenta en sus dos divisiones: la condición general de la sociedad estadounidense como se relaciona a la minoría racial mexicana y la condición del discurso narrativo sobre esta minoría.

A pesar de que los intelectuales progresistas como Carey McWilliams y John Bright aguardan la llegada de un *spokesman*, o narrador, que pueda interpretar la realidad del mexicanoestadounidense por medio de la narrativa, el surgimiento de Villarreal al mundo narrativo se origina en una intención individualista cuyas aspiraciones a lo universal no rebasan la visión del mundo anglosajona y su ideología asimilacionista.[4] Al contrario, Villarreal intenta integrarse al discurso narrativo angloamericano así como a la sociedad que lo produce. En el reportaje de Befame, Villarreal declara abiertamente que sus esfuerzos literarios no constituyen una campaña en particular, sino simplemente instruyen acerca de las vidas paralelas pero similares de los mexicanoestadounidenses y los angloamericanos.[5] Específicamente, intenta narrar la experiencia personal de su crecimiento de acuerdo con la tradición mexicana, separarse de ella y forjar una nueva tradición, reteniendo los elementos positivos de la cultura mexicana y sumándole a éstos los aspectos atractivos de la sociedad angloamericana. Niega por lo tanto ser un extremista, definiéndose únicamente como individuo. Es decir, no reconoce el contexto de dominación.

El reportaje incluye una sinopsis de la vida de Villarreal en donde se desenvuelve la figura de un mexicanoestadounidense asimilado: el llamado mexicoamericano. En particular, se acentúa la asimilación étnica y estructural de los Villarreal: de once hijos, únicamente la mayor y la menor se casan con mexicanos y José Antonio Villarreal se casa con una mujer de ascendencia inglesa a quien conoce en el Este. El autor se educa en el sistema educativo angloamericano: en las escuelas de Santa Clara y San José

---

[4]Véanse: Carey McWilliams, *North from Mexico* (New York: Greenwood Press, 1968), p. 302; y John Bright, "The Cut-off People", *The Nation*, January 9, 1960, p. 36.

[5]Jeannette Befame, "Cannery Worker Writes Novel About Mexican-Americans' Life", *San José Evening News*, October 28, 1959, p. 12.

y en la Universidad de California (Berkeley y Los Angeles). Villarreal, además, hace servicio militar en la marina estadounidense durante la Segunda Guerra Mundial.

Los elementos particulares del proyecto ideológico bajo el cual se produce *Pocho*, incluso los hechos biográficos de Villarreal, acentúan la aspiración del autor en ser un "American writer". Durante los cincuenta esto implica la asimilación de cualquier miembro de la minoría racial mexicana a la cultura anglosajona. Hasta el final de esta década y los principios de los sesenta no existe la posibilidad de ser un escritor chicano. Se le niega todavía la autodeterminación literaria al mexicanoestadounidense.

El Movimiento Chicano, que emana de los barrios del Sudoeste, Medioeste y Noroeste del Pacífico a partir de la mitad de los sesenta y se cierra durante la mitad de los setenta (especialmente por el desarrollo de un sector literario), tiene un impacto sobre el proyecto ideológico al cual pertenece Villarreal, pero no transforma la intención original.[6] Esto se revela en la entrevista de Juan Bruce-Novoa (1976), crítico partidario del proyecto ideológico de autorrepresentación chicana.[7] El impacto sale a relucir cuando Bruce-Novoa le pregunta a Villarreal cuál es el papel del escritor ante la sociedad. En su respuesta Villarreal evade identificarse como narrador chicano, optando por autoapelarse como "American writer" de tendencia universal:[8]

> As an American writer I find that my role within the American society is a very important one. This is not to indicate that I specifically write for America as I certainly do not write for the Chicano community. What I mean is, my idea, my intent, goes far beyond barriers or limits imposed upon a writer by any social or political movement, or by any chauvinistic design.[9]

---

[6]Villarreal escribe dos artículos claves a la participación del Movimiento Chicano en la lucha por los derechos civiles por parte de las minorías raciales. Estos reflejan una nueva concientización en el pensamiento de Villarreal. Véanse: José Antonio Villarreal, "Americans in Upheaval", *Los Angeles Times—West Magazine*, Los Angeles, September 18, 1966, pp. 21-27; y José Antonio Villarreal, "Mexican Americans and the Leadership Crisis", *Los Angeles Times—West Magazine*, Los Angeles, September 25, 1966, pp. 44-48.

[7]Bruce-Novoa representa el esfuerzo más determinado para integrar a Villarreal al proyecto ideológico de los setenta. Juega a consecuencia un papel revisionista en la historia de la narrativa chicana.

[8]Esta tendencia significa que el escritor debe ser honesto a su arte y no dejarse manipular por fuerzas políticas. Véase: Francisco Jiménez, "An Interview with José Antonio Villarreal", *The Bilingual Review/La Revista Bilingüe*, 3.1 (January-April 1976), p. 71.

[9]Juan Bruce-Novoa, "Interview with José Antonio Villarreal", *Revista Chicano-Riqueña*, 4.2 (primavera 1976), pp. 42-43.

Ni los intelectuales progresistas de los cincuenta ni los partidarios del proyecto ideológico de los setenta —colectivistas en principio— encuentran en Villarreal el *spokesman* o narrador esperado. Su diálogo e interacción con estos últimos lo conducen a reconocer el valor de la autorrepresentación literaria para los mexicanoestadounidenses, declarando incluso que él también interpreta la realidad sociohistórica de la minoría racial mexicana.[10] Empero, aunque para fines de los setenta reconoce la similitud entre el proyecto ideológico de autorrepresentación chicana y el suyo, Villarreal se mantiene fiel a su vía individualista, reiterando su autoapelación como "American writer" y defendiendo la integridad de la tendencia universal en la literatura. Este valor implica para él ser un narrador "honesto" que no permite la manipulación sociopolítica.

Para entender la contribución de *Pocho* a la narrativa de la minoría racial mexicana, necesitamos regresar a la condición de la sociedad estadounidense durante la producción del texto. Este planteamiento revela, por un lado, la singularidad de *Pocho* para mostrar los límites del modelo asimilacionista en cuanto a la integración del mexicanoestadounidense a la sociedad angloamericana de los años 1930 y 1940. Por otro, acentúa la contribución revolucionaria del proyecto ideológico de autorrepresentación chicana.

La condición de la sociedad estadounidense

En relación a la minoría racial mexicana, Sonia A. López capta la condición general de la sociedad estadounidense durante los cincuenta cuando distingue esta década de la época del Movimiento Chicano, conocida por su militancia:

> ... the Chicano Movement of the 60s represented a break with the traditional approach toward resolving the problems facing Chicanos. At this time, confrontation tactics and direct action were substituted for the integrationist politics of the 40s and 50s.[11]

Durante los años cuarenta, en cuya década termina la acción de *Pocho*, la integración o asimilación es el *modus operandi* para los mexicanoestadounidenses que desean formar parte de la cultura angloamericana. No pueden rebasar el contexto de dominación sin enfrentar este camino. Se ilumina así

---

[10]Véanse: Juan Bruce-Novoa, "Interview with José Antonio Villarreal", p. 43; y José Antonio Villarreal, "Chicano Literature: Art and Politics from the Perspective of the Artist", *The Identification and Analysis of Chicano Literature*, ed. Francisco Jiménez (New York: Bilingual Press/Editorial Bilingüe, 1979), p. 167.

[11]Sonia A. López, "The Role of the Chicana within the Student Movement", p. 17.

el énfasis de Villarreal en negar que emprende una campaña particular o que es un extremista al publicar *Pocho* en 1959.[12]

En *Occupied America: A History of Chicanos* (1981), el historiador Rodolfo Acuña identifica varias fuerzas que confrontan los residentes de los barrios del Sudoeste: la presencia del *McCarthyism* (la represión de los activistas), las continuas campañas para naturalizar a los inmigrantes mexicanos y para asimilar a los mexicanoestadounidenses así como el peligro siempre presente de remover los barrios para llevar a cabo la renovación urbana. No existe, por lo tanto, una clase letrada que ofrezca a los trabajadores migratorios y obreros de ascendencia mexicana una interpretación pluralista de la sociedad estadounidense. Desde el punto de vista de la autodeterminación para la minoría racial mexicana, incluyendo el campo de la literatura, en particular la narrativa, Acuña caracteriza los cincuenta como una década apática.[13] No sólo las comunidades de los mexicanoestadounidenses viven una experiencia bajo el dominio del conservadurismo durante los años 1940 y 1950, sino también las de los angloamericanos y las de los afroamericanos.

Al ser objetivamente un narrador de ascendencia mexicana interesado en los mexicanoestadounidenses como materia narrativa, Villarreal representa el caso de un escritor aislado y presionado a asimilarse. Como Villarreal creció fuera del barrio mexicano en una vecindad angloamericana, el integrarse a la sociedad anglosajona es el único camino posible. *Pocho* simboliza su esfuerzo para formar parte de ella. Su frustración por no realizarlo se transforma indirectamente en una crítica del modelo asimilacionista en relación a las minorías raciales. De seguro y a diferencia de los narradores del proyecto ideológico de autorrepresentación chicana, Villarreal no se propone desarrollar la cultura mexicanoestadounidense del Sudoeste. Lo señala ejemplarmente el historiador Ramón Ruiz en 1970:

> ... the self-evident truth is that Villarreal wrote before the advent of the Chicano Movement. That unity of all Spanish surname [sic] people proclaimed by chicanos [minúscula suya], who stoutly believe in the existence of common bonds between Mexican-born Americans, Mexican-Americans, the hispanos of New Mexico who

---

[12]La autodeterminación literaria, consigna del Movimiento Chicano, no es una posibilidad para Villarreal. El se limita a identificarse como un individualista, lo cual se permite en la tradición conservadora de la sociedad angloamericana. Su individualismo se traduce en la estética universalista.

[13]Rodolfo Acuña, *Occupied America: A History of Chicanos* (San Francisco: Canfield Press, 1981), pp. 333-342.

trace their ancestry back to Spanish colonial days, and even the descendants of the Californianos, nowhere appears in *Pocho*.[14]

Como un miembro típico de la incipiente clase media mexicanoestadounidense de los cincuenta, Villarreal intenta ser *American*, específicamente un "American writer".

El discurso narrativo angloamericano y los mexicanoestadounidenses

En la década en que Villarreal publica *Pocho*, un discurso normativo angloamericano monopoliza la representación del mexicanoestadounidense en la narrativa. Como este discurso está ligado al discurso narrativo angloamericano general, lo hace posible el mismo sistema de escritura en sus elementos específicos: los personajes, la psicología de éstos, el género, el estilo, el lenguaje, las editoriales, el contrato, el público, el plan de publicación, la distribución, la publicidad y los ilustradores. No existe un sistema alternativo como el que se desenvuelve durante los sesenta y setenta para hacer realidad el proyecto ideológico de autorrepresentación chicana.

Por ende, para establecerse como narrador durante los cincuenta, además de tener que presentarse como *American* (asimilado), Villarreal necesita integrarse y desarrollarse como miembro del sistema de escritura angloamericano, que incluye las editoriales, los círculos literarios, el estilo, los medios de comunicación, etcétera. Siendo que Villarreal no tiene conciencia de la autorrepresentación literaria para el mexicanoestadounidense, no le interesa rechazar ni contender contra el discurso normativo angloamericano. Por la necesidad de conformarse a ser "American writer", en el sentido de los cincuenta, Villarreal interacciona activamente con los elementos de este discurso.

El reportaje "Cannery Worker Writes Novel About Mexican-Americans' Life" alude al marco del discurso narrativo angloamericano al señalar que la crítica angloamericana identifica a Villarreal con John Steinbeck y al mencionar que la sociedad Theta Sigma Phi, angloamericana, honra al autor con una invitación a la fiesta anual para escritores californianos, evento que toma lugar en el San Francisco Press and Union League Club. Aparte de Villarreal, los mexicanoestadounidenses no participan en ninguno de estos elementos del discurso narrativo angloamericano. Villarreal no se liga con escritores de ascendencia mexicana, ni de México. No organiza la celebra-

---

[14]Ramón Ruiz, "On the Meaning of *Pocho*", *Pocho* (New York: Doubleday, 1970), p. xii.

ción honorífica un grupo literario chicano. No se lleva a cabo ésta en un barrio del Sudoeste ni en un Centro de Estudios Chicanos.

La editorial y los reseñistas que presentan *Pocho* a la sociedad estadounidense certifican su pertenencia al discurso narrativo angloamericano, lo cual se traduce en una apertura para los mexicanoestadounidenses por parte del sistema de escritura del Este. Situada en Nueva York —el principal centro literario de los Estados Unidos— la editorial Doubleday contrata a Villarreal y publica *Pocho*. La misma editorial, además, se encarga de la distribución. Los reseñistas pertenecen a la red de círculos literarios angloamericanos que se extiende entre Nueva York y San Francisco. Con sus reseñas, los críticos angloamericanos integran *Pocho* al mercado literario estadounidense. Así, en la costa del Oeste la revista *San Francisco Review*, donde publican los poetas del Movimiento Beat como Gary Snyder y Lawrence Ferlinghetti, incluye en sus páginas un trozo de *Pocho* bajo el título "The Odor of Pink Beans Boiling" tres meses antes de la fecha de publicación. Por último, el reportaje, la editorial y la crítica, en conjunto, nos llevan a concluir que no se trata de un público lector mexicanoestadounidense, sino principalmente angloamericano. Ante todos estos elementos del discurso narrativo angloamericano, Villarreal se presenta como un individuo desligado, sin compromiso con ningún proyecto literario colectivo que emane directamente de la minoría racial mexicana.

Aparte del reportaje de Jeannette Befame y de las reseñas de los críticos angloamericanos, no existen otros documentos de los 1950, ni de los 1960, para precisar la condición del discurso narrativo al cual se integra conscientemente Villarreal cuando produce *Pocho*. Se sabe únicamente que, a pesar de los esfuerzos críticos y publicitarios, no tiene éxito comercial durante su primera edición.[15]

En 1970 Doubleday reimprime *Pocho*. Una vez que se ha puesto la base del sector literario ligado al Movimiento Chicano, resurge un interés por ella; éste emana ahora de los círculos literarios chicanos. En su esfuerzo por identificar una tradición literaria autóctona, varios miembros de los círculos literarios tratan de presentar el trabajo de Villarreal como parte de la nueva producción narrativa. Además de incluirse trozos de *Pocho* en las antologías de literatura chicana, se publican en revistas y periódicos chicanos numerosas reseñas y algunas entrevistas. En esta segunda reimpresión de la obra, el público lector principal es chicano.

Como partidarios del proyecto ideológico de autorrepresentación chicana, los críticos Juan Bruce-Novoa y Francisco Jiménez entrevistan a José

---

[15] Véase: Richard D. Woods, "The Chicano Novel: Silence after Publication", *Revista Chicano-Riqueña*, 4.3 (verano 1976), pp. 42-47.

Antonio Villarreal en 1976.¹⁶ Aparte de revelar que Villarreal ahora reconoce la validez de algunos principios básicos del Movimiento Chicano y que está consciente de la lucha por la autorrepresentación literaria, las respuestas contribuyen a reconstruir la condición del discurso narrativo angloamericano durante los cincuenta.

Al comentar que las influencias literarias de los escritores chicanos se pueden trazar desde ambos períodos precolombinos (las literaturas maya y azteca) hasta el período europeo (siglos XIV a XIX), Jiménez le pregunta a Villarreal sobre las suyas. Este niega cualquier influencia precolombina, reconociendo una de la literatura peninsular limitada a la típica de los escritores ingleses y angloamericanos y otra de los escritores latinoamericanos, en particular los mexicanos. Pero atribuye su influencia decisiva a la literatura en inglés, especialmente la angloamericana:

> My greatest influence, however, has been English literature, specially I acknowledge the influence of James Joyce, William Faulkner, and when I was young, Thomas Wolfe. When writing *Pocho* I was very aware of these three.¹⁷

Hasta la fecha Villarreal no ha especificado la naturaleza del efecto de estos tres narradores sobre *Pocho*. Por medio de nuestro estudio de la obra, sugerimos que en el caso de Joyce y Faulkner, la influencia reside en la representación de personajes marginados de las culturas mayoritarias y que en el caso de Wolfe, se debe a la imagen de personajes enajenados de la sociedad. Ambas circunstancias reflejan la situación histórica del mexicanoestadounidense.

Desde muy joven Villarreal tiene una inclinación a la lectura y lee gran cantidad de literatura angloamericana al cursar la primaria y la secundaria, incluyendo *Tom Sawyer* y *Huckeberry Finn* de Mark Twain. Así cuando escribe *Pocho*, tiene suficientes modelos narrativos dirigidos a los jóvenes, cuyo tema predilecto es la búsqueda de identidad. Joyce, Faulkner y Wolfe comparten el mismo tema. La influencia específica de estos tres narradores da una idea al lector del origen y constitución literarios del protagonista Richard Rubio: su psicología, imagen, interés de viaje y su lenguaje (el inglés, aunque en su variación mexicoamericana).¹⁸

---

¹⁶Véanse: Juan Bruce-Novoa, "Interview with José Antonio Villarreal", pp. 40-48; y Francisco Jiménez, "An Interview with José Antonio Villarreal", pp. 66-72.

¹⁷Véase: Francisco Jiménez, *loc. cit.*, p. 70.

¹⁸En cuanto al inglés mexicoamericano, durante los cincuenta no se acepta que el escritor mexicoestadounidense publique en español. Según el profesor Arturo Islas, catedrático en literatura norteamericana de la Universidad de Stanford, Villarreal entrega a Doubleday un manuscrito de *Pocho* con el primer capítulo en español. La editorial le pide poco después que lo traduzca al inglés. Excepto por Sabine Ulibarrí, profesor de español y

De la decisiva influencia angloamericana e inglesa en Villarreal viene su insistencia en que la literatura chicana forma un subgénero de la literatura *American* o angloamericana. Según Villarreal, los escritores chicanos de los setenta tienen todo en común con los narradores angloamericanos: estilo, técnica y tradición.[19] Los narradores chicanos pertencen a la tradición angloamericana de la literatura de protesta (que incluye a los narradores afroamericanos). Esto nos revela que como en los cincuenta —y a pesar del impacto del Movimiento Chicano— Villarreal sigue adhiriéndose al modelo asimilacionista para la integración de las minorías raciales a la sociedad estadounidense. Rechaza, de esta manera, el pluralismo democrático bajo el cual se reconoce y se facilita la autodeterminación literaria del mexicanoestadounidense o de cualquier otra minoría.

Fiel a su visión ideológica, hoy en día cuando Villarreal desea publicar un nuevo manuscrito, piensa en términos de las revistas nacionales angloamericanas y de las editoriales neoyorquinas, negando cualquier discriminación racial por parte del sistema de escritura angloamericano. Si los círculos literarios, las editoriales, los narradores y los críticos partidarios del proyecto ideológico de autorrepresentación chicana hubiesen adoptado la visión de Villarreal, no se hubiera producido el sustantivo corpus narrativo y literario de los setenta. Irónicamente, de este proyecto ideológico Villarreal mismo se beneficia.

El sujeto narrador: una visión del mundo angloamericana, de ideología asimilacionista

> In the "assimilationist" phase that prevailed then, most Mexican-Americans had rebelled against the traditional values in their urge to join the American mainstream, that is, when occasionally they had lifted their sights beyond the local community. The book needs no apologies because it mirrors faithfully the sentiment of its age; on the contrary that is its strength.[20]

Estas palabras de Ramón Ruiz, escritas en 1970, reiteran la intención, el punto de partida, o el proyecto ideológico de *Pocho*: ser un "American writer"; asimilarse. Este proyecto actúa como programa para el desenvolvimiento de un discurso narrativo específico que es asimilacionista. El mismo título lo señala, siendo *pocho* el signo que usan desde los 1950 los mexicanos (de México) y los chicanos para designar como mexicanoide o agrin-

---

escritor de Nuevo México, los otros narradores mexicanoestadounidenses necesitan publicar también en inglés durante los cincuenta.

[19]Véase: Bruce-Novoa, "Interview with José Antonio Villarreal", p. 44.
[20]Ramón Ruiz, "On the Meaning of *Pocho*", p. viii.

gada a una persona de ascendencia mexicana.²¹ En *Pocho*, después de una amplia búsqueda de identidad que incluye varias posibles identidades, mexicana como la de Juan Rubio, angloamericana como Mr. Jamison, italoamericana como Ricky Maltesta y portuguesa como Joao Pedro Manoel Alves, ya para cerrarse la narración, Richard Rubio, el protagonista, se autodenomina como *pocho*. Se plasma así de manera individualista la solución a la fábula **quién soy** y se establece, identificada una y otra vez por la crítica, una visión angloamericana de la sociedad estadounidense. En ningún momento en *Pocho* queda esto tan claro como en la escena donde Ricky Maltesta comunica sus futuros planes a Richard:

> "After my old man dies, I'm gonna change my name."
> Richard was suddenly depressed. "How can you talk about your father dying just like that? Don't you have any feelings or anything?"
> "Sure I got feelings, and I love my dad, but everybody's gotta die sooner or later and he's older'n me. I hafta work with him at first, but after the whole thing will be mine. I'm going to get myself an American name, 'cause Maltesta's too Dago-sounding. I'll change it to Malloy or something."²²

El predicado nominal *dago-sounding*, por un lado, califica como despectiva la tradición italiana de Ricky, cuyos padres pertenecen a una ola migratoria europea todavía no asimilada a la sociedad angloamericana de los 1930. Por otro, el adjetivo "American", como marca la asimilación incompleta de la reciente inmigración italiana en el desarrollo de la sociedad estadounidense, revela la hegemonía cultural de los angloamericanos, la misma que reduce a los mexicoestadounidenses a una subcultura fuera de la corriente. Puesto que el angloamericano hereda la colonización europea del Tercer Mundo como parte de la identidad de *American*, esta herencia mantiene a Richard Rubio consciente de sus raíces precolombinas o indígenas, lo cual se presenta en un diálogo anterior a la cita susodicha.²³

La designación de las personas de ascendencia mexicana como subcultura de trabajadores migratorios opaca el contexto de dominación

---

²¹Véanse: Ernesto Galarza, *Barrio Boy* (Notre Dame, IN: University of Notre Dame Press, 1971), p. 207; y Octavio Paz, *El laberinto de la soledad* (México: Fondo de Cultura Económica, 1973 [1950]), pp. 29-30.

²²José Antonio Villarreal, *Pocho* (New York: Doubleday, 1970), pp. 110-111. El mundo de un niño funciona como el microcosmo de la sociedad angloamericana. A partir de ésta, todas las citas de *Pocho* se toman de esta edición y aparece solamente el número de la página al final de la cita.

²³En la siguiente escena aparece el diálogo en cuestión:
> They sat on a curb waiting for a bus. Ricky stretched his legs out in front of him to admire his shoes better; then he pulled his pants leg up and said, "I'm getting hair on my legs already, how about you?" Richard tried not to show how uncomfortable he was. "Nah, not me. Indians aren't hairy like Eyetalians." (p. 110)

(desigualdad) que caracteriza la colonia interna. Dentro de esta visión angloamericana de los mexicanoestadounidenses, el narrador deja a un lado el hecho histórico de la conquista del Sudoeste, optando por interpretar la llegada de *todos* los mexicanos autoexiliados a los Estados Unidos simplemente como nuevos inmigrados, sin tener en cuenta que el origen de algunos —si no muchos— de ellos (o de sus antepasados) podría ser el Sudoeste, lo cual debería hacernos verlos como los verdaderos nativos de la región. A pesar de que el narrador menciona la batalla del Alamo, que señala el origen de la colonia interna para los mexicanoestadounidenses, ningún personaje expresa o manifiesta en *Pocho* una conciencia crítica de ello: ni el narrador ni los protagonistas como Manuel y Richard Rubio:

> The ever-increasing army of people swarmed across while the border remained open, fleeing from squalor and oppression. But they could not flee reality, and the Texans, who welcomed them as a blessing because there were miles of cotton to be harvested, had never really forgotten the Alamo. (p. 16)

Una conciencia del mexicanoestadounidense como conquistado y subordinado sí aparece en *Bless Me, Ultima* y *Memories of the Alhambra*. Este contraste diametralmente opuesto entre las narrativas de dos períodos literarios, la de los 1950 y la de los 1970, se debe a que la condición social estadounidense de la primera década, es decir, la asimilación, domina el lenguaje del texto.

Típico a su época histórico-literaria, *Pocho* se caracteriza por su ideología asimilacionista. Sin embargo, a pesar de esta opción para todo estadounidense, en la escena donde espera el autobús junto con su amigo Ricky, el pocho Richard (de origen no europeo) ocupa un lugar secundario en la sociedad, especialmente al lado de sus amigos angloamericanos y su amigo italoamericano. Esto lo revela igualmente la imagen utópica de los residentes angloamericanos de Santa Clara, con quienes Richard comparte el mismo espacio pero no la misma identidad:

> It was one of those long days in Santa Clara. The sky was a dusky blue, cloudless. The sun picked up speed as it always does when it drops behind the mountains to the west. Not a trace of wind was there; the trees stood perfectly motionless, as if holding breath, hiding their vitality within them from the world outside. The people came out of their houses to sit on the porches, to enjoy the cool of the evening, as they had done in their countries miles and years away. (p. 66)

Ante esta visión de la sociedad angloamericana se acentúa lo atractivo de la *mainstream,* o corriente central, de la sociedad angloamericana para Ricky, aunque resalta, por otro lado, la imposibilidad de asimilarse, el estado

El espacio pochista 69

subordinado de Richard: no forma parte de una ola migratoria europea que pueda ser fácilmente integrada a la cultura angloamericana.

A pesar de sufrir bajo la discriminación social, Richard persiste en pertenecer a la sociedad dominante. Después de ser puestos en libertad por la policía de San José, él y sus amigos de niñez regresan adoloridos y perturbados a Santa Clara. Richard se muestra decepcionado y desilusionado por el hecho de que los arrestaron y golpearon bajo la sospecha de ser los pachucos, residentes del Barrio, quienes habían violado a una joven blanca y cometido algunos robos:

> Painfully, they walked across town to Ricky's car and somehow made it home [Santa Clara]. He could not sleep. Things were going around him that he did not know about. He was amazed at his naïveté. Hearing about Mexican kids being picked up by the police for having done something had never affected him in any way before. Even policemen had never been set aside in his mind as a group. In Santa Clara, where he knew the town marshal and his patrolmen, and always called them by their first names, he did not think of them as cops but as people—in fact, neighbors. One evening had changed all that for him, and now he knew that he would never forget what had happened tonight, and the impression would make him distrust and, in fact, almost hate policemen all his life. **Now, for the first time in his life, he felt discriminated against** [negrilla nuestra]. The horrible thing that he had experienced suddenly was clear, and he cried silently in his bed. (pp. 162-163)

Su situación histórica, la de colonizado interno, conquistado y subordinado, desploma su espíritu que se acogía en una avanzada asimilación. Richard llega a reconocer que su ascendencia mexicana es un obstáculo para las aspiraciones sociales de Ricky así como para las de sus otros amigos de Santa Clara, el Anti-Barrio.[24] El sentido característico de la identidad de *American* durante los 1950, que promete la integración a la sociedad angloamericana y el derecho a la movilidad social, requiere de parte de Ricky su separación de los mexicanoestadounidenses. Richard Rubio trata de ser este tipo de *American*. Su frustración en no lograrlo se transforma en una crítica indirecta del modelo asimilacionista como método para integrar a las minorías raciales, no europeas, a la sociedad angloamericana, haciendo un llamado inconsciente por el establecimiento de una sociedad pluralista. Al nivel de la narrativa, los partidarios del proyecto ideológico de autorrepre-

---

[24]El narrador omnisciente nos comunica este cambio cualitativo en la amistad de Ricky y Richard de la siguiente manera:
And he knew that from this moment things would not be the same for them again. Something had happened to their relationship, particularly to his relationship with Ricky. More than ever he knew they would never be friends again, because somehow he represented an obstacle to the attainment of certain goals Ricky had imposed upon his life. (p. 164)

sentación chicana hacen una crítica directa y luchan para realizar la nueva sociedad.

Los objetos-temáticos-matrices (*otm*)

El viaje

De la visión del mundo angloamericana, que presenta el hecho de haber colonizado Norteamérica, inclusive el Sudoeste, se desprenden y se desarrollan como expresiones particulares del sujeto asimilacionista los siguientes objetos-temáticos-matrices (*otm*): el viaje, la escritura y la asimilación (colonización). Junto con sus micro-manifestaciones, estos tres juegan un papel generador a los niveles de la representación ideológica y la figuración. Por esta razón, el signo *pocho* sitúa la búsqueda de identidad como un viaje. Se subsumen a este signo el tiempo, el espacio y los otros elementos de la figuración. En comparación con la repetida aparición de los signos *American* y *Mexican* en la horizontalidad del discurso lingüístico, con su nacionalismo normativo, *pocho* aparece únicamente una vez, ocurriendo este hecho ya para terminarse la narración,[25] lo cual no disminuye su valor central. Al momento de aparecer el signo *pocho* en el discurso lingüístico, las excursiones mentales de Richard Rubio a la hacienda de Zacatecas, a Portugal y al universo así como su próxima llegada a Europa, que aparece también al cerrarse la narracción, se integran al *otm* del viaje, implícito en el título, donde se plasma su poder generativo.

La importancia otorgada al *otm* del viaje sale a relucir inmediatamente en los capítulos I y II: éste señala a Richard Rubio como el protagonista después de ocupar Juan Rubio en aquél la misma función. Lógicamente, la narración se abre con el viaje geográfico que ilustra el autoexilio de Juan Rubio, un importante pero frustrado oficial ex-villista quien huye del nuevo gobierno federal de México que trata de incorporarlo, como a otros ex-villistas, a las nuevas fuerzas militares:

> A light snow was falling as the train from Mexico City pulled into Ciudad Juárez. A film of ice had formed on the wooden sidewalks, and the unpaved streets were

---

[25]Villarreal, *Pocho*, p. 165. Richard Rubio acepta la identidad de pocho a partir del arresto en San José por la policía. Para cuando aparece el signo *pocho* en el discurso narrativo, ya han transcurrido varios viajes en el espacio. Primero, el lector sigue la peregrinación de Juan Rubio: de una hacienda en Zacatecas viaja por varias regiones y ciudades mexicanas, incluso la capital; en seguida, llega a El Paso, Texas, emigrando al sur de California para subir y permanecer en Santa Clara, el norte de California. Segundo, el lector atestigua los viajes de Richard Rubio por el Valle de Santa Clara y por San José, todos llevados a cabo para interrelacionarse con personas de ascendencia mexicana.

El espacio pochista 71

deep in mud where the wagons and automobiles had sludged through the crowd that inevitably gathered at the arrival of the train from the capital. (p. 1)

Este viaje emprendido por Juan Rubio genera cuatro viajes más, también importantes: de Ciudad Juárez a Isleta, Texas, para evadir o el encarcelamiento o la represalia por una muerte que causó; de Isleta a Los Angeles para buscar un nuevo empleo y una nueva vida después del asesinato de Francisco Villa; de Los Angeles a Brawley para buscar empleo como trabajador agrícola, lugar donde nace Richard Rubio; y de Brawley a Santa Clara, California, la tierra de la ciruela, donde decide permanecer Juan Rubio abandonando la vida migratoria.[26] Este último viaje pone fin a su odisea y a su papel de protagonista. Tenemos al final de la peregrinación de Juan Rubio a un individuo frustrado:

> Now this man who lived by the gun all his adult life would sit on his haunches under the prune trees, rubbing his sore knees, and think, *Next year we will have enough money and we will return to our country* [cursiva suya]. But deep within he knew he was one of the lost ones. (p. 31)

De la peregrinación de Juan Rubio, el padre, emana la de Richard Rubio, el hijo, siendo el *otm* del viaje lo que une a ambas peregrinaciones. De manera similar a la odisea frustrada de Juan Rubio, la peregrinación del hijo termina en una nota trágica, llena de ambigüedad: tenemos otro autoexilio al cerrarse la narración. Igual a la sección del texto que presenta al padre, un viaje inicia la serie de peregrinaciones llevadas a cabo por el nuevo protagonista en el resto del discurso narrativo. Fiel al continuo desenvolvimiento del *otm* del viaje, de esta excursión inicial se desprenden múltiples exploraciones: algunas geográficas, otras solamente mentales. Estas últimas incluyen múltiples "viajes lingüísticos" en que los personajes mexicanoestadounidenses intercambian el inglés y el español y viceversa.

La niñez limita los primeros viajes de Richard a la mente. A través de las conversaciones con sus padres se entera de la hacienda de Zacatecas, donde ellos nacen como peones. Durante el verano, cuando grupos de trabajadores migratorios acampan en el patio de la casa de los Rubio, Richard escucha más relatos sobre México y presencia los bailes folclóricos de México organizados por aquéllos. Tiene inclusive viajes mundiales cósmicos, de tipo whitmaniano, por medio de la lectura.[27] Dos a tres años más tarde

---

[26]Estas rutas migratorias son típicas de los mexicanoestadounidenses desde el siglo XIX.

[27]Estos viajes se reflejan en el siguiente diálogo de Richard:
"Mama, do you know what happens to me when I read? All those hours that I sit, as you sometimes say, 'ruining my eyes'? If I do ruin them, it would be worth it, for I do not need eyes

escucha atentamente narrar su vida a João Pedro Manõel Alves, aprendiendo de la vida intelectual.[28]

Ya de joven, Richard viaja fuera de Santa Clara. Interesado en el incremento de población mexicana en la Bahía, visita varias veces la ciudad de San José. Llega el momento, sin embargo, en que reconoce las limitaciones del espacio donde pasa su niñez y juventud. Perturbado por las contradicciones de la sociedad estadounidense, proyecta a través del autoexilio la última exploración en la serie generada por el *otm* del viaje:

> There was nothing to be done now except run away from the insidious tragedy of such an existence. And it came to him that he should think of himself at this time. All very wrong that he should use the the war, a thing he could not believe in, to serve his personal problem. (p. 186)

Tanto este viaje como los anteriores contribuyen a resolver la fábula **quién soy** para Richard Rubio, el protagonista.

La escritura

El segundo *otm*, la escritura, se manifiesta al nivel metalingüístico desde el principio del discurso narrativo, estando éste implícito en la dedicatoria de *Pocho* por el autor a sus padres; después, surge repetidas veces en la voz del narrador omnisciente y, más obviamente, se comunica en los diálogos de Richard Rubio. Este tiene el deseo de ser escritor desde los once años.[29] Como contraste, en la sociedad provinciana de sus padres la profesión de escritor no existía. Aunque Richard no declara su interés en ser escritor hasta los once años, su madre ya tenía un conocimiento de las aspiraciones de su hijo. Ante Richard, Consuelo reconoce sus propias limitaciones:

> "No, let me finish telling you. Already I can see that books are your life. We cannot help you, and soon we will not even be able to encourage you, because you will be obliged to work. We could not afford to spare you to go to school even if there was a way for you to do it, and there is a great sadness in our hearts." (p. 61)

Richard, por su parte, mantiene su interés en ser escritor hasta la edad de 19 ó 20 años, cuando ya ha terminado la secundaria y poco antes de ingresar a la marina estadounidense. Su deseo de escribir proviene, además, de su interés en codificar la tradición oral de sus padres, de su alto consumo de literatura infantil angloamericana, incluyendo las obras *Campfires*,

---

where I go then. I travel all over the world, and sometimes out of this whole universe, and I go back in time and again forward." (p. 64)

[28]Este individuo es un autoexiliado portugués que nace en las islas Azores, se educa en Portugal y enseña en un liceo de Africa.

[29]Villarreal, *Pocho*, p. 74.

Swifts y *Rovers* y de su lectura de varias obras clásicas de la cultura de Occidente: la Biblia, *Don Quijote* de Miguel de Cervantes, *Crime and Punishment* de Fyodor Dostoyevski, *Tom Jones* de Henry Fielding, *Gone with the Wind* de Margaret Mitchel, algunas obras del español Blasco Ibáñez, una obra con el personaje del Dr. Panglos y algunos textos marxistas. (Lee varios textos en español, incluso *Crime and Punishment*.) A consecuencia, la temprana inmersión en la tradición literaria angloamericana y la orientación hacia la cultura de Occidente, sumadas a la rica expresión oral mexicana, contribuyen al final de cuentas a codificar, por medio del *otm* de la escritura, el texto narrativo en sí: *Pocho*.

Inconsciente de la ausencia de una tradición literaria mexicanoestadounidense, el deseo de Richard de ser escritor lo lleva a una conciencia particular: el ser un "*American writer*". Además de estar expuesto al pensamiento judeo-cristiano a través de la Biblia, Richard toma conciencia de la sociedad moderna —en su expresión angloamericana— al alejarse del indigenismo y las concepciones medievales heredadas de su padre. Pasa de esta manera del pensamiento precolombino y medieval al humanismo renacentista en Cervantes, vislumbra luego el pensamiento burgués y llega al existencialismo, glosando incluso el marxismo. Se desenvuelve por ende la visión de un sujeto asimilado principalmente al pensamiento angloamericano de los 1930 y 1940.

Richard adopta esta visión asimilacionista a pesar de cierta inclinación aparente a la autorrepresentación literaria (lo mismo podría decirse del narrador). En sus primeros esfuerzos por escribir había regresado a la cultura provinciana y rural de sus padres como fuente. Escribió así cuentos de niños y sus burros, siendo su intención presentarlos como héroes. Por un momento, pareció que iba a desenvolverse en la narración el mundo narrativo chicano de los setenta.[30] La conciencia particular del protagonista presentó en ese instante "lo mexicano" positivamente ante la cultura dominante y el mundo.

Desafortunadamente, la reivindicación que le ofrece el ser un "*American writer*" tiene mérito individualista para Richard: facilita su escape de un ambiente obrero y de la clase media. Para ser escritor necesita una educación universitaria y varias escenas en la narración nos recuerdan una y otra vez el deseo del protagonista de asistir a la universidad, situada en el Anti-Barrio y dueña de la experiencia universal. El lector atestigua la superioridad intelectual de Richard ante sus padres provincianos. Para éstos es un prestigio saber leer y escribir, algo natural para Richard. Inclusive, les

---

[30] Véase el capítulo II de este libro: "El proyecto ideológico: la autorrepresentación chicana en la narrativa".

lee a los miembros de su familia en voz alta después de la cena. La autoconciencia de escritor de Richard hace posible que el protagonista rebase en varias ocasiones la hegemonía de la cultura angloamericana. Su mejor amigo, un italoamericano, representa en el discurso narrativo el modelo asimilacionista para Richard, mas éste lo supera en la preparación para ser escritor:

> Then he thought of how, at one time, he had lived in fear lest Ricky should decide to become a writer, for if he should, Ricky would, without a doubt, be a greater one than he could ever be. And the thought that he had passed beyond Ricky made him confident once more. Confident and strangely powerful. (p. 113)

Un verbo asimilacionista—la voz del protagonista—se plasma en esta nota de poder que proyecta las interconexiones e interrelaciones de los *otm*: el viaje, la escritura y la asimilación.

La asimilación

Mientras que el *otm* del viaje resulta fácil de detectar, siendo siempre el movimiento generador de una serie de viajes o acciones que forman el discurso y mientras que el segundo, la escritura, está siempre presente a través de las declaraciones de ambos, el narrador y los personajes, el tercer *otm*, la asimilación, que a veces enfrenta esfuerzos de autodeterminación por parte de Richard, aparece en forma fluida, no fácil de detectar, en la urdimbre de la narrativa.[31] Aun así, está inmanente en cada signo, acción, símbolo, personaje y metáfora.[32] Por cierto, este *otm* carga y entrega el mensaje asimilacionista al lector. Desenvuelve asimismo un espacio narrativo donde el Anti-Barrio ocupa el lugar central.[33] De hecho, la mayoría de los personajes en *Pocho*, sin negar la atención particular dedicada al desarrollo individual de la pareja Rubio, pertenecen al Anti-Barrio. El desarrollo de Juan Rubio, Consuelo y Richard sirve para ilustrar el camino innegable a la asimilación. Richard lo dramatiza en forma compleja y concreta. A su alrededor gira el tercer *otm*, que lo conduce, según su aspiración, a integrarse a la cultura angloamericana.

Puesto que el narrador presenta a Juan Rubio como "one of the lost ones" y comunica la disipación emotiva de Consuelo al vivir en el Anti-Barrio, Santa Clara, ambos autoexiliados, el lector entiende la razón de los

---

[31]El signo *assimilation* (asimilación) aparece únicamente una vez, p. 132.
[32]La asimilación es uno de los valores de la hegemonía del Anti-Barrio.
[33]De once capítulos en *Pocho*, sólo dos toman lugar fuera de Santa Clara: el primero (I), que presenta la odisea frustrada de Juan Rubio desde la hacienda de Zacatecas hasta Santa Clara; y el noveno (IX), que contiene las exploraciones culturales de San José, el Barrio, emprendidas por Richard Rubio.

El espacio pochista 75

actos asimilacionistas por parte del hijo, Richard. Aunque con algunas críticas, éste aspira a pertenecer a la cultura angloamericana, formar parte de su tradición, cuyo modelo es el anglosajón. El camino asimilacionista se le presenta repetidas veces en el desenvolvimiento de la narración. Ya de joven, Richard vive consciente de su metamórfosis cultural, como lo indica la primera y única aparición del signo *assimilation*, que centra el momento decisivo del *otm* de la asimilación:

> As the months went by, Richard was quieter, sadder, and at times, even morose. He was aware that the family was undergoing a strange metamorphosis. The heretofore gradual **assimilation** [negrilla nuestra] of this new culture was becoming more pronounced. Along with a new prosperity, the Rubio family was taking on the mores of the middle class, and he did not like it. It saddened him to see the Mexican tradition begin to disappear. And because human nature is such, he, too, succumbed, and unconsciously became an active leader in the change. (p. 132)

Anteriormente, desde el punto de vista de la madre, Richard experimenta la asimilación ilustrada en su lectura de libros infantiles para niños angloamericanos y en su gusto por las películas del oeste producidas en Hollywood, cuyos héroes son Buck Jones, Ken Maynard y Fred Thompson.

Como el signo *assimilation* aparece ya tarde en el eje horizontal del discurso lingüístico, en la página 132, la cita susodicha revive en forma concentrada la constante discriminación sufrida por los mexicanoestadounidenses a causa de los miembros de la cultura angloamericana. La madre de Mary los considera "different" y "un foreign element". En la primaria, un niño español-estadounidense insulta la ascendencia de Richard enfrente de sus amigos angloamericanos, luego lo golpea. En la primaria, sus condiscípulos blancos le lanzan epítetos como "frijoley bomber" y "tortilla strangler". En las calles de su vecindad, un marimacho que después se convierte en su amante, Zelda, llama a la madre de Richard "black Messican" y a él, "blackie", ambos epítetos identificándolos con los afroamericanos, otra minoría oprimida en los Estados Unidos.[34] En ese mismo instante se establece un cuestionamiento del modelo asimilacionista para integrar a los mexicanoestadounidenses a la sociedad angloamericana.

Sin embargo, Richard mismo comienza, a la edad de trece años, a usar el signo *American*, de significado nacionalista, en sus esfuerzos por incorporarse a la sociedad angloamericana. Se vale de este recurso cuando un promotor de boxeo le ofrece una carrera de púgil, explicándole que de este modo puede rebasar la subordinación característica de su etnicidad y clase social:

---

[34] Villarreal, *Pocho*, pp. 67-68.

> "How about it, kid?" asked the man. "I'm giving ya the chance of your life—it's the only way people of your nationality can get ahead."
> "I'm an American," said Richard.
> "All right, you know what I mean. Mexicans don't get too much chance to amount to much. You wanna pick prunes the rest of your life?" (pp. 106-107)

En su voluntad por asimilarse, Richard trata de rebasar la noción general acerca del mexicanoestadounidense sostenida por la cultura dominante, que éste sólo existe para formar parte de la segunda vía en el mercado laboral, siendo el trabajo de pizcador un oficio específico de ella. Su intención en asimilarse, por otro lado, le permite usar como defensa el estereotipo del mexicano armado de navaja, caracterizando de esta manera a su padre, para desanimar al promotor de boxeo que piensa visitar a Juan Rubio y pedirle permiso para que su hijo boxee.[35] Se vale de cualquier medio para obtener su meta asimilacionista.

Impulsado por la inclinación asimilacionista, el proceso de aculturación continúa, estableciéndose poco a poco la asimilación de Richard. Declara el aparente logro por fin el narrador omnisciente, cuyas palabras funcionan para ilustrar, de manera decisiva, el impacto del *otm* de la asimilación. Este toma control directo del protagonista central, que es una expresión del narrador asimilacionista así como del sujeto narrador:

> Until now, Richard believed that someday they would live in México, and he fancied himself in that faraway unknown. He realized that it would be different for him in that strange place, for although he was a product of two cultures, he was an American and felt **a deep love** [negrilla nuestra] for his hometown and its surroundings. So when he was certain the family would remain, he was both elated and sad. (p. 129)

La asimilación de Richard se comunica por medio del signo *love*, que contribuye decisivamente a establecer su afinidad cívica, así como política, a la sociedad angloamericana.

En el análisis final, la postura histórica del protagonista mina y niega efectivamente cualquier impacto de su declarado individualismo, que en *Pocho* llega casi a ser otro *otm*.[36] Aunque trata de separarse de cualquier asociación social con los residentes del barrio chicano a través del individualismo, en realidad, éste no es consistente ni efectivo. No nos sorprende entonces su abierta autoidentificación como asimilacionista ante Pilar Ramí-

---

[35] Richard Rubio no rechaza en forma total su ascendencia mexicana. Esto queda claro cuando expresa que se siente *funnyproud* (cómicamente orgulloso) de tenerla, lo cual hace después de desanimar los propósitos del promotor. Sin embargo, la hegemonía cultural del Anti-Barrio le previene la autoafirmación cultural.

[36] Si no fuera por la presencia del *otm* de la asimilación, el individualismo tomaría su lugar. Este forma además parte integral del tercer *otm*.

rez, la joven mexicana de dieciséis años que recientemente ha inmigrado a Milpitas:

> "I am a Pocho," he said, "and we speak like this because here in California we make Castilian words out of English." (p. 165)

Al no haberse cerrado todavía el discurso narrativo en esta página, las demandas de la asimilación continúan acechando a Richard. El incidente racista que sufre su amigo de la niñez Thomas Nakano, a quien unos jóvenes blancos atropellan a principios de la Segunda Guerra Mundial y con quien rompe la novia angloamericana simplemente porque es japonés, deja a Richard extremadamente perturbado, especialmente cuando se entera de que a una familia japonesa le incendiaron la casa unos anglosajones del sur de los Estados Unidos. Richard se da cuenta inequívocamente de que el modelo asimilacionista —el crisol étnico— excluye, antes de los setenta, a las minorías raciales de la identidad de *American*. Motivado por la desesperación, decide ahora escaparse del Anti-Barrio. Su escape, empero, consiste en ingresar voluntariamente a la marina angloamericana, lo cual no niega su asociación con la sociedad dominante, como es su intención, sino que la profundiza y lo introduce al anonimato en un cuerpo político totalitario.

Se codifica la figuración

Mediante los tres *otm*, el viaje, la escritura y la asimilación, desciende el sujeto asimilacionista del proyecto ideológico de los cincuenta a las relaciones espaciales que, además de las otras unidades narrativas, forman un elemento decisivo o estructurante en la figuración: el Barrio, el Anti-Barrio y el Exterior. De su interacción con los *otm* y la visión del mundo angloamericana, se desprenden ciertos tipos de personajes, el tiempo, las acciones, los símbolos, las metáforas y las imágenes cuyo objetivo es determinar el género narrativo. Aunque se enfoca también la fábula **quién soy,** tenemos en el caso de *Pocho* una narrativa no de autorrepresentación, sino de asimilación.

Los espacios estructurantes

Un análisis cuantitativo del espacio total en *Pocho* revela que la ciudad de Santa Clara, centro semiurbano donde reside y crece Richard Rubio, ocupa nueve de los once capítulos. Las excepciones son los capítulos I y IX: éste último presenta la ciudad de San José, poblada principalmente de emigrados de Los Angeles; en el primero se presenta a Juan Rubio y se cierra con la llegada y la decisión de él de quedarse en Santa Clara, desplegándose en el primer capítulo su odisea frustrada desde México hasta los Estados Unidos. Se proyecta a grandes rasgos una pregunta decisiva para el lector: ¿qué impacto tiene este panorama ambiental en la fábula **quién soy,** enfrentada en forma individualista por el protagonista principal, Richard Rubio? ¿Es *American* (angloamericano), mexicano, chicano, o pocho? Para resolverla, se necesita primero enfocar el significado del significante *Santa Clara* cuya imagen espacial impera sobre el espacio total de *Pocho* y tiene un impacto determinante en el sistema de personajes.[37]

La hegemonía del Anti-Barrio

En su función estructurante, el signo espacial *Santa Clara*, que incluye tanto la ciudad como el valle agrícola y ocupa el espacio central de la obra narrativa, está conectado a una serie de signos cuya función es darle especificidad. Estos signos incluyen los siguientes:

> *Orchards, plant, field, small farms, pear groves, packing plant, cannery, tannery, grazing field, Bracher's orchard, berry patch, Chamber of Commerce, red ugly building, gas station, primary school, the primary school field, road, highway 101, church, high school, the town library, steel mill, railroad, city dump, the Bank of Italy, library, poolroom, jail, motorcar, capitalist government* [Washington, D.C.], *food and produce trucks, Agnews State Hospital for the insane, field,* y *Lewis Street.*

Estructurados por el signo *Santa Clara*, éstos figuran una sociedad en vía de desarrollo y de avanzada urbanización. En cuanto a las plantas industriales, los signos *packing plant, small farm, pear groves, berry patch* y *Bracher's orchard*, algunos varias veces repetidos en el discurso lingüístico, delinean la base económica como una área agroindustrial dada la existencia de dos industrias manufactureras solamente: *tannery* y *steel mill*. El resto de los signos señalan los servicios humanos accesibles a los habitantes de Santa Clara.

Como sólo cuatro signos espaciales (*México, San José, Los Angeles* y *Pearl Harbor*) afectan este espacio central (Santa Clara), Richard Rubio se mueve principalmente en una sociedad angloamericana, el Anti-Barrio.

---

[37]Sobre el poder del significado de los signos como metáforas ambientales, véase: Gerard Genette, "Escape et langage", *Figures* (Paris: Editions du Seuil, 1966), pp. 101-108. Lo declara de manera exacta la siguiente cita: "Les métaphores spatiales constituent donc un discours, à portée presque universelle, puisqu'on y parle de tout, littérature, politique, musique, e dont l'espace constitue la forme, puisqu'il fournit les termes mêmes de son langage. Il y a bien ici un signifié, qui est l'object variable du discours, et un signifiant, qui est le terme spatial".

Santa Clara es su órbita de existencia. Así lo declara el narrador omnisciente:

> The orbit of his existence was limited to the town, and actually to his immediate neighborhood, thereby preventing his association with the Mexican family which lived on the other side of town, across the tracks. (p. 149)

La separación de Richard de los miembros de la comunidad mexicanoestadounidense, además de acentuar la subordinación del Barrio como se alude con el signo [the] *Alamo* en el discurso lingüístico, resalta el arraigamiento del *otm* de la asimilación en el Anti-Barrio, especialmente en el papel de sus instituciones socioculturales. Sólo la experiencia nacional en México de Juan Rubio, el padre, y los viajes a San José de Richard, junto con el cuestionamiento de la asimilación de éste por parte de los miembros de la cultura dominante, reducen un tanto su absorción total por la ideología asimilacionista del *Americanism* o angloamericanismo.

La llegada de los Rubio a Santa Clara y su decisión de residir allí están marcadas por la incorporación a una fuerte economía agroindustrial, donde domina el cultivo y el empaque de la ciruela.[38] Su desarrollo avanzado incluye varias instituciones para mantener los servicios sociales que hacen posible la interacción de los dueños y los obreros, inclusive los trabajadores de minorías raciales; *p. ej.*: Juan Rubio pide un préstamo al *Bank of Italy* para comprar su casa. Los hombres a quienes les pertenecen los medios de producción —las tierras y las empacadoras— dominan el espacio; de ellos también vienen los valores dominantes.

Dueño de "one of the richest and largest orchards in the valley" y símbolo de la cultura dominante, Mr. Jamison, contrata a Juan Rubio cada temporada de verano, pues necesita mandar su producto al mercado del Este de los Estados Unidos. Marla Jamison, única heredera e íntima amiga de Richard, ayuda a administrar el rancho. Como miembros de la Asociación de Rancheros, los Jamison conocen a los principales rancheros de Santa Clara: Robertson, Black, Genovese y Giannini, dueño este último también del *Bank of Italy*. Todos ellos son blancos. En *Pocho* no aparece ningún dueño de color, mexicanoestadounidense o afroamericano. Como reflejo de la visión del mundo angloamericana del sujeto asimilacionista en *Pocho*, el narrador considera a Mr. Jamison "a good man", señalando así su preferencia por la cultura dominante. Irónicamente, durante la Gran Depresión

---

[38] A su llegada a Santa Clara, Juan Rubio trabaja como pizcador de ciruelas. Años después, a causa de las circunstancias sociales de la Gran Depresión, se convierte en contratista para los rancheros y contrata tanto a los trabajadores migratorios del Sur de California como a los *awkies* [Okies] del Sur de los Estados Unidos, que también son obreros agrícolas.

Mr. Jamison evacúa de su huerta a los trabajadores migratorios que participan en una huelga. En otra manifestación del mismo sujeto, Richard considera a Marla "the most beautiful thing he had ever seen". En ningún instante pensará lo mismo de las mujeres mexicana y chicana.

En esta economía agrícola, inclusive para los intereses económicos de Mr. Jamison, los trabajadores migratorios de ascendencia mexicana ocupan un lugar preferido, pues son una fuerza laboral no sólo productiva, sino también de escasa administración, mientras que los obreros blancos pertenecen a uniones o no toleran la superexplotación; *p. ej.*: los *awkies* [Okies]. Según la narración, los obreros mexicanoestadounidenses, miembros inconscientes de una colonia interna, cumplen con su tarea y luego emigran, causando rara vez problemas laborales. Al formar parte del mercado laboral dual, no presentan un desafío a la hegemonía de los rancheros como los obreros angloamericanos de la unión. Esto queda claro durante la huelga en demanda de mejores salarios. Cuando los obreros blancos rehusan vender su labor a bajo precio, Marla Jamison exclama muy decisiva:

> "Okay, then, you Goddamn bastards!" she shouted. "Get the hell off our property, and don't come back until you're ready to go to work. . . . And the wage has just gone down! When you come back, it'll be at twelve cents an hour. Twelve Goddamm cents is all you'll get! Right now I'm going to get a shotgun and shoot any son of a bitch who's still on our land and doesn't want to work." (p. 55)

Entre los trabajadores se encuentran, aunque no unionizados, Juan y Richard Rubio. Al padre le sorprende la huelga y no participa. Motivado por un amor inocente, Richard espera el regreso de Marla, que varias veces le da acceso a su biblioteca privada, y permanece junto con ella, bajo la sombra de un árbol, después de que regresa armada. Por no luchar, los Rubio se resignan a su estado como subordinados.[39]

La decisión de los Rubio de permanecer en Santa Clara, a diferencia de otros trabajadores migratorios, les facilita no obstante el acceso a la movilidad social para integrarse a la clase media angloamericana, a lo menos en una de sus vecindades. Pero su lugar en Santa Clara, como en Isleta, Texas, y en Brawley, California, reside en un principio al fondo de la escala social. La primera residencia de los Rubio en Santa Clara indica que entran por la parte trasera de la casa:

---

[39]Aparte de la discriminación en las condiciones laborales, los mexicanoestadounidenses sufren de las instituciones de servicio social como lo atestiguan en Santa Clara los Rubio: en primer lugar, se le niega el entierro en el cementerio público a un don Tomás que muere indigente; y en segundo, muere en la cárcel un amigo bajo circunstancias misteriosas.

> The red ugly building that was his home was before him now. It had been a store at one time, and faded lettering was still legible on its high front. "CROCKERIES" and "SUNDRIES" it read. Below that, in smaller lettering, "Livery Stable." (pp. 33-34)

El edificio no le pertence a los Rubio, lo arrendan. Su nuevo hogar, como indican los ya casi borrados letreros, era en tiempos preindustrializados un sitio de comercio. La descripción del interior de la casa ilustra aún más el bajo nivel social de los Rubio: una tienda de campaña, dividida en dos por una cobija vieja, sirve de recámara; los padres duermen en el suelo para cederles la única cama a las niñas; unos cajones de madera sirven de sillas en el comedor; la cama del protagonista central está hecha de costales de papas; y no llega la luz eléctrica a la casa.[40] Richard Rubio vive en esta residencia toda su niñez hasta que su padre, por otras circunstancias y suerte, asciende a contratista y puede comprar en medio de una vecindad angloamericana una casa de tipo clase media. Empero, la primera vivienda ocupa unas cien páginas del discurso narrativo.

La Gran Depresión, sorpresivamente, atenúa las contradicciones sociohistóricas entre los Rubio y los miembros de la sociedad angloamericana. Forzados por el hambre, los condiscípulos de primaria de Richard, por ejemplo, cesan de insultarlo y comparten ahora la comida que antes les hacía burlarse. Mientras tanto, Juan Rubio participa en el concilio de desempleados donde interacciona con españoles, ingleses, portugueses, italianos y negros sureños. Mas a pesar de la compartida deshumanización a causa de la crisis económica, existe todavía una diferencia psicológica en el carácter del subordinado, Richard, como lo comunica el narrador omnisciente a través del símil *antlike* y la frase "he was driven by the mania of a child who had not had certain things":

> Food and produce trucks were marauded as they passed through town, for the old 101 highway did not bypass·Santa Clara then. It was not an uncommon sight to see a truck lying on its side, with men scurrying antlike, back and forth, carrying pilfered food to their homes. Richard was often nearby, not showing his impatience, quietly calculating until he saw what he wanted. But, in spite of his careful planning, his choice of foods was bad, because he was driven by the mania of a child who had not had certain things, and by the end of the third day he had fifty loaves of bread and a hundred tins of deviled meat. (p. 51)

Como única defensa ante la hegemonía económica y cultural del AntiBarrio los habitantes mexicanoestadounidenses optan por establecer su propio espacio cultural. Es decir, se agrupan en colectividades para rebasar su

---

[40] Villarreal, *Pocho*, p. 37.

dispersión a través del Valle de Santa Clara. Juan Rubio lo atestigua en el Sur de California durante su emigración de Texas:

> The emigrants were scattered throughout the valley, and it was a hardship to visit each other, yet they somehow formed **a unit of society** [negrilla nuestra], and they kept its secrets well. . . . (p. 29)

Como residente de Santa Clara, o el Anti-Barrio, Juan Rubio tiene la costumbre de visitar a las familias de ascendencia mexicana desparramadas por el Valle. Pero es sólo durante los veranos, cuando llegan cientos de trabajadores migratorios del Sur de California, que toma forma el espacio cultural de los subordinados, su única verdadera defensa contra la asimilación:

> In the summer also now, it became the custom for this father to allow two or three families to pitch their tents in the large backyard, or to use a portion of the barn to live in until the prune was over and they would return to their own part of the state. And so Richard had Mexican friends and learned more about them from living with them. They held small Mexican fiestas and sang Mexican songs, and danced typical songs, so that there, in the center of Santa Clara, a small piece of México was contained within the fences of the lot on which Juan Rubio kept his family. (p. 43)

Este espacio cultural, sin embargo, aparece divorciado de cualquier conexión a las otras provincias del Sudoeste: Nuevo México, Arizona, Colorado, o Texas. Como resultado, la defensa cultural contra la hegemonía del Anti-Barrio es local, a lo sumo, regional, inefectiva. La conexión cultural de los Rubio, como parte del Barrio, los liga únicamente al Sur de California.

Fomentada por el espacio ideológico de los rancheros de Santa Clara, la asimilación se extiende y penetra el espacio cultural de los Rubio. Cobra más fuerza inmediatamente cuando Juan Rubio se decide y compra su nueva casa. El poder de la asimilación incluso perturba al protagonista central, Richard Rubio, como lo revela el narrador omnisciente al abrirse el capítulo VIII. Impulsado por la fuerza del *otm* de la asimilación, Richard se convierte en "an active leader in the change".[41] En el capítulo VIII, él y su hermana menor cuestionan la identidad mexicana de su padre. La extensión y penetración del Anti-Barrio en el espacio cultural de los subordinados ofusca la imagen de México que Richard tenía durante su niñez; éste se transforma en un "faraway unknown", un "strange place".

La segunda residencia de los Rubio significa un cambio radical en relación a la primera, el edificio decimonono en que habitan aproximadamente quince años. Las descripciones reflejan el nuevo *status* social, la clase media. Varias frases y sustantivos figuran un amplio exterior: "The Rubio front

---

[41] Villarreal, *Pocho*, p. 132.

El espacio pochista 83

yard was a large one", "a vegetable garden", "another garden", "driveway", "backyard", "a chicken coop", "rabbit hutches" y "porch". El lector recuerda el patio grande y el granero como el exterior de la primera residencia. Varios sustantivos describen un interior moderno: *bedrooms*, *living room*, *kitchen* y *cellar* (para el vino). Simplemente, el número plural de recámaras, implícito en el morfema *s*, resalta el significado de la única recámara, sin lujo o forma, de la primera residencia.

Desafortunadamente, la nueva residencia tampoco escapa el perímetro de Santa Clara, el Anti-Barrio; e incluso, Richard sigue expuesto a su hegemonía cultural. Desde su casa en *Lewis Street*, Richard visita su vieja vecindad que está únicamente "a few blocks away". Mantiene sus amistades de niñez. Sólo el incremento en San José de la población de mexicanoestadounidenses durante los principios de la Segunda Guerra Mundial tiene el efecto de hacerle cuestionar su aculturación angloamericana: el proceso en sí. Tanto interés tiene en la nueva emigración que conscientemente procura amistades entre ella:

> Of the new friends Richard made, those who were native to San José were relegated to become casual acquaintances, for they were as Americanized as he, and did not interest him. The newcomers became the object of his explorations. (p. 151)

La imagen del Barrio: el anonimato, la enajenación y el abandono

Así como *Santa Clara*, el signo ambiental *San José*, que representa el Barrio, está conectado a una serie de signos también de espacio y es el signo principal que los estructura. Estos signos escasos figuran una imagen con menos detalle:

> *County courthouse, Mexican dancehall, bar, the joint, city jail, Orchard, a twelve-acre cherry grove, new industrial district on the north side of the city, firehouse, street* y *Willow Glen*.

Cuando se considera la complicada imagen que tiene el lector de Santa Clara, el Anti-Barrio, estos signos logran poco al detallar el ambiente de San José: no revelan de forma definitiva si la economía es agrícola o industrial. Cuando mucho, los escasos signos describen vagamente a San José como una comunidad en desarrollo: hay un distrito industrial donde la gente se divierte durante los fines de semana después de trabajar.[42] Lo que sí llama la

---

[42]La siguiente cita sugiere que los residentes mexicanoestadounidenses de San José pertenecen a la clase obrera urbana: "The orchestra had blared out a jazzedup version of 'Home, Sweet Home' and was going through it again at a much slower tempo, giving the

atención del lector son las prácticas culturales y las normas sociales de los pachucos, un grupo cultural de la sociedad mexicanoestadounidense. Estas acentúan la marcada asimilación de Richard Rubio, explorador procedente del Anti-Barrio.

Las exploraciones de Richard en San José resaltan la función del primer *otm*, el viaje. Mediante ellas, Richard reconoce paulatinamente su definitiva marginación del Barrio. A diferencia del Anti-Barrio, donde Richard conoce a un gran número de residentes por sus nombres y por sus apodos, a los de San José únicamente los llama por el apodo. Este hecho indica la falta de arraigamiento cultural del sujeto narrador asimilacionista en la cultura mexicanoestadounidense así como su visión angloamericana del mundo, que también carece de raíces mexicanas. *Pocho* reduce a los residentes de San José —el Barrio— al anonimato. Sólo una imagen nos queda de ellos: seres enajenados que persisten en distinguirse de la cultura dominante, odiando a los miembros de ésta, simplemente porque, según el narrador omnisciente, tienen un sentido de inferioridad. No se toma en consideración la conquista ni la subsecuente subordinación de los residentes del Barrio en el mercado laboral dual. De esta manera, se superpone la perspectiva angloamericana sobre San José, el Barrio. El regreso a las raíces históricas y al barrio por parte del mexicanoestadounidense necesita el hecho del proyecto ideológico de autorrepresentación chicana, ausente aquí.

San José representa, indudablemente, el verdadero espacio geográfico y cultural anhelado por los trabajadores migratorios, inclusive los Rubio. Resuenan ahora dos previos instantes narrativos: la declaración del narrador asimilacionista acerca de los emigrantes mexicanos del Valle Imperial que "somehow formed a unit of society"; y su descripción de las prácticas culturales de los trabajadores agrícolas que llegan a la casa de los Rubio durante los veranos. En ambos casos los trabajadores migratorios, o exploradores, tratan de establecer un espacio para sí mismos, los subordinados, cuya función es proveerles protección contra la asimilación mientras permanecen en el Anti-Barrio. Este es el mensaje de la descripción de los trabajadores migratorios en Santa Clara:

> ... so that there, in the center of Santa Clara, a small piece of México was contained ... (p. 43)

Aparte de su visita al tribunal del condado durante la Gran Depresión, Richard viaja rara vez a San José durante su niñez y adolescencia. Asiste al cine, cierto, pero va acompañado de sus amigos angloamericanos. Junto

---

couples on the dance floor one last chance for the sensual embraces that would have to last them a week" (p. 153).

El espacio pochista 85

con Ricky, viaja con más frecuencia a San José al cerrarse la década de los treinta, cuando termina la Gran Depresión. Va para combatir la monotonía y el descontento que siente viviendo en Santa Clara. Su interés en el Barrio se multiplica a principios de los cuarenta, ya cuando los Rubio viven en su casa tipo clase media y han adoptado los valores de esta clase. Al fondo del redescubrimiento de Richard, yace una preocupación por el número de personas de ascendencia mexicana que ahora no emigra fuera de la Bahía, sino que permanece en ésta, especialmente San José.

Desafortunadamente, sus exploraciones del Barrio sólo lo llevan a calles, salones de baile, huertas y a la cárcel. No son profundas ni muy extensas. Jamás entra a las fábricas, a las escuelas, a las bibliotecas o a los centros de recreo. Rara vez visita las casas de los residentes del Barrio. Su conocimiento de San José es superficial, lo cual da resonancia a los anteriores comentarios de los Rubio, que discuten durante la cena:

> "There are new Mexican people in town, Papá," he said.
> . . .
> "They are funny," said Luz, . . . "They dress strangely," said Richard.
> "In San Jose," said Juan Rubio ". . . I have seen these youngsters in clown costumes. It is the fashion of Los Angeles."
> "They are different from us," said Luz.
> . . .
> "Well, at any rate, they are a coarse people," said Luz.
> . . .
> "Well, they ain't got nuthin' and they don't even talk good English." (p. 148)

Los viajes de Richard a San José le dan una conciencia de su asimilación como se ve en sus comentarios culturales, si no sociológicos, acerca de los residentes del Barrio. Uno tras otro lo señalan como fuereño. El único otro personaje que comparte la misma visión en sus observaciones es un detective angloamericano; éste mismo, irónicamente, confunde a Richard y a sus amigos angloamericanos con pachucos. Mientras que el protagonista había reconocido un amor cívico o patriótico por Santa Clara, en San José encuentra solamente un sentimiento de marginación. Sus observaciones de los residentes del Barrio se asemejan a un sociólogo angloamericano anterior a los sesenta en plena investigación:

> He was avidly hungry to learn the ways of these people. It was not easy for him to approach them at first, because his clothes labeled him as an outsider, and, too, he had trouble understanding their speech. He must not ask questions, for fear of offending them; **his deductions as to their character and makeup must come from close association** [negrilla nuestra]. He was careful not to be patronizing or in any way act superior. And, most important, they must never suspect what he was doing. The most difficult moments for him were when he was

doing the talking, for he was conscious that his Spanish was better than theirs. He learned enough of their vernacular to get along; he did not learn more, because he was always in a hurry about knowledge. (p. 151)

Como expresiones del sujeto asimilacionista, el narrador y Richard se reducen a exploradores ajenos a San José. Su vacilación ante la mezcla de lenguajes revela que su visión del mundo no coincide con la del Barrio; la visión de ellos, es esencialmente angloamericana. Richard falla en sus esfuerzos por percibir una imagen autorrepresentativa de los residentes de San José.

La imagen que obtiene Richard resulta únicamente de su consciente asistencia a los eventos culturales de los jóvenes: bailes y fiestas; no así de las actividades de los padres, las madres o los obreros. Tal limitación conduce a una percepción unidimensional de los residentes de San José. Richard les atribuye así un carácter cuestionable: por un sentimiento de inferioridad todos comparten un ardiente odio contra los angloamericanos y desprecian los recuerdos y los modales de su padres. No pasan de renegados. Se aislan tanto de la cultura angloamericana como de la mexicana (de México) por medio del vestido, del habla y del peinado. Los *zoot-suits*, las faldas cortas, los peinados (el *ducktail* y el *pompador*), el argot bilingüe, los apodos y la marihuana los distinguen. Pertenecen a pandillas de pachucos y pachucas, son mestizos, una raza perdida, que participa en pleitos callejeros desde Los Angeles hasta Santa Clara. Aunque Richard reconoce que el carácter de los residentes de San José también se debe a la discriminación, su juicio se parece a las teorías sociológicas patentes durante los cincuenta que atribuyen el sentimiento de inferioridad a las deficiencias culturales de la minoría racial mexicana; concepción cuya validez es hoy en día cuestionable. Como Richard (el personaje) es una expresión del sujeto narrador asimilacionista, no rebasa su papel de agente del colonialismo interno. En esto estaría de acuerdo con nosotros Mario Barrera al sintetizar y rechazar las teorías sociológicas de la deficiencia cultural:

> Cultural deficiencies, including a language handicap and such values and attitudes as fatalism, present rather than future orientation, dependency and a lack of success orientation lead directly to problems in the schools. . . . such as feelings of inferiority and insecurity.[43]

Para el lector consciente del estado histórico de los mexicanoestadounidenses como colonia interna —sea este lector de ascendencia chicana, latinoamericana, africana, asiática o europea— la imagen normativa del Barrio

---

[43]Mario Barrera, *Race and Class in the Southwest* (Notre Dame, IN: University of Notre Dame Press, 1979), p. 177.

forjada por Richard constituye una ironía a dos niveles. En primer lugar, en su afán por *to learn* o entender a los residentes, adopta las supuestas normas y valores de ellos: aprende la lengua vernacular de los pachucos, cesa de defender y hasta denigra a los blancos, se compra su propio *zoot-suit* aunque de talle conservador, establece una relación con una muchacha de San José, fuma mariguana, aunque en sólo dos ocasiones, y participa en una pelea callejera de la que sale con un chipote de bate en la cabeza.[44] En segundo lugar, la policía de San José, compuesta puramente de angloamericanos, confunde a Richard y a sus amigos de Santa Clara con pachucos, residentes del Barrio, y los atropella antes de llevárselos a la cárcel, donde son golpeados otra vez. En estas últimas escenas, un detective angloamericano resulta ser también explorador del Barrio y tiene su propia imagen normativa de San José. Por su ascendencia mexicana, Richard forma parte de ella. De explorador armado con la visión del mundo de la cultura dominante se le reduce a subordinado, un objeto pasivo.

Identificados como pachucos —subordinados y marginados— el interrogatorio de Richard y sus amigos de Santa Clara es severo y denigrante; sufren abusos verbales y repetidos golpes. Al comienzo del interrogatorio, un policía golpea violentamente a Ricky, el italoamericano, gritándole al final, "Goddamn pachucos!" Como los policías no sacan ninguna palabra de los jóvenes en grupo, el detective decide personalmente interrogarlos uno a uno. Tampoco puede conseguir su intención. Cuando le toca a Richard, éste sí conversa con el detective pero sólo para comunicarle que todos son de Santa Clara, jóvenes respetables y ni violadores de mujeres ni pandilleros. Al escuchar esto, su interrogador lo abofetea y declara:

> "Don't give me that crap. You little bastards give us more trouble than all the criminals in the state. . . . God, I wish we had a free hand to clean out our town of scum like you! Now, you're going to tell me! What were you doing by the car?" (p. 159)

Para el detective, todos los pachucos, residentes del Barrio, son criminales, incluso Richard y sus amigos. No sólo los considera de esta manera, sino también como "almost illiterate". Bajo esta perspectiva se lleva a cabo el arresto de Richard y sus amigos angloamericanos por la policía de San José, un incidente básicamente racial que frustra la asimilación del protagonista. De manera similar al incidente con el promotor de boxeo, se le vuelve a

---

[44]Esta inmersión cultural no elimina el sentimiento de marginación que tiene Richard. Citamos la imagen de éste con su novia de San José (el Barrio): "Or he stood behind her at the bar, with his arms around her as she sipped a Nehi, and felt strange because she was a Mexican and everyone around them was also Mexican, and felt stranger still from the knowledge that he felt strange" (p. 152).

recordar a Richard que es un subordinado. Consciente de que el arresto se debe a su mexicanidad, Richard teme que Ricky, su modelo de un individuo integrado a la sociedad angloamericana, ponga fin a la amistad entre ellos:

> And the guys—they had not said anything, but the way they had looked at him for having stayed in the office so long with that man [el detective]. . . . And now they were thinking that if he had not been there, they would not have been accused by association, and therefore not beaten. They were right, of course. . . . Something had happened to their relationship, particularly to his relationship with Ricky. More than ever he knew they could never be friends again, because somehow he represented an obstacle to the attainment of certain goals Ricky had imposed upon his life. (pp. 163-164)

En el continuo desenvolvimiento del discurso narrativo, el Barrio ocupa un lugar secundario y extremadamente limitado en el espacio del texto, ya que el supuesto individualismo de Richard le previene fomentar su amistad con los residentes de San José. Cuando vuelve a ponerse en contacto con sus amigos del Barrio, que le deben un favor por haber participado en una pelea callejera, les pide ayuda para ajusticiar el asalto racista contra su amigo Thomas Nakano. Mas esta expresión de solidaridad no lo reintegra al Barrio. Sus exploraciones de San José no lo animaron a que viviera permanentemene en este espacio cultural mexicanoestadounidense. Quedan al oído del lector únicamente las últimas palabras que cierran el diálogo entre Richard y el detective angloamericano, que le pide que se mantenga en contacto y así ayude al sistema policíaco en su tarea en San José:

> "No," he answered. "I'm no Jesus Christ. Let 'my people' take care of themselves."
> "You were defending them a while ago."
> "I was defending myself!" (p. 162)

El Exterior: la fantasía y la inexistencia

> There was nothing to be done except to run away from the insidious tragedy of such an existence.

Como quedó establecido al principio de la sección que introduce los espacios estructurantes, la imagen de Santa Clara impera en el espacio total de *Pocho*. Como la existencia de la mayoría de los otros personajes, la de Richard está fuertemente ligada a este espacio semiurbano. De manera magistral, lo comunica la frase: "The orbit of his existence was limited to the town, and actually to his immediate neighborhood. . . ." Santa Clara canaliza a Richard hacia cierta identidad: el mexicanoestadounidense asimilado, o mexicoamericano. Frustuado por la vida cotidiana del Anti-Barrio, penetra

El espacio pochista 89

el Barrio como explorador. Esta experiencia lo conduce a autocuestionar su propia asimilación, especialmente cuando participa en las prácticas culturales de los residentes del Barrio. Insatisfecho con su experiencia cultural de San José y enfrentado por la violenta desintegración de su familia en Santa Clara, estos hechos le niegan un espacio para su autoimagen. Richard reconoce su existencia trágica y decide huir. Su ingreso a la marina, institución patriótica pero anonadadora de culturas de minoría racial, cuya expresión es el Anti-Barrio, figura como último recurso en su búsqueda. En la escena que cierra la narración del texto Richard viaja en tren al campo de entrenamiento para nuevos reclutas:

> He thought of this [su lucha personal] and he remembered, and suddenly he knew that for him there would never be a coming back. (p. 187)

Esta imagen nos deja ante la puerta del Exterior y plasma el autoexilio como el destino de Richard.

Para entender el autoexilio de Richard, se necesita plantear las funciones que tienen los signos espaciales cuando codifican el Exterior. Los principales signos son: *Paris, London, New York, Azores, Portugal, African colonies, Japan, Pearl Harbor, war* —que implica la Europa de la Segunda Guerra Mundial— y aunque perturbe a algunos lectores, *México*. Este último ocupa la mayor cantidad del espacio que constituye el Exterior. En su función, *México* niega repetidamente que la identidad de Richard sea mexicana (de México), además de ser este país un tópico de discusión para la familia Rubio durante las cenas. *Azores, Portugal* y *African colonies*, cuando van ligados al Anti-Barrio, ilustran el hecho de que a una persona de ascendencia europea se le recibe con entusiasmo y cordialidad, pues es miembro del "old country" (las metrópolis europeas). *Pearl Harbor, Japan* y *war* rompen la continuidad social del Anti-Barrio, fragmentando la cuadrilla angloamericana a la cual pertence Richard y abriendo la puerta definitiva al autoexilio. Los signos *Paris, London* y *New York* únicamente traen más detalle al Exterior y aparecen en relación a *México*, el signo externo más cuantitativo: estos tres espacios han sido visitados por tres intelectuales mexicanos que, como partícipes de la Revolución, se autoexilian también en el Anti-Barrio.

Como partes integrales del Exterior, todos estos signos espaciales marcan la dependencia entre el Barrio y el Anti-Barrio, pues los varios signos que forman el Exterior, especialmente *México*, aparecen siempre como trasfondo o foro para las acciones de los personajes y resaltan la hegemonía del Anti-Barrio. Este espacio hegemónico figura como el eje de todas las relaciones espaciales en *Pocho* y el Barrio es sólo su apéndice. Además de ser el punto de inicio de la peregrinación de Juan Rubio, México cobra más importancia que otros lugares del Exterior puesto que *Pocho* se centra en la búsqueda de identidad de Richard Rubio, protagonista principal. Para éste, el narrador identifica varias veces a México como "that strange country", "a land so distant", "that faraway unknown" y "that strange place". En contraste con las imágenes concretas que emanan de los diálogos y pensamientos del padre, el hijo tiene una visión vaga de México. Se imagina un México incomprensible, algo inabarcable, una fantasía:

> It was then, listening and weaving a parallel fantasy in his mind, that he felt an enjoyment so great that he knew he could not possibly savor it all. (p. 43)

Por otra parte, en las discusiones y los debates acerca de México, los padres, las hermanas y Richard se lanzan uno al otro las frases "our country", "your country", "but this is America", "this country of yours", "your México" y "we are not in México". El intercambio llega a su cúspide y disminuye cuando Juan Rubio compra la casa tipo clase media en Santa Clara, acción que se sitúa en oposición al regreso a la tierra natal.

Como análisis final, el signo espacial *México* forma parte de la identidad mexicana en el sistema de personajes novelescos, identidad a la cual no pertenece Richard Rubio. De ahí la resonancia del intercambio sobre México entre Richard y Juan Rubio que ocurre en la escena inmediata después de que el padre compra una casa. Este regaña a la familia por hablar en inglés durante la cena. Por su parte, Richard le recuerda al padre que vive en *America* o los Estados Unidos. Poco después, enuncia la frase clave: "you must remember that we are not in México". Richard rebasa, por último, el significado congelado del signo *México* que mantienen sus padres cuando conoce a Pilar Ramírez, muchacha que acaba de emigrar recientemente a Milpitas de Cholula, México:

> The others talked among themselves, so Richard and Pilar were allowed to enjoy their conversation until it was time to leave. He would come back, he thought, for she was interesting and pleasant, and he liked her. She would tell him about the **México of today** [negrilla nuestra], not that of twenty years ago, which his parents knew. (p. 165)

Si el signo *México*, como la parte principal del Exterior, tiene también la función de separar a Richard y a sus hermanas de los padres, puesto que tanto el protagonista principal como éstas no aceptan los valores que codifican su significado, los signos ambientales *Pearl Harbor* y *war* (que se refiere a Europa) provocan la ruptura o fragmentación de la cuadrilla de amigos con quienes Richard Rubio vive su niñez y adolescencia. Anteriormente, aunque sí debilita las relaciones entre los miembros, el arresto y el abuso físico a manos de la policía de San José no lo pudo lograr. La ruptura

El espacio pochista 91

ocurre en el capítulo XI, el último, que sigue al capítulo donde se presenta la separación de Juan Rubio de la familia; ocurre la fragmentación, tristemente, en el momento en que la cuadrilla ha reemplazado el apoyo familiar para el protagonista.

Dos escenas llenas de camaradería anuncian la ruptura: en la primera, la cuadrilla busca diversión un sábado por la noche y viaja a un "hookshop" (casa de prostitución) de Watsonville. En la carretera se le ocurre suicidarse a Richard. En la segunda, excepto Thomas Nakano, todos juegan al fútbol americano en la pista de la secundaria. Se anuncia la ruptura o fragmentación de la cuadrilla porque los movimientos de los jugadores son más rudos que lo habitual.

En cierto momento del juego cesan de jugar para discutir como pueden ingresar juntos al ejército. Todos participan con entusiasmo en la discusión, excepto Richard y Ricky. Este último generalmente participa activamente en las discusiones, pero ahora no lo hace y lo nota la cuadrilla. Ante la presión de grupo, Ricky revela sus propios planes:

> "Look, you guys, I know you're not going to like it, but I hafta look out for myself, and I'm not going with you, because I'm going to Officer Candidate School!" (p. 180)

Para una cuadrilla de sentido colectivo, cuyos miembros comparten los favores de Zelda y sufren juntos el abuso policíaco, esta declaración significa la deslealtad y agudiza el conflicto de clases entre ellos mismos. Claramente lo revela el narrador omnisciente:

> They were all too amazed to talk about it. And they were hurt also, but such a betrayal by Ricky was not entirely unexpected. An officer! And all their older brothers ever wrote home about the service was what big pricks officers were, and now their buddy was going to be an officer! (p. 181)

A su vez, por ser de la clase obrera, además de no ser angloamericano, Richard reconoce sus límites como miembro de la cuadrilla y siente envidia, no porque su amigo Ricky vaya a ser oficial militar, sino porque éste asistirá o a la Universidad de Notre Dame o a la Universidad del Sur de California (USC): el sueño asimilacionista de Richard desde niño.

La ausencia de Thomas Nakano, el japonés, en el juego de fútbol americano se debe también a la interrupción de los signos espaciales *Pearl Harbor*, *Japan* y *war*. Como Thomas es de ascendencia japonesa, con el desenvolvimiento de la Segunda Guerra Mundial, específicamente con la sorpresa del bombardeo de Pearl Harbor, sus amigos angloamericanos comienzan a evitar su compañía. En sus ahora raras interacciones optan por olvidarse de la amistad y presencia de Thomas, *p. ej.*, la escena donde deciden visitar al "hookshop" de Watsonville:

> And everybody laughed because they had forgotten Thomas was even there. (p. 178)

En la escena del juego de fútbol el narrador revela definitivamente el progresivo destierro de Thomas Nakano, apareciendo el signo ambiental *war* como filo agudo entre los amigos:

> Since the *war* [negrilla nuestra] had begun, they had avoided him tactlessly. (p. 181)

Para entonces, unos compañeros de escuela y unos viejos conocidos "Boy Scouts" lo habían golpeado durante la misma noche en que su novia blanca rompió con él.

Como japonés, Thomas comparte la suerte de otros residentes de su misma raza en Santa Clara. Su propio padre pierde el rancho al *Bank of Italy*. A Thomas Nakano, además, le espera un campo de concentración como a todos los miembros de su familia y de su minoría racial. Conscientes del futuro confinamiento de su amigo japonés, los miembros de la cuadrilla se olvidan de la deslealtad de Ricky y al atestiguar una declaración de *Americanism*, o patriotismo, por parte de Thomas y verlo llorar de rabia y tristeza, se despiden de él como "one of the gang". Empero, para el lector queda el sentimiento liberal o insincero, discriminatorio, de sus amigos angloamericanos:

> They all said goodby, and somehow the fact Thomas was to be removed from their lives made it easier to be friends with him again for a few minutes. (p. 182)

De esta manera, nos damos cuenta otra vez de la exclusión de las minorías raciales de la sociedad angloamericana.

En forma semejante al autoexilio de Juan Rubio de México y la hacienda de Zacatecas, su "Barrio", Richard se autoexilia. Mientras que el padre emigra al Anti-Barrio, el hijo escapa al Exterior. Más que otro suceso, este autoexilio del protagonista —a la incertidumbre— resulta de su frustrada asimilación. A partir del momento en que reconoce su ambivalencia ante la guerra, Richard pudo permanecer en Santa Clara durante toda la Segunda Guerra Mundial, como lo revela a Ricky cuando éste lo invita a ingresar junto con él a la academia militar:

> "No, Rick. I'm sorry as hell I can't do it. I probably won't be joining anything. I won't get in unless I get drafted, and there's not much chance of that, because I'm too young, and then I got so many dependents." (p. 181)

El protagonista central ingresa, no obstante, a la marina como voluntario poco antes de cerrarse la narración.

Su inesperada acción es motivada por dos incidentes. Primero, Thomas le cuenta la pérdida de su novia y la golpiza que recibió, lo cual lleva a Richard a rechazar esta realidad de la sociedad angloamericana y a pedir ayuda al Rooster y su cuadrilla para hacerle justicia a su amigo japonés. Los pachucos acuden y hospitalizan a los culpables, los DeMolay, que aparecen el siguiente día heridos en un reportaje de primera plana. No obstante, la violencia le produce un sentimiento de culpa a Richard. Desea ahora escaparse de la sociedad angloamericana, ya que sus contradicciones son demasiadas, especialmente contra las miembros de minoría racial:

> It was bad, thought Richard. It was all wrong. What he had done was as wrong as what they had done to Thomas. It had been like a small battle in the big war, and that was also wrong. Even to take a small part in it was wrong, but now he must go to war. It was his only alternative—to get away from this place Santa Clara was the only good he could get from it. (pp. 184-185)

La noticia que le da su madre acerca del deseo de su padre de divorciarse y casarse con Pilar Ramírez, preñada entonces, es el segundo incidente. Este hecho presenta la fragmentación total de la familia, atribuible, en parte, al peso de la asimilación, o la hegemonía cultural del angloamericano.

En el discurso narrativo, la invasión del signo *war* que codifica parte del Exterior, Europa y el Japón, en el análisis final, provoca una crisis en la búsqueda de identidad del protagonista central. La fragmentación de su cuadrilla le niega el camino al *Americanism* (patriotismo) de los cincuenta. La desintegración de su familia le cierra definitivamente el camino a ser *mexicano* (en su acepción de un México provinciano y rural). Aunque le queda la opción de ser *pocho*, su ingreso a la marina estadounidense señala que rechaza aun esta identidad asimilacionista. Se arriesga así a la inexistencia, implicada en la imposibilidad de regreso en la última frase del discurso narrativo, que codifica también el autoexilio:

> . . . and suddenly he knew that for him there would never be a coming back. (p. 187)

Esta agudización de la fábula **quién soy** proyecta abiertamente los límites del modelo asimilacionista enfrentados por las minorías raciales, pues se les reprime o excluye a sus miembros de la sociedad angloamericana durante ciertos períodos de agudas contradicciones internacionales que transcurren en la región del Exterior de donde proceden. Deja así patente la necesidad del mexicanoestadounidense de regresar a sus raíces y mitos históricos, sumergirse en el barrio y reinventarse, como intenta en la narrativa chicana de los setenta.

Además de la inexistencia, el exilio está cargado de muerte. Lo comunican varias frases distribuidas al final del discurso lingüístico como "I hafta look out for myself", "like I bombed Pearl Harbor" y "I guess they really think they're getting back at Japan that way". El mismo protagonista central toma conciencia de la muerte cuando viaja, junto con otros reclutas, al campo militar para los reclutas nuevos:

> He had his dinner on a train en route to the training station. Afterward he lay in an upper berth listening to the chatter of his new companions, thinking little of the life he had left behind—only of the future, and suddenly he was afraid he might get killed. (p. 186)

Para un potencial explorador procedente del Barrio, Richard Rubio, ahora residente asimilado del Anti-Barrio, la ausencia de un viaje logrado al Exterior existe como prueba de su inexistencia, o entropía, en esta dimensión ambiental. Sí se llevan a cabo viajes mentales, *p. ej.*, la fantasía de México, mas no hay ninguna respuesta desde esta parte importante del Exterior. Tenemos que esperar a la publicación de *Peregrinos de Aztlán* (1974) por Miguel Méndez para que esto pase. La única respuesta recíproca, sumamente débil, es el comentario de la recién arribada Pilar Ramírez. La enuncia en el momento en que Richard se autoidentifica como *pocho*:

> "It matters not," she said. "I understand you perfectly well." (p. 165)

No se le debe dar, sin embargo, mucha importancia a la segunda frase; sólo se refiere a una evaluación del habla en español del protagonista central, no a una identidad histórica.

El mito revelador: el Edén, o la exclusión del Anti-Barrio

En contraste con la narrativa chicana de los setenta, conocida por su mito de Aztlán, de origen azteca, el mito revelador activo en *Pocho* es el Edén, de origen judeo-cristiano, herencia de los mexicanoestadounidenses en la conquista y colonización del continente americano perpetrada por cuerpos políticos procedentes de la Cultura de Occidente. Su empleo, como elemento narrativo, distingue a José Antonio Villarreal de los narradores chicanos de los setenta y señala la existencia de una narrativa precursora.

En un toque de maestría narrativa, el mito de Edén se expresa a nivel simbólico a principio del capítulo II, exactamente donde se inicia el viaje general del primer *otm:*

> It was spring in Santa Clara. The empty lots green with new grass, and at the edge of town, where the orchards began their indiscernible rise to the end of the valley floor and halfway up the foothills of the Diablo Range, the ground was blanketed with cherry blossoms, which, nudged from their perch by a clean, soft breeze, floated down like gentle snow. A child walked through an empty lot, not looking back, for the wake of trampled grass he created made him sad. (p. 32)

Spring, green new grass, orchards, cherry blossoms, indiscernible rise, blanketed y *like a gentle snow*, signos, frases, metáfora y símil, son las unidades lingüísticas que figuran el ambiente utópico del mito del Edén. Al continuar el párrafo, aparecen otras unidades: *like a mother's hand* [el viento], *a jack rabbit, the multicolored birds, the robin, the rabbit* y *opulence to the scene*. Queda claro ahora el ambiente bucólico. Mas, en medio de estas unidades emerge un signo cuya presencia rebasa la interpretación utópica, secular, y dirige el pensamiento del lector al mito del Edén: *God*. Según el narrador, a la temprana edad de nueve años Richard sostiene que *the robin* y *the rabbit* son "God's favorites". De esta manera, la interpolación simbólica del signo de *Edén* en la narrativa se codifica inmediatamente al comenzar el siguiente párrafo, cuando el lector se entera de que el protagonista central acaba de hacer su primera comunión.

Desde el fondo simbólico el mito revelador, el Edén, coincide con Santa Clara, signo ambiental que significa el Anti-Barrio. Por esta razón señala, en forma concreta, la relación entre la hegemonía de éste y el camino asimilacionista accesible a los residentes de ascendencia mexicana, en particular Richard Rubio.[45] Si el peregrino quiere ser aceptado —incluido— por la sociedad angloamericana, primero necesita aculturarse, proceso facilitado por el sistema educativo de donde emana el mito, y después, debe asimilarse, proceso hecho posible por la movilidad social, que emana del sistema socioeconómico del Anti-Barrio y que proporciona, inclusive, las posibilidades del matrimonio exógamo. Por otra parte, la misma primera mitad del párrafo susodicho proyecta la exclusión de Richard Rubio del Anti-Barrio:

> A child walked through an empty lot, not looking back, for the wake of trampled grass he created made him sad. (p. 32)

Se anuncia de este modo la vigencia de la relación de peregrino como fue presentada en el autoexilio de Richard al final de la narración del texto, mientras que las otras dos, la relación de conflicto y la relación de residencia

---

[45] El Barrio parece tener su propio principio de inclusión y exclusión. Sale a relucir en la siguiente observación del narrador omnisciente: "They had a burning contempt for people of different ancestry, whom they called Americans, and a marked hauteur toward México and toward their parents for their old-country ways" (p. 149).

fija, desenvuelven un tipo de lucha continua y una resolución frustrada de la fábula **quién soy**.

Al cerrarse la narración, cuando también ha sido excluido Thomas Nakano de Santa Clara, aparecen dos frases exclamativas de alto sentido emotivo, que codifican el submensaje del mito:

> This was it! Now he was getting out! (p. 184)

La última cláusula independiente, por lo tanto, elimina cualquier duda en cuanto a la exclusión de Richard Rubio, siendo ésta la parte dominante del principio del mito y el cierre o reverso total de la fábula **quién soy**:

> ... and suddenly he knew that for him there would never be a coming back. (p. 187)

De esta manera, al autoexiliarse Richard Rubio, las oposiciones del mito, que enfocan la autoimagen, la imagen normativa y la existencia, codifican una lucha contra molinos de viento, típico de la narrativa precursora a los setenta. Esta desalineación ante el proyecto ideológico de autorrepresentación mina la relevancia que otorgan a *Pocho* los críticos Bruce-Novoa y Saldívar, quienes llegan a llamarla "la novela central".[46]

Puesto que el mito de origen coincide con el Anti-Barrio, un estudio de la inclusión delinea su dinámica. El papel principal de la inclusión lo ocupan los dueños de los medios de producción: las tierras y las empacadoras. Como los rancheros tejanos que dan la bienvenida a los mexicanos autoexiliados, peregrinos, porque "there were miles of cotton to be harvested" y como los empresarios del Valle Imperial que transformaron con la tecnología un desierto en tierra productiva, los dueños de las huertas de ciruelas en Santa Clara, que satisfacen la demanda del Este, aceptan y rechazan, según su demanda, el ingreso de la mano de obra mexicanoestadounidense, preferida por su docilidad, alta producción y escaso mantenimiento. De esta manera llegan a formar parte del Anti-Barrio los Rubio y las perennes familias de trabajadores migratorios del Sur de California. Aunque nace cerca de Brawley y empieza aquí sus primeros estudios, Richard Rubio, expuesto desde su nacimiento a la hegemonía del Anti-Barrio, crece y forma su intelecto como residente de la ciudad angloamericana escogida por su padre.

Consciente del poder socioeconómico de los rancheros angloamericanos y educado en el sistema educativo y aculturante de Santa Clara, Richard Rubio acepta la inclusión ofrecida por el mito revelador, a pesar de los va-

---

[46] Véanse: Juan D. Bruce-Novoa, "José Antonio Villarreal", p. 37; and Ramón Saldívar, "A Dialectic of Difference: Towards a Theory of the Chicano Novel", *MELUS*, 6.3 (Fall 1979), p. 74.

rios instantes de exclusión. Se decide cuando su padre compra la casa tipo clase media, hecho que implica el no regreso a México. A partir de este momento, el mismo Richard conscientemente usará la exclusión del Anti-Barrio para los mexicanos (de México) recién emigrados. En cierto momento le recuerda al padre su migración por medio de la frase "we are not in México", sosteniendo de esta manera que la familia debe vivir "like Americans" (como angloamericanos). Richard todavía no se da cuenta en forma completa de los límites de la asimilación para la minoría racial.

La inclusión ofrece en Santa Clara oportunidades ventajosas a Richard, a su familia, a las familias migratorias del Sur de California o a cualquier inmigrante. Por ejemplo, como fue representado en el caso de João Pedro Manõel Alves, la peregrinación de Richard Rubio tiene un fin si se asimila por completo. Tal beneficio elimina cualquier conflicto en las áreas de cultura, clase y —parece— género (el sexismo). Se le otorga al peregrino el derecho de tener una residencia fija. El hecho de pertenecer al Anti-Barrio rebasa la problemática inherente en la oposición entre la residencia donde es posible la autoimagen (el Barrio) y el espacio donde se estereotipa al mexicanoestadounidense (el Anti-Barrio). Richard Rubio puede ser como el angloamericano; esto es el mensaje del mito del Edén.

Para entender la inversión de la fábula **quién soy**, un estudio de la inclusión no es suficiente. Dirige al lector a un entendimiento equívoco del mensaje principal de *Pocho*: una asimilación gradual pero completa, idealizada. El verdadero mensaje cuestiona el proceso asimilacionista, que desarraiga al mexicanoestadounidense. Esto lo revela un estudio de la exclusión, la segunda parte del mito del origen, que juega el papel central en éste. Se enfocan, por consiguiente, los instantes de exclusión que aparecen en los diálogos de los personajes, instantes que aluden al deseo del peregrino por pertenecer al Anti-Barrio.

La vigencia de la relación de peregrino en *Pocho* reside en el hecho de que los protagonistas principales, Juan y Richard Rubio, como exploradores, no proceden del Barrio o "territorio libre". A pesar de nacer entre peregrinos procedentes del Exterior, Richard radica permanentemente en Santa Clara y su interés por San José, el Barrio, que tiene su propio principio de inclusión y exclusión, despierta demasiado tarde. Además, se niega a integrarse a su contexto sociocultural, optando por el autoexilio o el camino a la perpetua peregrinación. Juan Rubio llega al Anti-Barrio por una ruta que se origina en el Exterior, integrándose al Barrio, en este caso Milpitas, sólo como último recurso para preservar su identidad como mexicano en el momento en que se fragmenta su familia a causa de la asimilación.[47]

Para las familias migratorias de ascendencia mexicana, la exclusión socioeconómica se manifiesta de varios modos. Entre ellos, tenemos: la falta de residencia permanente, la evacuación de la huerta de Mr. Jamison durante las huelgas de la Gran Depresión, el desempleo cuando las familias de Oklahoma se ofrecen por menos sueldo, la negación del tratamiento médico a don Tomás y la muerte y el entierro sospechoso de un prisionero mexicano a manos de la policía de Santa Clara. Richard Rubio atestigua o se entera de estos incidentes. Puesto que encuentra pésima y deprimente la condición subordinada del trabajador migratorio, Richard intenta escaparse de ella con una carrera universitaria. Sin embargo, cuando Ricky revela su deseo de asistir a una universidad angloamericana, Richard reconoce que la discriminación ejercida por el sistema educativo angloamericano le impide realizar sus planes académicos en esos años. Las familias migratorias también enfrentan este tipo de exclusión.

Mientras tanto, la exclusión cultural toma su propia forma, ampliando la dinámica del mito del origen, el Edén. La primera expresión abierta, como manifestación intralógica del colonialismo occidental, se transmite a través de las palabras de un jovenzuelo español-estadounidense que reside también en Santa Clara, el Anti-Barrio. Este joven pone en ridículo a Richard enfrente de sus amigos angloamericanos. Le llama *"cholo"* y *"chilebeans"*. Junto con los otros niños, se burla de que los Rubio coman tortillas y no tengan luz eléctrica, lo cual implica un desprecio a la procedencia de su familia, que viene de una sociedad sin desarrollo. El español hasta le pide a un inocente, Richard, que comunique un mensaje vulgar a su hermana, Concha, e insulta a su padre, Juan Rubio, quien representa la mexicanidad. Cuando Richard le pregunta al joven el por qué de los insultos, éste responde que "a Spaniard is better than a Mexican any old day". En su primaria compuesta principalmente de niños de ascendencia europea, Richard recibe un trato similar de sus condiscípulos, que usan los epítetos "frijoley bomber" y "tortilla strangler".

Aparte de la escena donde aparece el joven español, el protagonista central escucha otra serie de epítetos exclusivistas de los labios de Zelda, una niña de ascendencia portugués-nórdica. Llama a Richard "blackie" cuando éste protesta el abuso de ella contra un niño:

---

[47]En sus peregrinaciones, inclusive la última a la marina estadounidense, Richard procede del Anti-Barrio, lo cual determina la naturaleza de su involucración en repetidos conflictos de cultura, clase y género (sexismo) y proyecta para el lector la ausencia de un lugar fijo.

El espacio pochista   99

>"You shut up, blackie, or I'll kick ya inna ass . . ." (p. 68)

Más adelante, Zelda insulta a la madre de Richard cuando ésta sale a defender a su hijo:

>"Shut up, ya sonuvabitchen black Messican! Shut up!" (p. 68)

A nivel cotidiano, los signos *blackie* y *black Messican* llevan al lector al subconsciente histórico del sujeto anglosajón, el cual establece una analogía entre los mexicanoestadounidenses y los negros, otra minoría racial subordinada. Por medio de esta analogía se llega a la conclusión de que los Rubio comparten la misma subordinación racial sufrida por los afroamericanos.

Richard escucha, sin embargo, la enunciación cultural exclusivista de mayor pujanza de los labios de Ronnie Madison, el niño a quien defiende de Zelda y quien pertenece a una familia anglosajona protestante y oriunda del estado de Oregon:

>"My mother's right about this lousy town. No decent people at all—just a bunch of Mexicans and Japs and I don't know what kind of crud!" (p. 139)

Anteriormente, la madre de éste, May Madison, expresa sus dudas de emigrar a Santa Clara, cuyos residentes son para ella un "foreign element". Se opone por consiguiente a que Richard visite a su hija, Mary Madison. La familia Madison simboliza a fin de cuentas la exclusión ejercida por la cultura dominante, especialmente por su apellido de resonancia histórica.[48] Consciente de esta función, el lector comprende los papeles de la anciana que le regaló libros de Horatio Alger a Richard pero quiere que sea jardinero; de la consejera de secundaria que no desea que Richard se prepare para una carrera universitaria; y del promotor que piensa que sólo el boxeo ofrece una salida de la situación subordinada al mexicanoestadounidense.

Ante una tenue inclusión y ante una fuerte exclusión, el camino asimilacionista de Richard Rubio se forja en tono de ambivalencia y desesperación como lo comunica el signo *funnyproud* (cómicamente orgulloso) seleccionado por él en un momento de crisis. El Anti-Barrio no le provee un ambiente en donde pueda autoafirmar su identidad de mexicanoestadounidense. Richard busca un nuevo espacio, sin previa historia, para poder existir. En contraste, su padre rechaza la asimilación y mantiene su identidad como mexicano, con la cual pretende luchar contra la subordinación. Juan Rubio hasta le explica a su hijo el ejercicio de la exclusión por parte de los angloamericanos:

---

[48] Aparte de formar parte de la cultura estadounidense desde la época colonial, el apellido Madison fue el del cuarto presidente de los Estados Unidos: James Madison (1751-1836).

They are people who were stepped on, much the same way as we were in our country. That is the wonder of this country of yours, my son. All the people who are pushed around in the rest of the world come here, because here they can maybe push someone else around. There is something in people, put there only to make them forget what was done to them in other times, so that they can turn around and do the same thing to other people. That is why they teach their children to call you a cholo and a dirty Mexican. (pp. 99-100)

Por no pertenecer al Anti-Barrio, aunque sea el lugar su residencia, Richard está condenado a ser peregrino, especialmente cuando no se liga al contexto histórico-cultural del Barrio, sino que opta por el autoexilio o la peregrinación perpetua.[49] La relación de conflicto, mejor presentada en el sistema de personajes novelescos, contribuye a este destino final de Richard. De esta manera, cobra vigencia la relación de peregrino, cuya supremacía reside en el hecho de que los personajes principales en *Pocho*, Juan y Richard Rubio, no procedan del Barrio o "territorio libre". En cuanto a sus peregrinaciones, Richard Rubio siempre las inicia desde el Anti-Barrio, hecho que le da ciertas características para la participación y el atestiguamiento de los conflictos de cultura, clase y género, proyectando la ausencia de un lugar fijo.

Al no tener un lugar propio, algo que ya introduce el discurso en la primera oposición del mito revelador, resulta poco substancial, si no débil, cualquier impacto de autorrepresentación. La hegemonía socioeconómica y cultural del Anti-Barrio inunda y obstaculiza los esfuerzos tanto del protagonista principal como del narrador por presentar al lector imágenes chicanas —del tipo de los setenta— que desafíen a los esterotipos legados al discurso narrativo de *Pocho* por el discurso normativo angloamericano, como podría hacerlo la defensa de la comida mexicana, la reinvención del niño y el burro como héroes, la introducción del intelecto en los personajes mexicanoestadounidenses o la supuesta denuncia del machismo tradicional.[50] La unidimensionalidad del Barrio, forjada por el protagonista así como el narrador, siembra la duda incluso en las propias imágenes creadas por él que se aproximan a la autodeterminación literaria.

---

[49] A Thomas Nakano se le excluye también del Anti-Barrio y como resultado, se convierte en peregrino. En el caso de Ricky, al optar por el ascenso social como lo implica la escuela para oficiales militares, éste logra solidificar su residencia en el Anti-Barrio.

[50] Recordamos aquí al lector que Richard participa en la seducción de Zelda, que el grupo de muchachos lleva a cabo, y frecuenta una *hookshop* o casa de prostitución.

IV

EL ESPACIO MIGRANTE: EN BUSCA DEL SUDOESTE

> Twenty years ago these very lives attempted to disengage themselves from anything which was not Anglosaxon. However, now the intent is different. These lives are coming to know themselves as Chicano lives; better, they are inventing themselves as such.
> —Tomás Rivera, "Into the Labyrinth: The Chicano in Literature" (1972)

Introducción

En la colección de ensayos *A Decade of Chicano Literature* (1982), que presenta un estudio conciso pero erudito de todos los géneros de la literatura chicana, el narrador tejano Tomás Rivera abre para el lector el mundo literario forjado durante los setenta con el ensayo "Chicano Literature: The Establishment of Community". Su lugar al principio de la colección simboliza la importancia de Rivera tanto en fomentar la literatura chicana como en su papel catalizador en el establecimiento y desarrollo de la autorrepresentación chicana en la narrativa.

Desde la publicación de su mundialmente reconocida *"... y no se lo tragó la tierra"* (1971), recibe ardientes y profundas críticas.[1] Primero, Juan Rodríguez la acoge como "progresista", señalando una embestida contra el a veces típico fatalismo religioso de la comunidad mexicanoestadounidense; desafío que facilita la entrada del chicano a la modernidad.[2] En su reseña,

---

[1] Véanse: Juan Rodríguez, "La embestida contra la religiosidad en '... y no se lo tragó la tierra' ", *PCLAS (Pacific Coast Council on Latin American Studies) Proceedings: Changing Perspectives in Latin America,* 3 (1974), pp. 83-86; Seymour Menton, "Review of '... y no se lo tragó la tierra' ", *Latin American Literary Review,* 1.1 (Fall 1972), pp. 111-115; Cecil Robinson, "Chicano Literature", *Mexico and the Hispanic Southwest in American Literature* (Tucson, AZ: University of Arizona Press, 1977), pp. 308-331; Joseph Sommers, "From the Critical Premise to the Product: Critical Modes and Their Applications to a Chicano Literary Text", *New Scholar,* 5 (1977), pp. 51-80; y Ralph Grajeda, "Tomás Rivera's Appropriation of the Chicano Past", *Modern Chicano Writers,* eds. Joseph Sommers and Tomás Ybarra-Frausto (Englewood Cliffs: Prentice Hall, 1979), pp. 74-85.

[2] Sin embargo, como cambio radical, Rodríguez descubre después una inherente problemática del texto que lleva al lector a una "false vision of the Chicano people and

Seymour Menton sitúa "... *y no se lo tragó la tierra*" como parte del *mainstream* del Boom latinoamericano. Reconociéndola como un desafío narrativo a los narradores angloamericanos por el espacio literario del Sudoeste, Cecil Robinson sostiene por su parte que el texto de Rivera marca la transición de la "novela" chicana hacia la experimentación técnica. En uno de su últimos proyectos, el crítico Joseph Sommers usa "... *y no se lo tragó la tierra*" para ilustrar el método de la dialéctica histórica en su reconocido ensayo "From the Critical Premise to the Product: Critical Modes and Their Application to a Chicano Literary Text" (1977). Por último, Ralph Grajeda resume el mensaje de ésta como una experiencia comunitaria para que el chicano se apropie de su pasado.

Sin tomar a menos la substancia de estas críticas, para nosotros la contribución sobresaliente de "... *y no se lo tragó la tierra*" reside en la conjugación de fondo y forma para codificar un nuevo género narrativo en la literatura mexicanoestadounidense. Este género chicano emana de un proyecto ideológico arraigado en los círculos de escritores y críticos chicanos y se desenvuelve por medio de una representación ideológica común al Sudoeste. El nuevo género está integrado por ciertos elementos narrativos típicos de su poética.

A diferencia del discurso narrativo precursor de los narradores asimilacionistas, "... *y no se lo tragó la tierra*" representa, como logro principal, un objeto artístico cuya búsqueda de identidad, la fábula **quién soy**, no tiene a la carga las normas culturales del angloamericano. Se abre definitivamente un espacio narrativo —literario— fuera del discurso normativo angloamericano, donde aparece un emisor chicano, que establece nuevos términos de referencia cultural: la reinvención del mexicoamericano, o mexicanoestadounidense. El efluvio de un nuevo discurso narrativo es, aunque no al nivel social, un acto revolucionario en sí —especialmente en cuanto a la narrativa de la minoría racial mexicana— que tiene un impacto mundial. En sus textos representativos, el *otm* de la asimilación, se reduce a un elemento mínimo, si no es rechazado totalmente. Aparece ahora el *otm* de la descolonización, para forjar, junto con el viaje y la escritura, el nuevo género narrativo, la *narrative of self-identity*. En términos de los espacios estructurantes, la mayoría de los signos lingüísticos se conjugan para exponer la condición del Barrio como orillado en medio del desarrollo. La representación del Anti-Barrio es mínima. Resultado: hecha posible por una sociedad estadounidense pluralista, la coexistencia se convierte en el *modus operandi* entre dos espacios. La resolución de la fábula **quién soy**, ahora

---

their struggle". Véase: Juan Rodríguez: "The Problematic in Tomás Rivera's '... *y no se lo tragó la tierra*' ", *Revista Chicano-Riqueña*, 6.3 (Summer 1980), pp. 42-50.

El espacio migrante

de sentido colectivo, no individualista, toma una forma netamente chicana, como lo ilustra el lenguaje. El mito revelador, Aztlán, se arraiga al Barrio, en contraste con *Pocho* y su mito del Edén.[3]

El proyecto ideológico de autorrepresentación chicana y Tomás Rivera

A diferencia de José Antonio Villarreal, toda la información biográfica y social de Tomás Rivera muestra que pertenece al proyecto ideológico de los setenta. Aparte de los reportajes, Rivera mismo hace declaraciones y tiene entrevistas donde se liga a la autorrepresentación chicana. Su partidismo tiene, al principio, una concientización lenta, pero luego se convierte en un resuelto compromiso.

Como Villarreal, Rivera decide ser escritor desde niño. Igualmente, se le introduce primero a la literatura angloamericana por medio del sistema educativo primario y secundario de los Estados Unidos.[4] Por lo tanto, sus esfuerzos iniciales como escritor se basan en el deseo de formar parte del discurso narrativo angloamericano. En ese momento, Rivera quiere ser, como Villarreal, un "American writer". Un año antes de que se publique *Pocho* (1959), Rivera ya tiene terminados algunos manuscritos (a la edad de 23 años). Envía los manuscritos en inglés a editoriales y revistas angloamericanas. Ninguno de ellos contiene temas ni personajes mexicoamericanos, mucho menos chicanos.

Con la misma intención de los miembros del grupo mexicoamericano[5] al cual pertenecía, Rivera intenta ganar dinero y fama. Imita uno de los estilos vigentes de la narrativa angloamericana, incluso se vale de los estereotipos del mexicanoestadounidense establecidos por el discurso normativo angloamericano:

---

[3]En el mundo intelectual chicano, el mito de *Aztlán* abre puertas en varias disciplinas como la filosofía, la historia, la economía, las ciencias políticas, las ciencias sociales y otras.

[4]Como Villarreal, Rivera se sumerge durante su juventud en la literatura angloamericana. Lo lleva a cabo al pasar sus estudios de primaria y secundaria en las escuelas angloestadounidenses regadas en las rutas del Sudoeste recorridas por los trabajadores migratorios. Primero, le fascina la literatura infantil típica como *The Wizard of Oz*. Lee luego a John Steinbeck, Ernest Hemingway, Walt Whitman y algunos autores ingleses. Sólo después de terminar su licenciatura en literatura angloamericana, desarrolla un interés en la literatura peninsular y latinoamericana, específicamente la Generación del 98 y el Boom latinoamericano. Sus lecturas y estudios literarios revelan una evolución hacia el discurso narrativo latinoamericano.

[5]*Mexicoamericano* es la autodenominación mexicoestadounidense de los cincuenta.

> Also, back in 1958, we thought writing should be a money-making proposition. To make money there had to be a gimmick, we thought, so we went to the people who were making it at the time, Mickey Spillane and people like that. We actually tried to imitate Spillane. We thought people would notice, that it could bring us fame and glory. We sent off the manuscripts *y pues nada* [and nothing]. *Los chicanos que metíamos allí* [The Chicanos we stuck in there] were crooks and prostitutes, very stereotyped characters...[6]

Afortunadamente, Rivera no logra, en contraste con Villarreal, obtener el apoyo de las revistas ni de las editoriales angloamericanas. No se publica su trabajo narrativo de entonces.

Como no se le extiende la apertura del discurso narrativo angloamericano, Rivera dirige su energía a otras tareas. Descubre ese mismo año, 1958, un discurso narrativo escasamente diseminado entonces en el sistema educativo angloamericano: el mexicanoestadounidense. La obra representativa de este discurso es *"With His Pistol In His Hand": A Border Ballad and Its Hero* (1958) de Américo Paredes, un estudio sobre el corrido de Gregorio Cortez, fugitivo famoso en Texas y el resto de los Estados Unidos alrededor de los 1880. La lectura de este trabajo, junto con la investigación personal de Rivera para cerciorarse del contenido, lo conduce a pensar en que "it was possible to talk about a Chicano as a complete figure".[7] A Rivera le impresionan dos figuras: Paredes y Gregorio Cortez, mexicanoestadounidenses. Se le presenta de esta manera la posibilidad de explorar un mundo chicano por medio de la imaginación, en particular el de los trabajadores migrantes cuya vida comparte de 1945 hasta 1955.[8] Rivera toma conciencia, ahora, de la necesidad de enfrentarse al discurso normativo angloamericano.

El descubrimiento de *"With His Pistol In His Hand"*, por otra parte, convence a Rivera a formar parte de la autorrepresentación mexicanoestadounidense, aunque ésta todavía no se había profundizado a causa de la inexistencia de un movimiento chicano.[9] Cuando la lucha por los derechos civiles fija su presencia en todo el Sudoeste, Rivera reaplica su interés en la autoimagen del mexicanoestadounidense. Además de completar sus estudios graduados en literatura peninsular en la Universidad de Oklahoma, se dedica a escribir un trabajo narrativo en que figuran como protagonistas los trabajadores migrantes:

> Later, 1967-68, I'm writing. The Chicano Movement was *una fuerza total* [a complete power already] in the university and so forth. I wanted to document, somehow, the strength of those people that I had known. And I was only con-

---

[6]Juan D. Bruce-Novoa, "Tomás Rivera: Interview", *Chicano Authors: Inquiry by Interview* (Austin: University of Texas Press, 1980), pp. 149-150.

[7]Bruce-Novoa, *loc. cit.*

[8]Bruce-Novoa, *loc. cit.*

cerned about the migrant workers, the people I had known best. I had been a migrant worker.[10]

En su visión de los migrantes, la realidad social de ellos está ligada a la economía angloamericana, siendo su contexto la subordinación. En contraste con Villarreal, no tiene miedo en declararlo. De hecho su obra recibe un premio.

La condición de la sociedad estadounidense

En su entrevista de 1978, el crítico mexicano Javier Vázquez-Castro le pide a Tomás Rivera definir los rasgos distintivos del chicano, o mexicanoestadounidense. Rivera responde de manera similar a las concepciones históricas de Rodolfo Acuña y Mario Barrera:

> Primeramente estamos en una región que está controlada políticamente por los Estados Unidos, que es distinto a estar en México, a ser mexicano regido políticamente por mexicanos. En segundo lugar, los chicanos por la mayor parte somos una clase trabajadora; casi no tenemos una clase media y mucho menos una clase de élite. Nunca hemos tenido instituciones educacionales propias. . . . Otro rasgo importantísimo, es que vivimos en una época en que nos estamos emancipando intelectualmente, quitándonos la siquis [sic] colonizada que tenemos; y eso nos hace avanzar hacia el punto en que llegamos a tener cierta fuerza de voluntad para querer regirnos nosotros mismos y crear auténticamente nuestra propia cultura.[11]

Aunque para 1958 ya tenía alguna idea del estado subordinado de la minoría racial mexicana, esta descripción socioeconómica presenta un desarrollo profundo en su entendimiento de la situación del mexicanoestadounidense.[12] Su conciencia de la lucha por la emancipación intelectual así como por el desarrollo de una cultura chicana propia, combatiendo la asimilación forzada a la cultura anglosajona, recuerda la interpretación histórica de Sonia A. López sobre el Movimiento Chicano. Rivera se ha integrado a la militancia y la lucha por la autodeterminación. Por cierto, el período 1967-68 representa un auge en la lucha por los derechos civiles de las minorías raciales y es el mismo período en que Rivera emprende su papel como escritor chicano.[13]

---

[9]Bruce-Novoa, *loc. cit.*
[10]Bruce-Novoa, *op. cit.*, p. 148.
[11]Javier Vázquez-Castro,"Javier Vázquez/Tomás Rivera", *Acerca de la literatura: diálogo con tres autores chicanos* (San Antonio: M & A Editions, 1979), pp. 42-43.
[12]Comparte la conciencia del Movimiento Chicano expresada en *El Plan Espiritual de Aztlán* (1969).
[13]Bruce-Novoa, "Tomás Rivera: Interview", p. 148.

El reconocimiento del contexto de subordinación enfrentado por el mexicanoestadounidense está ligado a la condición general de la sociedad donde reside. Para Rivera, la sociedad estadounidense está compuesta de culturas europeas transplantadas así como culturas indígenas para las cuales la justicia social es una fuerza determinante. El establecimiento de la literatura chicana parte, por lo tanto, del contexto de protesta contra la guerra de Vietnam y la lucha de las minorías raciales por sus derechos civiles. Rivera se compromete a la autorrepresentación chicana bajo este contexto. Participa así en establecer una sociedad estadounidense pluralista, donde se pueden organizar círculos literarios de escritores mexicanoestadounidenses autoidentificados como chicanos.

La condición del discurso narrativo mexicanoestadounidense

El discurso normativo angloamericano continúa produciéndose durante los cincuenta y sesenta, así como los setenta. Por otro lado, para cuando Rivera se dedica seriamente a ser escritor, 1967-68, ya existe un rudimentario sistema de escritura chicana. Este es una expresión del sector literario activo en la lucha de la minoría racial mexicana por los derechos civiles. Ocurre también la maduración de la clase letrada en gestación desde la Segunda Guerra mundial, al mismo tiempo que se establece en los setenta un nuevo público lector fuera del alcance y la satisfacción de las editoriales de Nueva York. Este público demanda un nuevo tipo de narrador.

Para los mexicanoestadounidenses entonces, se expande la posibilidad de ser escritor durante los setenta. Los miembros de los nuevos círculos literarios, inclusive Rivera, se autoapelan escritores **chicanos** [negrilla nuestra]. Ahora, al diseminar su trabajo el mexicanoestadounidense, no necesita presentarse únicamente como "American writer" —realidad enfrentada por Villarreal— ni tampoco limitarse al discurso narrativo angloamericano. De hecho, los narradores de los setenta asimilan no sólo elementos de este discurso, sino también algunos del latinoamericano, habiendo ascendido éste último de prestigio mundial durante los sesenta. Sumados estos elementos a la lucha por la autorrepresentación, se establece un discurso narrativo chicano propio, al cual pertenece Rivera. A base de su nueva concientización, Rivera da fruto a *"... y no se lo tragó la tierra"* (1971), publicada por Quinto Sol, editorial clave para la narrativa de los setenta. Este trabajo figura como el primer esfuerzo consciente de importancia en el desafío contra el discurso normativo angloamericano. Sobrepasa por lo tanto los esfuerzos —limitados al cuento— de narradores tejanos precursores como Américo Paredes (n. 1915), Daniel Garza y Amado Muro (1915-1971);

quienes se valían de las revistas angloamericanas para publicar sus trabajos, específicamente las universitarias: *Harper's, The Texas Observer, The Arizona Quarterly* y *Southwest Review*.[14]

En contraste con el fallo de la editorial Doubleday para diseminar el trabajo de Villarreal, el sistema de escritura chicana contribuye al éxito de Rivera como narrador. Este sistema provee varios círculos literarios arraigados en el Sudoeste, junto con una red de periódicos, revistas y editoriales. Más allá del papel de las revistas universitarias de literatura tales como *Hispania, Southwestern American Literature Journal, Cuadernos Americanos, Mester, Explicación de Textos Literarios* y *Books Abroad* y el papel de las revistas internacionales, los elementos autóctonos del sistema de escritura chicana diseminan la producción narrativa de Rivera en la forma de reseñas, contribuciones, crítica y entrevistas; los festivales populares de los setenta (Flor y Canto y Canto al Pueblo); y revistas como *El Grito, El Magazín, Revista Chicano-Riqueña, Atisbos, Caracol, The Bilingual Review, De Colores, Aztlán* y *La Palabra*. Pajarito Publications forma parte también de la red editorial. El sistema de escritura incluye, a nivel nacional, los Centros de Estudios Chicanos en donde se enseña literatura chicana.

Aunque en muchos casos reciben ayuda y apoyo de algunos críticos y escritores angloamericanos, afroamericanos, latinoamericanos y mexicanos, los mismos escritores chicanos llevan a cabo los hechos literarios dentro de un ambiente mexicanoestadounidense, sea éste el barrio urbano, el campo o el aula universitaria. Ellos organizan y/o dirigen los certámenes literarios, premios, celebraciones, festejos, revistas y editoriales. El nuevo discurso narrativo que producen los escritores chicanos tiene un fuerte impacto no sólo en los Estados Unidos, sino que se conoce también en México, el Brasil, la Argentina, España, Francia, Inglaterra, Alemania y el resto de Europa.

Desde el principio de los setenta Rivera toma conciencia de la importancia del sistema de escritura chicana. Lo reconoce públicamente en 1972 al revelar su entendimiento de la función de la editorial Quinto Sol:

---

[14]Como indicio del proyecto ideológico de autorrepresentación chicana, estos tres narradores producen textos que desafían el discurso normativo angloamericano. Primero, Garza publica "Saturday Belongs to the Palomía" (1962) y "Everybody Knows Tobie" (1963). Américo Paredes lo sigue con su cuento "The Hammon and the Beans" (1963), reproducido varias veces en revistas y antologías chicanas. Amado Muro inmortaliza los barrios de San Antonio y El Paso con sus narrativas cortas "Cecilia Rosas" (1964), "Sunday Is Little Chihuahua" (1965) y "María Tepache" (1969). Desafortunadamente, los autores no forman parte de los círculos literarios colectivos y no se diseminan extensivamente sus trabajos. Amado Muro es el pseudónimo de un angloamericano, Chester Seltzer, que se asimiló a la cultura mexicanoestadounidense. No obstante, su trabajo se considera como una representación auténtica de la minoría racial mexicana.

> The plan of action that Quinto Sol follows is to provide a completely independent vehicle for the Chicano writer and to permit that he manifest himself in all forms.[15]

En el momento en que Rivera escribía *". . . y no se lo tragó la tierra"*, 1967-68, Octavio Romano y sus colaboradores inauguran la publicación de la revista *El Grito* (1967-1975), que jugó un papel decisivo en el desarrollo del sector literario chicano y de la cual se origina Quinto Sol. Cuando esta editorial auspicia el Premio Anual Quinto Sol en 1970, se lo gana Rivera con *". . . y no se lo tragó la tierra"*.

La recepción del premio marca el definitivo compromiso de Rivera con la autorrepresentación chicana. En la introducción a la primera edición, Herminio Ríos resume el impacto de *". . . y no se lo tragó la tierra"* en los círculos literarios chicanos al identificarla como "una continuación del pasado, una cumbre en la época actual y un punto de partida hacia el futuro de nuestra tradición literaria".[16] Acentuado por el punto fundamental número cuatro de los siete enumerados en la introducción a la quinta edición de la antología *El espejo/The Mirror* (1972), especialmente al aparecer el nombre de Rivera en la lista de escritores al pie de la introducción, se elimina cualquier duda acerca del partidismo de Rivera en cuanto al proyecto ideológico de los setenta:

> 4. Firmemente creyendo que la autodeterminación por la cual ha venido añorando y luchando reñidamente el pueblo chicano desde mediados del siglo diecinueve se logra solamente mediante esfuerzos chicanos, se presenta esta antología concebida, integrada, y publicada por chicanos sin ninguna obligación de quedar suma y submisamente agradecidos a fundaciones o firmas ángloamericanas [sic]. (p. xi)

Como lo revelan sus ensayos literarios, sin embargo, el compromiso de Rivera con el proyecto ideológico tiene su variación. Influido por el artículo "The Mexican American in the Social Sciences: 1922-1970" (1970) del nuevomexicano Nick C. Vaca, Rivera comparte la conciencia de enfrentar el discurso normativo angloamericano con otros narradores chicanos y desea poner fin a la imagen unidimensional del mexicanoestadounidense así como del mexicano en la narrativa angloamericana.[17] Empero, rechaza todo dog-

---

[15]Tomás Rivera, "Into the Labyrinth: The Chicano in Literature", *Southwestern American Literature*, 2.2 (Fall 1972), p. 93.

[16]Herminio Ríos-C., "Introducción", *". . . y no se lo tragó la tierra"* de Tomás Rivera (Berkeley: Quinto Sol Publications, 1971), p. ix.

[17]Javier Vázquez-Castro, "Javier Vázquez/Tomás Rivera", pp. 44-46. A diferencia de Villarreal, Rivera no se ve aislado en su labor literaria. Apoya y reconoce, por ejemplo, el trabajo narrativo de Rolando Hinojosa. Considera que el premio literario que le otorgó a éste Casa de las Américas por *Klail City y sus alrededores* (1976) es el segundo *milestone* o logro máximo de la literatura chicana. La labor narrativa de ambos, por lo tanto, figura

El espacio migrante 109

ma, desde el inicio de su carrera como escritor, para favorecer una iniciativa de creación artística abierta.[18] Es decir, se opone al establecimiento de un nuevo estereotipo del mexicanoestadounidense, rechazando la narrativa de propaganda:

> De ese modo, la actitud de muchos de nosotros, desde 1965 a 1968, fue de revisar ese estereotipo producido por el discurso normativo angloamericano sin caer en la trampa de crear otro estereotipo; tratar de inventarnos y vernos a nosotros mismos como gente completamente humana, con todas las faltas y las virtudes de cualquier persona en el mundo.[19]

En su nuevo propósito literario, Rivera desea forjar una visión del mundo chicana desde sus orígenes, una visión que presente al chicano en su totalidad humana, formando parte del siglo XX, y que preste especial atención a la vida de los trabajadores migrantes. Arraigado en el ambiente rural y en el barrio urbano, que considera como las raíces más auténticas de la literatura chicana, Rivera intenta la humanización del Sudoeste, lo cual, sostiene él, conduce al chicano a lo universal.[20] Mientras reconoce la perspectiva aportada por los mitos nahuas como parte integral de la historia del mexicanoestadounidense, no los utiliza en su trabajo narrativo.[21] En cuanto al lenguaje, Rivera ahora desafía a los narradores mexicanoestadounidenses a que escriban en español, manteniendo que el escritor debe pensar más allá de las razones comerciales. Este último punto representa un cambio cualitativo en su trayectoria como narrador.[22]

---

entre la de otros narradores tejanos de los setenta: Estela Portillo (n. 1936), Berta Ornelas, Joseph V. Torres-Metzgar (n. 1947), Aristeo Brito, Max Martínez (n. 1943), Tomás López, Arturo Rocha Alvarado, Juan Sauvageau-Pro Sánchez y Rosaura Sánchez (n. 1941). Como logro colectivo y excepcional, estos narradores publican cinco narrativas durante el bicentenario de los Estados Unidos (1976): *El diablo en Texas* de Aristeo Brito, *Klail City y sus alrededores* de Rolando Hinojosa, *Chicano, Go Home* de Tomás López y "Monologue of the Bolivian Mayor" de Max Martínez. En conjunto con los narradores de otras provincias del Sudoeste, Rivera y sus colegas tejanos integran los círculos literarios que hacen realidad el proyecto ideológico de autorrepresentación chicana en su provincia.

[18] Vázquez-Castro, *op. cit.*, p. 46.
[19] Vázquez-Castro, *loc. cit.*
[20] Vázquez-Castro, *op. cit.*, p. 46.
[21] Vázquez-Castro, *op. cit.*, pp. 46-47.
[22] Tomás Rivera, "Into the Labyrinth: The Chicano in Literature", p. 94. Su evolución personal, que va de la literatura angloamericana e inglesa a la peninsular y latinoamericana, se expresa al nivel lingüístico. Cuando emula a Mickey Spillane, Rivera escribe en inglés y se vale de los estereotipos del mexicanoestadounidense y el mexicano como han sido codificados por los narradores angloamericanos. A partir de sus estudios en literatura peninsular y latinoamericana, Rivera opta por desarrollar la lengua nativa del Sudoeste y escribe en español, interconectándose al discurso narrativo hispánico y desarrollando un nuevo tipo de narrativa que refleja la realidad del trabajador migratorio mexicanoestadounidense.

Por otro lado, al enfrentar el discurso normativo angloamericano, Rivera reconoce en el mexicanoestadounidense una "psiquis colonizada" que se necesita combatir por medio de una nueva imagen. Se arma así con una ideología descolonizadora. El artículo "Chicano Literature: The Establishment of Community" (1980) acentúa esto, específicamente al identificar la creación de un nuevo espacio narrativo:

> The different *planes* [cursiva suya] that were evolved called for the establishment and betterment of the Chicano community above all else. One of the most important goals was to establish a *lugar* or a place. Aztlán became the place in most writings. Myth or not, the urge to have, to establish, and to nurture a place of origin, of residence became the most imporant need to meet. This was not surprising. This deep need for a community revealed basically a colonized mind and a deprived, powerless class. The Chicano had to begin decolonizing the mind.[23]

A la vez, la frase "nuestra propia identidad" señala el género narrativo predilecto del proyecto ideológico de autorrepresentación chicana: la *narrative of self-identity*. Varios estudios aluden a su existencia.[24] Desafortunadamente, no se ha precisado su poética ni clarificado en forma exhaustiva su significado histórico.

A principios de los ochenta Rivera continúa formando parte del discurso narrativo chicano. Asiste a conferencias literarias organizadas por los círculos literarios chicanos y apoya sus revistas. A pesar de que el impacto inicial del proyecto ideológico de los setenta ha disminuido, ya que la temática se ha ido expandiendo, Tomás Rivera mantuvo hasta su muerte en 1984 su fidelidad a la reafirmación de una tradición literaria propia para el mexicanoestaounidense, hecho logrado por los narradores que se autoapelan chicanos.[25]

---

[23]Tomás Rivera, "Chicano Literature: The Establishment of Community", *A Decade of Chicano Literature* (1970-1979), ed. Luis Leal y otros (Santa Bárbara, CA: Editorial La Causa, 1982), p. 10.

[24]Juan Rodríguez, "La búsqueda de identidad y sus motivos en la literatura chicana", *Identification and Analysis of Chicano Literature*, ed. Francisco Jiménez (New York: Bilingual Press/Editoril Bilingüe, 1979), pp. 170-178; y Loretta Carrillo, "The Search for Selfhood and Order in Contemporary Chicano Fiction" Diss. Michigan State University, 1979. Elaine Johnson en su disertación, "A Thematic Study of Three Chicano Narratives: *Estampas del Valle y otras obras*, *Bless Me, Ultima* and *Peregrinos de Azltán*", se limita a identificar el género sólo como un importante elemento temático.

[25]Sobre la expansión de la temática, se debe leer una entrevista de Alejandro Morales, autor de *Caras viejas y vino nuevo* (1975), *La verdad sin voz* (1970), *Reto en el paraíso* (1983) y *The Brick People* (1988). Véase: Francisco X. Alarcón, "Contra la corriente", *Revista Literaria de El Tecolote*, 4.3 (octubre 1983), pp. 4 y 14. Sobre su fidelidad a la nueva literatura chicana, véase: Tomás Rivera, "Richard Rodriguez' *Hunger of Memory* as Humanistic Antithesis", *MELUS*, 11.4 (Winter 1984), pp. 5-13. Reimpreso en *Tomás*

El sujeto narrador: una visión del mundo chicana y una ideología descolonizadora

Tomemos el título como un texto, un subtexto.

Al rebasar la acepción religiosa, el título de "*. . . y no se lo tragó la tierra*", por entregar al impacto el mensaje de supervivencia y resistencia a la subordinación, sitúa la visión del mundo chicana —la autodeterminación— donde se mueve el protagonista anónimo pero íntimo. Es decir, el predicado negativo *no tragó* tiene como referente el objeto directo masculino *lo*, el protagonista o sujeto chicano, mientras que el sustantivo tierra implica el mundo. En cuanto al narrador en tercera persona, éste marca el tono objetivo de la relación entre el sujeto chicano y el mundo. Como se privilegia el signo *tierra* con respecto a la narración, todos los otros signos que significan espacio, *rancho, barrios, Tejas, El Teatro Ideal, el norte, Minesota* [Minnesota], *camposanto, Nuevo México, escuela, Iuta* [Utah], *Corea, México* y otros, se agrupan alrededor del primero y contribuyen a codificar la visión del mundo del sujeto narrador chicano, en particular su ambiente migrante.

Por la manifestación del sujeto en la forma de protagonista anónimo, las cuatro frases que citamos a continuación estructuran semánticamente todos sus pensamientos, que incluyen los diferentes elementos de las selecciones o capítulos en medio del primero, "El año perdido", y el último, "Debajo de la casa": signos, espacios, acciones, símbolos, tiempo y personajes. Las primeras dos frases forman parte de un monólogo interior del protagonista (P) y las otras dos aparecen en el párrafo del narrador omnisciente (NO) que cierra la obra narrativa:

P 1   *Y luego si tuviera unos brazos bien grandes los podría abrazar a todos.*[26]

P 2   *Necesitaba esconderme para comprender muchas cosas.* (p. 168)

NO 1   Encontrar, y reencontrar y juntar. (p. 169)

NO 2   Relacionar esto con esto, eso con aquello, todo con todo. (p. 169)

Por estructurar el pensamiento del protagonista, la colocación de las cuatro frases en el último capítulo —donde el protagonista simbólicamente se encuentra en el sótano de una casa, lugar anónimo y oscuro— llama la

---

Rivera (1935-1984): The Man and His Work, eds. Vernon E. Lattin, Rolando Hinojosa and Gary D. Keller (Tempe, AZ: Bilingual Review/Press, 1988), pp. 28-33.

[26]Tomás Rivera, "*. . . y no se lo tragó la tierra*" (Berkeley: Quinto Sol Publications, 1971), p. 168. A partir de ésta, todas las citas se toman de esta edición, identificándose únicamente la página al pie de la cita.

atención del lector a la ideología descolonizadora incrustada en el texto.[27] Es descolonizadora en el sentido de que se presentan, al emanar de un discurso narrativo específico, un protagonista y un narrador chicanos que se inclinan hacia la autoafirmación y la autoimagen. A este tipo de discurso ya apunta *Pocho*, senalaría Bruce-Novoa. Empero, Villarreal no logró codificarlo.

Acerca del reflejo de la visión del mundo chicana en el discurso narrativo, el espacio en la siguiente anécdota en forma de diálogo, colocada al principio de la selección "Es que duele", ilustra la visión a modo óptimo en su especificidad y generalidad:

>—*Comadre, ¿ustedes piensan ir para Iuta?*
>—*No, compadre, si viera que no le tenemos confianza a ese viejo que anda contratando gente para . . . ¿cómo dice?*
>—*Iuta. ¿Por qué, comadre?*
>—*Porque se nos hace que no hay ese estado. A ver, ¿cuándo ha oído decir algo de ese lugar?*
>—*Es que hay muchos estados para ese rumbo.*
>—*Pos sí, pero, a ver, ¿dónde queda?*
>—*Pos cerca de Japón.* (p. 21)

En un tono ingenuo aunque sincero, la comadre y el compadre, situados admisiblemente en su *gallinero,* o casa, establecen por medio del diálogo un radio en la circunferencia del globo terrestre desde algún barrio en Texas. De este lugar, un contratista agrícola trata de ligarlos a *Iuta* [Utah], lo cual les recuerda a los compadres el ambiente geográfico que recorren en busca de trabajo: el Sudoeste y el Medioeste de los Estados Unidos, siendo esta última región para los trabajadores migrantes "el norte". Por último, un conocimiento popular acerca del Japón los lleva, como al lector, al otro lado del mundo. De esta manera, cualquier interpolación de espacio en el resto del discurso narrativo recrea una visión del mundo completa donde se mueven tanto los compadres como el protagonista principal; visión que incluye una relación de subordinados por la economía agroindustrial del angloamericano.

En un espacio más amplio, pero dentro de los mismos delineamientos de la visión del mundo, se desenvuelve la concientización del protagonista anómimo, siendo el tono similar al susodicho. Desde su residencia en la casa de don Hilario y doña Bonifacia, precisamente un sótano, camina a los campos, al dompe, a la iglesia, a la escuela del Anti-Barrio, al camposanto y

---

[27]En su elemento de anonimato, el protagonista adolescente de *". . . y no se lo tragó la tierra"* se parece al protagonista de la narrativa *Invisible Man* (1952) de Ralph Ellison, autor afroamericano. Como ambos protagonistas comparten la subordinación, resalta la condición de subordinado del mexicanoestadounidense.

viaja en el mismo año "al norte" —*Minesota, Mineapolis* [Minneapolis] y Wisconsin— escuchando en todos estos lugares y ciudades historias acerca de Corea, el Japón, Morelos (México), y de los coreanos, los chinos y de los negros. Todo esto, y los personajes con quienes tiene contacto, además de presenciar otros sucesos, es lo que necesita comprender mientras se esconde debajo de la casa, sitio de donde ve transcurrir mentalmente todo lo narrado. El monólogo interior colectivo entre las páginas 165 y 168, que toca a todas las selecciones y las anécdotas, así como el diálogo mencionado entre el compadre y la comadre, reestablece de un modo más profundo la ya mencionada circunferencia global y proyecta hacia el frente la visión del mundo migrante como el centro en la toma de conciencia del protagonista: la autodeterminación.

Dentro de la figuración, la ideología descolonizadora se manifiesta a nivel de las imágenes de los personajes. A diferencia de los textos del discurso normativo angloamericano, los narradores omniscientes así como los narradores testigos dedican más tiempo y espacio a los residentes del Barrio. Cuando presentan a los personajes del Anti-Barrio, éstos suelen agredir a aquéllos y emanan de sus diálogos los antiguos estereotipos del mexicanoestadounidense. Regados a través del texto narrativo, el mayor y mejor número de ejemplos en que los residentes del Anti-Barrio discriminan a los del Barrio aparece en el capítulo "Es que duele", cuya acción central es la expulsión del protagonista de una escuela que está en el Medioeste, "el norte". Como expresión del sujeto narrador chicano, el protagonista-narrador camina hacia la casa pensando en la expulsión, que tiene su origen en las miradas objetivantes de un condiscípulo angloamericano:

> Siempre es lo mismo en estas escuelas del norte. Todos nomás mirándote de arriba a abajo. (p. 22)

El diálogo del estudiante anglosajón, con quien se pelea el protagonista, evoca las clásicas imágenes del discurso normativo angloamericano. En particular, se alude a la *western dime novel*, conocida por celebrar la conquista angloamericana del Sudoeste y presentar a los mexicanos como crueles, cobardes y ladrones:

> —Hey, Mex . . . I don't like Mexicans because they steal. You hear me? (p. 24)

Este estereotipo del mexicanoestadounidense como ladrón reaparece en el capítulo "Debajo de la casa", donde a causa del consejo de unas ancianas angloamericanas a su sobrina se daña una amistad entre dos estudiantes. Además de poner bajo escrutinio a los hijos de los trabajadores migrantes en la escuela, los angloamericanos pasan en sus automóviles por las casas del Barrio los domingos y les apuntan como animales de zoológico. En la función de la ideología descolonizadora, por lo tanto, todos los ejemplos en que los personajes anglosajones discriminan al mexicanoestadounidense sirven para valorizar y dejar claro para el lector el sentido revolucionario de las imágenes complejas del chicano diseminadas por el emisor, imágenes que desconstruyen los estereotipos.

Los objetos-temáticos-matrices (*otm*)

El viaje

En contraste con el *otm* del viaje de *Pocho*, que detalla una intentada pero frustrada asimilación a la cultura angloamericana, el viaje psiquigeográfico implícito en el título, *"... y no se lo tragó la tierra"*, dirige al lector hacia una narrativa de autodeterminación como resistencia al estado de subordinado y al anonadamiento moderno. Sintagma flotante, el título requiere un lector partícipe.[28] Pues, privilegia un viaje de concientización, un viaje mental llevado a cabo por el protagonista anónimo, a veces narrador testigo, quien trata de recordar y comprender los sucesos que acontecen alrededor de su persona durante un año crucial de su vida.

Del privilegiado viaje mental, introducido con tres puntos suspensivos al final de la selección "El año perdido", cuyo discurso narrativo no contiene ningún signo que denote espacio, emana una serie de viajes geográficos emprendidos por los múltiples personajes. De todos, el necesario peregrinaje económico entre un pueblo tejano anónimo y el Medioeste, ruta recorrida incluso por el protagonista, marca el fluir de las historias que constituyen la mayor parte del texto y que son intertextualizadas en la última selección, "Debajo de la casa". Mientras tanto, los viajes que proceden del Exterior o los que se dirigen a éste —México o Corea— representan la no existencia, el exilio o la muerte. Cultivado a través del sueño como técnica, el espacio donde transcurren los viajes se abre de una manera onírica:

> Pero antes de dormirse veía y oía muchas cosas . . . (p. 1)

El único viaje geográfico del protagonista fuera del Barrio tiene resonancia porque éste pertenece a un grupo sociocultural —los trabajadores migratorios— y paralelamente, emana de su propio viaje mental. El viaje geográfico funciona para desenvolver y reafirmar la identidad cultural del

---

[28]El título es un elemento en una narrativa desconjugada pero conclusiva, que emana del surrealismo con su énfasis en los sueños, el flujo de conciencia, el uso de mitos, la juxtaposición de elementos, el pastiche y la ambigüedad. Es un sintagma flotante porque a primera vista no se le puede identificar emisor alguno. No aparece en el discurso lingüístico. Así, se le puede asignar al narrador omnisciente o hasta al propio lector.

protagonista: el trabajador migratorio chicano. La manera exacta de llegar "al norte", o la ciudad o pueblo a donde emigra, forma parte de la ambigüedad entretejida en la figuración. El lector se entera de su llegada sólo después de leer dos tercios de la selección "Es que duele", donde se dramatiza la expulsión de un estudiante de la escuela, el protagonista. En la cita a continuación éste, de regreso a su casa, descansa cerca de un cementerio:

> Esta es la mitad del camino a la casa. Este camposanto está pero bonito. No se parece nada al de Tejas. Aquél sí asusta, no me gusta para nada. (p. 25)

A pesar de las mejores condiciones del cementerio, que implica un nivel de vida más alto en el Anti-Barrio, los migrantes no reciben un mejor trato allí. Se continúa practicando la discriminación contra los migrantes:

> Puro sacatito [sic] y árboles, yo creo que por eso aquí la gente cuando entierra a alguien ni llora. Me gusta jugar aquí. Que nos dejaran pescar en el arrollito que pasa por aquí, hay muchos pescados. Pero nada, necesitas tener hasta licencia para pescar y luego a nosotros no nos la quieren vender porque somos fuera del estado. (p. 25)

Estructuralmente, el viaje del protagonista al Anti-Barrio, como el mismo capítulo "Es que duele", funcionan para acentuar el desarrollo cultural de él en el Barrio, ilustrado en los capítulos narrados por o dedicados al protagonista: "La mano en la bolsa", "La noche estaba plateada", ". . . y no se lo tragó la tierra", "Primera comunión" y "El retrato". A diferencia de *Pocho*, en cada capítulo aprende una lección cultural netamente dentro del marco social del mexicanoestadounidense: el homicidio, el sexo, la estafa, y el desafío a los dos conceptos centrales a la cosmogonía cristiana: el diablo y Dios. Al mismo tiempo, su permanencia en el Barrio acentúa los inseguros viajes económicos emprendidos por otros múltiples trabajadores migrantes "al norte" (el Anti-Barrio); viajes peligrosos ilustrados magistralmente por las anécdotas en las páginas 21 y 119 y el logrado capítulo "Cuando lleguemos . . .", excelentemente colocado antes de cerrarse el viaje mental del protagonista.

Se concretiza, en fin, una ambigüedad heterogénea a nivel de los personajes, en la cual sólo permanecen ante el lector los múltiples viajes entre "el norte" y el pueblo tejano anónimo (el Barrio).[29] Estos viajes al Medioeste

---

[29]"El norte" de los mexicanoestadounidenses aquí es en realidad el Medioeste de los Estados Unidos. Para los mexicanos en la literatura mexicana, "el norte" sería el Sudoeste de los Estados Unidos. En ". . . y no se lo tragó la tierra", se le dedican al protagonista únicamente seis capítulos, apareciendo una serie de protagonistas en los otros seis. Por lo tanto, los capítulos están mezclados gráfica y cronológicamente. Tanto la variación de narradores como la de protagonistas eliminan el centro autoritario tradicionalmente reservado a la narrativa del siglo XIX. Tal logro técnico sitúa la novela de Rivera como

ilustran la condición subordinada de los trabajadores migrantes, la cual se revela en el capítulo "Cuando lleguemos . . .", donde aparecen los mejores ejemplos de este necesario peregrinaje, con sus razones económicas, peligros y sufrimientos. Introducidas por un narrador omnisciente a través de un corto párrafo, trece de unas cuarenta personas que viajan en el camión de carga señalan en el mismo número de monólogos la razón de su viaje al norte: todos, hombres, niños y mujeres, van a la pizca del betabel animados por la falta de trabajo en Texas. Un trabajador gravemente endeudado con un granjero, el señor Tomson, dramatiza de manera notable la razón económica del viaje, que ha durado veinticuatro horas:

> —*con el dinero que me prestó el señor tomson* [sic] *tenemos para comer a lo menos unos dos meses. Para entonces nos llega el dinero del betabel. A ver si no nos endrogamos mucho. Me emprestó doscientos pesos pero para cuando paga uno los pasajes se le va la mitad casi, con eso de que ya me cobran por los niños el medio precio. Y luego cuando regrese le tengo que pagar lo doble. Cuatrocientos pesos.* (p. 150)

Peligros variados enfrentan los peregrinos al Anti-Barrio, tales como el accidente del camión que se voltea, el extraviarse en el camino y llegar a otros estados (Nuevo México) y la descompostura del vehículo. Inumerables son los sufrimientos: viajar parados y apretados, dormir parados, pasar hambres y vivir en alojamientos inhabitables en la nueva vecindad.[30]

". . . *y no se lo tragó la tierra*" contiene también viajes al Exterior. A partir del viaje mental del protagonista, éstos son los primeros en desfilar ante el lector. Sin embargo, los peregrinos del Barrio al Exterior no aparecen directamente como personajes en la narración. Un monólogo y los diálogos de los personajes en vivo revelan que estos peregrinos han desaparecido del Barrio: unos se fueron a la guerra de Corea, otros se perdieron en acción y los demás no han regresado. Mientras que en *Pocho* los peregrinos al Exterior encuentran el exilio, los de ". . . *y no se lo tragó la tierra*" mueren.

El viaje como otm desenvuelve y penetra, a partir del inicial viaje mental, el espacio narrativo donde aparecen los múltiples y variados personajes, transcurren las acciones y desfilan los signos, los símbolos y las imágenes,

---

parte de la narrativa contemporánea o postmoderna, una que parte de la contribución de Faulkner.

[30]En la única nota de rebelión, los trabajadores migrantes más jóvenes consideran sus vidas en Texas como callejones sin salida. Piensan abandonar la labor migratoria y emigrar a donde hay más oportunidad, a *Mineapolis*, un centro urbano del Anti-Barrio:
> —¡Este es el último pinche año que vengo para acá! Nomás que lleguemos al rancho y me voy a ir a buscar un jale a mineapolis [sic]. ¡Pura madre que vuelvo a Tejas! Acá siquiera se puede ganar la vida de mejor manera. Voy a buscar a mi tío, a ver si me consigue una chamba en el hotel donde el trabaja de belboy (pp. 149-50).

El espacio migrante 117

cuyo objetivo común es forjar la identidad del migrante por medio de una nueva visión del mundo chicana. La codificación de esta identidad a base de signos lingüísticos se revela paso a paso por medio del segundo *otm*, la escritura.

La escritura

En contraste con la patente expresión de la escritura en *Pocho*, ésta resulta indirecta en *". . . y no se lo tragó la tierra";* aparece al nivel metalingüístico. El objetivo de la escritura es producir discurso narrativo, como en *Pocho*. Mientras que en ésta se refiere a varios ejemplos históricos —*Don Quijote*, *Crime and Punishment* y otros— jamás aparece una referencia directa en *". . . y no se lo tragó la tierra".* Este trabajo está construido a base de narrativas de la tradición oral: cuentos de brujas, poemas orales, ritos religiosos, debate de las películas, pastorelas y relatos de ancianos. La mención de textos escritos se limita a formas narrativas primitivas o cotidianas como vocabulario escolar, cartas del gobierno, la Biblia, "libros de maña" (pornografía) y títulos de propiedad. En ningún instante declara el protagonista anónimo el deseo de formarse como escritor.[31]

Para comprender el desenvolvimiento del *otm* de la escritura, como código narrativo, necesitamos regresar al ensayo "Linguistics and Poetics" (1960) de Roman Jakobson, donde establece que la función metalingüística está presente en cualquier acto verbal, que incluye la narrativa. Esta función permite cerciorar el tipo de código que comparte el *addresser* o narrador y el *addressee* o lector:

> Whenever the addresser and/or the addressee need to check up whether they use the same code, speech is focused on the CODE: it performs a METALINGUAL (i.e., glossing) function.[32]

La definición implica un proceso activo en el momento de la lectura cuando el lector, *the addressee*, se cerciora de la semántica, o el contenido de los signos lingüísticos en conjugación. La función metalingüística, además, hace que el lector regrese, en un momento de reflexión, a la ideación del propio lenguaje como código, o a cualquier sistema integrado al texto, *p*.

---

[31]El mejor acercamiento para definir el acto de narrar en una narrativa, con su visión del mundo y un personaje central, aparece en el último párrafo donde el narrador niega que el protagonista anónimo hubiera perdido algo: "Había encontrado. Encontrar y reencontrar y juntar. Relacionar esto con esto, eso con aquello, todo con todo. Eso era. Eso era todo (p. 169)".

[32]Roman Jakobson, "Linguistics and Poetics", *The Structuralists: From Marx to Levi-Strauss*, eds. Richard T. DeGeorge and Fernande M. DeGeorge (New York: Anchor Books, 1972), p. 93.

ej., un código narrativo (novelístico).³³ Es decir, la función metalingüística hace que el lector confronte la ideación y el código narrativo de *"... y no se lo tragó la tierra"*.

Un análisis narrativo que enfoca la función metalingüística revela el desenvolvimiento de la escritura como *otm*.³⁴ De esta manera, se puede ver cómo *"... y no se lo tragó la tierra"*, en línea con el proyecto ideológico de autorrepresentación chicana, expresa por un lado, la superación de la cultura oral, puesto que entra a formar parte de la cultura escrita —el texto en sí— y por otro lado, el desarrollo de un código narrativo, dejando muy claro el género literario: una "novela" o narrativa.³⁵

La función metalingüística se presenta inmediatamente al comenzar el relato: en la segunda frase completa del primer párrafo:

> Aquel año se le perdió. A veces trataba de recordar y ya para cuando creía que se estaba aclarando todo un poco se le perdían las palabras. (p. 1)

La escritura surge como un sistema subyacente a nivel del lenguaje donde se interconecta con otros subcódigos. Más allá de su función referencial o cognoscitiva, el signo lingüístico *palabras*, micro-expresión de la escritura, recuerda al lector que la conexión entre él y el narrador son las palabras en sí, que están al alcance de la vista. Por consiguiente, una asociación semántica a base de los signos *palabras, recordar* y *año* proyecta para el lector la figuración en forma completa: toda acción, como todo personaje y símbolo, emana de los recuerdos de un año en la vida del protagonista adolescente.

La inclusión del signo *palabras* en la segunda oración del relato, muy significativo en la función metalingüística, plantea la apertura de un paréntesis a partir de la cual abrimos la realidad narrativa formada a base de la conjunción horizontal y vertical de cada signo. Simbólicamente, como el abrir y cerrar del paréntesis, el signo *palabras* no vuelve a aparecer en el eje horizontal hasta "Debajo de la casa", el último capítulo. Para entonces, los signos lingüísticos ya han codificado el año perdido. En esta segunda y última inclusión, las frases completas alrededor del signo *palabras* contienen, por un lado, la respuesta para saber por qué está escondido el protagonista en el sótano y establecen el comienzo cronológico de la narrativa:

> Esa mañana al caminar hacia la escuela le dieron ganas de no ir. Pensó que de seguro le iba a pegar la maestra porque no sabía las palabras. Luego pensó meterse

---

³³Jakobson, *op. cit.*, p. 88.
³⁴Juan Bruce-Novoa y Juan Rodríguez sólo han presentado el *otm* como tema.
³⁵Juan Rodríguez trata a *"... y no se lo tragó la tierra"* como una colección de cuentos. Véase: Juan Rodríguez, "Acercamiento a cuatro relatos de '... *y no se lo tragó la tierra*' ", *Mester*, 5.1 (November 1974), pp. 16-24.

debajo de la casa pero no sólo por eso. Tenía ganas de esconderse también pero no en dónde ni por cuánto tiempo así que se le hizo fácil hacerlo allí. (p. 164)

Por otro, bajo la función metalingüística, *palabras* nos regresa a la evocación de los signos lingüísticos en su función cognoscitiva para formar el discurso narrativo, el paréntesis. El plantamiento gráfico de ése en el eje horizontal funciona como indicio de la existencia del *otm* de la escritura.

Otras referencias al empleo de signos lingüísticos para formar el texto narrativo, siendo ellas una referencia oblicua al acto de escribir —la escritura— aparecen a través de las doce historias que constituyen el año perdido. El lector se entera de las cartas del gobierno a los padres de los reclutas muertos en combate. Dos niños suelen encontrar libros pornográficos en el basurero público. Los residentes del Barrio escriben mensajes anónimos en las tarjetas postales del sacerdote español, que las exhibe para inducir al pueblo a que contribuya para una iglesia ultramoderna. Por último, un granjero anglosajón, el señor Tomson, demanda como respaldo para préstamos de alto interés los títulos de propiedad de la casa. Desde el punto de vista de la función metalingüística, todos estos textos narrativos, primitivos y cotidianos, funcionan para recordar al lector el acto de narrar presente en *". . . y no se lo tragó la tierra"*. Aunque no tienen un papel tan importante como el paréntesis formado a base del signo *palabras*, son también indicios de la escritura como *otm*.

La verdadera e innegable manifestación de la escritura, que aun rebasa la ambigüedad como técnica, aparece en la anécdota cuyo protagonista es Bartolo, poeta popular:

> *Bartolo pasaba por el pueblo por aquello de diciembre cuando tanteaba que la mayor parte de la gente había regresado de los trabajos. Siempre venía vendiendo sus poemas. Se le acababan casi para el primer día porque en los poemas se encontraban los nombres de la gente del pueblo. Y cuando los leía en voz alta era algo emocionante y serio. Recuerdo que una vez le dijo a la raza que leyeran los poemas* **en voz alta** [negrilla nuestra] *porque la voz era la semilla del amor en la oscuridad.* (p. 163)

A nivel metalingüístico, como otra expresión del sujeto narrador chicano —que es el verdadero narrador de la anécdota— Bartolo se coloca la máscara de poeta para comunicar el logro narrativo: integrar a los trabajadores migrantes en su relato. La colocación horizontal de la anécdota en el discurso lingüístico inmediatamente después de las doce historias y antes del último capítulo, que intertextualiza a todas aquéllas, respalda nuestra interpretación. Sólo una diferencia cualitativa distingue al protagonista anónimo del personaje Bartolo: éste prefiere la tradición oral a la escrita, como lo comunican sus lecturas públicas y su recomendación al pueblo: *"una vez le dijo a la raza que leyeran los poemas* **en voz alta** [negrilla nuestra] *porque la voz era la semilla del amor en la oscuridad*" (p. 163). Como contraste, el narrador-protagonista opta por el lenguaje popular chicano para su código narrativo escrito.

Por la manera en que representa al sujeto narrador chicano, el protagonista anónimo revela la forma del texto —la *narrative of self-identity*— cuando proyecta, exactamente al cerrarse su monólogo interior del capítulo "Debajo de la casa", un orden jerárquico incrustado en los signos lingüísticos y subsistemas narrativos:

> —*Quisiera ver a toda ese* [sic] *gente junta. Y luego si tuviera unos brazos bien grandes los podría abrazar a todos. Quisiera poder platicar con todos otra vez, pero que todos estuvieran juntos.* (p. 168)

El orden se basa en las conexiones horizontales de las secuencias narrativas sobre un eje vertical,[36] indicado aquí por tres núcleos verbales, "quisiera ver", "[los] podría abrazar" y "quisiera poder platicar", que actúan sobre tres núcleos sustantivos "toda esta gente junta", "a todos" y "todos" para proyectar la narración en sí. Vuelve de repente a transcurrir todo el relato de "*. . . y no se lo tragó la tierra*" ante los ojos del lector: un protagonista anónimo adolescente encuentra su lugar en el mundo por medio de un lenguaje que plasma en el espacio narrativo imágenes de tragedia, muerte, subordinación, homicido y rebelión; su autoafirmación significa un desafío contra la religiosidad caduca, la aculturación, la guerra y contra la desesperación. De esta manera, "*. . . y no se lo tragó la tierra*" admite la definición básica de la novela según estructuralistas como Jonathan Culler:

> For the basic convention which governs the novel—and which, *a fortiori*, governs those novels which set out to violate it—is our expectation that the novel will produce a world. Words [el lenguaje] must be composed in such a way that through the activity of reading there will emerge a model of the social world, model of the individual personality, of the relations between the individual and society, and, perhaps most important, of the kind of significance which these aspects of the world can bear.[37]

Si el lenguaje lacónico —con formas narrativas de la tradición oral e imágenes poéticas— lleva al lector a rechazar "*. . . y no se lo tragó la tierra*" como novela, las palabras del narrador omnisciente, autoritario en el sentido de la novela tradicional, dejan clara la intención de forjar un mundo narrativo o novelesco a través del texto:

---

[36]Véase: Jonathan Culler, "Poetics of the Novel", *Structuralist Poetics* (Ithaca: Cornell University Press, 1975), p. 192. Culler acepta la definición de la "novela" según Roland Barthes.

[37]Culler, *op. cit.*, p. 189.

El espacio migrante

Se sintió contento de pronto porque al pensar sobre lo que había dicho la señora se dio cuenta de que en realidad no había perdido nada. Había encontrado. Encontrar y reencontrar y juntar. Relacionar esto con esto, eso con aquello, todo con todo. Eso era todo.[38]

La frase "había encontrado" tiene como referente al protagonista-narrador que aunque aparenta ser un demente, ha dado en realidad el paso hacia el mundo racional, histórico. Ha tenido una reflexión descubridora que emana del Barrio. Bajo el *otm* de la escritura, los signos lingüísticos y los códigos narrativos son necesarios para lograr la autorrepresentación.

La descolonización

Mientras que el *otm* de la asimilación, dirige al lector de *Pocho* hacia un *Americanism* angloamericano y utópico cuyo núcleo es la ideología del modelo asimilacionista tradicional, o el crisol étnico, en *". . . y no se lo tragó la tierra"* la descolonización lo aleja de este marco unidimensional, ofreciéndole en su lugar una imagen compleja de la sociedad chicana, en particular el sector de los trabajadores migrantes.[39] En su desenvolvimiento, los efectos más sobresalientes del *otm* de la descolonización, son dos: el uso del español popular de Texas como medio creativo, y el enfoque narrativo de las comunidades de los migrantes a los niveles espacio, acción, personaje y tradición.[40] Por su amplio enfoque de la sociedad chicana, Rivera señala la característica revolucionaria de la narrativa de los setenta. Esto lo distingue de los narradores precursores cuyos espacios narrativos enfocan o el Anti-Barrio o el Exterior (principalmente México) como José Antonio Villarreal y Josephina Niggli.

El predominio en la narración del protagonista adolescente anónimo dramatiza, de modo efectivo, el desenvolvimiento de la descolonización. La toma de conciencia del protagonista como miembro de una comunidad, en contraste con la opción individualista de Richard Rubio, desconstruye y

---

[38]Rivera, *". . . y no se lo tragó la tierra"*, p. 169. La discusión por parte de los críticos sobre la clasificación de esta narrativa como novela continúa hasta el artículo de Joseph Sommers, "From the Critical Premise to the Product" (1977).

[39]Ningún escritor mexicanoestadounidense hasta Rivera ha logrado una narrativa que, además de valerse de técnicas postmodernistas, codifique la subordinación socioeconómica de este grupo social.

[40]A través del empleo de un español chicano, Tomás Rivera establece una continuidad lingüística entre el siglo XIX y el XX para los narradores chicanos, reafirma la posibilidad de publicar en español en los Estados Unidos y se coloca a la vanguardia del aporte chicano en el discurso narrativo mundial hispánico. Entre el siglo XIX y los setenta, tres narradores mantienen la tradición de escribir en español: Jorge Ulica, Kaskabel y Sabine Ulibarrí. En conjunto, su contribución es escasa en comparación con los textos de los setenta.

reconstituye para el lector la lucha histórica del colonizado contra el colonizador. De acuerdo con la visión del mundo del sujeto narrador chicano, la expresión del *otm* de la descolonización, enfoca el enfrentamiento del chicano con los tipos que en el presente ponen en cuestión su existencia —el angloamericano y el mexicano— pues, sólo se incluye al español tangencialmente.[41]

La función del *otm* de la descolonización, no se proyecta hasta el capítulo "Es que duele", cuya acción ocurre en el Medioeste (el Anti-Barrio). Antes de esto, el lector se encuentra con escenas de pasividad o inactividad: la muerte de un niño migrante ejecutada por un patrón, el funeral de un recluta militar, la plegaria desesperada de una madre por su hijo que se encuentra en una guerra extranjera y ajena, y el reclutamiento sospechoso de trabajadores migratorios por un contratista. Hasta en el Medioeste los angloamericanos recuerdan constantemente su subordinación a los migrantes: "Siempre es lo mismo en estas escuelas del norte. Todos nomás mirándote de arriba a abajo" (p. 22). Por su parte, el joven protagonista anónimo, para combatir el anonadamiento, se vale de la rebelión. Esta toma la forma de un pleito en el momento en que un estudiante angloamericano, cuyo desprecio es evidente desde un principio, profiere un insulto típico del siglo XIX: "—Hey Mex . . . I don't like Mexicans because they steal" (p. 24). El pleito, por cierto, le cuesta la expulsión de la escuela. La reacción ante los insultos racistas, sin embargo, anuncia su autoafirmación.

Como la ambigüedad opaca la identidad del adolescente a quien unos barberos angloamericanos, residentes del Anti-Barrio, se niegan cortarle el pelo en la anécdota número cinco, sin que el lector sepa si es o no el protagonista, la segunda rebelión de éste contra el tipo angloamericano aparece en la selección ". . . y no se lo tragó la tierra", cuya cláusula también forma el título. En la selección, después de atestiguar la fragmentación de la familia de sus tíos a causa de la tuberculosis, el protagonista adolescente se enfrenta a la posible desintegración de su propia familia por las anticuadas condiciones de trabajo, que no incluyen horas fijas ni cuidado médico. Así, cuando el padre y los niños azadonan, bajo el sol caliente, aquél se deshidrata y necesita recuperarse en casa. La esposa lo cuida por tres días y tres noches, estando todo el tiempo consciente del estado económico de su familia:

> —Pobre viejo, pobre de mi viejo. Anoche casi ni durmió. ¿No lo oyeron ustedes afuera de la casa? Se estuvo retorciendo toda la noche de puros calambres. Dios quiera y se alivie. Si yo hubiera ido ayer a la labor les aseguro que no se hubiera

---

[41] Si hubiese tratado al español como colonizador, tendría que valerse del indigenismo. En contraste al enfoque directo de este tema por Miguel Méndez, Rivera es indiferente.

El espacio migrante

asoleado. Pobre viejo, le van a durar los calambres por todo el cuerpo a lo menos tres días y tres noches. Ahora ustedes cuídense. No se atareen tanto. No le hagan caso al viejo si los apura. Aviéntenle con el trabajo. Como él no anda allí empinado se le hace muy fácil. (p. 67)

(La frase *el viejo* identifica aquí al dueño angloamericano, que representa uno de los tipos del colonizador en el discurso narrativo.) En contraste con la reacción de "vergüenza y coraje" en "Es que duele", el protagonista siente ahora "odio y coraje" como parte de su rebelión. Al proyectarse otra vez el *otm* de la descolonización, no sólo se rebela el protagonista contra las arcaicas condiciones laborales propagadas todavía en la sociedad moderna por el dueño angloamericano, sino que en ". . . y no se lo tragó la tierra" ocurre inclusive su autoafirmación humana ante la categoría *Dios*, introducida por el colonizador español del siglo XVI y supuestamente religiosa.

En su progresivo entendimiento de que en su medio cultural los trabajadores migrantes, así como su familia, usan la religión para refugiarse de las condiciones laborales de superexplotación, bajo el impacto del *otm* de la descolonización, el protagonista cuestiona las creencias y ritos religiosos de su madre. En un momento de intercambio entre el hijo y la madre, ésta sugiere que aquél está endemoniado. El rechazo inmediato de tal noción caduca por parte del protagonista, acto de más contenido religioso que la sugerencia de la madre, acentúa la subordinación económica que, comunicado por un símil, sufren su familia y sus parientes como trabajadores migrantes:

—Pues, a lo mejor. Así, siquiera se me quitaría el coraje. Ya me canso de pensar. ¿Por qué? ¿Por qué usted? ¿Por qué papá? ¿Por qué mi tío? ¿Por qué mi tía? ¿Por qué sus niños? ¿Dígame usted por qué? ¿Por qué nosotros nomás enterrados en la tierra **como animales** [negrilla nuestra] sin ningunas esperanzas de nada? Sabe que las únicas esperanzas son las de venir para acá el norte cada año. Y como usted misma dice, hasta que se muere uno descansa. Yo creo que así se sintieron mi tío y mi tía, y así se sentirá papá. (p. 68)

Su definitivo rechazo del contexto "religioso" ocurre el siguiente día, cuando lleva a sus hermanos menores a la labor mientras que la madre se queda con el esposo convaleciente. A pesar de las precauciones para la deshidratación, a las cuatro se enferma el hermano menor, de nueve años, mientras trabajan en un campo empinado donde es difícil respirar por la escasez de aire en las partes bajas de los surcos. Esto produce una profunda rebelión de parte del protagonista que, cuando carga a su hermano en brazos hacia la casa, se enfurece y llora de puro coraje. Entonces, lleva a cabo un rito tabú bajo el contexto religioso del colonizador: maldice a Dios. En su vacilación en tal hecho siente la antigua pero presente creencia religiosa del coloniaje y espera que se lo trague la tierra:

> Al hacerlo sintió el miedo infundido por los años [siglos de colonización] y por sus padres [la presente colonización]. Por un segundo vio que se abría la tierra para tragárselo. Luego se sintió andando por la tierra bien apretada, más apretada que nunca. Entonces le entró el coraje de nuevo y se desahogó maldiciendo a Dios. Cuando vio a su hermanito ya no se le hacía tan enfermo. (p. 70)

Motivado por esta rebelión, a través de la cual se expresa el *otm* de la descolonización, se establece ahora el definitivo rechazo de otro elemento colonizador enfrentado por el sujeto narrador chicano y se autoafirma la autonomía histórica del protagonista anónimo.

Su definitivo entendimiento de la descolonización, más allá de las ideologías religiosas y la superexplotación, lo arma de un elemento subjetivo en la lucha contra la subordinación. Ahora el protagonista tiene una actitud diferente ante el mundo: se siente con el poder de determinar su destino, especialmente al saber que al siguiente día han mejorado su padre y su hermanito. Este es el mensaje de la imagen que aparece al final de la selección "... y no se lo tragó la tierra":

> Salió para el trabajo y se encontró con la mañana bien fresca. Había nubes y por primera vez se sentía capaz de hacer y deshacer cualquier cosa que él quisiera. Vio hacia la tierra y le dio una patada bien fuerte y le dijo:
>
> —Todavía no, todavía no puedes tragarme. Algún día, sí. Pero yo no sabré. (p. 70)

Se codifica la figuración

Estudiadas las funciones de los *otm*, se abre ahora la figuración o la narrativa en sí: los signos, los símiles, las metáforas, los símbolos, las imágenes y los personajes. Aparte de la fábula **quién soy**, que promueve el desenvolvimiento horizontal del discurso narrativo, la codificación del género —la *narrative of self-identity*— depende también de las interrelaciones entre los espacios estructurantes: el Barrio, el Anti-Barrio y el Exterior. Cada espacio tiene una función estructuradora para la figuración. Por medio de su estudio se desenvuelve la lógica de las relaciones entre el colonizador y el colonizado, forjando éste su autoidentidad cultural y se revela la contribución histórica concreta de "... *y no se lo tragó la tierra*" al proyecto ideológico de los setenta.

El Barrio: el brote agónico

Por la ambigüedad evasiva de las primeras lecturas, resulta difícil concretar el signo lingüístico que determina el Barrio en *". . . y no se lo tragó la tierra"*.[42] Aunque aparece únicamente tres veces en el discurso lingüístico, un signo colectivo pero anónimo encubre la imagen del Barrio: *pueblo*. Este es una micro-expresión de aquél. Sin estar aislado, el pueblo tejano existe conectado geográficamente a otros sitios donde viven miembros de la minoría racial mexicana; p. ej.: *el pueblerío* en camino a San Antonio, Texas y esta misma ciudad, donde aparece el Barrio en su sentido urbano. El *otm* del viaje participa en hacer figurar el Barrio como espacio esructurante.

Hacia el fondo del pueblo central se encuentra por lo tanto *el rancho*, espacio donde sucede la explotación directa del trabajador migrante: los campos agroindustriales del angloamericano. Caracterizan el rancho ciertas prácticas laborales arcaicas, donde no existen sindicatos, hecho similar al siglo XIX. Aquí predomina el capital sin tener ningún desafío por parte de la fuerza laboral. Además, a pesar de que los signos lingüísticos temporales del texto figuran la década de los cincuenta, años en que ya existen en los Estados Unidos poderosas organizaciones laborales para la protección del obrero urbano y a veces el rural, en "el rancho" de *". . . y no se lo tragó la tierra"* se trabaja todavía desde la salida hasta la puesta del sol, se permite la labor infantil y no hay ni servicio sanitario ni de salud. En la labor trabajan principalmente los trabajadores migrantes mexicanoestadounidenses, que viven en casas llamadas *gallineros*.[43] En contraste con los centros urbanos de los Estados Unidos, estos gallineros no tienen electricidad, ni tuberías de gas ni de agua ni servicio higiénico. Las condiciones de trabajo codifican en general el mercado laboral dual típico de la colonia interna, especialmente porque casi todos los trabajadores del rancho son mexicanoestadounidenses.

En este panorama, desde el rancho hasta el barrio urbano, el signo *pueblo*, como el paradigma del texto, ofrece para tanto los personajes como el lector una visión atractiva, aunque marginada, del desarrollo. Sin embargo, a diferencia de *Pocho*, una visión del mundo netamente chicana, desde el punto de vista del subordinado, reduce cualitativamente la atracción consumista ofrecida por la sociedad angloamericana y hace posible la auto-

---

[42] El uso del español como medio artístico separa desde un principio al lector del espacio que forma el Anti-Barrio. Entonces, el discurso narrativo chicano no puede sino emanar, en el presente, directamente del espacio que es el Barrio, aunque el lector sabe que en antaño tal discurso tuvo origen en el Exterior, o sea México y España.

[43] El término lo usan no sólo el narrador omnisciente y el protagonista anónimo, sino también los mismos personajes del Barrio.

determinación cultural, que proyecta la posibilidad de recrear la sociedad estadounidense.

De un modo u otro, cuatro selecciones integrantes del sueño ilustran imagen tras imagen la abierta y presente hegemonía del angloamericano, personificado repetidamente como *el viejo*, sobre el rancho, espacio que —aunque no declarado por él sino por los trabajadores migrantes— le pertenece: "Los niños no se aguantaron" (el Barrio), ". . . y no se lo tragó la tierra" (el Anti-Barrio), "Los quemaditos" (el Barrio) y "Cuando lleguemos . . ." (el Anti-Barrio).[44] Desde el principio, en la primera imagen de la primera selección, queda establecido el mensaje de hegemonía por medio del recuerdo:

> Se había venido el calor muy fuerte. Era raro porque apenas eran los primeros de abril y no se esperaba tanto hasta como los últimos del mes. Hacía tanto calor que no les daba abasto el viejo con el bote de agua. Venía solamente dos veces para el mediodía y a veces no se aguantaban. Por eso empezaron a ir a tomar agua a un tanque que estaba en la orilla de los surcos. El viejo lo tenía allí para las vacas y cuando los pescó tomando agua allí se enojó. No le caía muy bien que perdieran tanto tiempo yendo al agua porque no andaban por contrato, andaban por horas. (p. 6)

Por pertenecerle los "surcos" —sinécdoque de la tierra— y las vacas al viejo, esta imagen revela que a los trabajadores migrantes sólo les queda su labor. En esta situación de intercambio económico, por lo tanto, el viejo desea tanto sacarles lo máximo en producción a sus trabajadores que se olvida de necesidades tan apremiantes para el ser humano como el agua. Los superexplota. Su abuso de los migrantes, trágicamente, lo lleva hasta a dispararle y matar accidentalmente a un niño que trabaja al lado de su padre.

Aún así, queda clara la función del *rancho* como representante del Barrio en la lucha contra el Anti-Barrio. Este espacio hospeda a los trabajadores migrantes que, para sobrevivir y mantener un sentido histórico común, se ven obligados a migrar de rancho en rancho, no importa que esté cerca del pueblo de Texas o en medio del Anti-Barrio. Inclusive, la función del rancho se expresa en la forma de un camión de carga que cruza por carretera el Anti-Barrio. Siendo ese camión un rancho flotante sobre ruedas, sus "residentes" o trabajadores migratorios le comunican al lector por medio del monólogo interior la procedencia, las aspiraciones y el destino de cada uno. De todas sus historias personales, la que más conmueve al lector es la del trabajador migratorio que tuvo que pedir a un tal señor Tomson un préstamo de doscientos dólares al cien por ciento de interés y entregar como garantía el título de propiedad de su casa para poder irse al norte. El

---

[44]El signo [el] *viejo* es una designación tanto colectiva como individual.

El espacio migrante 127

monólogo interior del único esposo entre los peregrinos mina una vez más la nota de magnanimidad atribuida a los patrones "del norte"[45] (el Medioeste):

> —cuando lleguemos a ver si consigo una cama buena para mi vieja, ya le molestan mucho los riñones. Nomás que no nos vaya tocar un gallinero como el del año pasado con el piso de cemento. Aunque le echábamos paja ya nomás que entre el frío y no se aguanta. Por eso me entraron pesado las riumas a mí, estoy seguro. (p. 152)

Además de demarcar el espacio céntrico del texto, el signo lingüístico *pueblo* ofrece una inquietante vista de la sociedad moderna: tenemos ante el lector la marginación del trabajador migrante frente a los avances y beneficios de ella. La vista, parte integral de la visión del mundo del sujeto narrador chicano, se desenvuelve a base de varios signos lingüísticos que, aparte de *iglesia* y *camposanto*, identifican a varias instituciones modernas accesibles pero no administradas por los residentes del Barrio: *escuela, sastrería, escuela correcional, zoológico, Kres, manicomio, la compañía de luz, tren, Teatro Ideal, hielera, pinta* [cárcel], *planta de luz, túneles, dompe, fui al pueblo y me compré un martillo nuevo* [ferretería] y [el] *centro*. En comparación, el rancho no facilita ningún acceso, ni siquiera marginal, a ninguna de estas instituciones, excepto por la escuela "del norte".[46]

Como parte de la inquietante vista, el panorama semiurbano que constituye el *pueblo* suaviza, ciertamente, la relación económica entre el viejo y los trabajadores migrantes, ofreciendo una salida del mundo cerrado representado por el rancho. Siendo resultado de la migración, el trabajador migrante promedio participa ahora en más y mayores ritos colectivos como los de la iglesia. Tiene acceso a una educación primaria, aunque sea condicional. Comparte los beneficios, asimismo, de la sociedad de consumo, aunque sean, otra vez, mínimos. El pueblo le ofrece al trabajador migrante,

---

[45]Queda minada porque su monólogo comienza con el mismo sintagma que designa el título de la presente selección: "Cuando lleguemos . . .".

[46]Sin embargo, el protagonista sólo asiste a la escuela del pueblo tejano. En la escuela del norte lo expulsan. El estado de marginación se dramatiza efectivamente en la selección ". . . y no se lo tragó la tierra": al abrirse el relato, a los tíos del protagonista los separan unas autoridades anónimas, mandándolos a diferentes sanatorios muy distantes entre sí, porque tienen tuberculosis. Los tíos no tienen ningún control sobre su destino. El miedo que le tiene doña María al manicomio proyecta de manera igual la fuerza anonadadora de las instituciones del Anti-Barrio. Repetidas veces, el trabajador migrante reconoce tanto su falta de control sobre las instituciones como la imposibilidad de participar en ellas. El control, y su continuación, vienen de afuera, codificándose abiertamente el colonialismo interno. Este estado lo viven diariamente los trabajadores migrantes a pesar del acceso nominal a los productos de consumo, entre ellos *carro, guantes* (de boxeo), *máquina de coser, banqueta, tanque de querosín, retrato, juguetes* y otros.

además, la posibilidad de viajar en forma limitada, como producto de sus necesarios viajes de rancho en rancho, a pueblos y centros urbanos circunvecinos. En la continua proyección del *otm* del viaje, el peregrino puede hasta emigrar a metrópolis urbanas del Anti-Barrio, como Minneapolis, para mejorar su situación económica, siendo la asimilación el necesario camino.[47]

Lo inquietante de la vista a la sociedad moderna, empero, reside en su problemática acerca del ingreso a ella. Varias opciones se presentan para hacer posible la estadía de los trabajadores migrantes en el pueblo, pero éstas o no mejoran su situación y estado histórico o lo obligan a regresar al rancho a su gallinero. Un padre migrante, el Sr. García, cuando vive en el pueblo, necesita trabajar aproximadamente diez y ocho horas al día en un restaurante para poder sobrevivir y comprar los pasajes para el rancho "del norte". Doña Bonifacia y don Hilario, a pesar de ser los favorecidos de los "americanos" o angloamericanos y de practicar cierto tipo de filantropía en el Barrio, necesitan valerse de múltiples manías y oficios para sobrevivir, y recurren incluso al asesinato de un indocumentado a quien roban. También el gobierno, otra expresión del Anti-Barrio, se lleva a los jóvenes para pelear y morir en guerras lejanas y sin razón desde el punto de vista de los residentes del Barrio, como lo ilustran las selecciones "Un rezo" y "El retrato".[48]

La vista de la sociedad moderna no rebasa, mucho menos elimina, la dialéctica entre el colonizado y el colonizador. Como en el rancho, donde el Anti-Barrrio ejerce abiertamente su hegemonía, ésta persiste en el pueblo paradigma en forma de discriminación, algo menos directa pero todavía opresiva. En la selección "La noche buena" se estereotipa a la Sra. García cuando anda de compras en el *Kres* del pueblo: en medio de un delirio causado por la multitud, sale del edificio, olvidándosele pagar por unos juguetes para sus hijos. Sin tomar bajo consideración su estado precario, un

---

[47]Este es el caso de uno de los pasajeros en la selección "Cuando lleguemos...". Reflexiona: "¡Este es el último pinche año que vengo para acá! Nomás que lleguemos al rancho y me voy a ir a la chingada. Me voy a ir a buscar un jale a mineapolis [sic]. ¡Pura madre que vuelvo a Tejas! Acá siquiera se puede ganar la vida de mejor manera. Voy a buscar a mi tío, a ver si me consigue una chamba en el hotel donde él trabaja de belboy. A lo mejor me dan quebrada allí o en otro hotel. Y luego a las bolillas nomás de conseguírmelas (pp. 149-150)". El mismo personaje, u otro, rechaza su situación económica en el rancho usando un símil similar al marcado en la selección "... y no se lo tragó la tierra". Además de una epifanía en palabras vulgares, piensa: "Nomás que lleguemos me voy a Mineapolis, a fuerza hallo allí algo que hacer donde no tenga que andar *como un pinche buey* [cursiva nuestra]".

[48]Para el lector, la sociedad moderna se le presenta al trabajador migrante como el buque angloamericano de lujo para los residentes del pueblo costeño italiano en la película *Amacord* de Federico Fellini.

El espacio migrante 129

empleado angloamericano la sigue, juzgándola como ladrona, estereotipo que proyecta para el lector el discurso normativo angloamericano del siglo XIX:

>—Here she is . . . these damn people always stealing something, stealing. I've been watching you all along. Let's have that bag. (p. 124)

En otro abuso sufrido por los residentes del Barrio, a manos de otros personajes del Anti-Barrio, unos compadres discuten el encarcelamiento y posible homicidio premeditado de un tal Figueroa cuya novia blanca lo acompañó hasta el pueblo:

> *—Y a soltaron a Figueroa. Salió hace una semanas.*
> *—S í, pero ya viene enfermo. Allí en la pinta si les tienen coraje les ponen inyecciones para que se mueran.*
> *—N'ombre. ¿Qué tienes? Bueno, ¿y quién lo entregaría?*
> *—S ería algún gabacho que no le caía verlo en el pueblo con la bolilla que se trajo de Wisconsin. Y ni quien lo defendiera. Dicen que la gabachita tenía diez y siete años y es contra la ley.*
> *—T e apuesto que no dura un año.*
> *—Pues dicen que tiene una efermedad muy rara.* (p. 147)

Como representa al Barrio, el pueblo tiene comunicaciones con San Antonio, específicamente con un grupo de barrios urbanos poblados principalmente por mexicanoestadounidenses. El acceso a este centro urbano constituye sólo otro semblante de la inquietante vista del desarrollo, que está ligada al Anti-Barrio. Como espacio, San Antonio irrumpe en la vida de los residentes del pueblo paradigma y codifica una relación desventajosa, si no de explotación.

En la selección "La noche que se apagaron las luces", unos residentes de San Antonio, en complicidad con unos del Anti-Barrio, frustran la vida de los residentes del pueblo. Por una parte, tenemos el idilio de Ramón y Juanita frustrado por Ramiro, residente de San Antonio. Este enamora a Juanita en "el norte" valiéndose de su vestimenta y modales urbanos, que arrollan el comportamiento sencillo y sentimental de Ramón. Originalmente, la necesidad de viajar "al norte" los había separado, puesto que la mano invisible de los viejos —la sociedad angloamericana— determinó su separación inicial. Por otra parte, la incursión desde San Antonio se presenta en el caso de los fotógrafos que visitan al pueblo anualmente para venderles retratos a los residentes. Lo hacen cuando los trabajadores migrantes regresan "del norte" y su intención es convertir en ganancias los ahorros de los trabajadores:

> Nomás esperaban que regresara la gente del norte y venían los vendedores de retratos de San Antonio. Bajaban al agua. Sabían que la gente traía sus dineritos y por eso, como decía papá, se venían en parvadas. (p. 136)

La imagen "se venían en parvadas" que alude a grupos de aves de rapiña, eleva sus acciones a un simbolismo que revela la existencia de contradicciones internas en la sociedad chicana.[49]

Una vez completo el análisis de las imágenes del pueblo, se establecen sus dos funciones: como espacio paradigma ofrece una alternativa al mundo cerrado del rancho, presentando una dialéctica más abierta entre el colonizado y el colonizador; y como pueblo seduce al residente del rancho con una invitación a la modernidad, o el desarrollo. Cada paso que dan los residentes del Barrio fuera de estos ambientes, ejerciendo la autoafirmación o conocimiento, les facilita el ingreso a la sociedad moderna, lo cual expande, lógicamente, su visión del mundo. Aún así, la visión se limita a la circunferencia elíptica entre el pueblo de Texas y el rancho "del norte", a pesar de las imágenes de México, el Japón, Corea y de España, que son vagas. Ni Arizona ni California emergen, de ninguna forma, en el espacio de *". . . y no se lo tragó la tierra"*. Cuando se menciona Nuevo México, aparece irónicamente como el producto de un error: el hijo de un trabajador migrante se extravía y llega a esta provincia.[50]

---

[49]Si bien los incidentes de intercambio entre estos dos espacios del Barrio señalan las contradicciones internas, éstos mismos forman, no obstante, parte de la inquietante vista de la sociedad moderna. El incidente que envuelve a Ramón, Juanita y Ramiro comunica a los miembros del pueblo la posible participación de ellos en otros niveles de la sociedad estadounidense. La tensión inherente al incidente entre don Mateo y un fotógrafo produce también en verdad un viaje de descubrimiento: el disgusto de su esposa lo incita a viajar a San Antonio, donde se queda en la casa de un conocido, Esteban, que participa en el mercado de verduras, empresa a la cual no tienen acceso los residentes del pueblo o del rancho. En su búsqueda del fotógrafo que lo estafó, aunque parece estar bajo las órdenes de un gerente angloamericano, don Mateo viaja y explora los varios barrios mexicanoestadounidenses, lo cual expande sus conocimientos:
> Tenía esperanzas de encontrarme con ese fulanito uno de tantos días. Luego a los pocos días de estar allí me empecé a salir a los distintos barrios y así fui conociendo muchas cosas. (p. 139)

Desgraciadamente, en ambos incidentes los trabajadores migratorios enfrentan la subordinación tanto como la marginación.

[50]*". . . y no se lo tragó la tierra"* falla al no llenar la metáfora espacial a la cual aspiran los narradores chicanos del proyecto ideológico de autorrepresentación, codificándose un regionalismo literario.

El Anti-Barrio: la continuidad y persistencia de su hegemonía

A diferencia de la identificación del Anti-Barrio en *Pocho* como Santa Clara y fiel a su elemento de ambigüedad, ningún signo lingüístico denomina el Anti-Barrio en *". . . y no se lo tragó la tierra"*. Está ausente. Ocurre algo similar al caso del Barrio, cuya designación se limita a los signos ambiguos *rancho* y *pueblo*. Es irrelevante que en la narración aparezcan tales signos como *Minesota* (Minnesota), *Iuta* (Utah), *Iowa*, *Wilmar* (en Minnesota), *Dimoins* (Des Moines), etcétera. El verdadero signo lingüístico no se divulga. Puede ser uno de los susodichos o pueden ser todos o puede ser una combinación de ellos. Los signos *el* y *norte*, considerándolos primero por separado, y luego combinados en la frase "el norte", aunque sí se acercan, no definen concretamente el Anti-Barrio. Sólo queda algo sorprendente: el Anti-Barrio es inherente, siempre presente, en los mismos signos lingüísticos que designan al Barrio: *rancho*, *pueblo* y *San Antonio*.

Aunque no se le dedica ninguna selección del texto al Anti-Barrio, en comparación con los nueve capítulos en *Pocho*, las escenas y las acciones de todos los personajes dejan ver que el Anti-Barrio disipa y derruye el contenido, la visión del mundo dada en los signos lingüísticos que denotan el Barrio. Consecuentemente, el lector se entera, imagen tras imagen, de que ningún trabajador migratorio tiene los pies sobre tierra propia, y ninguno controla los medios de producción. Ambas entidades, la propiedad y la tecnología, están en manos del viejo, el angloamericano, que en los últimos instantes determina, excepto por los actos de resistencia, la vida del residente del Barrio, el subordinado. Esto se comunica abierta y específicamente en las selecciones dedicadas al rancho.[51] Igualmente, aunque permanece ausente en la superestructura (superficie) de la narración, la hegemonía del Anti-Barrio está anclada a la infraestructura (fondo) de varias selecciones dedicadas al pueblo.[52] San Antonio no se escapa de la hegemonía del Anti-Barrio: después de todo, no son los fotógrafos ambulantes los que se aprovechan de las ventas, sino el gerente.

El pensamiento optimista del protagonista adolescente en la selección "Es que duele", que en el rancho "se siente uno a lo menos más libre, más agusto", se vacía de contenido al reconsiderar este espacio desde el punto de vista del Anti-Barrio y leer el mismo signo, *rancho*, en la primera selección, "Los niños no se aguantaron". De igual manera, cuando conversan dos trabajadores migrantes acerca del homicidio de un niño obrero perpetrado

---

[51] Estas son: "Los niños no se aguantaron", "Es que duele", ". . . y no se lo tragó la tierra", "Los quemaditos" y "Cuando lleguemos . . .".

[52] Estas son: "La mano en la bolsa", "La noche que se apagaron las luces" y "La noche buena".

por el patrón, éstos identifican el lugar del incidente, el *rancho*, como la propiedad del viejo:

> —Sí, ya perdió el rancho. Le entró muy duro a la bebida. Y luego cuando lo juzgaron y que salió libre dicen que se dejó caer de un árbol porque quería matarse. (p. 7)

No obstante, su decaimiento mental no elimina el control y poder que tenía sobre los trabajadores migrantes, hegemonía ahora transferida al nuevo dueño. Tanto el título, "Los niños no se aguantaron", como todas las acciones que transcurren en la selección, inclusive el par de diálogos giran alrededor de la siguiente frase completa:

> No le caía muy bien que perdieran tanto tiempo yendo al agua porque no andaban por contrato, andaban por horas. (p. 6)

La ganancia sirve como ley que rige el comportamiento de los trabajadores migrantes, lo cual acentúa la función estructurante del Anti-Barrio como espacio hegemónico.

Por otra parte, los residentes del rancho, en sus gallineros, les sirven de diversión a "los gringos" o angloamericanos. Algunos pasan a verlos desde sus coches. Las autoridades, a su vez, no les venden licencias para pescar a los trabajadores migratorios, y como éstos vienen de fuera del estado, no pertenecen "al norte", o sea el Anti-Barrio. En "Es que duele", además, el viejo o patrón se burla de las futuras aspiraciones del protagonista cuando el padre de éste se lo cuenta:

> —Sí, compadre, está muy empeñado m'ijo en ser eso, si viera. Cada vez que le preguntamos dice que quiere ser operador de teléfonos. Yo creo que les pagan bien. Le dije al viejo el otro día y se rió. Yo creo que cree que m'ijo no puede, pero es que no lo conoce, es más vivo que nada. (p. 26)

Las palabras "se siente uno a lo menos más libre, más agusto" se llenan ahora de ironía, acentuándose así un brote agónico del Barrio. Mientras tanto, los diálogos en inglés eliminan cualquier duda en cuanto a la hegemonía del Anti-Barrio: su contenido siempre denigra al trabajador migratorio.

Cuanto más surge el Anti-Barrio desde el mismo rancho, más aumenta su poder. En la selección eje, ". . . y no se lo tragó la tierra", cuya acción ocurre también en un rancho "del norte", el viejo demanda la máxima producción, contribuyendo de esta manera a la deshidratación del padre y del hijo menor, hermano del protagonista. Tres símiles dramatizan las condiciones de los trabajadores migrantes bajo la hegemonía económica del Anti-Barrio: "como enterrados en la tierra", "como animales" y "como un burro enterrado en la tierra". En la selección "Los quemaditos" el viejo prohibe la presencia de niños infantiles en los campos agrícolas: pueden quitarles el

El espacio migrante 133

tiempo a los trabajadores, lo cual disminuye la producción y las ganancias. "Cuando lleguemos . . .", por último, revela en pleno la hegemonía del Anti-Barrio. Esta fuerza condena tanto a los residentes del rancho como a los del pueblo a una perpetua vida migrante, regulada por préstamos a un interés muy alto. El *otm* del viaje ilustra esto magistralmente.

Como residencia, el pueblo paradigma no ofrece en realidad un refugio para sus residentes frente a la hegemonía del Anti-Barrio. En su usurpación del Barrio, el angloamericano únicamente ofrece apertura a los miembros que se acuituran y asimilan como don Hilario y doña Bonifacia. Su papel es dual: por un lado, son los favorecidos de los "americanos" o angloamericanos y, por otro, explotan a su propia gente. Por esta razón, cuando consideran cualquier acción, toman en cuenta el poder del viejo. Eso se presenta en el momento en que planean el homicidio del "mojado", un trabajador de México sin papeles de inmigración:

> —Este tiene dinero y además no tiene parientes. Fíjate, viejo, que sería muy fácil. Ni quién se preocupe por él . . . n'ombre, ¿tú crees? . . . al viejo [el colonizador] le importa poco, él sabe bien que es puro mojado y si le pasa algo ¿tú crees que se va a preocupar por él? Nadie sabe que viene aquí . . . tú nomás déjámelo a mí. . . . U, eso será muy fácil . . . (p. 40)

Es en la selección "La noche buena" donde se revela en forma total la presencia geográfica de la hegemonía. La familia García reside en ambos el pueblo de Texas y el rancho "del norte" (el Medioeste), lo cual requiere cada año ahorros para la necesaria migración de ida y vuelta:

> Su esposo trabajaba casi las diez y ocho horas lavando platos y haciendo de comer en un restaurante. No tenía tiempo de ir al centro para comprar juguetes. Además tenían que alzar cada semana para poder pagar para la ida al norte. Ya les cobraban por los niños aunque fueran parados todo el camino hasta Iowa. Así que les costaba bastante para hacer el viaje. (p. 121)

Los préstamos del Sr. Tomson a un excesivo interés acentúan la presencia del Anti-Barrio. Su hegemonía está presente en cualquier espacio ocupado o visitado por el residente del Barrio; es el *modus operandi* de su vida. Desde el pueblo de Texas —el paradigma del Barrio— el gobierno anónimo, como cuerpo administrativo del Anti-Barrio, se lleva inclusive a los jóvenes a guerras extranjeras, sin que éstos encuentren ninguna causa en ellas.

A pesar de ser un centro urbano avanzado, San Antonio no escapa de la hegemonía del Anti-Barrio. Las imágenes de los distintos barrios mexicanoestadounidenses exhiben su presencia. Después de todo, en San Antonio reside el gerente, otra cara del colonizador, que envía a los fotógrafos al pueblo paradigma en *". . . y no se lo tragó la tierra"*. La participación de Esteban, el amigo de don Mateo, en un mercado al aire libre indica la marginación del chicano aun en la economía industrial del Anti-Barrio: no es dueño de un supermercado moderno.

El Exterior: la migración forzada, la dependencia espiritual y la muerte

Poco espacio se le dedica al Exterior en *"... y no se lo tragó la tierra"*, a pesar de las referencias directas a México, Corea, Barcelona (España) y al Japón. Ligadas por el *otm* del viaje, las imágenes espaciales en torno a estos lugares son muy escasas. Codifican aún así varias relaciones entre el Barrio y el Exterior: la migración forzada, la dependencia espiritual y la muerte.

En contraste con *Pocho*, México cesa de ser una preocupación principal para el protagonista o para otros personajes mexicanoestadounidenses, inclusive para el narrador omnisciente. De todos ellos, el que más piensa y se acuerda de México es el padre del protagonista. Cuando se refiere a esta región del Exterior, donde nació, lo hace para narrarles a sus hijos creencias supersticiosas, para relatarles su iniciación laboral como sembrador a los cinco años y para notar la falta de acceso a la sociedad de consumo. En ninguna ocasión expresa el deseo de regresar a México; tampoco lo hacen otros personajes. Al contrario, la aparición y reaparición de los "mojados", o trabajadores indocumentados, en las rutas de migración entre el Barrio y el Anti-Barrio muestran que un mayor número de peregrinos mexicanos siguen los pasos del padre del protagonista. Las palabras de un anciano ex-villista para con su sobrino expresan concretamente la nueva situación histórica del padre y de los indocumentados mexicanos, la migración forzada:

> *Luego vino la revolución y perdimos nosotros al último, a Villa le fue bien, pero yo me tuve que venir para acá, aquí nadie sabe en lo que anduve.* (p. 167)

Como espacio, el signo lingüístico *Barcelona* señala la procedencia del dirigente espiritual del Barrio.[53] Esta región externa aparece únicamente en la anécdota número once, mas deja claro el mensaje de dependencia espiritual. En la anécdota, un cura español bendice los coches y los autobuses de los trabajadores migratorios cobrando cinco dólares por cada uno para que no tengan ningún accidente en la peregrinación "al norte", expresión del *otm* del viaje. En cierta ocasión, el cura gana tanto dinero que toma unas vacaciones a Barcelona para visitar a sus padres y a sus amigos. Se divulga por ello el hecho de que además de vivir de los residentes del pueblo (el

---

[53]José Montoya ha escrito sobre esta temática: "Irish Priest and Chicano Sinners", que aparece en *El sol y los de abajo* (San Francisco: Ediciones Pocho-Che, 1972), p. 16.

El espacio migrante 135

Barrio), el cura no es oriundo de aquí. Mantienen a un líder espiritual que no comparte su estado histórico.

A su regreso, el cura español desea cargar a los residentes del pueblo con otra responsabilidad. Seducido por las catedrales modernas de España, quiere que éstos donen fondos para construir una iglesia ultramoderna:

> *Le trajo a la gente el agradecimiento de su familia y unas tarjetas de una iglesia muy moderna. Estas las puso a la entrada de la la iglesia para que vieran y anhelaran una iglesia así.* (p. 135)

Así como los niños en "La noche buena", el líder espiritual del Barrio no escapa al consumismo. En su deseo de obtener beneficios del desarrollo, pretende que lo sigan también los trabajadores migrantes, pues como el viejo, necesita su labor.

Si la aparición del signo lingüístico [el] *Japón* ocurre de un modo fantasmagórico, el de *Corea*, en cambio, está teñido de muerte. A la selección "Un rezo" y, hasta cierto punto, a la selección "El retrato" las estructura Corea, la región violenta del Exterior. Por ejemplo, la foto que pierde el fotógrafo de San Antonio es el único recuerdo que don Mateo y su esposa conservan de su hijo, Chuy, muerto en combate en Corea.

La selección "Un rezo", sin embargo, expone en forma directa el mensaje de muerte que emana del Exterior. En ésta, la madre reza en la iglesia a Dios y a la Virgen con el fin de pedirles, irónicamente, puesto que ya se reveló la muerte del hijo en la anécdota anterior, su regreso sano y salvo. Para ella, como para el lector, Corea representa la muerte:

> Cuídamelo, por favor, te lo ruego. Te prometo mi vida por su vida. Tráemelo bueno y sano de Corea. Tápale el corazón con tus manos. Jesucristo, Dios Santo, Virgen de Guadalupe, regrésenme su vida, regrésenme su corazón. ¿Por qué se lo han llevado? El no ha hecho nada. Es muy humilde. No quiere quitarle la vida a nadie. Regrésenmelo vivo que no lo quiero muerto. (p. 15)

Su súplica subraya la realidad de que su hijo, el peregrino en el Exterior, no escogió emprender el viaje a Corea; tampoco tenía una idea de la razón por la que participaba en una guerra contra los coreanos y los chinos. Proyectado por el *otm* del viaje, su peregrinaje al Exterior emana del gobierno del Anti-Barrio, un cuerpo anónimo:

> El día que se lo llevaron, al despedirse me abrazó y lloró un rato. (p. 15)

Desde un principio, tanto la madre como el hijo presienten que le espera la misma suerte del hijo de doña Virginia y la de Chuy, el hijo de Don Mateo: la muerte.

El mito revelador: el pensamiento como último refugio para el espacio de origen

En contraste con la presencia del mito del Edén en *Pocho*, el lector no puede precisar niguno en el discurso lingüístico de *"... y no se lo tragó la tierra"*. Parece no formar parte de la acepción global del sustantivo *tierra* en el título. Como la prosa es lacónica, la figuración aparenta no reconocer la existencia de Aztlán, el mito revelador de la narrativa de los setenta. Esto queda claro cuando yuxtaponemos la narrativa de Rivera con tales obras como *Peregrinos de Aztlán* de Miguel Méndez-M., *Heart of Aztlán* y *Bless Me, Ultima* de Rudolfo Anaya. Las tres incorporan directa o indirectamente el mito de Aztlán, que significa el "espacio de origen".

En cuanto a *"... y no se lo tragó la tierra"*, necesitamos acudir a la introducción de la quinta edición de *El espejo/The Mirror* para establecer una relación entre Aztlán y la figuración del texto. En ésta aparece lingüísticamente el mito: se les identifica a los narradores de los setenta como "aztlanenses", un derivativo del signo *Aztlán*:

> Siendo ésta una antología de literatura chicana, nos hemos ceñido tenazmente a la producción artística del chicano **aztlanense** [negrilla nuestra] y por lo tanto, se excluyen obras como *El Poema de Mío Cid, El Quixote* y *Suave patria*.[54]

Aunque a nivel de la representación ideológica (en particurlar la condición del discurso narrativo) se emplea el signo para identificar el origen geográfico de los narradores chicanos, que es el Sudoeste, Aztlán se integra a la figuración de *"... y no se lo tragó la tierra"* por medio de la variabilidad típica a los tres niveles en el modelo machereano, convirtiéndose en el mito revelador. Su integración no es geográfica, sino simbólica; aún así, el mito de Aztlán cumple su función estructuradora.

¿Dónde situamos el mito de Aztlán en el discurso narrativo? Puesto que la fábula **quién soy**, o quiénes somos, ha desarrollado la búsqueda de identidad, que no se resuelve hasta cerrarse la narración con las frases "Había encontrado. Encontrar y reencontrar y Eso era. Eso era todo", el mito revelador invierte la fábula, supliendo una respuesta definitiva a la búsqueda y un lugar fijo como residencia. Por esta razón, y porque las frases resumen el proceso rememorativo del protagonista-narrador, mantenemos que el mito de origen, Aztlán, reside justamente en el pensamiento del adolescente anónimo. Todas las imágenes psíquicas que han dramatizado su

---

[54]Herminio Ríos-C., "Introducción", *El espejo/The Mirror*, 5a ed. (Berkeley: Quinto Sol Publications, 1971), p. xi. Debemos reiterar que el nombre de Tomás Rivera forma parte de la lista de 123 escritores al final de la "Introducción", texto que funciona como manifiesto de la narrativa chicana de los setenta.

búsqueda de identidad —el contenido de las selecciones y anécdotas— no tienen otro espacio narrativo para su orden excepto el pensamiento del protagonista. Como residencia del mito, su pensamiento es el espacio de origen que trae orden o estructura definitiva a la identidad chicana.

El hecho de que el protagonista anónimo se encuentre en un sótano simboliza, a nivel de espacio narrativo, su lucha tanto como la del chicano —la nueva identidad del mexicanoestadounidense— contra la agobiante hegemonía del Anti-Barrio. Su relación sociohistórica con la cultura dominante es similar a la del protagonista, también anónimo, en la narrativa afroamericana *Invisible Man* (1952) de Ralph Ellison. Este protagonista termina igualmente en un sótano al cerrarse la narración. Puesto que el mito de Aztlán y el pensamiento del protagonista son espacios equivalentes, en el pensamiento reside también el principio de inclusión y exclusión así como las relaciones y oposiciones que participan en forjar la función de los personajes novelescos.

Como subsistema de la narrativa de autoidentidad, el mito de Aztlán llama la atención sobre la usurpación del Sudoeste en las forma de conquista y subordinación. Aparte de incluirse la conquista en la representación ideológica, tanto la condición de la sociedad como la del discurso narrativo chicano, no se mencionan en el discurso lingüístico de la figuración de *"... y no se lo tragó la tierra"*. Su presencia está implícita, sin embargo, en el espacio del Barrio, en particular el pueblo de Texas, que es el paradigma en la figuración. En el contexto de la representación ideológica, este espacio es el último "territorio libre" del Sudoeste mexicanoestadounidense.

En cuanto a la subordinación, el desenvolvimiento del Barrio emana del sueño del protagonista, un futuro trabajador migrante. Como su sueño es una expresión de su pensamiento, que coincide con el mito de Aztlán, la conciencia del protagonista anónimo ejerce el principio de inclusión y exclusión desde el punto de vista de la perspectiva chicana, en particular la de los trabajadores migrantes. Varios elementos indican al lector que ellos son quienes pertenecen principalmente al espacio de origen; llevan nombres y apellidos, son la mayoría en la narración, se enfocan sus problemas y pensamientos, se les describe sus viviendas, se emplea su lenguaje en los diálogos, en fin, se figura su visión del mundo. Excepto por el protagonista anónimo, tienen identidad, no son caras vacías. El mismo marca su rostro con las identidades concretas de los trabajadores migrantes.

El hecho de que el protagonista sea un adolescente que toma conciencia como miembro de una sociedad subordinada trae cierto significado a ésta, pues dramatiza la reafirmación —en la narrativa mexicanoestadounidense— de una visión del mundo particular, fuera del modelo asimilacionista. Si el protagonista hubiera sido un niño, con falta de desarrollo intelectual, no sería tan efectiva la inclusión del pueblo paradigma en "su espacio de origen".

En contraste con la inclusión de los trabajadores migratorios en este espacio, las vagas imágenes de los angloamericanos y mexicanos significan su expulsión del Barrio, cuyo centro es el mito de Aztlán. Excepto por el Sr. Tomson, prestamista injusto, cuya identidad social marca al terrateniente angloamericano como un opresor, ninguno lleva nombre ni apellido, siendo la antonomasia *el viejo*, la máscara general.[55] El anonimato sin transcendencia caracteriza a los personajes angloamericanos. Como únicamente tres selecciones enfocan el Anti-Barrio, en contraste con las nueve del Barrio, esto proyecta a los residentes del Barrio hacia el centro del mundo narrativo; lo cual es fiel al proyecto ideológico de autorrepresentación chicana.

Más allá de la hegemonía socioeconómica del Anti-Barrio, que disipa inclusive la aparición lingüística de los signos que denotan el Barrio —*rancho* y *pueblo*— en el discurso narrativo, predomina la ideología descolonizadora del protagonista-narrador, la máxima expresión del sujeto narrador chicano. Situado él en el Barrio, aunque sea únicamente un sótano, el desenvolvimiento de la comunidad chicana es un acto de autoidentificación fiel al *otm* de la descolonización. En comparación con la imagen limitada del Barrio presentada en *Pocho* por un narrador asimilado, el narrador chicano de "*. . . y no se lo tragó la tierra*" la invierte, reduciendo la imagen del Anti-Barrio a un nivel secundario. Desde el sótano, símbolo de un refugio para el mexicanoestadounidense, el protagonista-narrador ejerce el principio de inclusión y exclusión:

> *Aquí sí que está suave porque puedo pensar en lo que quiera. Apenas estando uno sólo puede juntar a todos.* (p. 168)

El hecho de que la hegemonía del Anti-Barrio sea omnipresente no significa el anonadamiento total del trabajador migrante de conciencia. Su sentido de origen a nivel sociocultural y económico yace al fondo de su autoafirmación.

Como tiene aún conciencia del espacio de origen, Aztlán, aunque sea únicamente el pensamiento, el protagonista puede darle significado a la constante migración de su familia así como a la de todos los residentes del pueblo de Texas. La dependencia y subordinación económica del Barrio propicia el viaje al Anti-Barrio, donde el desarrollo económico necesita la labor de los trabajadores migrantes. Usurpado históricamente el espacio de

---

[55]De interés, en su novela *Los ríos profundos* (1958), José María Arguedas emplea el mismo signo lingüístico, *viejo*, para referirse a un terrateniente que subordina a los indígenas y mestizos peruanos.

origen, el protagonista anónimo es reducido a peregrino y ésta es la relación con el mundo que lo mantiene viajando de rancho en rancho, atravesando sólo por necesidad el Anti-Barrio.

Lógicamente, el estado histórico del Barrio como colonia interna, cuya labor sin sindicación es la preferida del viejo, y la necesidad de migrar para subsistir mantienen al protagonista, así como a los otros trabajadores migratorios, en conflicto constante con los residentes del Anti-Barrio. Esta relación, la dialéctica amo y exclavo, explica las distintas escenas de injusticia atestiguadas por el adolescente anónimo durante el transcurso de un año: el homicidio injusto del niño trabajador migrante, el rezo de una madre por su hijo llevado contra su voluntad a la guerra de Corea, la expulsión de un niño de la escuela en el norte, el crimen de don Hilario y doña Bonifacia, la deshidratación del padre, la dependencia espiritual, la estafa del vendedor de retratos, el préstamo descarado del Sr. Tomson, el falso encarcelamiento de Figueroa por tener una novia blanca, y otras.

En la mayoría de las escenas el trabajador migratorio se enfrenta con el angloamericano; en el resto, con el español y principalmente con el mexicano que tiene una visión cultural congelada del México dejado atrás, lo cual lo ciega a la contienda Barrio *versus* Anti-Barrio. En la última selección el protagonista-narrador toma conciencia del significado de estos conflictos para los trabajadores migrantes. De esta manera, las relaciones de peregrino y de conflicto apuntan y ponen énfasis en la importancia de una residencia fija para el trabajador migrante: la tercera relación con el mundo.

Como oposición a la constante migración de los trabajadores migrantes, el protagonista mantiene conciencia del mito de Aztlán, que reside todavía en su pensamiento, el subconsciente: lugar intocable para el angloamericano. El mito, en particular por su significado de autoafirmación, representa la última defensa contra el objetivo del Anti-Barrio: determinar el destino y la imagen del trabajador migrante. Como está situado en el Barrio, no en el Anti-Barrio —cosa que sucede en *Pocho*— el mito revelador defiende la existencia de un espacio o "territorio libre" para el trabajador migrante, de donde el adolescente anónimo concientizado puede continuar la lucha por la autodeterminación. El límite en cuanto al encuentro de la identidad es que necesita materializarse no sólo al nivel del mito de Aztlán, sino también realizarse en cualquier espacio donde resida el trabajador migratorio, sea el Barrio o el Anti-Barrio.

Si las relaciones estructurantes examinan principalmente la dimensión económica del Barrio, las oposiciones enfocan la cultural. En primer lugar, la oposición entre la residencia fija donde es posible la autoimagen y el espacio donde se estereotipa, el Barrio y el Anti-Barrio respectivamente, ordena las acciones del discurso narrativo en cuanto a la autorrepresentación. Como parte de la búsqueda de identidad, el complejo desarrollo del trabajador migrante como personaje, especialmente el protagonista anónimo, revela el significado de que el espacio principal de *". . . y no se lo tragó la tierra"* sea el Barrio en la mayoría de las selecciones y que aparezca la ideología descolonizadora del sujeto narrador chicano en las selecciones dedicadas al Anti-Barrio. El propio sueño del protagonista, metáfora de la narrativa en sí, transcurre en el Barrio, aunque sea en un sótano. La primera oposición, la residencia fija donde es posible la autoimagen *versus* el espacio donde se estereotipa, también pone en orden las imágenes estereotípicas del mexicanoestadounidense; *p. ej.*: la imagen del ladrón, que comparten el condiscípulo angloamericano del protagonista, el guardia que arresta a la señora García y las ancianas angloamericanas. El hecho de que el patrón se ría cuando el padre del protagonista le platica los planes de éste para ser operador de teléfonos apunta a otro estereotipo del chicano: el simple. Inclusive el director de la primaria de donde expulsan al protagonista comparte esta imagen unidimensional.

En segundo lugar, la oposición entre el espacio donde transcurre la asimilación (el Barrio y el Anti-Barrio) y el mundo (el Exterior), donde le aguarda el ninguneo, ordena las imágenes que anuncian la entropía para el trabajador migratorio. Esta oposición presenta la lógica que permitió la desaparición de varios residentes del pueblo paradigma en Corea: el Chuy, Julianito, el hijo de doña Virginia y el de la protagonista en la selección "El rezo". En el caso de esta señora, la oposición explica su desesperación y responde a su pregunta: "¿Por qué se lo han llevado?" (p. 15). Desde el Anti-Barrio, de donde emana la hegemonía, vinieron las órdenes para que su hijo peleara en Corea. La frase de la madre, "El no sabe nada", atestigua que no fue la iniciativa del hijo —el subordinado— ir a Corea, parte del Exterior, a pelear.

Asimismo, la segunda oposición nos hace entender la imagen de España y de México que tienen, como residentes del Barrio, los trabajadores migrantes mexicanoestadounidenses —no los mexicanos ni los españoles. Ni España ni México tienen significado para el protagonista anónimo, excepto la inexistencia, la desaparición (desgaste), o la muerte: la entropía. Por otro lado, los miembros de estas sociedades externas al espacio de asimilación —los españoles y los mexicanos— no expresan ningún reconocimiento del trabajador migrante. El protagonista-narrador debe aceptar este hecho en su búsqueda de identidad: su pueblo existe sólo como producto de la lucha entre el Barrio y el Anti-Barrio. El mito revelador demarca este límite en la identidad del protagonista.

En la *narrative of self-identity*, la fábula **quién soy**, en su sentido colectivo, inicia la búsqueda de identidad. A la vez, esta búsqueda genera

El espacio migrante 141

los desarrollos de los *otm* y los desenvolvimientos de los tres espacios estructurantes. Dentro de este contexto, todo fenómeno económico y cultural del mundo parece estar al alcance del protagonista anónimo durante su búsqueda de identidad; puede apropiarse de ellos. Sin embargo, el mito revelador —Aztlán— y sus elementos marcan los límites de la identidad. Desde el espacio de origen, su pensamiento, el adolescente anónimo reconoce por fin su identidad particular en el mundo, su visión del mundo: trabajador migrante, subordinado, residente del Barrio, peregrino, en conflicto con el Anti-Barrio, desconocido en el Exterior —miembro de una colonia interna— pero con la autoafirmación cultural y el derecho a la autoimagen. La singularidad de su autoimagen se explora con más detalle y profundidad en el capítulo VI, que presenta el sistema de personajes novelescos.

V

El espacio indigenista: critica social y utopia

> Los pueblos que carecen de una literatura, no saben de su pasado; por consecuencia, son incapaces de delinear el futuro. Nosotros hemos sido estereotipados hasta el vómito por todos los medios literarios y de publicidad anglos. Y no sólo anglos, también en México tienen ideas e imágenes erróneas de nosotros. A través de varias épocas nos han hecho contemplarnos a capricho de sus estereotipos. . . . Ahora somos nosotros por medio de la literatura los que mostramos **la interioridad de nuestro microcosmos** [negrilla nuestra], para reencontrarnos, fortalecer nuestro espíritu y exigir respeto y justicia para nuestra gente y nuestra cultura.
> —Miguel Méndez-M., "Miguel Méndez-M.: entrevista" (1981) de Justo Alarcón

Introducción

En la primera edición de la antología *El espejo/The Mirror* (1969), editada por Octavio I. Romano y Herminio Ríos-C., aparece la siguiente síntesis biográfica de Miguel Méndez:

> MIGUEL MENDEZ-M. was born in 1930 in Bisbee, Arizona. Until he was fourteen he then [sic] lived in the state of Sonora, Mexico, where he received six years of educational instruction in primary school at the rural ejido El Claro. Today Mr. Méndez is a brick layer inTucson, Arizona, where he lives in the barrio.[1]

De los principales narradores de los setenta, Méndez tiene el privilegio de haber sido el único a quien le publican dos cuentos, "Tata Casehua" y "Taller de imágenes, pase", en esa edición. Es decir, hace su presencia notada tres años antes de la histórica quinta edición de la susodicha antología, que se publica en 1972. Este hecho alumbra la razón por la cual el narrador arizonés (de Arizona) figura como el escritor que, entre los narradores mexicanoestadounidenses bajo consideración, tiene mayor conciencia de pertenecer al proyecto ideológico de autorrepresentación chicana, es decir, la reinven-

---

[1] Octavio I. Romano y Hermino Ríos-C., eds., "The Authors", *El espejo/The Mirror* (Berkeley: Quinto Sol Publications, 1972), p. iii.

ción de la narrativa mexicanoestadounidense como chicana.² Señalado por su cuento, "Tata Casehua", Miguel Méndez ocupa igualmente la faceta indigenista más nutrida en el campo de la narrativa de los setenta, incorporando al yaqui al sistema de personajes novelescos.³ Otro logro es su primera "novela", *Peregrinos de Aztlán*, por la que recibe el elogio de la crítica, que considera esta obra el texto narrativo chicano de más intertextualización con el discurso narrativo latinoamericano.⁴ Además de estos méritos, la crítica reconoce su maestría lingüística, por medio de la cual incorpora tres lenguajes del Sudoeste en un solo texto, algo que no ha sido superado hasta el momento.⁵

En la más autoritaria antología de crítica literaria, *A Decade of Chicano Literature* (1982), Francisco Lomelí escribe:

> Perhaps the work with the most resounding social resistance is found in *Peregrinos de Aztlán*.⁶

Para la narrativa de los setenta, este juicio sigue teniendo repercusión entre los críticos a pesar de opiniones que disminuyen el aporte de Miguel Méndez: Lauro Flores, Mariana Marín, Cecilia Ubilla-Arenas y Lupe Cárdenas.⁷

---

²El término *mexicoamericano* implica la visión angloamericana del mundo, una aceptación del modelo asimilacionista. Por otro lado, el término *chicano* postula una sociedad estadounidense pluralista. El término *mexicanoestadounidense* designa objetivamente la presencia histórica de la minoría racial mexicana de los Estados Unidos.

³Como Alurista en la poesía, Miguel Méndez representa la tendencia indigenista en la narrativa.

⁴En sus reseñas, tres críticos señalan conexiones entre *Peregrinos de Aztlán* y los trabajos narrativos de Juan Rulfo, Ricardo Güiraldes, Gabriel Cabrera Infante, Mario Vargas Llosa, Agustín Yáñez, Gabriel García Márquez, Carlos Fuentes y Pablo Neruda. Uno de ellos encuentra inclusive conexiones a escritores españoles tales como Ramón Gómez de la Serna y Federico García Lorca. Véanse: Erlinda Gonzales-Berry, "*Peregrinos de Aztlán*", *Chasqui*, 5.1 (February 1976), s. p.; Charles Olstad, "*Peregrinos de Aztlán*", *Journal of Spanish Studies*, 2.2 (Fall 1974), pp. 119-121; y Francisco Lomelí, "*Peregrinos de Aztlán*", *Chicano Perspectives in Literature*, eds. Francisco Lomelí y Donald W. Urioste (Albuquerque: Pajarito Publications, 1976), pp. 43-44.

⁵Véanse: Erlinda Gonzales-Berry, *loc. cit.*; Juan Rodríguez, "*Peregrinos de Aztlán*", *Revista Chicano-Riqueña*, 2.3 (verano 1974), pp. 51-55; Justo Alarcón, "*Peregrinos de Aztlán*", *Mester*, 5.1 (noviembre 1974), pp. 61-66; y Cecil Robinson, "*Peregrinos de Aztlán*", *Arizona Quarterly*, 32.2 (Winter 1976), pp. 185-187. Los lectores necesitan esperar hasta 1983 para encontrar un esfuerzo similar. Véase: Alejandro Morales, *Reto en el paraíso* (Ypsilanti, MI: Bilingual Press/Editorial Bilingüe, 1983).

⁶Francisco Lomelí. "The Novel", *A Decade of Chicano Literature (1970-1979): Critical Essays and Bibliography*, eds. Luis Leal y otros (Santa Bárbara, CA: La Causa Publications, 1982), p. 36.

⁷Véanse: Lauro Flores y Marc Macatrey, "Miguel Méndez: el subjetivismo frente a la historia", *De Colores*, 3.4 (1977), pp. 46-57; Mariana Marín, "*Pocho* y *Peregrinos de Aztlán*: contradicciones textuales e ideología", *Revista Chicano-Riqueña*, 5.4 (1978), pp. 59-62; Cecilia Ubilla-Arenas, "*Peregrinos de Aztlán*: de la crítica social al sueño

Para nosotros, la reacción inicial de las reseñas —"without a doubt the most ambitious piece", "la obra más fecunda de toda la incipiente pero contundente literatura chicana", "un maremagnun" y *Peregrinos de Aztlán* will play a pivotal role"— continúa teniendo resonancia en la década de los ochenta.

Igual que Tomás Rivera, Méndez pertenece al proyecto ideológico que regenera la narrativa mexicanoestadounidense; conocida ésta ahora como chicana, la integra definitivamente al moderno discurso narrativo del mundo. En particular, Méndez liga esta narrativa al discurso narrativo de Hispanoamérica. En el Sudoeste, su obra *Peregrinos de Aztlán* lo integra — exactamente tres años después de la publicación de *". . . y no se lo tragó la tierra"*— a la *narrative of self-identity,* el género del proyecto ideológico de autorrepresentación chicana. Su conferencia "Posibilidades literarias del autor de habla hispana en U.S.A.", presentada en Austin, Texas, como parte del Festival Flor y Canto de 1974, lo deja bien claro:

> El hecho de que el ánimo de nuestra gente se haya encendido para luchar bajo metas comunes, ha predispuesto un ámbito donde resuenen las voces y donde la literatura sea como un aliento que anime los anhelos del chicano, exponiendo el reflejo de su vivir, dando a nuestro pueblo conciencia histórica, y algo muy importante: **su verdadera identidad** [negrilla nuestra], el conocimiento de sus grandes valores humanos y el factor impostergable que constituye la necesidad de una literatura que nos enlace bajo su comunicación para celebrar nuestros triunfos o para gritar la indignación que provocan las injusticias, para exponer las cualidades de nuestro espíritu y también para documentar a las generaciones venideras, que en nuestras experiencias habrán de basar sus decisiones.[8]

Más allá de la elaboración de las condiciones históricas y de la necesidad del proyecto ideológico, la frase "su verdadera identidad" señala que la *narrative of self-identity* es el género al cual contribuye y desarrolla Miguel Méndez. Su primera narrativa, *Peregrinos de Aztlán*, forma parte integral de la poética del nuevo género y acentúa la cultura fronteriza del chicano superpuesta a un espacio indigenista, hecho cultural que incluye la convergencia y la divergencia con la cultura fronteriza de México.[9]

---

humanista", *La Palabra*, 1.2 (otoño 1979), pp. 64-67; Lupe Cárdenas, "La ciudad como arquetipo de la Madre Terrible en *Peregrinos de Aztlán*", *La Palabra*, 3.1 (primavera y otoño 1981), pp. 33-49.

[8]Citado en Cecilia Ubilla-Arenas en su artículo *"Peregrinos de Aztlán*: de la crítica social al sueño humanista", p. 73.

[9]No concordamos con la propuesta de Carlos Monsiváis según la cual la cultura chicana es únicamente fronteriza como sugiere en su prólogo, "De México y los chicanos, de México y su cultura fronteriza", en la colección *La otra cara de México: el pueblo chicano*, editada por David R. Maciel. Desde nuestro punto de vista, la cultura chicana tiene varias expresiones provincianas, no sólo la fronteriza. Por ejemplo, la expresión

De manera similar a *". . . y no se lo tragó la tierra"*, *Peregrinos de Az tlán* presenta una búsqueda de identidad fuera de las normas angloamericanas, desenvolviendo una visión propia de la sociedad mexicanoestadounidense. Por medio del peregrinaje histórico del sujeto narrador chicano, facilitado por el *otm* de la descolonización, se establece ahora una continuidad histórica del chicano con los indígenas yaquis. Fiel a su propia visión del mundo, este hecho sitúa al sujeto chicano fuera de la línea histórica del mexicano nacional como lo presentan Octavio Paz y Carlos Fuentes: nahua, azteca, Colonia, Independencia, Reforma y Revolución. Aunque todavía colonizado, la nueva línea histórica es: yaqui, español, mestizo, mexicoamericano y chicano. Ni el marco cultural angloamericano, por practicar la subordinación del mexicanoestadounidense, ni el marco cultural mexicano, por aumentar el número de pobladores de ascendencia mexicana así como la explotación en el Sudoeste, forman parte del nuevo espacio narrativo donde el sujeto narrador chicano está estableciendo nuevos términos de referencia cultural, que ingresan al mismo tiempo al discurso narrativo del mundo.

Empero, en la búsqueda de identidad que el narrador plasma tanto a un lado de la frontera como al otro, se proyecta el colonialismo interno de la minoría racial mexicana y la dependencia económica de México a la metrópoli estadounidense. En este caso el *otm* de la descolonización, no sólo plantea el colonialismo interno del chicano, sino también el colonialismo de los yaquis en México y el de los mismos mexicanos.[10] En vez de tratar de asimilarse y así ser frustuado por la sociedad angloamericana como Richard Rubio en *Pocho*, el personaje representativo del chicano, Jorge Curiel, ejerce en su lugar la autodeterminación ante el anonadamiento y el genocidio cultural. En las expresiones del *otm* del viaje, ya sea peregrinaje o exploración, se acentúa la dialéctica amo y esclavo presente en el Barrio y fundamental para el mito revelador.

En comparación con *". . . y no se lo tragó la tierra"*, los espacios estructurantes tienen mayor desarrollo en *Peregrinos de Aztlán*. Aunque todavía su existencia es ambigua, el Barrio incluye escenas urbanas y contiene personajes chicanos que disfrutan de un mejor acceso a la sociedad moder-

---

cultural del norte de California es diferente a la del sur de California y la de Colorado es diferente a la de Texas. También existen comunidades chicanas en el Medioeste y el Noroeste de los Estados Unidos. Véase: Carlos Monsiváis, "De México y los chicanos, de México y su cultura fronteriza", *La otra cara de México* (México: Ediciones El Caballito, 1977), pp. 1-19.

[10] Los indígenas de México viven un tipo de colonialismo similar al de los chicanos. Véase: Guillermo Bonfil, "Del indigenismo de la Revolución a la antropología crítica", *De eso que llaman antropología*, ed. Arturo Warman y otros (México: Editorial Nuestro Tiempo, 1970), pp. 39-65.

na. Sin embargo, la hegemonía del Anti-Barrio continúa ejerciendo su dominación e interviene hasta en los hechos cotidianos de los mexicanoestadounidenses. Mientras tanto, millares de seres marginados del Exterior —otra vez principalmente México— emigran al Barrio. Su miseria aumenta la de los residentes del Sudoeste. Simultáneamente, al Exterior continúan saliendo, en peregrinaje forzado, los jóvenes del Barrio para encontrarse con una muerte sin significado en las selvas de Vietnam. Sólo el lugar que hospeda el mito revelador, por su denotación utópica, ofrece para el peregrino chicano la posiblidad, aunque futura, de un lugar sedentario o fijo en el mundo.

El proyecto ideológico de autorrepresentación chicana y Miguel Méndez

Como lo revela en su breve ensayo "La alienación en la literatura chicana" (1977), a Miguel Méndez le perturban cuatro factores al comenzar a escribir *Peregrinos de Aztlán*: la tradición literaria hispánica (peninsular y latinoamericana), la selección de lenguaje, las editoriales y la crítica. El primero le causa ansiedad y desesperación y le amenaza con el fallecimiento de su todavía no escrita *Peregrinos de Aztlán*. No obstante, Miguel Méndez decide seguir adelante. Describe su resolución de la siguiente manera:

> Además yo novelaría una dimensión ajena a los monstruos sagrados [los narradores clásicos en español]: un microcosmos chicano pletórico de humanidad pululante de material narrable, que a mí me importa profundamente. Decidí pues escribir *Peregrinos* . . .[11]

Este paso, durante un momento decisivo en su vocación como escritor, atestigua su ingreso al proyecto ideológico de autorrepresentación chicana.[12] El uso de la frase "microcosmos chicano" atestigua la visión del mundo del sujeto narrador del proyecto, ya implícita en la frase "nuestro espíritu" de su conferencia "Posibilidades literarias del autor de habla hispana en U.S.A." (1974). Su compromiso con el proyecto, como dicho anteriormente, se caracteriza por la tendencia indigenista.

---

[11]Miguel Méndez-M., "La alienación en la literatura chicana", *De Colores*, 4.1 & 2 (1978), p. 152. La combinación de los dos números constituye una antología titulada *Mestizo: Anthology of Chicano Literature*, eds. José Armas y otros (Albuquerque: Pajarito Publications, 1978).

[12]Sobre su compromiso con el Movimiento Chicano, véase: Juan Bruce-Novoa, "Miguel Méndez-M.", *Chicano Authors: Inquiry by Interview* (Austin: University of Texas Press, 1980), p. 88.

El espacio indigenista 147

Desde el punto de vista de hoy, podemos ver que su uso del español como medio creativo le abre a Méndez otra posibilidad fuera de la necesidad de asimilarse a la cultura angloamericana. Méndez no necesita presentarse como "American writer", realidad vigente durante los cincuenta. A él se le había introducido a la narrativa mundial por medio de las literaturas peninsular y latinoamericana.[13] Así, cuando comienza a escribir *Peregrinos de Aztlán* le perturba el lenguaje de los narradores clásicos del mundo hispánico. Por otro lado, por su oficio de albañil, a pesar de tener una educación formal en español de primaria y leer literatura en el mismo, Méndez había hablado el dialecto pachuco por veinticuatro años aproximadamente. Por estas dos razones, ni la sociedad estadounidense conservadora de los cincuenta ni la hegemonía del discurso narrativo angloamericano le motivan a integrarse a la literatura estadounidense de entonces.

Sorpresivamente, los primeros escritos de Méndez datan de 1948, cuando tenía dieciocho años. En comparación con Mario Suárez, un narrador arizonés precursor que coopera con los medios del discurso narrativo angloamericano, Méndez no publica hasta la salida de la primera edición de la histórica antología *El espejo/The Mirror* (1969), donde aparecen sus cuentos, "Tata Casehua" y "Taller de imágenes, pase".[14] Para 1959, año en que la editorial Doubleday publica *Pocho*, ya tenía copiosos manuscritos. Sin embargo, no le llama la atención a Méndez la apertura ofrecida por el discurso narrativo angloamericano.

Con el desarrollo del sector literario que forma parte del Movimiento Chicano, en particular la inauguración de la revista *El Grito* (1967-1975), se hace realidad para Méndez la posibilidad de ser un nuevo tipo de narrador. Organizada por el mismo grupo fundador de esta revista, la editorial Quinto Sol publica los primeros cuentos de Méndez en *El Espejo/The Mirror* (1969). Su nombre aparece después en la lista al final de la introducción a la quinta edición, 1972. El punto número cuatro de este documento expresa, en forma lingüística concreta, el principio básico del proyecto ideológico de autorrepresentación chicana en la narrativa e identifica a Méndez como partidario. A partir de 1972 se dedica con más ahinco a su labor narrativa, organizando en seguida su propia editorial a través de la cual publica *Peregrinos de Aztlán* (1974).[15] Con este trabajo llama la atención de los

---

[13]Juan Bruce-Novoa, *op. cit.*, p. 86.
[14]Véase: Miguel Méndez-M., "Tata Casehua", *El espejo/The Mirror*, ed. Octavio I. Romano (Berkeley: Quinto Sol Publications, 1969), p. 30. Una nota introductoria los identifica como parte de una colección inédita.
[15]En la misma editorial publica una colección de poesía: *Criaderos humanos y sahuaros* (1975).

círculos literarios chicanos y la crítica de la literatura latinoamericana en los Estados Unidos.

La representación ideológica

La condición de la sociedad estadounidense

En el mismo año en que sale *Peregrinos de Aztlán* (1974), Miguel Méndez lee en público su conferencia "Posibilidades literarias del autor de habla hispana en U.S.A.". Esta sitúa su labor narrativa como parte integral de la lucha de la minoría racial mexicana por los derechos civiles.[16] Aunque en sus entrevistas y declaraciones no presenta una descripción tan detallada de la sociedad estadounidense como Rivera, Méndez tiene una conciencia bastante desarrollada del estado subordinado del mexicanoestadounidense. A diferencia de Rivera, toma en consideración los diferentes sectores: los indocumentados, los indígenas, los trabajadores migrantes, el trabajador urbano, la clase media y el intelectual. De manera similar a Acuña, a Barrera, y a López, Méndez reconoce la militancia, las tácticas de confrontación y las fuerzas socioculturales que caracterizan los setenta, inclusive la lucha afroamericana y el movimiento en contra de la guerra de Vietnam.

Con el auge de la protesta social vigente en la sociedad estadounidense, Méndez se liga a los activistas chicanos, ofreciéndoles sus conocimientos para desarrollar el sector literario y representar el ambiente proletario en su narrativa. Empero, en ningún instante opta por ingresar a los grupos o partidos políticos. Rechaza esta experiencia como regla general. En la entrevista de Bruce-Novoa, dice: "Political passion is latent in every artistic work, to a greater or lesser extent. My literature is no exception. Nevertheless, the mere thought of living from politics makes my hair stand on end."[17]

---

[16]El compromiso literario de Méndez a favor de la minoría racial mexicana se manifiesta abiertamente para la segunda mitad de los sesenta, pero su gestación se debe en gran parte al hecho de que sus padres, junto con otras familias mexicanoestadounidenses, fueron deportadas a Sonora, México, durante la Gran Depresión de los treinta. A su regreso a los Estados Unidos, a la edad de quince años, laborea, primero, de trabajador migrante y luego, de albañil, oficio que desempeña hasta el año 1974, en que inicia públicamente su carrera como escritor y profesor de literatura. En cuanto a su estado de obrero urbano, forma parte del mercado laboral dual por más de dos décadas, experimentando en forma directa la subordinación típica del mexicanoestadounidense. Declara a Juan Bruce-Novoa: "For some twenty-four years I worked in rough jobs, almost inhuman ones. Believe me, before being a writer, teacher, or intellectual, I am still a farmworker or a laborer, or both, perhaps". Véase: Bruce-Novoa, "Miguel Méndez-M.", p. 87.

[17]Bruce-Novoa, *op. cit.*, p. 88. No obstante, intenta reflejar el mundo proletario en su trabajo narrativo.

La condición del discurso narrativo mexicanoestadounidense

En contraste con el ejemplo de Mario Suárez, que se ve forzado a publicar durante los cuarenta y cincuenta en revistas de universidades angloamericanas, Méndez inicia sus publicaciones cuando ya está desarrollado el sistema de escritura chicana.[18] Ambos combaten el continuo desenvolvimiento del discurso normativo angloamericano, pero los esfuerzos colectivos característicos del proyecto ideológico de autorrepresentación chicana favorecen la labor de Méndez. Las editoriales y círculos literarios chicanos facilitan el alcance del nuevo público lector chicano, producto del surgimiento de una clase letrada como parte integral de la minoría racial mexicana.[19] Sin reconocer la labor precursora de Suárez, ya que no existía la conciencia de una tradición narrativa autóctona, Méndez se establece y se pone a la vanguardia de los narradores chicanos, apoyándolos en su labor, llevada a cabo en cada provincia del Sudoeste: Hinojosa, Rivera, Sergio Elizondo, Aristeo Brito, etcétera. Con ellos y otros partidarios del proyecto ideológico comparte sus triunfos y fallos.[20]

---

[18]Sin embargo, Méndez muestra un temprano interés en lo que ahora se considera la temática chicana. A la edad de dieciocho años, en 1948, escribe una "novela" de su experiencia fronteriza con la repatriación, la cual permanece inédita hasta la fecha. Uno de sus primeros cuentos, "Tata Casehua", trata de la tradición yaqui, el indígena. *Peregrinos de Aztlán*, por su parte, sintetiza todas las preocupaciones anteriores y las de los setenta, la discriminación y la guerra en Vietnam. Su estrecha adherencia al proyecto ideológico de autorrepresentación chicana, en su sentido colectivo, sobresale al sostener Méndez que no existe obra ni novela que pueda dar la "plena identificación" o "los planes" para proyectar al mexicanoestadounidense, pues ambos casos se dan sólo en "un ciclo literario" o en cierta época literaria; véase: Alarcón, *op. cit.*, pp. 10-11. Esta modestia, en realidad una aguda observación crítica, no le resta importancia a su papel vanguardista, producto de su empeño, que, desafortunadamente, le deja sólo $800 por su labor narrativa durante los setenta.

[19]Para Méndez, los medios de publicación a su alcance cubren la historia de las editoriales chicanas. Sus primeros cuentos aparecen en la primera edición de la antología *El espejo/The Mirror* (1969), editada por Octavio Romano y publicada por Quinto Sol Publications. La revista literaria de UCLA, *Mester*, le acepta en 1973 trozos de *Peregrinos de Aztlán*, un año antes de ser publicado por Editorial Peregrinos. Cuando ésta cesa de existir, Méndez contrata para reimprimir la segunda edición, 1979, a la Editorial Justa Publications, fundada por Herminio Ríos, quien había colaborado con Romano. Con esta misma editorial publica después dos selecciones de cuentos: *Cuentos para niños traviesos* (1977) y *Tata Casehua y otros cuentos* (1980). Ilustran las cubiertas de sus textos varios dibujantes chicanos, tales como, Angel Hernández, Antonio Pasos y Oscar Bernal. A consecuencia, igual que otros narradores chicanos, Méndez reconoce la dificultosa pero inconmensurable labor de las editoriales chicanas. Declara a Justo Alarcón: "Bueno, también hay que entender que los editores nuestros no son magos precisamente y, sin embargo, imprimen a base de tesón". Véase: Justo Alarcón, "Miguel Méndez-M.: entrevista", *La Palabra*, 3.1 (primavera-otoño 1981), p. 8.

[20]Otros dos narradores chicanos contribuyen en Arizona al proyecto ideológico de autorrepresentación chicana: Alfredo Otero Herrera y Alberto Alvaro Ríos.

De manera similar a Tomás Rivera, una variación modula el compromiso de Méndez con el proyecto ideológico de los setenta. Muestra, primero, una mayor urgencia en su identificación con el Movimiento Chicano. Para 1981, Méndez se adscribe todavía a "lo social" como su temática y se considera "hechura de esos tiempos" [los 60 y 70]. Esto se traduce en su escritura a "favor de los humillados" o las clases migrante y obrera.[21] Mientras que comparte con Rivera y otros narradores la lucha contra la imagen unidimensional del mexicanoestadounidense en la narrativa angloamericana y a favor de la autorrepresentación chicana,[22] Méndez acude al indígena yaqui para su objetivo de forjar una "conciencia histórica" y una "verdadera identidad" para el chicano:

> As a characteristic that binds our literature, one could well cite the acknowledgement and full acceptance given to the Indian, in the glorification of his past as well as in the pride taken in inheriting his color.[23]

En la conexión con el indígena reside la continuidad cultural del Sudoeste. Por lo tanto, Méndez intenta rescatar la tradición oral tanto yaqui como mestiza.[24] Al ser él mismo mestizo, pretende desarrollar ante el mundo, valiéndose del español del Sudoeste, la cultura del mexicanoestadounidense, que incluye las herencias indígena, española y la angloamericana.[25] Sumado a su constante apoyo de los narradores chicanos, inclusive a los que narran en inglés, todo esto le otorga un papel de vanguardia.[26]

Empero, el desarrollo de Méndez es distinto y único. En contraste con Villarreal y Rivera, Méndez se acerca a la narrativa del mundo valiéndose del español como medio. Como su familia había sido deportada a México en el mismo año de su nacimiento, no estudió en el sistema educativo anglo-

---

[21]Véase: Justo Alarcón, "Miguel Méndez-M.: entrevista", *op. cit.*, pp. 3-17.

[22]La lucha incluye una oposición a la imagen unidimensional del mexicanoestadounidense en la literatura mexicana, de México.

[23]Bruce-Novoa, "Miguel Méndez-M.", p. 90.

[24]Juan Bruce-Novoa, "*Peregrinos de Aztlán*: The Voices of Silence", *Revista Chicano-Riqueña*, 3.4 (1977), pp. 63-69.

[25]Según Miguel Méndez, el español es la base lingüística de la cultura chicana, especialmente en cuanto a la identidad de sus miembros. Dice él de su conexión espiritual con el español: "Spiritually, I identify with the Spanish language. I believe that language is the structure in which culture rests. If the language disappears, there remain memories that, as they slowly fade away, take *the ancestral culture* [cursiva nuestra] into oblivion. In our case, the Spanish language is *the most powerful* [cursiva nuestra] factor with respect to a means of identity". Bruce-Novoa, "Miguel Méndez-M.", p. 87. En cuanto a la herencia española, se refiere a la época colonial del Sudoeste bajo España.

[26]Según Méndez, a los narradores chicanos que escriben en inglés les toca también diseminar el "pensamiento y sensibilidad y el gran sentido artístico" del mexicanoestadounidense para combatir el discurso normativo angloamericano y desarrollar la cultura chicana.

El espacio indigenista 151

americano, el cual disemina la narrativa angloamericana. Este hecho casi significa que la narrativa chicana de Méndez es una extensión de la narrativa latinoamericana, en particular la mexicana. Excepto por la experiencia sociocultural del autor y por los elementos propiamente chicanos en su narrativa —el mito de Aztlán, el yaqui, el pachuco, el barrio y la vida rural y urbana— *Peregrinos de Aztlán* se podría categorizar como un trabajo latinoamericano en la tradición de la narrativa indigenista.[27]

Por otro lado, aparte de algunos elementos lingüísticos, *Peregrinos de Aztlán* no exhibe ninguna conexión literaria con la narrativa angloamericana. Méndez representa un aparente nuevo contexto lingüístico, que en realidad es una reafirmación de la literatura mexicanoestadounidense. Su creencia es que la narrativa chicana escrita en español tiene la función de "revitalizar y preservar" las raíces culturales del mexicanoestadounidense, puesto que éstas "se fincan primordialmente en el idioma español" (especialmente por haber sido hablado durante varias generaciones). Se codifica un discurso narrativo cuya base es un español estándar, hablado principalmente por el narrador omnisciente, pero en que se integran también varios dialectos, inclusive el pachuco y el fronterizo de México como lo hablan varios personajes.[28]

Como Villarreal y Rivera, el autor de *Peregrinos de Aztlán* se acerca a la narrativa del mundo a muy temprana edad. Empero, en vez de sumergirse en la literatura angloamericana e inglesa como ellos, lee textos pertenecientes a otras literaturas: la italiana, la francesa, la española y la mexicana.[29] Al

---

[27] La introducción del espacio narrativo indigenista, que modula la metáfora espacial del Sudoeste, es el logro más importante de Miguel Méndez. En esto específicamente yace la conexión con el discurso narrativo latinoamericano. Del espacio indigenista emana la tradición oral de los yaqui en la forma de su historia, sus leyendas y mitos. Ningún otro narrador chicano ha superado el indigenismo de Méndez.

[28] Alarcón, "Miguel Méndez-M.: entrevista", p. 6. Por medio del lenguaje del narrador omnisciente se establece el mayor nexo de la intertextualidad entre *Peregrinos de Aztlán* y el discurso narrativo latinoamericano. Un enlace concreto es la temática sobre el papel de los yaquis en la Revolución de 1910, lo cual une este discurso narrativo chicano a los de tales narradores mexicanos como Mariano Azuela, Juan Rulfo y Carlos Fuentes. Méndez reconoce el enriquecimiento del español del chicano en su aportación de muchos vocablos nacidos del intercambio lingüístico con el angloamericano. Esto recuerda al lector que lee un discurso narrativo particular en el mundo hispánico. Sin embargo, Méndez se extiende lingüísticamente en su creencia de que un ciclo literario, no sólo un texto particular, puede representar la realidad de la sociedad mexicanoestadounidense, atribuyendo gran importancia a los narradores chicanos que escriben en inglés. A ellos les toca también usar su medio lingüístico para diseminar el "pensamiento y sensibilidad y el gran sentido artístico" del chicano para combatir la estereotipación del mexicanoestadounidense y desarrollar su cultura; véase: Alarcón, *loc. cit.*

[29] En orden de lectura, los autores son: Edmond de Amices, Julio Verne y Pierre Alexis Ponson du Terrail, Enríque Pérez Escrich, Juan A. Mateos, Manuel Payno, Luis

madurar, profundiza y expande su lectura para incluir la literatura rusa, a los narradores mexicanos de la Revolución, a los Contemporáneos, a los Modernistas, a los narradores del Boom, a los escritores medievales y renacentistas de Europa, a la Generación del 98 y a la narrativa peninsular contemporánea.[30] El nexo de esta variada pero conmovedora exposición a la narrativa mundial y la experiencia mexicanoestadounidense —inclusive la parte oral— produce en Méndez la ansiedad y el devaneo que siente —el miedo ante "los monstruos sagrados"— al sentarse a escribir *Peregrinos de Aztlán*, teniendo nosotros como resultado su contribución particular al discurso narrativo chicano.

Méndez sostiene la existencia de la narrativa chicana como un hecho histórico. Esto se refleja en su tono de urgencia, por ser partidario del proyecto ideológico de autorrepresentación chicana. Reconoce el nacimiento y la necesidad del proyecto a partir de 1974 en la conferencia "Posibilidades...". Para 1976, muestra un desarrollo en su conocimiento de la literatura chicana: tiene conciencia de que se ve envuelta en una lucha de espacio y lectores con las literaturas angloamericana y latinoamericana; registra que comparte la necesidad de protesta social con la narrativa afroamericana; y admite las similitudes en cuanto al lenguaje y cultura con la narrativa puertorriqueña. Mantiene asimismo que la narrativa chicana se está forjando como una tradición autóctona a través de la cual se puede dialogar no sólo con la cultura dominante, sino con cualquier otra cultura.

En la entrevista de Bruce-Novoa de 1976, al reconocer el peso de las narrativas angloamericana y la latinoamericana, Méndez cierra su comentario de esta manera, "In spite of everything, Chicano literature will impose its values."[31] Estas palabras proyectan para el lector la ideología descolonizadora del sujeto narrador chicano. Presente en el trabajo de Rivera, este sujeto intenta descolonizar la mente literaria del lector mexicanoestadounidense. Desde el punto de vista del sujeto narrador chicano, en *Peregrinos de Aztlán* se codifican personajes que, según las mismas palabras de Méndez, "are different from the stereotypes coined by that society", la sociedad angloamericana.[32] En particular, el discurso narrativo de Méndez representa principalmente la figura del migrante mexicanoestadounidense. A través de esa figura se codifica el nuevo sistema de valores chicanos fuera de las normas culturales de la sociedad angloamericana, que propone el

---

Gonzaga Inclán y José Joaquín Fernández de Lizardi. Véase: Bruce-Novoa, "Miguel Méndez-M.", p. 86.
[30] Bruce-Novoa, "Miguel Méndez-M.", *loc. cit.*
[31] Bruce-Novoa, *op. cit.*, p. 89.
[32] Bruce-Novoa, *op. cit.*, p. 88.

modelo asimilacionista. Estos nuevos valores hacen realidad la narrativa chicana así como la sociedad estadounidense pluralista.

Desde la conferencia de 1974, "Posibilidades literarias del autor de habla hispana en U.S.A.", hasta la entrevista de Justo Alarcón en 1981 se continúa expresando la ideología descolonizadora del sujeto narrador chicano en el trabajo de Méndez, dando resonancia a estas palabras del autor dirigidas a Alarcón:

> Ahora somos nosotros, por medio de la literatura, los que mostramos **la interioridad de nuestro microcosmos** [negrilla nuestra] para reencontrarnos, fortalecer nuestro espíritu y exigir respeto y justicia para nuestra gente y nuestra cultura.[33]

La frase subrayada, "la interioridad de nuestro microcosmos", junto con la que sigue en el orden sintáctico, "para reencontrarnos", aluden al género más importante del proyecto ideológico de los setenta: la *narrative of self-identity*. En "Posibilidades . . ." había usado la frase "su verdadera identidad" para señalarlo, palabras que nos recuerdan la oración de Tomás Rivera enunciada al recibir el Primer Premio Nacional—Quinto Sol: "I think it is imperative that those chicanos who need it, immerse themselves in the profound and satisfying intent of finding their identity."[34] La confluencia de ambas frases liga a ambos narradores a la *narrative of self-identity*. La declaración de Méndez, en la entrevista de Alarcón, de que "un extraño no podría" novelar el mundo chicano elimina cualquier duda sobre su adherencia a este importante género.

En su partidismo, fomento y apoyo del proyecto ideológico de los setenta, Méndez supo contribuir a presentar la alternativa de una sociedad pluralista, cuyo nuevo contexto permite que los perímetros del discurso narrativo chicano se amplíen desde el barrio al resto del mundo.

El sujeto narrador

Una visión del mundo chicana

De las cuatro narrativas seleccionadas para este estudio, *Peregrinos de Aztlán* contiene el sujeto narrador chicano de más autoconciencia al forjar una visión del mundo propia por medio de su ideología descolonizadora. La expresión específica del sujeto sirve para ligarlo a la imagen del nuevo

---

[33]Alarcón, "Miguel Méndez-M.: entrevista", p. 16.
[34]Tomás Rivera, "Foreword", *The Road to Tamazunchale*, *West Coast Poetry Review*, No. 16, 5.4 (1975), p. 8. Este número de la revista se dedicó a publicar en forma completa la primera obra narrativa de Ron Arias.

sujeto chicano en el punto número dos de la introducción a la quinta edición de *El espejo/The Mirror* (1972). Esto identifica a la *narrative of self-identity* no sólo como una reacción ante el discurso normativo angloamericano, sino también como una reinvención de la historia, las leyendas y los mitos de la minoría racial mexicana —"el zondeo de las zonas más íntimas de la subconciencia colectiva"— en un esfuerzo por definirse e imponerse una forma y un contenido determinados.[35]

Como ningún otro título ligado al nuevo género narrativo, *Peregrinos de Aztlán* comunica de golpe la perspectiva del sujeto narrador chicano. Su condición de conquistado y subordinado tiene sus raíces en la prehistoria del Sudoeste como lo implica el signo mítico *Aztlán*. El título proyecta también la constante determinación del chicano por existir en el mundo, hecho presente en el signo *peregrinos* y su implícito continuo movimiento topográfico. A pesar del surgimiento y decadencia del nacionalismo durante el siglo XIX y a pesar del éxito de varios movimientos revolucionarios en el Tercer Mundo durante el siglo XX, el mexicanoestadounidense está todavía por lograr su autodeterminación. Continúa viviendo como un ser subordinado, despojado: condición encarnada en la imagen del peregrino.

Aunque se va desplazando desde el comienzo de la narración, esta visión del mundo se establece en las páginas 100 a 102, que están escritas en cursiva, en la voz del narrador-vate. Después de vislumbrar a distancia una "República de Mexicanos Escarnecidos", cuya sociedad utópica estará poblada de "[ex-]*espaldas mojadas*", "[ex-]*indios sumidos en la desgracia*" y "[ex-]*chicanos esclavizados*", el narrador vate ve una imagen en el desierto que ilumina el presente estado del chicano como ligado al de otros seres oprimidos:

> *Me ganó la imaginación, y ví [sic] en peregrinaje a muchos pueblos de indios hollados por la tortura del hambre y la humillación del despojo, recorriendo* **a la inversa** [negrilla nuestra] *antiguos caminos en busca del origen remoto. Llegaban mustios, con el andar ceremonioso y el ademán ritual de seres que conocen la hondura de humanos secretos; llegaban a buscar la vida y el abrazo digno de los cementerios. Me ganó el entusiasmo del soñar despierto y ví [sic] que por las anchas puertas del erial entraban multitudes de hermanos chicanos, haciendo de las inmensas llanuras arenosas, veredas y caminos hacia la paz y la tranquilidad; traían el paso encorvado, amargura en sus rostros y un cansancio infinito de esclavos. Se abrazaban a sus abuelos indios, juntos lloraban en silencio, sepultando a sus seres asesinados, que por ser tantos, nadie acabaría nunca de contarlos. Me inundó el sentimiento y lloré sobre aquel páramo arrugado de promontorios. Escurriendo de sus trajes, arena y luna, impelidos por la sed de los vientos, el éxodo de espaldas*

---

[35]Herminio Ríos-C. y Octavio Ignacio Romano-V., "Introducción", *El espejo/The Mirror*, 5a ed., eds. Octavio I. Romano y Herminio Ríos-C. (Berkeley: Quinto Sol Publications, 1972), p. x.

mojadas llegaba arrastrando los pies por los suelos calientes del desierto; huían derrotados por la codicia de los poderosos, y tras de ellos, la vida de sus familias quedaba condicionada a la aventura que correrían en tierra extraña.[36]

La frase "*recorriendo a la inversa antiguos caminos en busca del origen remoto*" proyecta para el lector dos cosas: el Sudoeste poblado de sus primeros y continuos pobladores indígenas, de quienes descienden los chicanos; y los espacios estructurantes de la *narrative of self-identity*: el Barrio, el Anti-Barrio y el Exterior. Los chicanos proceden del Barrio mientras que los espaldas mojadas vienen del Exterior (México); los tres grupos se encuentran en el Anti-Barrio. En la imagen en el desierto, además, la frase del narrador-vate "*sepultando a sus seres asesinados*", como parte de la herencia histórica del chicano, alude a la conquista y subordinación del Sudoeste. Tenemos así una perspectiva chicana desde la prehistoria hasta el presente.[37]

Aunque en la cita anterior no aparece una expresión de la ideología descolonizadora, ésta es implícita puesto que presenta a los indígenas y a los chicanos en solidaridad como contraste con la narrativa normativa angloamericana.[38] Además a pesar de que predomina el Anti-Barrio en el discurso narrativo, mientras que la presencia del Barrio es tenue, el signo *Aztlán* ocupa el centro en la visión espacio-mítica del sujeto narrador, lo cual proyecta la continuidad histórica como expresión de la ideología descolonizadora.

Además del título de la novela y de la imagen utópica del narrador-vate, el sujeto chicano se manifiesta en varios otros niveles del texto. Aparece como el narrador-autor en el prefacio, donde después de confesar que "un lenguaje vivo" se le impuso "para contar el dolor, el sentimiento y la cólera de los oprimidos" y que escribe desde los "antiguos dominios" de sus "abuelos", expresa su visión del mundo, que incluye el hecho de ser trabajador:

> Lee este libro, lector, si te place la prosa que me dicta el hablar común de los oprimidos; de lo contrario, si te ofende, no lo leas, que yo me siento por bien

---

[36]Miguel Méndez, *Peregrinos de Aztlán* (Tucson, AZ: Editorial Peregrinos, 1974), p. 102. A partir de ésta, todas las citas se toman de esta edición, identificándose únicamente por la página.

[37]Esta visión encuentra un eco cuando Justo Alarcón entrevista a Miguel Méndez en 1981: "La gran novedad que trae consigo la literatura chicana es que está dando a conocer a un pueblo, repito, que suma varios millones de habitantes y que había estado relegado al olvido por más de un siglo" (p. 17). Aun los textos totalmente urbanos contienen esta visión. Véase: *Caras viejas y vino nuevo* de Alejandro Morales, pp. 5-6.

[38]En el discurso normativo angloamericano, se les presenta como enemigos. Véase: Raymund Arthur Paredes, "The Image of the Mexican in American Literature" Diss. University of Texas at Austin, 1973, p. 180.

pagado con haberlo escrito desde mi condición de mexicano indio, espalda mojada y chicano.[39]

El sujeto narrador chicano se manifiesta también en la imagen que reconoce un origen de raza compartido por Loreto Maldonado —el protagonista de ascendencia yaqui— y Frankie Pérez, un trabajador migratorio y chicano. Este pasea por las calles de Tijuana como recreo antes de partir a Vietnam:

> —Orale ruco, usté me cai suave pa'camarada; usté es un ruco a toda madre, ése. Como si juera mi pá'grande.
> Iba a caerse, Loreto lo sujetó. Vió que era prieto, trompudito con rasgos de yaqui. Tembló el viejo, sacudido por un ramalazo de ternura. (p. 164)

El símil "como si juera mi pá'grande" en los labios de Frankie y el predicado nominal "prieto, trompudito con rasgos de yaqui" en la voz del narrador omnisciente respaldan y privilegian la tendencia indigenista del sujeto narrador chicano a nivel de personaje.

La visión del mundo chicana se proyecta finalmente al cerrarse el discurso narrativo. Inmediatamente después de la última escena declara el narrador omnisciente:

> Así la historia, de pronto, como en un mal sueño nos dejó varados en la isla del olvido, presos. No sólo eso, han quedado encadenados los genes que guardan la cultura, esencia de nuestra historia, vedando las arterias que como ríos traen el ímpetu de la sangre que anima la voz y el alma de nuestro pueblo. (p. 209)

Más allá de la nota pesimista, el narrador omnisciente, como expresión del sujeto narrador chicano, reconoce la existencia de "la voz y el alma" o la autodeterminación de la minoría racial mexicana, cuyo aparente silencio resulta de un contexto de dominación instituido por medio de la conquista del Sudoeste y la subordinación del mexicanoestadounidense. A consecuencia, la potencialidad de la visión mundial chicana como agente descolonizador está latente en las palabras del narrador-vate que cierran la narración:

> *Caballeros tigres, caballeros águilas, luchad por el destino de vuestros hijos!*
> *Sabed los inmolados, que en esta región, seréis alborada y también seréis río...*
> (p. 210)

La ideología descolonizadora

En varias manifestaciones de la visión del mundo chicana en *Peregrinos de Aztlán*, el lector encuentra vislumbres de la ideología descolonizadora. Al nivel del contenido, ésta se manifiesta como desafío contra las múltiples

---

[39]Miguel Méndez-M., "Prefacio", *Peregrinos de Aztlán*, p. 10.

El espacio indigenista 157

expresiones socioeconómicas opresivas. El verdadero impacto se expresa, sin embargo, al nivel de la imagen del chicano, especialmente cuando se tiene presente el proyecto de autorrepresentación. Para Méndez, *Peregrinos de Aztlán* figura como un esfuerzo por rebasar la pasada imagen normativa del mexicanoestadounidense:

> Nosotros hemos sido estereotipados hasta el vómito por todos los medios literarios y de publicidad anglos. Y no sólo anglos, también en México tienen ideas e imágenes erróneas de nosotros. A través de varias épocas nos han hecho contemplarnos a nosotros mismos a capricho de sus estereotipos.[40]

Por consiguiente, en varios instantes se proyectan imágenes de personajes chicanos o comentarios del narrador omnisciente donde se presenta la ideología descolonizadora como parte del sujeto chicano.

El diálogo entre el Buen Chuco y el chicano profesional, que se conocieron originalmente en la pizca de algodón en Arizona, representa el primer ejemplo. Puesto que ambos personajes son típicos de la narrativa de los setenta, se establecen en *Peregrinos de Aztlán* como autorrepresentación.[41] Desde el punto de vista de la intertextualidad, el Buen Chuco simboliza una crítica a la antigua imagen normativa. Típico de la narrativa de los setenta, este protagonista se enfrenta a la fábula **quién soy** y reacciona haciendo la llamada de autoidentificación. Al autoidentificarse como *chicano* en la página 29, su negación de los signos de identidad *greaser* y *mexican*[42] lleva simbólicamente al desenmascaramiento del discurso normativo angloamericano forjado por escritores como Joseph Holt, Major Sam S. Hall, Alfred Henry Lewis, O. Henry y John Steinbeck.[43] De manera similar, con el rechazo del signo de identidad *pocho* se desenmascara a tales escritores mexicanos como José Vasconcelos, Amado Nervo y Octavio Paz. El signo de identidad *chicano*, por lo tanto, llena el espacio vaciado por las pasadas imágenes normativas de ambos discursos: el angloameriano y el mexicano. Se presentan ahora al Buen Chuco y al chicano profesional como personajes, o imágenes, de autorrepresentación.

Más adelante, el poder de la ideología descolonizadora asciende en una escena para minar el estereotipo del mexicanoestadounidense que duerme sentado, abrazado de rodillas y recargado a un nopal, con su sombrero de

---

[40] Alarcón, "Miguel Méndez-M.: entrevista", p. 16.
[41] Otras narrativas que presentan a tipos profesionales son: "A Week in the Life of Manuel Hernandez" (1969) de Nick C. Vaca, *Autobiography of a Brown Buffalo* de Oscar Zeta Acosta (1972) y *La verdad sin voz* (1979) de Alejandro Morales.
[42] *Mexican* constituye una identificación étnica usada por el angloamericano de una manera despectiva.
[43] Véase: Raymund Arthur Paredes, "The Image of the Mexican in Chicano Literature", p. 180.

palma sumido hasta las narices. Tenemos dos perspectivas que difieren. En la escena de autorrepresentación, el Buen Chuco provoca la indignación de varios peatones angloamericanos, quienes observan un mural de Los Angeles donde aparece una figura como el estereotipo. Porque el Buen Chuco está sentado de igual manera a la figura en el mural, los peatones angloamericanos reaccionan según la perspectiva del discurso normativo angloamericano, una imagen pasiva:

> —Dammed people so lazy!
> —All they think of is booze and sleep!
> —Yes, drink and do something . . . ¡mañana!
> —By the way, has someone called the cops? (p. 37)

Para el Buen Chuco, la misma imagen simboliza productividad, orgullo e ingenio —la perspectiva del discurso narrativo chicano— como se lo declara a un chicano profesional que también observa el mural:

> —¿Sabes qué, carnal? . . . ése . . . huacha, el carnal que está ahí, ése, rolando contra el sahuaro . . . estos batos, camita, dicen que es güeva, que no le atora al jale, que no trabaja, you know, pero, ese carnal está así, ése, porque está mucho muy cansado y muy triste. ¿Sabes qué? Estos batos no saben, nomás hablan. El camarada fué champion en la pizca, ése; está así de puro agüitado; ni quien lo ayude, ni quien lo respete; como si fuera una pala, o un pico gastado que ya no sirve pa'madre . . . (p. 38)

De esta forma, cuando el lector reemplaza el estereotipo con una nueva imagen, queda solamente el personaje mendeciano, una imagen de autoafirmación y de autodeterminación.

En *Peregrinos de Aztlán* hay varios otros momentos en que se proyecta la ideología descolonizadora. En uno de ellos se le atribuyen capacidades intelectuales a Frankie Pérez, además de ser éste el único personaje chicano a quien estima el yaqui Loreto Maldonado, símbolo de la continuidad indigenista.[44] Aunque no superan la imagen de Frankie, los jóvenes que aparecen por primera y última vez al cerrarse la narración representan también una proyección de la ideología descolonizadora. Cuando el padre de los jóvenes conversa con su compadre, se ve forzado a distinguirse de la nueva generación como se lo indicó el hijo mayor:

---

[44]Méndez, *Peregrinos de Aztlán*, p. 202. La capacidad intelectual aparece en el siguiente diálogo de Pánfilo Pérez, el padre de Frankie, quien se queja de la muerte de su hijo en Vietnam:
—Habíamos pensao el chavalo y yo, que en saliendo del Army, chanza hubiera manera de que fuera al college; pos con la ayuda del gobierno. Era reteabusado el kid, siquiera hubiera tenido ficha pa'mandarlo o pa'apañarle una ranfla. Aquí ni entra el school bus por los chavos. Chanza que ya metido en el college no lo hubieran hecho draft.

El espacio indigenista 159

> *Usted y yo y muchos más, hemos vivido con la idea de volver algún día al terruño; lo demás nos ha importado un bledo, por eso nos hemos dejado pendejear. Pero ellos, mi amigo, son nacidos y criados aquí y no soportan más que los sigan tratando como a borregos, negándoles empleos y educación, matándolos en las guerras nomás porque se les pone. No faltaba más, pues.* (p. 208)

En la autorrepresentación —que va del Buen Chuco a Frankie Pérez, del chicano profesional a los jóvenes del compadre, todos apoyados por la figura indigenista de Loreto— se presenta el desafío contra cualquier tipo de discurso normativo, especialmente el angloamericano. Este desafío lo expresa el sujeto narrador chicano por medio de su perspectiva del mundo apoyada por una ideología descolonizadora.

Los objetos-temáticos-matrices (*otm*)

El viaje

Como *Pocho* e "*. . . y no se lo tragó la tierra*", el *otm* del viaje abre y desenvuelve el espacio narrativo de *Peregrinos de Aztlán*: de Tijuana, México, al norte del mismo país y luego a Arizona, al sur de México, a Los Angeles, y a un pequeño pueblo de Texas, al Valle Imperial y hasta a Vietnam. En contraste con *Pocho* e "*. . . y no se lo tragó tierra*", el viaje general en *Peregrinos de Aztlán* no le corresponde a un joven mexicanoestadounidense, sino a un yaqui octogenario, Loreto Maldonado.[45] El *otm* del viaje desarrolla sólo indirecta y parcialmente la búsqueda de identidad del chicano.[46] No obstante, la resolución de la fábula **quién soy** alrededor de la figura de Loreto pertence a la búsqueda de identidad chicana, indicando la fuerte tendencia indigenista en la narrativa chicana. Este análisis del *otm* del

---

[45]Reconocemos que este viaje general cae dentro del viaje abarcador pero no central al narrador-autor. El viaje de éste abre el prefacio ("Hice un plan y una estructura previa"), que es aparte del título, el inicio de la narrativa, y cierra en una nota de ánimo el tipo de epílogo que aparece, en tono de *alter ego*, después del diálogo final a la narrativa: "*Sabed los inmolados, que en esta región, seréis alborada y también seréis río ...* "

[46]Hasta el momento la crítica ha fallado en indicar que la fábula **quién soy**, al ordenar el discurso narrativo de *Peregrinos de Aztlán*, incumbe a los yaquis. *Peregrinos de Aztlán* se debe estudiar, primero, como narrativa indigenista de México similar a *Tomochic* (1893) de Heriberto Frías y *El resplandor* (1937) de Mauricio Magdaleno. Después, se recomienda un estudio como novela indigenista de Hispanoamérica afín a *Huasipungo* (1934) de Jorge Icaza. Esta sugerencia no tiene por intención eliminar a *Peregrinos de Aztlán* como narrativa chicana. Para nosotros, a pesar de su fuerte preocupación con la cultura yaqui, sí pertenece a ella. El ambiente fronterizo identifica a *Peregrinos de Aztlán* como narrativa perteneciente también a otro género de los setenta: la narrativa fronteriza. Comparte esto con *Macho!* (1973) de Edmund Villaseñor, *A pesar del río* (1977) de Juan Sauvageau-Pro y *La verdad sin voz* (1979) de Alejandro Morales.

viaje enfoca principalmente los viajes que contribuyen algún aporte a la resolución de la fábula cuando la enfrentan los personajes chicanos, como los de Jorge Curiel (el Buen Chuco) y los de Frankie Pérez. Se lleva a cabo dentro de las interconexiones de estos viajes con el viaje general de Loreto, así como con los miniviajes de éste, y los viajes de "los mojados" o indocumentados. Los tres grupos forman parte de la visión del mundo del sujeto narrador chicano, en particular la tendencia indigenista.

Al abrirse la primera parte, el lector se encuentra con Loreto, que busca clientes para lavarles los coches. En medio de nubes negras del humo de la contaminación, el yaqui Loreto se imagina que va a llover, lo cual proyecta el viaje general del octogenario, desde sus tierras yaquis envueltas en la Revolución hasta una Tijuana moderna:

> Se volvía a parar creyendo oír a lo lejos la tropelada de la lluvia, tamborileando el casco sonoro de la tierra, como una furiosa caballería villista en son de ataque. Crecerían ríos y arroyos, ceñidos como cuerdas de arpa a la piel de la tierra, tensos de lluvia. Por un momento creyó escuchar el zumbido de los barrancos y el silbar enloquecido de las cañadas. No, el viejo Loreto ya no era cualquier campesino ingenuo. Por unos segundos miró el cielo con ese gesto de desprecio que estira los labios simulando la sonrisa y oscupió [sic] enérgico. (p. 13)

De este viaje espacio-temporal, que lo lleva de una región sin desarrollo a una orillada al desarrollo, se establecen los perímetros de la narrativa, donde se gesta y se desarrolla la fábula **quién soy**, de sentido colectivo. La fábula no sólo presenta la búsqueda de identidad de Loreto, sino también la de los chicanos y los indocumentados. Los viajes a Tijuana y las discusiones de Jorge Curiel y Frankie Pérez con Loreto sobre la identidad del chicano se integran consciente o inconscientemente al viaje general de Loreto.

En el caso de Jorge Curiel, el Buen Chuco, su viaje más importante es el que lo lleva a Tijuana cuando ya tiene cuarenta años. Este viaje a la ciudad fronteriza, donde reside Loreto, proyecta por primera vez la búsqueda de identidad. Como viejos amigos, Jorge Curiel y el chicano profesional, que se autoidentifica como mexicoamericano, tienen una charla en la cantina Happy Day. De los labios de Jorge emana la problemática de identidad:

> . . . ése, usté que ha leyido tantos "comics". ¿Qué somos slaves, nosotros la raza? Luego, ése . . . es como si le filerearan a uno los hígados. Allá, ése, pos es uno "greaser", "un mexican", viene uno acá, ése, y quesque uno es "pocho"; me empieza a cuadrar que me llamen "chicano", bato; me cai a toda madre, carnal; siquiera ya es uno algo, no cualquier greaser o pocho. (p. 29)

(El signo *comics* significa libros.) Horas después, repite casi lo mismo a Loreto Maldonado.

El espacio indigenista

En su desenvolvimiento, los viajes de Jorge Curiel ilustran la continua subordinación que sufren los trabajadores migratorios. Como hijo de una familia migratoria, viaja primero por varios ranchos y pueblos de Arizona: Puma, Wilcox y Yuma; después, emigra a California donde trabaja en el Valle Imperial y en Los Angeles. En varias granjas fue el mejor pizcador, premiado y apreciado por los patrones angloamericanos. Sin embargo, para los cuarenta años de edad sufre dolores de espalda y cesa de ser productivo. Durante esta etapa de la vida de Jorge el lector lo encuentra vagando por las calles de Tijuana. La militancia, empero, señala la autodeterminación. Se está resolviendo la fábula **quién soy**, o quiénes somos. Desafortunadamente, Jorge necesitará emprender otro viaje. Por robarse cuatro botellas de vino barato, el juez Randolph R. Smith lo encarcela por cuatro años.

Más que los viajes de Jorge Curiel, los de Frankie Pérez cobran suma importancia para resolver la búsqueda de identidad chicana. Aunque nació en Texas y ha trabajado en los campos de Arizona, para cuando el lector atestigua su peregrinación en el viaje a Tijuana, Frankie se identifica como californiano. Tiene diez y siete años y vaga como Jorge en Tijuana, donde se encuentra también con Loreto. De todos sus viajes, éste es el más importante, de manera similar al de Jorge. Enfoca también la fábula **quién soy** en su sentido colectivo.

Loreto reconoce rasgos yaquis en la cara de Frankie. Los rasgos establecen una continuidad cultural para el chicano que, siendo ésta un micro-*otm* del *otm* de la descolonización, se inicia en la prehistoria. Textualmente, se ilustra la continuidad entre el yaqui y el chicano por medio del entrelazamiento de trozos biográficos de las vidas de Loreto y Frankie, simbolizando una mezcla de signos culturales. Esta conjugación incluye la historia de los yaquis desde los tiempos prehispánicos hasta el porfiriato. Para no dejar duda en cuanto a la estrecha identificación cultural entre Loreto y Frankie —los yaquis y los chicanos— el protagonista octogenario vela el sueño del adolescente chicano mientras que éste duerme en una calle de Tijuana, hecho que simboliza la futura muerte de Frankie:

> Azares de la vida... fué cosa del destino el que el viejo Loreto Maldonado velara simbólicamente el cadáver de Frankie. Porque nueve meses después, cuando hubo caído en Viet-Nam, nadie acompañó su cuerpo sin vida; allá quedó el chicanito, mientras que Pánfilo y la Magui, vivían con el Jesús en la boca, a piensa y piensa en el hijito. (p. 169)

La referencia a Pánfilo Pérez, el padre de Frankie, nos conduce a sus propios viajes como expresión del primer *otm*, el viaje. Animado por un amigo, junto con su familia decide abandonar Texas por Arizona. Después llega a California. Comparte la vida de trabajador migratorio con Jorge

Curiel y la mayoría de los personajes chicanos en *Peregrinos de Aztlán*.[47] Cuando muere su hijo, Pánfilo seguía siendo trabajador migrante. Este es un peregrino en su vida cotidiana. Mas para la fábula **quién soy**, el viaje de importancia es aquél en que Pánfilo se convierte en pájaro y vuela sobre el Sudoeste: California, Arizona, Nuevo México y Texas.[48] Significativamente, este viaje fantástico de Pánfilo es el único esfuerzo para llenar la metáfora central al proyecto ideológico de autorrepresentación chicana en la narrativa: el Sudoeste. A través del viaje como imagen, la fábula **quién soy** toma una dimensión regional. Desafortunadamente, en su último viaje, no fantástico, unos enfermeros lo conducen al manicomio, pues la muerte de su hijo lo destruye psicológicamente.

En resumen, en relación a Frankie Pérez y Jorge Curiel el *otm* del viaje funciona para desarrollar el espacio donde se mueven los chicanos, espacio que antes desplegaba imágenes normativas de ellos y que los conduce ahora a la necesidad de autoidentificarse. Su nueva identidad está ligada a los destinos de Loreto y de los indocumentados.

La escritura

Repetidas veces, uno u otro narrador nos recuerda metalingüísticamente el acto de narrar. El narrador-autor desborda el contenido del prefacio a través de sus referencias metalingüísticas. Otro de ellos, el narrador-vate, aparece a mitad del discurso narrativo, presentándose como narrador demiurgo. En otra referencia metalingüística el *otm* de la escritura, que ocurre en la elegía a Lorenzo Linares, padre y poeta indocumentado que muere tratando de cruzar el desierto de Sonora, hace que el lector regrese al espacio y a las acciones de los "espaldas mojadas". La elegía narra lo ya narrado. Inclusive, los narradores chicanos de los setenta pertenecen al mundo narrativo de *Peregrinos de Aztlán*.[49] El mismo Miguel Méndez aparece como personaje que atestigua el juicio de Jorge Curiel. A Méndez el narrador omnisciente lo describe verídicamente como "chicano, un sujeto alto y

---

[47]Como en "...*y no se lo tragó la tierra*", aparecen pocos mexicanoestadounidenses urbanos.

[48]El elemento fantástico desplaza —en el sentido freudiano— el dolor ante la muerte de su hijo en Vietnam, ligando su sufrimiento personal al de los chicanos en general.

[49]Pánfilo Pérez divisa a los "*noveleros*" o narradores como parte del Sudoeste durante su metamórfosis por la que se transforma en pájaro (p. 204). Esta imagen es una referencia directa tanto al texto narrativo en sí como al proyecto ideológico de autorrepresentación chicana.

El espacio indigenista 163

gordo, encanecido prematuramente, en su mestizaje triunfaba sublevado, el legendario yaqui: . . . escribía libros que no leía nadie".[50]

El desborde del contenido en el prefacio emana del acentuado deseo del narrador-autor de explicarnos el proceso de la producción del texto narrativo. El esfuerzo comenzó en su niñez. Cuando por fin lo escribe, el narrador-autor encuentra problemas con el lenguaje. De todos los lenguajes en el espectro lingüístico, el habla popular del chicano le deja la mayor influencia:

> . . . pero las palabras rebeldes [populares] me aseguraron que se impondrían en mi escrito para contar del dolor, el sentimiento y la cólera de los oprimidos . . . (p. 9)

Es el *otm* de la escritura, por lo tanto, lo que de una manera orgánica genera los elementos particulares del "escrito", o el texto. Tanto poder tuvo este *otm* que rebasó, si no es que destruyó, el plan y la estructura previa del narrador-autor para escribir *Peregrinos de Aztlán*, forjando algo nuevo y trayendo placer al acto de narrar:

> . . . yo me siento por bien pagado con haberlo escrito desde mi condición de mexicano indio, espalda mojada y chicano. (p. 10)

La adjetivación que describe el estado mental del narrador-autor al haber completado el relato, ya que el prefacio o prólogo en realidad se escribe después de terminar a éste, proyecta la escritura, el segundo *otm*, al inicio de la primera parte del relato, de donde no vuelve a diferenciarse hasta el instante de cerrarse el discurso narrativo.

La aparición del narrador-vate a la mitad del discurso lingüístico tiene dos funciones. La primera reitera el acto de narrar después de que ya se han presentado todos los personajes, siendo la excepción Frankie Pérez y su familia. La segunda presenta en forma de una visión la utopía llamada la "República de Mexicanos Escarnecidos". El narrador-vate reaparece más adelante en medio del desierto de Sonora y de Arizona para, primero, recordar al lector que este espacio es la "virgen de la voluntad del creativo" y, segundo, colocarse la máscara del narrador demiurgo:

> *Y fuí Dios escribiendo páginas en el viento, para que volaran mis palabras.* (p. 101)

Puesto que no existe la "República de Mexicanos Escarnecidos", tanto su máscara de narrador-demiurgo como su visión se convierten, para el lec-

---

[50]Méndez, *Peregrinos de Aztlán*, p. 139. Todos estos ejemplos acentúan el hecho de que en la cubierta de la primera edición se encuentre un dibujo con un trabajador migrante clavado contra un sahuaro en medio del desierto y sobre la figura de éste se lee inequívocamente el signo *novela*, otra referencia metalingüística al acto de narrar.

tor, en una autorreferencia al acto de narrar. Sólo en este espacio narrativo existe la unidad de los tres grupos sociohistóricos: los yaquis, los indocumentados y los chicanos. En ningún otro texto narrativo, ni mexicano ni anglomericano ni mexicanoestadounidense, se reúnen los tres. A través de la visión utópica, el *otm* de la escritura hace hincapié en su propio desarrollo. El resurgimiento de este *otm*, en la forma de una elegía, la dedicada al poeta Lorenzo Linares, igualmente tiene la función de atraer nuestro interés al acto de narrar. La muerte física del poeta indocumentado ocurre en la Parte I. Esta se menciona, no obstante, varias veces antes de encontrar el lector la elegía archivada en la oficina de un burócrata tijuanense.

El énfasis notorio sobre la escritura por medio de la metamórfosis de Pánfilo Pérez a pájaro tiene una función similar a la elegía que interpreta la realidad de los espaldas mojadas. Inmediatamente después de la muerte de Frankie Pérez, este énfasis identifica de manera similar el acto de narrar como tarea colectiva —el formar parte de un grupo— para el narrador-autor:

> *Como Pánfilo no era poeta, cuando pasó sobre el desierto de Yuma, de ver aquel erial tan inmenso exclamó: ¡Ah jodido! Parece que aquí pegaron los apaches. No faltaron aguilones, y toda suerte de aves que se arrimaron a su vuelo con ánimo de curiosearlo; cuando ya los tenía al lado, volteaba Pánfilo y, de verlo tan raro, se espantaban los noveleros, dejándose caer a plomo, más que todo porque oían hablar como a cristiano a tan nunca soñada ave que les soltaba: ¡Orale pájaros nalgones! Que va entrando a la atmósfera del Valle Imperial el singular alado.* (p. 204).

El tono ameno y el juego lingüístico ligados al signo *noveleros* (novelistas), pues animaliza a los narradores, no disminuye el papel de la escritura como *otm* en relación a los trabajadores migrantes chicanos.

Este *otm* resurge una vez más al cerrarse la narrativa. El narrador-autor se integra ahora directamente al texto al usar de nuevo la letra regular. Después de comentar que a pesar de la época histórica moderna, permanecen marginados, subordinados o "presos" los miembros de los tres grupos que forman parte de la visión del mundo chicana, incluso él mismo, alude indirectamente a la escritura como instrumento para señalar el papel represivo del discurso normativo angloamericano:

> Ni dignidad ni letras para los esclavos, dijeron los dominadores, solamente la ignominia, la burla y la muerte; si acaso, la trágica baba de la demagogia, falsa moneda de los perversos. (p. 209)

El narrador-autor reconoce así su papel en la lucha contra la unidimensionalidad de los indígenas, los indocumentados y los chicanos a manos del discurso normativo angloamericano. Su participación se transcribe en forjar el nuevo género de la literatura chicana de los setenta: la *narrative of self-identity*.

La descolonización

Mientras que en *Peregrinos de Aztlán* el *otm* de la descolonización, desenmascara principalmente la colonización de los yaquis —ya sea literaria o histórica— en este estudio enfocamos el papel de este *otm* en el caso del chicano o, más específicamente, su función con respecto de la fábula **quién soy**, la búsqueda de identidad. En forma parecida a los dos discursos opuestos representados por *Pocho* y por *"... y no se lo tragó la tierra"* la descolonización como *otm* orienta *Peregrinos de Aztlán* hacia éste, el discurso de autorrepresentación. En las pocas ocasiones en que se manifiesta la asimilación en *Peregrinos de Aztlán* resulta indeseada y criticada por el narrador omnisciente o por las figuras chicanas y mexicanas.[51] El *otm* de la descolonización se expresa a varios niveles, entre ellos: el lenguaje popular, la sátira, y el personaje de autoafirmación cultural. Estas manifestaciones ocurren como parte de la visión del mundo del sujeto narrador chicano.[52]

El *otm* de la descolonización hace posible, al nivel del discurso lingüístico, que se produzca un texto en español único, tanto en la narrativa chicana como en la del mundo hispánico. El sujeto narrador se vale en parte del lenguaje popular del chicano para forjar la perspectiva chicana.[53] Este hecho es un micro-*otm* ligado al *otm* de la descolonización. Desde nuestro punto de vista, el micro-*otm*, el uso del lenguaje popular, incorpora nuevos

---

[51]En cuanto a los indocumentados, el *otm* de la descolonización, juega también un papel secundario para ellos. Esto no niega que la fábula de identidad yaqui no encubra a los dos grupos secundarios.

[52]En cuanto a la visión, el *otm* de la descolonización desenvuelve, como en *"... y no se lo tragó la tierra"*, un sector de trabajadores migratorios chicanos. Este viaja principalmente por Arizona y California. Sin estar limitado por la condición del chicano, el discurso narrativo de *Peregrinos de Aztlán* presenta de modo realista y surrealista un ambiente arizonés derruido donde se le da énfasis al estado marginado y subordinado de tres grupos socioculturales ante el desarrollo.

[53]Como evidencia, *Peregrinos de Aztlán* fue el último de todos los textos pertenecientes a la *narrative of self-identity* en ser traducido al inglés (Bilingual Press, 1992), dieciocho años después de su primera edición. El uso del lenguaje popular chicano lo dificultó. A esto se debe también que la distribución de *Peregrinos de Aztlán* fuera del Sudoeste tuvo que esperar hasta 1989 cuando Ediciones Era de México tomó la iniciativa de reeditarlo. En comparación, la narrativa *Generaciones y semblanzas* (1976; traducido con el título *Klail City* en 1987) de Rolando Hinojosa-S., al ganar el Premio Casa de las Américas, tuvo diseminación internacional inmediata. Aunque sólo el primero pertenece a la *narrative of self-identity*, otros libros que han sido traducidos al inglés son: *"... y no se lo tragó la tierra", Caras viejas y vino nuevo, I plesha lichens tu di flac, Tierra Amarilla, Estampas del Valle y otras obras, Mi abuela fumaba puros, Requisa treinta y dos, Primeros encuentros, Tunomás Honey, Claros varones de Belken, El sueño de Santa María de las Piedras, Sabelotodo Entiendelonada, El Gobernador Glu Glu y otros cuentos, El cóndor y otros cuentos, El diablo en Téxas* y otros.

vocablos y expresiones idiomáticas al discurso narrativo de *Peregrinos de Aztlán*. Su aporte lingüístico contribuye decisiva y específicamente al desarrollo de la narrativa mexicanoestadounidense por su expresión fronteriza chicana. Indirectamente, desarrolla la narrativa del resto del mundo hispánico.

El *otm* de la descolonización sobresale por primera vez en el prefacio. El narrador-autor explica en este el proceso lingüístico de la figuración. Como una expresión del sujeto chicano, acude primeramente a las palabras "que han pulido por siglos las corrientes de los ríos", es decir, las que aparecen en la narrativa hispánica clásica. Mas al forjar el discurso narrativo de *Peregrinos de Aztlán*, se le impusieron al narrador omnisciente palabras "inoportunas, feas por toscas y deformes". El lenguaje popular del chicano perteneciente a la representación ideológica —específicamente la condición del discurso narrativo— se establece como el medio lingüístico principal de *Peregrinos de Aztlán*.

Varios personajes utilizan este lenguaje popular. Jorge Curiel y Frankie Pérez, que representan en el relato la fábula **quién soy**, figuran como los máximos ejemplos. El narrador omnisciente atribuye la misma cualidad lingüística a Pánfilo Pérez, el padre de Frankie:

> Pánfilo envolvía en los sueños de su ilusión, el diálogo tierno que tantas veces rebozó su sentimiento; pero que nunca comunicó a su hijo, porque su angustia y sus anhelos no llegaban a dibujarse en palabras hermosas. Las que él usaba eran rudas y golpeadoras, igual que sus agotadoras jornadas de trabajo, como la miseria misma y la impotencia rabiosa que le ponía recelo hasta en las cosas amables. (p. 200)

Aunque tiende a usar un español estándar, el propio narrador omnisciente no se escapa del medio lingüístico principal: usa vocablos yaquis (*yori* y *bichi*), cambia de código lingüístico durante sus narraciones (*Frankie Pérez, El Gran Cowboy, Batman y Superman*) y usa la acentuación pre-1959 (*fué* y *vió*). De esta manera, se codifica en *Peregrinos de Aztlán* la visión del mundo chicana, proyectando el *otm* de la descolonización.[54]

En el continuo desarrollo del *otm* de la descolonización, aparece la sátira como micro-*otm*, codificándose varias caricaturas cáusticas y burlonas del angloamericano —las más mordaces en la narrativa chicana— que tienen

---

[54] Miguel Méndez se considera un chicano típico. En la entrevista de Juan Bruce-Novoa, Méndez declara: "My experience within the society has been the same as that of the average Chicano, and for that reason my literature proves to be attuned to the Chicano Movement, I believe (p. 88)". Esto explica su visión principalmente obrera, que incluye a los indocumentados. En cuanto al lenguaje de éstos, los personajes representativos en el texto se expresan con arcaísmos (*trujo, vido*, etcétera) y en palabras en español de carácter ofensivo.

El espacio indigenista 167

como objetivo desmitificar la supuesta superioridad del hombre blanco. En *Peregrinos de Aztlán*, el angloamericano se convierte en la *otredad*, ente pasiva, figura rídicula y unidimensional. Con semblantes que recuerdan la imagen del angloamericano en la ensayística hispanoamericana —Rodó, Vasconcelos y Paz—, el narrador omnisciente presenta a los personajes angloamericanos o como puritanos y metódicos o como *hippies* y perdidos. Excepto por el abogado que defiende en el tribunal a Jorge Curiel, ninguno se escapa al micro-*otm* de la sátira: los Foxye, el juez Rudolph H. Smith, los MacCane, los reclutas de la marina estadounidense que pasean en Tijuana y muchos más. Entre las caricaturas de los angloamericanos aparece ésta de Mr. Foxye:

> El ser millonario motivó que Mr. Foxye aumentara la cantinela de su abolengo; a cada vez que se presentaba la ocasión, pregonaba su glorioso origen. Sus tatarabuelos bajándose de un barco con nombre de primavera. Le parecía inútil aclarar que llegaron a América porque los traían de la greña en su lugar de origen; según él, habían bajado del barco aureolados con la divina misión de cristianizar a la indiada; tanto que los indios recibieron a los angelicales como a hermanos que hacía tiempo no abrazaban y en santa paz compartieron lo que los indios tenían; para empezar dieron cuenta de los chihuis. Cenaron y alabaron a Dios porque ponía en sus manos el destino de una nación bendita. Mr. Foxye terminaba su cuento tan bello agregando que su gente había correspondido al señor su gran regalo, no pecando; nada de licor, ni tabaco. ¡Uy! Mucho menos eso que llaman fornicación. En estos tres pecados se cifraba toda la maldad humana, según el millonario; si sabía de otros, se los saltaba de largo. (p. 122)

Fiel a su función como elemento orgánico del proyecto ideológico de autorrepresentación, en esta imagen el sujeto-narrador refleja la lucha primordial del chicano contra un arquetipo del angloamericano —el *pilgrim* o colono— y al mismo tiempo, presenta el enfrentamiento con el tipo contemporáneo: Mr. Foxye. Estos tipos ilustran la imagen satírica del angloamericano o *American* como expresión del *otm* de la descolonización. El sujeto narrador intenta negar la superioridad del blanco. Hace lo mismo poco después (p. 174) con la imagen del Gran Cowboy, tipo del siglo XIX. Igual que las imágenes satíricas de arriba, éste forma parte de la reacción a nivel intertextual del discurso narrativo de autorrepresentación chicana ante la todavía contudente existencia del discurso normativo angloamericano.

En contraste con la imágenes satíricas o estereotipadas del angloamericano, los personajes chicanos se distinguen por su autodeterminación y complejidad. Hasta cuando se presenta Jorge Curiel ante el tribunal del juez Rudolph H. Smith, su imagen es memorable. El hecho de que sea sentenciado a cuatro años de cárcel por haberse robado cuatro botellas de vino no disminuye su carácter forjado como un dedicado trabajador migratorio. Al contrario, como tiene en cuenta las imágenes anteriores de Curiel, el lector no puede sino considerarlo víctima de la sociedad angloamericana, simbolizada en la figura del juez Smith.

En cuanto a Frankie Pérez, su desarrollo como personaje lo eleva al lugar cumbre de Loreto Maldonado, ejemplo máximo de resistencia anticolonial. En cierto momento, hasta se entretejen sus vidas al nivel de un desplazamiento horizontal del discurso lingüístico. Por último, cuando se conocen Loreto y Frankie, el narrador usa un símil regenerativo para describir al joven chicano:

> Frankie Pérez se encaminó hasta el viejo lavacoches bamboleándose. Se paró haciendo remolinos. Se le amelcochaban las rodillas. Dió otros pasos tambaleándose **como potrillo recién parido** [negrilla nuestra]. (p. 164)

Aparte de Jorge Curiel y Frankie Pérez, aparecen otras imágenes autoafirmativas del chicano. A Pánfilo Pérez, padre de Frankie y trabajador migratorio tan gastado como Jorge Curiel, se le presenta en un instante como el ser preferido de la naturaleza, lleno de ternura. En otro, cuando el Sr. Pérez desafía al mismo ardiente sol, que simboliza aquí al Anti-Barrio, obtenemos la figura de un hombre poderoso. *Peregrinos de Aztlán*, por último, se cierra con una imagen de autodeterminación: unos jóvenes se rebelan contra la pasividad de su padre ante el sistema angloamericano.

Se codifica la figuración

A pesar de haber sido presentados sus principios, sus desarrollos y sus mensajes, los otm flotan entre la representación ideológica y la figuración. Su verdadero arraigamiento, la función concreta de cada uno —como elemento integral al proyecto ideológico— ocurre cuando uno u otro se liga a los espacios estructurantes: el Barrio, el Anti-Barrio y el Exterior.

Por su parte estos espacios están ligados al personaje angloamericano o al chicano. No tienen el lujo de ser neutrales. Para decidir las funciones exactas en *Peregrinos de Aztlán*, los tres espacios se enfocan desde la visión mundial chicana, nueva perspectiva en la narrativa mundial. Comenzamos con el Barrio.

Los espacios estructurantes

El Barrio: el arrasamiento casi completo

Al considerar al Barrio como un espacio que, aunque nominalmente, facilita el acceso al desarrollo —la modernidad— enfocamos primero su

El espacio indigenista 169

imagen general. A pesar del tono de protesta típico de la narración, ningún vocablo específico se encuentra en el discurso lingüístico que apropie o encubra al Barrio. Simbólico de su estado arrasado, se figura sólo por medio de múltiples frases claves y signos estándar; es decir, lo figuran sinécdoques regadas a través de las páginas que evocan ambos el Barrio y el Anti-Barrio. Véase el gran número de sinécdoques que desplaza la imagen del Barrio:

> *Los algodonales de Marrana* [Arizona], *en un jacalón, siguió rumbo a Califa a la uva, me quedé en Phoenix jalando en la construcción, topé con el Buen Chuco en el centro de Los Angeles, No ha hecho usté drive pa'la lechuga en Wilcox, de perdida . . . nos quedamos en el Imperial, con todo lo que te tuesta como cacahuate* [Yuma, Arizona], *En las escuelas gabachas, nos apartan como retardados, pos te mandan al chante, van los vatos y te dicen que son tus camaradas* [los políticos durante las elecciones], *van a huachar a sus carnales al tari, El bato de la liquor store no quiso fiarme el pisto, la placa se porta con la raza como si jueran perros, recién se había iniciado como célula del glorioso ejército gringo, las murallas de lechugas, del hecho amargo de los algodonales que se tendían con vastos sudarios, los malditos vinedos que aprisionaban con sus tentáculos, Ese horno infernal, era de pura pinchi wood* [la casa de los Pérez], *caserío de adobes . . . cementerios de tierra, la larga jornada de pizca en pizca, que vivía en la tercera choza, nadie llegaría a entender su mundo raro,* etcétera.

En comparación con "*. . . y no se lo tragó la tierra*", donde el signo *pueblo* denota un espacio netamente chicano, las sinécdoques flotantes en el espacio narrativo de *Peregrinos de Aztlán* plantean, aunque no su extinción, la precaria existencia del Barrio —su arrasamiento. Sólo una voz de autoafirmación al final de la obra abre la posibilidad de rescatar el Barrio de este destino.

Quizás la frase "*su mundo raro*", que se refiere al ambiente de Frankie Pérez, se presta mejor a enfocar el estado sociocultural del Barrio en *Peregrinos de Aztlán*. Ninguna otra frase o signo capta este espacio cuyos residentes, a pesar de existir en medio de la sociedad modelo para el desarrollo, siguen siendo subordinados, superexplotados y marginados, además de reprimidos culturalmente, por las fuerzas económicas y las del estado, la policía y el ejército. Esta realidad se proyecta en las imágenes contradictorias alrededor de la frase "el Valle Imperial". Mientras que para los trabajadores migratorios como Frankie este espacio resulta un "horno infernal", para el juez Rudolph H. Smith, cuyo hogar se encuentra dentro de los perímetros, es un paraíso como lo declara a su esposa, quien se queja del alto costo de la electricidad durante los veranos:

> —No, nada de antieconómico, muy al contrario, los veranos aumentan la riqueza de nuestra querida patria en muchísimos millones de dólares: naranjas, uvas, sandías,

melones, algodón, etc. brotan en cantidades fabulosas de este suelo tan extraordinariamente fértil; y además dan el pan a miles y miles de trabajadores. Qué sería de nuestros chicanos si no tuvieran el alivio de estas labores, que con la divina gracia de Dios nuestro señor se ayudan a vivir. No obstante el gran consumo de energía eléctrica, este suelo está bendito. Vivimos pues en un paraíso. (p. 136)

Opuestamente a la imagen paradisíaca del Valle Imperial, el "horno infernal" se convierte, en los períodos más opresivos para los residentes del Barrio, en una metáfora de su condición. Sólo el mito revelador les ofrece una salida.

El punto de vista de los personajes chicanos modula la imagen general del Barrio: particularmente, Frankie Pérez y Jorge Curiel. A través de los diálogos de éste nos enteramos de los espacios donde se mueve. En la narración en sí se le presenta solamente bebiendo en la cantina Happy Day o caminando por las calles de Tijuana. Por ende, sus diálogos nos detallan su migración de provincia a provincia como trabajador migrante, su desempleo por edad avanzada (40 años) y su búsqueda de identidad. Aunque no se revela el lugar en que nace ni donde pasa su niñez, se da a entender que Curiel asiste a la escuela y que trabaja desde los doce años como pizcador —sin sindicación— para ayudar a mantener a su familia. El espacio donde se mueve Jorge Curiel se extiende, además, a las minas de Arizona, lugar donde se explota al chicano según dice (aunque no trabaja ahí). En fin, Curiel jamás llega a tener casa fija.

Como queda implícito en el título, *Peregrinos de Aztlán*, Jorge Curiel es un peregrino. En Arizona, su migración se limita a un espacio rural: campos de algodón y de sandía. Sabemos de su experiencia en Arizona a través del relato del chicano profesional. Este le cuenta al cantinero de Happy Day que lo conoció en un rancho de Marrana, Arizona, donde ambos trabajaban pizcando algodón y dormían en un vivienda decaída:

> Acampábamos en el mismo campo, en un jacalón que no atajaba el viento, si bien lo hacía bramar como a una bestia enferma. (p. 36)

Tanto el sufijo despectivo **-ón** en el sustantivo *jacal* como el símil "como a una bestia enferma" codifican el estado social de Curiel, el mismo que se extiende a través del discurso narrativo. La cosecha de uva es lo que motiva a Curiel a emigrar a California. En ella parece trabajar hasta el momento en que el lector lo encuentra en las calles de Tijuana.

Sus viajes por el espacio urbano, en cambio, se limitan a trabajos temporales como las "canerías" o empacadoras y a su vida de borrachín ambulante a consecuencia del desempleo. Seguimos a Curiel desde el centro de Los Angeles hasta los callejones de una vecindad urbana del Valle Imperial;

El espacio indigenista 171

ambos, barrios anónimos y fragmentados. En éste se roba cuatro botellas de vino y el juez de la ciudad lo sentencia a cuatro años por ello.

Desde el punto de vista de Curiel, un mensaje acerca del Barrio queda claro. Su estado social se puede subsumir detrás de la única imagen en el presente narrativo del discurso, cuando el juez Smith enjuicia a Curiel:

> Rudolph H. Smith descargó dos marrazos sobre la mesa. Pudo entonces hincar la vista en el pachuco; el rostro fue enrojeciéndosele de indignación[,] dibujó un gesto de profundo odio, achicados los ojos y fruncida la boca como retaguardia de pollo. El Buen Chuco miró a su vez hacia arriba. De la cara prieta, tostada y arrugada por treinta y tantos veranos infernales, le trascendía un gran cansancio físico; los estragos del licor, temor de indio acosado, y rabia amarilla. (p. 140)

Como elementos del Anti-Barrio, tanto el juez angloamericano como el tribunal juegan un papel en demarcar el estado social del Barrio. El tribunal regula el acceso del trabajador migrante, en particular el desempleado, a las comodidades ofrecidas por el desarrollo. La injusta sentencia del juez Smith (cuatro años por el robo de cuatro botellas de vino) y el evidente prejuicio de éste, ilustran la discriminación que sufre el barrio mexicanoestadounidense y el estado marginado impuesto por el sistema de derecho diseñado y controlado por el Anti-Barrio. La frase "cara prieta, tostada y arrugada por treinta y tantos veranos infernales" proyecta la labor de Curiel como trabajador migrante subordinado y residente del Barrio. Ante estas expresiones de la hegemonía del Anti-Barrio —el regulamiento, el prejuicio, la marginación y la labor subordinada— sólo el sentido de autodeterminación rescata a Jorge Curiel del anonadamiento total.

La única salida del Barrio es el ascenso social facilitado solamente por la migración directa y permanente de un espacio rural a uno urbano. Esto lo logra el chicano profesional, que como pizcador y compañero del Buen Chuco, emigra a Tucson, Arizona, donde trabaja en la construcción y llega después a doctorarse en sociología en una universidad de la misma ciudad. En contraste, Jorge Curiel jamás rebasa los límites del mercado laboral dual impuesto sobre el Barrio.

La imagen del Barrio se profundiza más cuando aparece en el discurso Frankie Pérez. Se amplían su geografía y significado. De manera semejante a lo que le sucede a Curiel, el espacio donde por primera vez vemos a Frankie en forma directa es Tijuana. Jamás atestiguamos, por cierto, su residencia directa en el Barrio. Solamente a través de los recuerdos de Frankie se entera el lector de la vida de aquél en este espacio. En contraste con Curiel, sí se revela el lugar de nacimiento de Frankie. No tiene nombre, desafortunadamente. Esto ilustra la precaria existencia del Barrio. Frankie comparte con Curiel el oficio de trabajador migratorio, sin sindicación también.

Pero su perigrinaje tiene otro fin, no la marginación y la cárcel, sino la muerte en Vietnam, el Exterior. Como Julianito de *"... y no se lo tragó la tierra"*, muere en este espacio de entropía.

El lector conoce a Frankie en Tijuana. Poco después, surge el lugar de nacimiento de éste en uno de sus sueños:

> ... caserío de adobes con techos de tierra. Cuando llegaba a llover, los techos enverdecían de yerbas; la paja con que amasaban los adobes, crecía como pelos, con el desgaste de la tierra. En las noches, la luz de las lámparas de petróleo, teñían [sic] las puertas y las ventanas de un amarillo fosforescente. Con los años, el viento y la lluvia, las paredes se iban carcomiendo, poco a poco, como si tuvieran el mal de la lepra. Una tolvanera eterna cubría de polvo las casas; hombres de polvo, cementerios de tierra y de polvo, un sol ávido de sudores ... (p. 169)

Se figura un pueblo tejano decaído y al margen del desarrollo. Aparte de las metáforas que emanan de las casas ("cementerio de tierra y de polvo") y las imágenes de decadencia material, la mención del proceso antiguo para manufacturar materiales de construcción y el señalamiento del uso de lámparas de petróleo, aparatos del siglo XIX, si no más antiguos, establecen un barrio mexicanoestadounidense que todavía no ingresa al desarrollo situado en el siglo XX.

Fiel a su oficio de trabajador migrante, Frankie emigra de su pueblo natal en Texas cuando su padre, animado por el compadre Choni, decide buscar una vida mejor en Arizona. A pesar de que el lector se entera muy poco acerca de su estadía en esta provincia, la imagen del surco resume y simboliza la visita de los Pérez en Arizona:[55]

> Ubicado en dos paralelas eternas, sin siquiera el laberinto con su oscura alternativa; recorriendo zurcos [sic], año tras año, como si el mundo estuviera circundado de zurcos, y él tuviera que dar vueltas eternamente buscando un final, que la falsedad del círculo disfrazaría de infinitud. (p.168)

El surco se asocia principalmente con la sobrevivencia de la familia, inclusive Frankie. De esta manera, la realidad del trabajador migrante se suma a la imagen general del Barrio.

En California, los Pérez continúan su vida como migrantes. El ambiente indica un mejoramiento en su estado socioeconómico, que no es muy bueno, pero mejor que el de Texas. Aunque Frankie se mueve ahora en medio de sembradíos de uva, melones, pepinos y algodón, poco ha mejorado su vivienda. En lugar de vivir en casa de adobe al estilo antiguo, ahora vive en una de madera, residencia prestada: "El chante donde cantoneaban,

---

[55] A través de la historia de Jorge Curiel se desenvuelve el espacio narrativo de Arizona.

era de pura pinchi wood . . ." (p. 167). Como la sinécdoque alude a una choza, similar a la vivenda de Texas, no parece haber cambiado su condición marginada a pesar de residir en medio del desarrollo. De provincia a provincia, el peregrinaje de los Pérez les trae movilidad horizontal pero no vertical, o sea, ascenso social. Se propaga la subordinación económica del residente del Barrio.

El marco de opresión que marca la realidad de Jorge Curiel y Frankie Pérez, sin embargo, no encierra al lector en un espacio sin salida, aunque parezca que el Barrio va a desaparecer. Al contrario, en la última escena de *Peregrinos de Aztlán*, el hijo mayor de un señor reinterpreta la imagen de este espacio de modo totalmente diferente al presentado hasta ahora. Para romper con la pasividad de sus padres, el primogénito reconoce la necesidad de luchar contra su condición de subordinado, colonizado interno. Al haberse ido presentando el arrasamiento casi completo del Barrio por el Anti-Barrio en el desarrollo del discurso narrativo, en la siguiente cita el adverbio *aquí*, que sale de los labios del hijo mayor, deja patente el posible resurgimiento de un nuevo espacio, un nuevo Barrio, donde la autodeterminación sea fuerza movedora:

> "Apá, nosotros aquí vamos a vivir hasta que entréguemos [sic] el equipo, y aquí van a vivir nuestros chavalos; como ya nos llenaron los calcos de tachuelas, pos más vale darnos en la madre por lo que es justo, si no, todo el tiempo nos van a tener con la pata en el pescuezo . . ." (p. 208)

Desde el punto de vista de Jorge Curiel y Frankie Pérez, la integración al desarrollo parece una causa perdida. En contraste, el primogénito presenta la militancia como alternativa al estado de subordinado. Esto significa un paso hacia adelante. La utopía indigenista prefigura una nueva sociedad.

El Anti-Barrio: la extensión de su hegemonía

Si el Barrio como espacio estructurante presenta la falta de acceso a la sociedad moderna, las imágenes de espacio que emanan del Anti-Barrio desplazan al desarrollo como exceso, si no fantasía, en los campos agrícolas. Además de representar la hegemonía en *Peregrinos de Aztlán*, el Anti-Barrio se desborda extendiéndose económicamente al Exterior, hecho único en la narrativa de los setenta. Es decir, las imágenes que emanan del Anti-Barrio exhiben conexiones directas no sólo con el Barrio, sino también con el Exterior. En el Anti-Barrio, espacio de hegemonía donde se mueven los trabajadores migratorios en busca de la subsistencia, la fábula **quién soy** los enfrenta directamente, requeriéndoles la autoidentificación.

Como los personajes chicanos son principalmente rurales, las imágenes del Anti-Barrio transcurren también en el campo agrícola. Las más resonantes son: las tierras de los MacCane, los patrones tejanos de la familia Pérez; y la casa del juez Rudolph H. Smith, que sentencia al Buen Chuco a cuatro años de prisión. Las propiedades de los MacCane aparecen yuxtapuestas al pueblo natal de Frankie Pérez, imagen simbólica del estado subordinado del chicano. En contraste con la imagen de un pueblo chicano que aún exhibe elementos antiguos y decimonónicos, las propiedades de los MacCane, excelente ejemplar del Anti-Barrio, se presentan como una obra maestra del desarrollo:

> . . . tenían pozos petroleros, aeroplanos particulares; y muchas tierras. (p. 170)

La mesa de los MacCane, por ende, está siempre llena de manjares. Estos rancheros angloamericanos tienen tanto surplus que dan de comer carne molida a los perros.

La casa del juez Rudolph H. Smith, situada en medio del Valle Imperial, muestra el exceso de desarrollo que lo beneficia. Mientras que los trabajadores migratorios trabajan bajo temperaturas de cien a ciento veinte grados *Fahrenheit*, la familia Smith se hospeda detrás de "gruesas paredes", donde un aparato de refrigeración mantiene la temperatura ideal. Cinco recámaras y un comedor forman el interior de la casa de los Smith. El juez tiene estantes de libros no sólo en la sala sino también en varios cuartos. Fuera de la casa, hay varios arbustos finamente parejos, un césped bien cuidado y un patio decorado por una fuente con pececillos rojos y con varias esculturas mitológicas de la cultura romana. Una fachada adorna la casa de Rudolph H. Smith, construida irónicamente al estilo mexicano: con paredes de adobe rojo, altos pretiles, un arco grande y ventanas enrejadas.

Más allá de su casa lujosa, el juez está consciente del avanzado desarrollo en el Valle Imperial. Mr. Smith reconoce la abundancia agrícola y juzga el valle un paraíso. Como la imagen del suntuoso hogar, la visión utópica del Valle Imperial sostenida por el juez refleja los beneficios al alcance del angloamericano. Por su parte, los Jorge Curiel y los Frankie Pérez viven en jacalones o chozas de madera. Al trabajador migratorio le queda únicamente experimentar la hegemonía.[56] Esta se expresa en el Anti-Barrio como la subordinación. Se nos comunica a través de la imagen contraria a la del juez anglo que tiene Frankie del Valle Imperial:

> El hambre. ¡Spanish no! Las uvas, los melones, pepinos, algodón. ¡Sin medicinas! I told you. Don't speak spanish [sic]. La gente prieta no tiene valor. A trabajar duro, duro, duro. Listen. (p. 165)

---

[56]Como en *Pocho* e "*. . . y no se lo tragó la tierra*", la hegemonía se plasma también a través de las escuelas donde se educan los niños de los trabajadores migrantes. En casos extremos, se les coloca en programas para retardados mentales.

Además de imperar en la parte rural del Barrio, la hegemonía del Anti-Barrio se expresa en la sección urbana, aunque menos, ya que no aparece una población urbana de chicanos significativa en *Peregrinos de Aztlán*. Cuando esto sucede, la hegemonía toma la forma de una cadena de restaurantes cuyos clientes son los trabajadores chicanos, a quienes les gustan los *hot dogs* untados con chile. Una angloamericana establece los restaurantes, que hereda su nieto Tony Baby para pasar el tiempo disfrutando el dinero en los centros nocturnos y los burdeles de Tijuana. El barrio urbano experimenta la hegemonía de dos formas: 1) se reduce a los chicanos a ser consumidores de productos gastronómicos del Anti-Barrio y 2) los indocumentados suplen la mano de obra a sueldo de superexplotación para enriquecer a la dueña.[57] La hegemonía se expresa en este barrio urbano, inclusive, a través de la represión policíaca experimentada por Jorge Curiel en Los Angeles.

Las prácticas recreacionales de Tony Baby en Tijuana —de los años 1960— proyectan la extensión económica que se crea del Anti-Barrio hasta el Exterior, como lo anunciaba la superexplotación de indocumentados en la cadena de restaurantes. Pues, aparte de incluir Alaska, Vietnam y Europa, el Exterior es casi sinónimo de México. En la imagen de este país que mejor ilustra la extensión económica del Anti-Barrio, encontramos a Lencho García del Valle. Cierta vez viaja de compras a la frontera angloamericana atraído por los productos. Empero, sus recursos económicos le hacen rápidamente ver que los beneficios del desarrollo están fuera de su alcance. Lencho viene de una sociedad dependiente, cuya moneda vale muchísimo menos:

> Entró al supermercado, inmediatamente, compró diez libras de gallina, ordenó que se la cortaran en piezas; se la envolvieron en un papel blanco y Lencho cargó con el preciado paquete de regreso. Como al astuto le habían quedado unos dólares, entró por presunción a un bar de postín y pidió: "Whiskey on the rocks"; entendió que así no le duraría el dinero y salió. (p. 97)

La extensión económica, además de aparecer a través de Tony Baby, los indocumentados y Lencho, se capta también en las visitas de los marineros angloamericanos a Tijuana para satisfacer principalmente sus deseos sexuales (p. 147).

El Exterior: la dependencia y la muerte

Ningún otro texto perteneciente a la *narrative of self-identity* dedica tanto espacio al Exterior como *Peregrinos de Aztlán*. Como indicamos, el Exterior

---

[57]Méndez, *Peregrinos de Aztlán*, pp. 38-42.

se refiere principalmente a México.⁵⁸ Inclusive, se eleva a Tijuana como el espacio más detallado en la narración: en ella vive y trabaja Loreto Maldonado, que interacciona con Jorge Curiel y Frankie Pérez. Esta ciudad fronteriza en su época de los años 1960, por lo tanto, marca las escenas y acciones de los personajes tanto como cualquier otro elemento narrativo.⁵⁹ Desde México, parte del Exterior, emana sin embargo un mensaje claro: la dependencia. Como parte del Exterior, Vietnam significa la muerte para los residentes del Barrio.⁶⁰ Alaska y Europa, por otra parte, comunican la facilidad del angloamericano en el empleo del medio para su beneficio: en estos lugares toma vacaciones o se educa.

Tijuana es el eje alrededor del cual giran, además del Barrio y el Anti-Barrio, varias regiones de México: los ocho pueblos yaquis, inclusive aquél en que nace Loreto; el sur de México, de donde proceden los indocumentados; y el desierto de Sonora.⁶¹ Ya que está situada lindante al Anti-Barrio, Tijuana exhibe varios elementos del desarrollo. Pero éstos sugieren un arremedo, algo incongruente al espacio y fuera de control; un medio para subsistir contrario a la autodeterminación económica, que lleva al máximo disfrute de los beneficios del desarrollo y a escasos problemas sociales. Esto se observa en la primera descripción de Tijuana, ampliada con la presencia de Loreto:

> Arriba, obstruyendo el cielo se revolvían en círculo gruesos nubarrones oscuros. . . . Aquel supuesto aguacero en ciernes no era otra cosa que mares de gasolina y aceite, convertidos en nubes de gases venenosos. Humaredas de fábricas embrutecedoras, humo hediondo, humo sucio, humo y más humo de los escapes de los autos, de los escapes humanos, humo del maldito cigarro gasificador de angustias y pulmones. (pp. 13-14)

Aunque Tijuana tiene fábricas y autos —ambos símbolos del desarrollo— los sustantivos *nubarrones* y *mares* y los adjetivos *embrutecedoras, venenosos, maldito* y *gasificado*, especialmente por su concentración, cuestionan los beneficios del desarrollo para Tijuana a largo plazo, especialmente por la presencia de la contaminación. Detrás de esta imagen se esconde, más bien, la hegemonía del Anti-Barrio.

Efectivamente, al continuar la narración la dependencia se establece como parte de Tijuana, o el Exterior, por medio del signo *dólar*. La ciudad

---

⁵⁸México sirve de trasfondo para introducir la fábula **quién soy** al discurso narrativo.

⁵⁹Curiel relata su búsqueda de identidad en el bar Happy Day de Tijuana. En las calles de Tijuana reconocen un origen de raza común Frankie Pérez, un ser residente de una sociedad moderna, y Loreto Maldonado, un indígena.

⁶⁰Corea ocupa este lugar en *". . . y no se lo tragó la tierra"*.

⁶¹En este hecho reside la importancia estructural del personaje Loreto Maldonado.

El espacio indigenista

fronteriza se convierte en una isla en la red hegemónica a la cual está atado también el Barrio. La dependencia se proyecta en una escena de la segunda parte de *Peregrinos de Aztlán*. El narrador-vate, personaje enigmático, viaja de noche por las calles de Tijuana y toma conciencia de un poder económico extranjero como base del desarrollo industrial:

> *¡Dólares! Dólares para tapiar todos los edificios por dentro y por fuera, dólares para cubrir las superficies, calles, pisos; dólares para techar todas las construcciones; huracán de dolares* [sic] *como hojarazca de lechugas secas; dólares para comprar autoridades mordelonas; dólares para arrancar de sus pueblos míseros a las pobres niñas bobas y volverlas putas; dólares para reventar los pasos de los espaldas mojadas; dólares para demandar drogas; furgones de dólares para trocarlos por mariguana; mariguana para olvidar la guerra . . . la oferta y la demanda . . . dólares, dólares, dólares.* (p. 151)

Los signos *edificios, calles, construcciones* y *pisos*, entre otros, ligan esta imagen a la descripción anterior y revelan la falta de control sobre el desarrollo industrial en Tijuana: el *dólar*, un símbolo y elemento del Anti-Barrio, juega el papel principal en el desarrollo. Aunque algunos habitantes de Tijuana —los dueños de empresas o fábricas que controlan el capital y los que han podido encontrar buenos trabajos— sí se han beneficiado, la incompleta incorporación de todos los residentes al desarrollo queda sugerido en las imágenes de seres sufridos; p. ej.: "*arrancar de sus pueblos míseros a las pobres niñas bobas y volverlas putas*" y "*reventar los pasos de los espaldas mojadas*". La metáfora en esta última imagen, "*reventar los pasos*", se refiere a la tortuosa peregrinación de los mexicanos hacia el Anti-Barrio.

Pero la imagen que mejor señala la dependencia entre el Exterior y el Anti-Barrio viene siendo la habitación de Loreto Maldonado, situada en medio del barrio archipobre junto a las aguas negras. Sus gráficos detalles ilustran la máxima dependencia: un cuartucho de ocho por ocho pies con cinco de altura, construido a base de latas vacías y cartones descartados; en ambos materiales aparecen diferentes y variados anuncios de productos típicos en la sociedad de consumo. En medio de las múltiples imágenes de plenitud de los anuncios, Loreto muere de hambre, hecho simbólico de su exclusión del desarrollo.

Mientras que la búsqueda de identidad se localiza en el Anti-Barrio en *Pocho* y en el Barrio de "*. . . y no se lo tragó la tierra*", en *Peregrinos de Aztlán* la búsqueda de identidad se desenvuelve en el Exterior, específicamente en Tijuana, México. Este hecho toma lugar en el bar Happy Day. Se introduce de esta manera una dimensión internacionalista como parte de la fábula **quién soy**, estableciéndose conexiones históricas entre Frankie

Pérez y Loreto Maldonado.⁶² En medio de un espacio de dependencia, el Exterior, se emite un mensaje de lucha: es posible forjar un espacio de autoafirmación y autoidentidad: el Barrio. No importa la persistencia del Anti-Barrio en arrasar otros espacios. Como existe la posible regeneración de los yaquis a pesar de su genocidio casi total perpetrado por las sucesivas colonizaciones, los chicanos y los indocumentados tienen la misma posibilidad ante el angloamericano. La dependencia persiste sólo por el momento.

En su acepción Vietnam, el Exterior amenaza al Barrio con la muerte. Cualquier peregrinaje a este espacio significa el aniquilamiento. Esto lo entiende Frankie Pérez. Antes de ser enviado a Vietnam por agentes del Anti-Barrio, el joven migrante ya presencia la muerte en el pedido de éstos:

> "Defiéndenos y defiende a nuestro pueblo, si es preciso a cambio de tu vida; nuestros muchos años nos impiden guerrear". (p. 173)

Por ende, las imágenes de Vietnam comunican una ambivalencia por parte de Frankie, además de un terror al presenciar hechos violentos e inhumanos. Le angustian la violencia, la desintegración y las repetidas atrocidades como si le anunciaran su propio desgaste:

> A la vuelta de cada excursión se sumía en meditaciones que le herían fibras del alma hasta entonces ignoradas. La horrenda carnicería de los bombardeos; miles de niños, mujeres y ancianos ardiendo como brasas, impregnados de Napalm, gritando horriblemente. El exterminio masivo de las aldeas, "que no quede viva cosa que se mueva". . . . la muerte disfrazada de sapos, de lagunas, de árboles; una atmósfera espesa de odios, de terror, de vergüenza. (p. 179)

El significado de esta imagen pone de manifiesto la destrucción del hombre, de la fauna y de la flora. La entropía alcanzará inclusive a Frankie Pérez, un subordinado en la sociedad angloamericana mandado a pelear una guerra extraña a su autodeterminación.

Mientras que para los chicanos, los mexicanos y los vietnamitas el Exterior significa la dependencia y la muerte, para los residentes del Anti-Barrio significa la apropiación económica y el placer sensual. Las imágenes de Alaska y de Europa comunican algo similar. Esta última región presenta los viajes turísticos de los Foxye y la educación elitista de su hijo, Bobby. Por otro lado, el viaje de éste a Tijuana para escapar del vacío cultural de la sociedad angloamericana, como reflejado por la vida materialista de sus

---

⁶²El elemento internacionalista tiene un impacto decisivo que le da resonancia al espíritu rebelde de Jorge Curiel y a la autoafirmación del primogénito que aparece al cerrarse la narración. *Peregrinos de Aztlán*, por lo tanto, apunta hacia la tendencia internacionalista en la narrativa chicana; *p. ej.*: "Back to Bachimba" (1967) de Enrique Hank López y *Revolt of the Cockroach People* (1973) de Oscar Zeta Acosta.

padres, no lleva una experiencia transcendental. Este hecho se contrasta con el encuentro entre Frankie Pérez y Loreto Maldonado.

El mito revelador: la utopía indigenista

En *Peregrinos de Aztlán*, la función y la presencia lingüística del mito revelador son innegables. El signo *Aztlán* forma parte del título, privilegiando su función narrativa como subsistema; inclusive, éste ostenta una de sus relaciones: la de peregrino. De este modo, antes de que se desarrolle la dimensión socioeconómica a nivel de la fábula **quién soy**, se sitúa el origen y la usurpación del Sudoeste. El título privilegia asimismo el tipo de personaje que emprenderá la búsqueda de identidad. Aunque *Peregrinos de Aztlán* refleja fielmente la hegemonía del Anti-Barrio, así como su extensión, no predomina su ideología en la narración, pues un sujeto narrador chicano, cuya voz la adoptan el narrador omnisciente así como los otros narradores y los personajes, desenmascara su usurpación del Barrio y El Exterior por medio del mito de *Aztlán*. Al reconocer el opresivo estado socioeconómico del mexicanoestadounidense, presenta una utopía que mina esta subordinación. Esta utopía, o Aztlán, introduce en la novela el principio de inclusión y exclusión del Barrio, revelando en forma concreta la autoidentidad del chicano.

La introducción directa del mito de Aztlán no toma lugar sino hasta la mitad del discurso narrativo, colocación que tiene su significado estratégico. Para entonces el lector ya ha conocido al protagonista y a la mayoría de los personajes: en particular, los mexicanos indocumentados, los yaquis y los trabajadores migrantes chicanos. Sabemos que todos ellos ocupan un estado subordinado, y marginado, tanto en México como en los Estados Unidos.

En línea con su función de subsistema (submundo), el mito de Aztlán se codifica en un monólogo del narrador-vate, un espalda mojada que aparece principalmente en las secciones del discurso lingüístico escritas en letra cursiva.[63] En el momento en que divulga el mito, el narrador-vate se encuentra en el desierto que está situado en la frontera y abarca partes de México y de los Estados Unidos. A pesar de su desmayo, en medio de este *"mundo de nadie"* tiene una visión cuyo panorama es la utopía —la "República de Mexicanos Escarnecidos" (pp. 101-102)— que será un día

---

[63] El mito de Aztlán se introduce en una de las secciones del discurso lingüístico escritas en letra cursiva. Distribuidas en el texto, estas secciones establecen un mundo narrativo aparte pero paralelo en donde se introduce el mito revelador. El narrador-vate aparece dos veces en el sistema narrativo principal generado por la fábula **quién soy** y escrito en letra regular.

poblada no sólo por el chicano, sino también por los otros grupos ahora subordinados.

Mientras excluye a *"los falsarios"* o colonizadores, esta sociedad utópica les ofrece a los susodichos grupos *"techo"*, *"pan"*, *"fuentes"* y *"ríos"*, signos que simbolizan el fin de su condición subordinada. En el continuo desarrollo de la utopía, llegan a ella varios peregrinos: los indios, que buscan el *"origen remoto"*; los indocumentados, que han estado en *"tierra extraña"*; y los chicanos, que buscan la *"paz"* y la *"tranquilidad"* y abrazan a sus *"abuelos indios"*. Ya que Aztlán como mito revelador es el subsistema del discurso narrativo, que invierte la fábula **quién soy**, entre estos personajes se encuentran —al haber encontrado por fin su identidad en la autoafirmación y el indigenismo— Jorge Curiel, Frankie Pérez y otros chicanos.

Mientras que el Anti-Barrio los excluye y el Barrio, casi arrasado, les ofrece escaso refugio durante su búsqueda de identidad, Curiel y Frankie son bienvenidos a Aztlán, pues como el narrador-vate, necesitan que se les haga justicia. Pero mientras la utopía no sea un hecho histórico, el chicano mantiene a nivel del sistema narrativo principal tres relaciones con el mundo: la de peregrino, la de conflicto (la dialéctica amo y esclavo) y la de residencia fija. Ya que la entrada a Aztlán pondría fin a esta última, su búsqueda en la narrativa principal se expresa en forma cíclica: Aztlán —> el Barrio —> el Anti-Barrio —> el Exterior —> Aztlán. Antes de que existieran los tres espacios intermediarios, los yaquis y los chicanos, según el narrador-vate, formaban sólo un cuerpo sociohistórico, como revelan 1) la imagen que establece la herencia de raza compartida por Loreto y Frankie a nivel de la narrativa principal y 2) la siguiente imagen de los yaquis y los chicanos presente en el submundo narrativo de la utopía:

> *Se abrazaban a sus abuelos indios, juntos lloraban en silencio, sepultando a sus seres asesinados, que por ser tantos, nadie acabaría nunca de contarlos.* (p. 102)

Durante el desarrollo de la historia moderna, la colonización angloamericana participó en la fragmentación de este cuerpo, quedándoles a los chicanos únicamente el Barrio, de donde suplen la mano de obra barata para el desarrollo del Anti-Barrio.[64] Bajo esta experiencia histórica de subordinación, sólo en Aztlán encuentran justicia Jorge Curiel y Frankie Pérez.

---

[64] En un tono burlón y punzante, el narrador omnisciente relata como Mr. Foxye, heredero de la colonización del Sudoeste, estructura la historia de su familia: "Qué suerte que no pudieran verlo sus gloriosos antepasados; aquellas damas toda delicadeza y pudor, y los caballeros aquellos tan pulcros y honorables, predestinados por el Señor a fundar un paraíso en tierras de Aztlán (p. 127)". Aparte del título, ésta es la segunda vez que aparece

Ya que el Barrio ha sido reducido a comunidades aisladas, los trabajadores migratorios necesitan peregrinar de sus residencias al Anti-Barrio y vice versa. Hasta se encuentran a veces como inocentes reclutas militares. En estas peregrinaciones —del Barrio al Anti-Barrio y viceversa, y en casos peligrosos, del Barrio al Exterior— los trabajadores migrantes se ven repetidamente envueltos, como expresión de la dialéctica amo y esclavo, en conflictos con los residentes del Anti-Barrio. Sus intereses no coinciden. En el lado opuesto, se encuentran los MacCane, los Tony Baby, los Foxye y los jueces Smith. Para Jorge Curiel y Frankie Pérez, el peregrinaje y el conflicto son parte de su estado histórico como colonizados internos. Este no tiene resolución hasta que encuentren una residencia fija, la misma que ocupaban los chicanos antes de la colonización moderna: Aztlán.

Tenemos como resultado la expresión cíclica de la fábula **quién soy** en el texto narrativo principal. Sólo el retorno a la sociedad utópica como la presentó el narrador-vate —en el espacio de origen— eliminará las presentes relaciones del chicano con el mundo, rebasando la subordinación. Desafortunadamente, los separa un hecho histórico: el Aztlán mítico no existe en la realidad presente.

Jorge Curiel y Frankie Pérez se enfrentan a barreras imperiosas e injustas. El hecho de que éste muera en Vietnam y aquél sea encarcelado con una condena excesiva después de que se introduce el mito de Aztlán a la narración, acentúa la continua hegemonía del Anti-Barrio. Pánfilo Pérez, padre de Frankie, toma conciencia de esto cuando se desmaya y, reapareciendo como pájaro en el submundo del mito, vuela sobre el Suodeste, donde toma conciencia de la opresión de los chicanos no sólo como fenómeno local, sino que incluye también Arizona, Texas y Nuevo México, siendo la muerte de su hijo en Vietnam un ejemplo. Dentro de una lógica histórica, el mito de Aztlán contribuye esencialmente a planear la autoimagen del chicano en la sociedad moderna: conquistado, subordinado y marginado; separado de su espacio de origen y en lucha para construir un nuevo Sudoeste, o sociedad.

Como factores complementarios a las relaciones del mito revelador, las oposiciones moldean la autoimagen del chicano, eliminando las imágenes estereotípicas desenterradas por la fábula **quién soy**. A pesar de su estado arrasado, el Barrio acoge a residentes conscientes de su autodeterminación. Esta conciencia la exhiben los personajes chicanos inclusive en el Exterior, nuevo desarrollo en la narrativa chicana. En el bar el Happy Day de Tijuana, Curiel declara su rechazo a las identidades *greaser, Mexican, mexicoamericano* y *pocho*, explicando su falsedad. El mismo se autoapela *chicano*,

---

el signo *Aztlán* en el discurso lingüístico, acentuando de esta manera la usurpación del Sudoeste.

identidad que implica una autodeterminación. Como el Buen Chuco le explica su nueva identidad a Loreto, éste desarrolla un entendimiento de ella que le sirve posteriormente para el encuentro con Frankie Pérez, a quien le reconoce su situación de oprimido y marginado. Frankie no es simplemente un pocho que niega ser mexicano y desea asimilarse. Por último, Pánfilo Pérez, el primogénito, y otros chicanos, comparten igualmente la autoimagen de Curiel.

En contraste con la autoimagen que es posible en el Barrio, el Anti-Barrio y el Exterior presentan aún los estereotipos del chicano. En cuanto a México, el reconocimiento de la autoidentidad chicana por parte de Loreto convence al lector de un cambio de conciencia en esta parte del Exterior. Empero, los residentes del Anti-Barrio continúan propagando la imagen unidimensional del mexicanoestadounidense. Se comunica por medio de dos reacciones opuestas cuando Curiel y los peatones angloamericanos ven el mural de tema rural en el centro de Los Angeles. Mientras que éstos proyectan en la figura del trabajador migrante características como pereza, indecisión, embriaguez y crimen, aquél reconoce en ella la productividad y la creatividad. Jorge Curiel se identifica inclusive con la figura. En su continua afirmación de una autoimagen, reconoce el logro intelectual del chicano con doctorado en sociología. No aprecia, por otro lado, a los mexicanoestadounidenses, como el personaje "el Spanish", que se asimilan a la cultura angloamericana.[65] El Spanish no participaría en la utopía indigenista. Su preferencia por el Anti-Barrio lo aparta de la autoimagen, condenándolo a no tener jamás una residencia fija.

En cuanto a la oposición entre el espacio donde transcurre la asimilación y el mundo, la primera parte (el Barrio y el Anti-Barrio), en una forma u otra, traslada al mexicanoestadounidense al Exterior, exponiéndolo a un espacio lleno de ambigüedad, que a veces es pérfido. Como el indocumentado, se encuentra en *"tierra extraña"*. Aunque logran convencer a Loreto de la existencia del grupo chicano, inclusive en su aspecto de diversidad, los viajes a Tijuana de Jorge Curiel y Frankie Pérez son generados por el deseo de escapar de la hegemonía del Anti-Barrio. Otro caso es el traslado de Frankie a Vietnam, donde muere. Su participación involuntaria en una guerra para extender la hegemonía del Anti-Barrio lo confunde tanto que en cierto momento de desesperación se vale de figuras heroicas apreciadas por la cultura dominante para inspirarse en su valor, tales como Superman, Batman y el Gran Cowboy. Este último participó inclusive en la conquista y subordinación del Sudoeste:

---

[65]Esto sería ir contra la sociedad estadounidense pluralista.

El espacio indigenista 183

> El más grandioso héroe legendario de su patria. Solo, montando en su brioso caballo, con una pistola en cada mano, había vencido y eliminado a millares de indios; dejando libres los territorios, a caravanas de beatos predestinados por Dios nuestro señor, a colonizar tan fértiles como extensos dominios. No sólo eso, él, solito, había castigado a todos los mexicanos malos; matándolos como a conejos, o humillándolos: nomás con verlos de soslayo. (p. 174)

El tono burlón del narrador, la imagen hiperbólica del Gran Cowboy, la esperanza irónica de Frankie, su muerte, todos estos elementos narrativos muestran por qué la segunda oposición dirige al personaje chicano hacia la entropía (ninguneo), que se expresa como el exilio, el desgaste o la muerte. El traslado al Exterior, ya sea México o Vietnam, aleja al mexicanoestadounidense del Barrio, o "territorio libre", así como del espacio, que a nivel mítico, es la residencia fija: Aztlán.

Anclado al espacio de origen, Aztlán, cualquier personaje chicano en busca de su identidad necesita tener en cuenta sus viajes, su autoimagen y su ideología cuando reside en las comunidades aisladas que forman parte del Barrio y cuando peregrina por el Anti-Barrio y, a veces, el Exterior. De otro modo, está a merced de las múltiples imágenes unidimensionales que se le presentan como posibilidades. Sólo el mito, en verdad, marca los límites y contribuye a estructurar la autoidentidad del chicano. Los Curieles y los Frankies pueden forjar así su propia visión del mundo, y su ideología. Su conciencia particular se detalla en el capítulo VI: "El sistema de [personajes] novelescos: del pocho al chicano".

VI

EL SISTEMA DE [PERSONAJES] NOVELESCOS: DEL POCHO AL CHICANO

> If such a descriptive approach to the text were based on the primacy of studying a collection of characters, this analysis would find itself showing many Chicano figures who participate in the oppression (the swindling portrait salesman), or who have internalized the values of the oppressive system (the father who teaches his children to box), or who have become its willing victims (the mother anxious to sacrifice herself to save her son).
> —Joseph Sommers, "From the Critical Premise to the Product," 1977

Introducción

El sistema semiótico de la *narrative of self-identity*, especialmente cuando enfocamos el espacio, refleja a nivel simbólico la problemática del sujeto narrador chicano como parte de la metrópoli, siendo la *colonización interna* el estado socioeconómico que lo subordina y excluye de la cultura dominante y le niega el acceso completo a los beneficios del desarrollo, en particular el derecho a la autoimagen. Sin rebasar este perímetro histórico, las figuraciones particulares de cada texto narrativo presentan enfoques de la misma problemática de manera distinta pero interrelacionada. Cuando observamos en cada texto la conjugación de los signos lingüísticos de identidad, se desarrolla un sistema de [personajes] novelescos ligado al modelo narrativo presentado en el capítulo II.[1] Excepto por no estar presente en forma

---

[1] Colocamos la categoría crítica-literaria *personaje* entre corchetes ([ ]) para proyectar el proceso lingüístico, así como retórico, que transcurre al forjarse esta entidad narrativa. La categoría no se ve en forma absoluta, ya formado el *personaje*, permanente, inmutable. Desde el punto de vista semiótico, sostenemos que la suma de signo tras signo tras signo, apareciendo cronológicamente en el eje horizontal del discurso lingüístico, forma lo que el lector llega a identificar como [personaje]. Unos [personajes] pueden compartir con otros varios signos lingüísticos, pero cada uno es un objeto artístico particular e incopiable de manera exacta. Es decir, cada [personaje] es una estructura lingüística particular compuesta de ciertos elementos. La técnica crítica de colocar una palabra entre corchetes se llama en inglés *bracketing*, que significa suspender por un momento su significado o contenido tradicional. El crítico lo reexamina y reconstituye sus elementos intrínsecos, por ejemplo, los individuales signos lingüísticos que constituyen el Quijote. Para mejor entender la

completa en uno de los textos estudiados, este sistema señala la autorrepresentación como el papel decisivo de la dialéctica del sujeto chicano: el objetivo es determinar su propia imagen. A pesar de la inherente hegemonía de la metrópoli, a tráves del nuevo sistema de [personajes] novelescos se cuestiona el tipo de nacionalismo —el modelo asimilacionista— de ésta como acción ofuscadora de la verdadera condición histórica de los grupos socioculturales que forman la sociedad estadounidense, específicamente las minorías raciales. El mexicanoestadounidense es una de ellas. Al autoafirmar su propia imagen por medio del sujeto narrador chicano, éste revela los límites del modelo asimilacionista, postulando la necesidad de una sociedad pluralista.

El sistema sémico de [personajes] novelescos

Puesto que el proyecto ideológico produce un nuevo género narrativo para la literatura mexicanoestadounidense, la *narrative of self-identity* se caracteriza también por establecer cierto sistema de [personajes] novelescos, latente en la narrativa precursora como *Pocho*. De esta manera, el empleo notorio de cuatro signos de identidad en página tras página y texto tras texto figuran para el lector una estructura elemental de significado ligada a la narrativa de los setenta: su base es el rectángulo semiótico de Greimas.[2] Estos cuatro signos —de relación binaria, es decir, de par— actúan como imanes a cuyos centros confluyen las combinaciones de signos lingüísticos que codifican el contenido antropomórfico de cada protagonista o [personaje], es decir, cada figura: *American, pocho, mexicano, y chicano.*[3] Alrededor de

---

técnica de *bracketing*, véase: Fredric Jameson, *The Prison-House of Language* (Princeton: Princeton University Press, 1972), p. 83.

Como manera de acentuar el proceso semiótico, en este capítulo de nuestro estudio de la narrativa chicana de los setenta, se coloca entre corchetes la categoría crítica-literaria *personaje* cada vez que se utiliza: [personaje].

[2] El uso del rectángulo semiótico, desarrollado por A. J. Greimas, facilita el análisis de la fábula **quién soy**. Fredric Jameson ofrece una síntesis del rectángulo semiótico en *The Prison-House of Language* (Princeton: Princeton University Press, 1972), pp. 162-168; lo aplica a la obra *La Vieille Fielle* de Honoré de Balzac en *The Political Unconscious* (Ithaca: Cornell University Press, 1981), pp. 166-169. Aquí hacemos una aplicación parcial del rectángulo semiótico a la narrativa chicana de los setenta. En cuanto a la selección de los signos notorios —*American, pocho, mexicano* y *chicano*— nos valemos de la categoría lingüística *foregrounding* como la desarrolla Jan Mukarovsky en su ensayo "Standard Language and Poetic Language", que se incluye en la colección *A Prague School Reader on Esthetics, Literary Structure, and Style*, sel. y trad. de Paul L. Garvin (Washington: Georgetown University Press, 1964), pp. 17-30.

[3] En algunas narrativas, los signos notorios aparecen como títulos; *p. ej.*: *Pocho* (1959) de José Antonio Villarreal y *Chicano* (1970) de Richard Vásquez. Para dar a enten-

los signos notorios giran y, a veces, se asientan las acciones y el comportamiento —el código *proairetic* o proairético— de los [personajes]. Es decir, el código proairético da prominencia a una serie de acciones específicas al comportamiento de cierto [personaje], cuya lógica de la serie contribuye al significado de la identidad de la figura.[4]

De manera similar a los estudios interpretativos donde quedó clara la hegemonía de la metrópoli o Anti-Barrio, hecho que atestigua la continua intención del sujeto angloamericano de forjar la imagen del mexicanoestadounidense, el signo de identidad *American* —en su sentido eurocéntrico de los cincuenta— abre y establece los límites de la identidad de cualquier [personaje]. Niguno toma una identidad sin tener como referente este signo. La identidad de *American*, por lo tanto, implica una figuración de elementos sociohistóricos: el Anti-Barrio, el desarrollo, la movilidad social y la asimilación. Como la narrativa chicana de los setenta cuestiona la imagen cosificada del mexicanoestadounidense forjada por el discurso normativo angloamericano durante su larga historia, el signo lingüístico *chicano* surge como la única identidad contraria —es decir, binaria— al primer signo notorio, *American*. Al implicar una autoimagen o autoidentidad, el signo *chicano* está expresado en el concepto figurado también por sus propios elementos: el Barrio, el bienestar comunitario, la autodeterminación y el desarrollo cultural. Este último ocurre no como parte de la cultura angloamericana, sino como parte de una sociedad pluralista, que implica tomar en cuenta tanto la herencia histórica como la creación del futuro.

---

der la hegemonía cultural del angloamericano, en este capítulo tomamos del inglés el adjetivo *American* escrito con mayúscula. Se usa a pesar de las reglas de grámatica en español. Creemos que su traducción al significante *americano* vacía su significado histórico, su poder sobre los otros signos notorios.

[4]Sobre la función estructuralista del código *proairetic* para formar el discurso narrativo, véase: Roland Barthes, *S/Z*, trad. Richard Miller (New York: Hill and Wang, 1974), pp. 18-20. Según Barthes, el código *proairetic* se refiere a la lógica del comportamiento humano, proyectando las acciones y el comportamiento en el discurso narrativo, en particular los movimientos de cierto personaje. Citamos a Barthes: "The state of absorption formulated here (*I was deep in* . . .) already implies (at least in 'readerly' discourse) some event which will bring it to an end (. . . *when I was aroused by a conversation* . . . No. 14). Such sequences imply a logic in human behaviour. In Aristotelian terms, in which *praxis* is linked to *proairesis*, or the ability rationally to determine the result of an action, we shall name this code of actions and behavior *proairetic* (in narrative, however, the discourse, rather than the characters, determines the action). This code of action will be abbreviated ACT; furthermore, since these actions produce effects, each effect will have a generic name giving a kind of title to the sequence, and we shall number each of the terms which constitute it, as they appear (ACT. 'To be deep in': 1: to be absorbed)" (p. 18). Morfológicamente, el adjetivo *proairetic* deriva del sustantivo *proairesis*, aunque aquél, para Barthes, incluye también el contenido semántico del sustantivo *praxis*. En fin, en la narrativa el código proairético revela la lógica en el compartamiento del personaje.

El signo de identidad *chicano* es la alternativa al signo de identidad *American*. La visión del mundo de aquél, empero, puede ser fácilmente negada por un signo ligado a cierta identidad cuya existencia está, sólo en apariencia, diametralmente opuesta al chicano: el signo *mexicano*.[5] Este signo de identidad tiene igualmente su propia figuración sociohistórica: el Exterior, el subdesarrollo, la rigidez social y la *reificación* cultural (considerar la cultura como estática y congelada, no dinámica).

A su vez, el signo contrario al de *mexicano* —la alternativa— es *pocho*, cuya existencia no es contraria ni prohibida explícitamente por el signo de identidad *American*. Este continúa generando y dominando la estructura elemental del significado —un rectángulo semiótico a base de las cuatro identidades— para la *narrative of self-identity*.[6] Igual que los otros signos de identidad, *pocho* tiene su figuración sociohistórica particular: el Anti-Barrio, la asimilación (económica, étnica y lingüística), el individualismo y la pasividad colectiva, proyectándose el tercer elemento.

En forma gráfica, así es la estructura sémica —rectangular— subyacente al sistema de [personajes] novelescos en la *narrative of self-identity*:

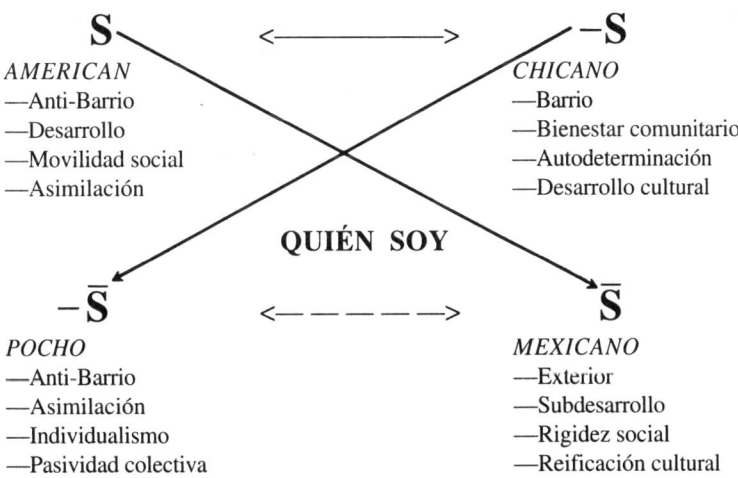

---

[5]Puede ser que este hecho narrativo refleje la costumbre general de autoapelarse *mexicanos* por parte de los miembros de la minoría racial mexicana.

[6]Sorpresivamente el signo *American* yace tanto al fondo del sistema de [personajes] novelescos como al del mismo discurso narrativo de autoidentidad. Esta es la fuerza ausente en la narrativa de los setenta, a pesar de que los narradores chicanos ostentan tratar principalmente al mexicanoestadounidense.

La **S** equivale al signo notorio que actúa como imán a cuyo centro confluyen las combinaciones de signos lingüísticos para codificar elementos sociohistóricos de cierto [personaje].

Si éste es el sistema de [personajes] novelescos típico en la narrativa de los setenta generado por el proyecto ideológico de autorrepresentación donde el signo de identidad *chicano* significa el mayor desafío contra la hegemonía del signo de identidad *American*, ¿qué papel juega el signo de identidad *pocho*? Por emanar de un sistema narrativo mexicanoestadounidense anterior al de los setenta, el signo *pocho* resulta ser el residuo de este sistema y atestigua la existencia de una narrativa precursora, que tiene su propio sistema de [personajes] novelescos.

Como signo de identidad, *pocho* alude a un proyecto ideológico precursor, cuyo sujeto narrador asimilacionista no presenta conscientemente un desafío contra el discurso normativo. Al contrario, ostenta la visión del mundo angloamericana, rechazándola únicamente después de que el protagonista enfrenta sobriamente los límites de ésta para las minorías raciales. El sistema narrativo de los cincuenta, por razones sociohistóricas, se caracteriza más bien por no presentar ningún signo de identidad abiertamente contrario al de *American*. En su sistema de [personajes] novelescos, aunque sea similar al de los setenta, predomina el signo de identidad *pocho*. A éste confluyen las combinaciones principales de los signos lingüísticos, estableciéndose la siguiente estructura sémica de [personajes] donde está casi ausente el segundo signo notorio, ya que rara vez aparece el signo *chicano* en el discurso lingüístico:

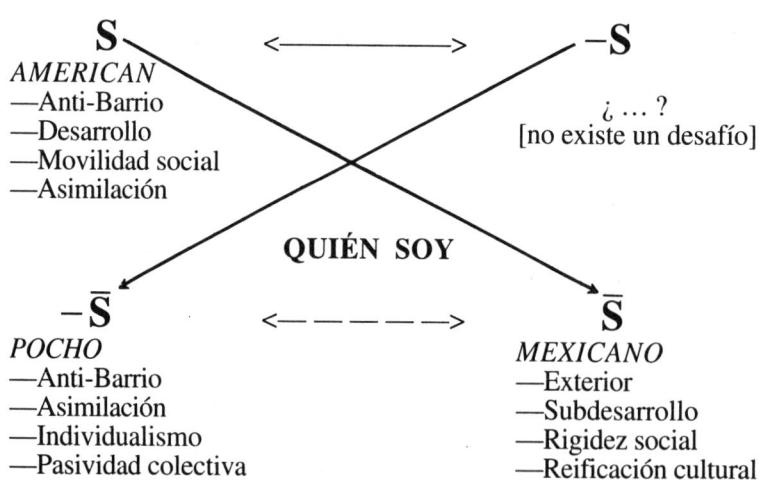

Hasta el momento *Pocho* (1959) de José Antonio Villarreal es el mejor ejemplo de la narrativa precursora.[7] En su sistema de [personajes] novelescos, el signo de identidad *pocho* domina el discurso narrativo a dos niveles: las combinaciones de signos lingüísticos y el título. Precisamente estos dos elementos narrativos aparecen ligados al protagonista, Richard Rubio, que ocupa el centro de la fábula **quién soy**, cuyo sentido en *Pocho* es individualista.

La narrativa mexicoamericana de los cincuenta: Villarreal

La conciencia de ser *pocho* se produce en base a un proceso: la resolución de la fábula **quién soy**. El proceso involucra a todos los [personajes] de una narrativa específica. Cada uno se define por su giro en torno a uno de los signos notorios: *American, chicano, mexicano* y *pocho*. Para facilitar un entendimiento de la estrecha conexión entre un signo notorio particular y un [personaje] específico, se toman, respectivamente, cuatro [personajes] claves a los varios signos de identidad: Ricky Malatesta, residente de Santa Clara e hijo de un verdulero italoamericano; el Rooster, residente de San José y líder de un grupo de pachucos; Juan Rubio, ex-villista exiliado en Santa Clara; y Richard Rubio, hijo de éste y máxima figura del *pocho*.

Antes de proceder, hay que reconocer varios hechos. Aunque el discurso narrativo de *Pocho* se desenvuelve con la intención de figurar principalmente a Richard Rubio, la mayoría de los [personajes] son angloamericanos, lo cual indica que predomina la visión del mundo angloamericana y la ideología asimilacionista. Este hecho mina la importancia de que la mayoría de las acciones narrativas pertenezcan a Richard así como su cuestionamiento del modelo asimilacionista al final de la narración. Por otro lado, los [personajes] mexicanos abren el discurso narrativo, pero luego retroceden al fondo a partir del capítulo II, casi desapareciendo al final. Se les menciona a través de la narración a los [personajes] chicanos, pero su presencia se limita a una mezquina sección de la primera parte del capítulo IX. Para nosotros, el título, *Pocho*, sólo aparenta una identidad de alternativa. Richard es una figura marginada no sólo de la cultura angloamericana, sino también de la mexicanoestadounidense. La cultura y el ambiente angloamericanos predominan en *Pocho*.

Puesto que la figuración de cada [personaje] ocurre en enlace lingüístico a otros, transcribimos una escena donde los Rubio cenan y discuten el aumento en la población de ascendencia mexicana en el valle de Santa Clara

---

[7]*Step Down Elder Brother* (1947) de Josephina Niggli es otro ejemplo.

y en San José. En el intercambio familiar se proyecta la fábula **quién soy**, apareciendo entrelazadas las varias identidades en el trozo narrativo:

> "There are new Mexican people in town, Papá," he said. "In school today, there were two boys and a girl."
> "Yes, I know," said Juan Rubio. "Every year, more and more of us decide to remain here in the valley."
> "They are funny," said Luz, who, along with two or three of the girls, had come into the kitchen.
> "They dress strangely," said Richard.
> "In San Jose," said Juan Rubio, "on Saturday night during the summer, I have seen these youngsters in clown costumes. It is the fashion of Los Angeles."
> "They are different from us," said Luz. "Even in their features they are different from us."
> "They come from a different part of México, that is all," said Consuelo, who knew of such things, for she herself was different from all of them, except for her son, and this because her great-grandfather had come from Yucatán.
> "Well, at any rate, they are a coarse people," said Luz.
> Richard and his father exchanged looks and laughed. She flushed in anger, and said in English to Richard, "Well, they ain't got nuthin' and they don't even talk good English."
> He laughed louder, and his father laughed even though he did not know what she had said. (p. 148)[8]

Este diálogo entre los Rubio transcurre inmediatamente antes de que se introduzca la sección del discurso sobre San José en cuyos límites residen los pachucos, o chicanos.

En cuanto a los signos notorios, aparecen en la escena [personajes] ligados a los signos *mexicano* y *pocho*, mientras que únicamente se alude a los signos *American* y *chicano*. Los [personajes] figurados a base de este último, los chicanos, ocupan el centro del diálogo. Por otro lado, su ausencia en la escena es simbólica de su tratamiento secundario en *Pocho*.[9] El signo de identidad *American* se proyecta por medio de la frase de Luz: "Well, they ain't go nuthin' and they don't talk good English". En ella, el lenguaje de uno de los [personajes] angloamericanos se ha establecido como valor. Porque los Rubio sobreviven con el trabajo agrícola y tienen la casa bajo hipoteca, tenemos igualmente la presencia de los terratenientes y el banquero angloamericanos. Otros [personajes] ligados al signo *American*

---

[8]El lector notará que varias de las citas usadas en los capítulos III a V se repiten en el VI. Le pedimos que las reconsidere dentro de un contexto más amplio ya que ahora se emplean para ilustrar el sistema de [personajes] que comparte la *narrative of self-identity*.

[9]Todavía no emergen en el centro de una narrativa específica. En ningún instante los mismos chicanos dialogan sobre su identidad, en contraste con los de *Peregrinos de Aztlán*.

están implícitos en el signo de espacio *school*, que alude a la institución principal de donde emana la ideología del Anti-Barrio: *Americanism*.[10]

Un análisis del sistema de [personajes] novelescos en *Pocho* revela la tendencia de privilegiar la identidad de *American* en acuerdo con la meta del proyecto ideológico de los cincuenta al cual pertenece Villarreal. Este proyecto tiene su propia intención y su propio sistema de [personajes] novelescos, distinto al de la narrativa de los setenta.

El sistema de [personajes] en *Pocho*

Como parte del código proairético que contribuye cualitativamente a figurar la identidad *pocho*, o resolver la fábula **quién soy**, una serie de tres acciones proairéticas, junto con el compartamiento, señalan la conciencia definitiva de Richard Rubio como *pocho*, a quien durante su niñez se le indoctrina en casa para ser *mexicano* y en la escuela conforme al modelo asimilacionista de la identidad de *American*.[11] Al cerrarse la primera parte del capítulo V, la primera acción proairética surge en una escena donde la señora Rubio, Consuelo, se revela contra el papel secundario de la mujer en la cultura provinciana de México y rechaza sus varias costumbres machistas.[12] Consuelo apoya inclusive las leyes contra la violencia doméstica. Además de otros elementos culturales, para Richard todas las susodichas prácticas machistas son "the demands of tradition, of culture, of the social structure" sobre el individuo. Como él no es un campesino mexicano ni vive en un ambiente de provincia, desde una posición liberal pero ambivalente,[13] rechaza este peso cultural, y su decisión se indica por la acción proairética TO NEVER AGAIN BE:

> And he knew that he could never again be wholly Mexican, and furthermore he could never use the right he had as a male to tell his mother that she was wrong. (p. 95)

---

[10]El *Americanism* viene siendo un *otm* de la narrativa normativa angloamericana. Recordamos aquí una escena anterior en la cual la hija menor se autoapela *American*.

[11]Fieles al modelo narrativo de Macherey, usamos la categoría, *código proairético*, sin adoptar el método crítico de Barthes.

[12]Algunas de éstas son: permitirle queridas al esposo, servir la comida y permanecer parada mientras comen el esposo y los hijos, preparar a las hijas a ser serviciales y calladas, y finalmente, tolerar la violencia del esposo.

[13]Anteriormente, Richard ya mostraba ser partidario de un papel diferente al provinciano para la mujer: arguye ante su madre que las mujeres se pueden casar cerca de los treinta y no antes de cumplir los veinte como en México (p. 62). El liberalismo de su posición progresista respecto a la mujer reside en su falta de ser fiel a sus principios: le preocupa la castidad de su hermana con el novio y participa en la humillación sexual de Zelda, una amiga.

La siguiente acción proairética, TO BE DIFFICULT, abre la segunda parte del capítulo VII y tiene mayor impacto que la anterior. En la primera parte Juan Rubio abandona, por fin, su plan de regresar a la hacienda de Zacatecas, donde nació. Comprará en su lugar una casa en la Bahía como su amigo zacateco, Cirilo. Como se da cuenta el lector en la segunda parte, esta acción inesperada del padre afecta cualitativamente a Richard, evaporando su añorada pero quimérica imagen de México:

> Until now, Richard believed that someday they would live in México, and he fancied himself in that faraway unknown. He realized that it would be difficult for him in that strange place, for although he was a product of two cultures, he was an **American** [negrilla nuestra] and felt a deep love for his home town and its surroundings. (p. 129)

Por un lado, la relación entre el acto proairético TO BE DIFFICULT y el signo de espacio *México*, así como sus antonomasias "far away unknown" y "strange place", separan a Richard de este espacio de sus padres y de la identidad mexicana de éstos. Por el otro, la relación entre la frase "felt a deep love" y los signos de espacio en la frase *"home town and its surroundings"*, que designan la ciudad angloamericana de Santa Clara, señalan la nueva identidad de Richard, pocha, detrás de y ofuscada por el signo notorio *American*.[14]

Como apoyo a la segunda acción proairética, la tercera aparece en la misma parte del capítulo VII. Poco a poco, Richard llega a detestar el exilio de su padre —un ex-coronel villista— como trabajador agrícola o migrante:

> And Richard knew that although his father was not one of the vanquished, as he claimed, there was little resistance left. He was disappointed, and suddenly afraid, that a man who had lived such a life as his father could call this existence happiness. (pp. 131-132)

La presión en heredar la identidad en el signo *mexicano*, al menos como la expresa Juan Rubio durante la niñez de su hijo, lo comunica la acción proairética TO BE DISAPPOINTED. Para Richard, el oficio al cual está limitado su padre es tan anonadador que no tiene significante aparte del sustantivo *thing* o cosa, que connota el no permitirle socioeconómicamente la autorrealización de su potencia personal[15] a un miembro de una minoría racial:

---

[14] La prominencia del signo *pocho* en el título de la narrativa y la autodefinición del protagonista como pocho (p. 165) rebasan sólo simbólicamente la hegemonía del signo de identidad *American*.

[15] En México, Juan Rubio disfrutaba de privilegios sociales por medio de su oficio como jinete y por su cargo de coronel en las fuerzas de Villa.

> And he cried in his fear of this thing—this horrible, inexplicable, merciless intangible—that held humanity in its power; that made such men as his father go out every morning before sunup to harvest tomatoes, spinach, peas, or fruit, with fingers stiff from the early-morning frost and bodies tortured by the midday heat, to return after dark and eat and, too tired to love, sleep. (p. 132)

Por lo tanto, cuando le toca el papel de padre en la familia, que significa tomar el oficio de trabajador migrante, no lo soporta.[16]

Si Richard Rubio niega ser mexicano dentro del marco de la fábula **quién soy**, ¿qué configura su identidad de *pocho*? y ¿qué relación tiene ésta a los signos *American* y *chicano*?

El pocho: Richard Rubio

Como fue mencionado antes, varios elementos codifican la figura del *pocho*: el Anti-Barrio, la asimilación, el individualismo y la pasividad colectiva. Puesto que la segunda acción proairética, TO BE DIFFICULT, elimina cualquier conexión directa de Richard a México, el Anti-Barrio contribuye decisivamente al comportamiento y a la identidad de Richard. Los signos de espacio, *"hometown"* y *"surroundings"*, aislan a Santa Clara, como el espacio decisivo para su identidad. En el discurso lingüístico, se le refiere a este espacio como "the prune country", imagen que alude a su industria principal, la ciruela, que se distribuye en el Este de los Estados Unidos.

Santa Clara representa un mundo socioeconómico y cultural que ofrece cierto papel estructural a los mexicanoestadounidenses. Se subdivide este espacio en centros de poder, ocupados principalmente por varios ranchos agroindustriales: el de Robertson, el de Black, el de Genovese y el de Mr. Jamison.[17] Por su parte, el *Bank of America*, que pertenece a un tal Giannini, financia la producción agrícola, que incluye otros productos además de la ciruela. Aparte de estos centros de poder, forman parte de Santa Clara dos empacadoras, una fábrica de acero, un basurero público y varios almacenes. Cada centro económico a veces suele ofrecerle trabajo a los mexicanoestadounidenses. Varias instituciones del angloamericano, la escuela primaria, la secundaria y la biblioteca pública, diseminan la cultura oficial. En esta configuración de Santa Clara, la función principal de las

---

[16]Como expresión del *otm* de la asimilación, Richard espera con ansias la oportunidad de asistir a la universidad, escapando inesperadamente para irse a la marina del Anti-Barrio. El *otm* de la asimilación, forma parte del modelo narrativo del proyecto de los cincuenta. A éste lo reemplaza el *otm* de la descolonización, en el modelo narrativo del proyecto ideológico de los setenta.

[17]Juan Rubio trabaja por temporadas en el rancho de Mr. Jamison, el cual es uno de los más grandes de Santa Clara.

personas de ascendencia mexicana se reduce a suplir, por medio del mercado laboral dual, la mano de obra barata y subordinada para pizcar la ciruela.[18] Un mundo angloamericano, cerrado, dificulta al mexicanoestadounidense rebasar su situación subordinada.

Por ser tan anonadadora la hegemonía del Anti-Barrio, que reduce a los mexicanos y mexicanoestadounidenses a mano de obra barata y subordinada, la asimilación —otro elemento socioeconómico de la figura de pocho— provee el único escape de ser trabajador migrante. Impulsado por el *otm* de la asimilación, este proceso comienza desde muy temprano en la vida de Richard. En el discurso lingüístico, la primera aparición del signo *Richard*, el nombre del protagonista, no emana de los labios de sus padres y de sus hermanas, sino de los de su maestra de primaria.[19] No es ninguna sorpresa entonces que a cada paso en la vida de Richard, la academia angloamericana, situada en el Anti-Barrio y una microcara del *otm* de la asimilación, instigue y estimule su aculturamiento. En ella, el protagonista forja sus valores como *pocho*: el supuesto antimachismo, el amor cívico a los Estados Unidos, la aspiración de intelectual y el temor en heredar la vida de trabajador migrante o agrícola. Inclusive, Richard desarrolla en la academia (el sistema educativo) la preferencia por la mujer angloamericana,[20] lo cual se transforma en ambivalencia ante las mexicanoestadounidenses y mexicanas, *p. ej.*, su novia pachuca y Pilar Ramírez. Aparte de la academia,

---

[18]Santa Clara no es la única expresión del Anti-Barrio en *Pocho*. Su hegemonía se expresa desde el principio del discurso narrativo antes de que Juan Rubio se exilie a Santa Clara. Lo atestiguamos en una escena del capítulo I que ocurre en Ciudad Juárez, México, el Exterior: el general Hermilio, ex-villista también pero ahora encargado del orden civil en la ciudad fronteriza, le hace saber a su amigo, Juan Rubio, la necesidad de mantener el orden cívico en Ciudad Juárez ante la posibilidad de provocar al angloamericano (p. 7).

Asimismo, el lector se da cuenta de la hegemonía del Anti-Barrio cuando Juan Rubio cruza la frontera angloamericana. Después de sembrar y cultivar algodón en las tierras de un tal Mr. Henderson, otro ex-revolucionario autoexiliado se ve forzado a abandonar su parcela y perder su parte como *sharecropper* o aparcero (p. 21). Bajo falsos cargos, un *sheriff* o policía judicial blanco lo expulsa.

Este hecho tiene resonancia más adelante cuando el narrador omnisciente revela que los rancheros tejanos, sin haberse olvidado del Alamo, le dan la bienvenida a los autoexiliados únicamente porque existen "miles of cotton to be harvested". El mismo tipo de explotación económica le espera a Juan Rubio en California. Por ejemplo, cuando trabaja en el Valle Imperial, atestigua las malas condiciones de trabajo y sufrimiento por parte de los trabajadores migratorios, como altas temperaturas, deshidratación y muerte. Igual que en Tejas, las tierras del Valle son productivas a base de avances tecnológicos y químicos, símbolos del desarrollo. Contradictoriamente, en ellas se practican aún condiciones de trabajo arcaicas.

[19]Villarreal, p. 34.

[20]Marla Jamison, hija del dueño del rancho donde trabaja Juan Rubio y que comparte con Richard su biblioteca personal, recibe la expresión más amorosa del discurso narrativo por parte del protagonista: "She was the most beautiful thing he had ever seen (p. 53)."

Del pocho al chicano 195

la cultura popular angloamericana —el cine y las narrativas de aventura— contribuyen igualmente al proceso de asimilación. Richard llega a autoidentificarse con la figura de Horatio Alger y de tales héroes cinematográficos como Buck Jones, Ken Maynar, Fred Thompson y Tom Mix.

Su asimilación, por lo tanto, le facilita vivir en una comunidad del Anti-Barrio. Consciente del sentido de superioridad en los niños españoles y de los insultos raciales de condiscípulos angloamericanos —"frijoley bomber" y "tortilla strangler"— Richard, a fin de cuentas, se vale del signo de identidad *American* para defenderse. Cuando un entrenador angloamericano le ofrece una futura carrera como boxeador para escapar a las limitaciones socioculturales de su minoría racial y triunfar en el Anti-Barrio, Richard declara: "I'm an American . . ." (p. 106). Al ser pocho, Richard Rubio internaliza la práctica de enmascararse como *American*. Después de que su padre compra casa, Richard usa el signo *American* para diferenciarse de él durante una discusión a la hora de cenar, pues Juan Rubio lo ve como *mexicano* (p. 133).

Una secuencia de hechos discriminatorios, empero, le desgarran su intención subjetivista de incorporarse a la identidad eurocéntrica de *American*: los insultos racistas de Ronnie, que como [personaje] simboliza el puritanismo (otro *otm* del discurso normativo angloamericano); la aculturación pachuca de Richard; su arresto y atropello realizado por la policía de San José; y el auge del racismo contra los japoneses a principios de la Segunda Guerra Mundial.[21] De todos los hechos, el arresto de la policía de San José, un hecho del código proairético, se proyecta como el decisivo para negarle su autointegración a la cultura dominante.[22] Aunque la hegemonía socioeconómica y cultural del Anti-Barrio, así como el *otm* de la asimilación, canalizan el comportamiento de Richard hacia la identidad eurocéntrica *American*, las mismas le anteponen y marcan límites. Por no tener otra opción, el protagonista se autonombrará *pocho*, identidad marginada tanto de la sociedad angloamericana como de la mexicanoestadounidense. Claramente, esto es prueba textual que *Pocho* establece la necesidad de la narrativa chicana de los setenta, aunque seguimos manteniendo que no es la novela fundadora de ésta.

---

[21]Excepto por la aculturación pachuca, que anuncia el *otm* de la descolonización de la narrativa de los setenta, cada uno de éstos es una representación de la hegemonía del Anti-Barrio y en conjunto con el *otm* de la asimilación, cincelan, en distinta forma, la identidad *pocha* de Richard, el protagonista.

[22]Por medio del arresto, Richard Rubio se entera de que él también sufre la discriminación racial de manera similar a los mexicanos y a los mexicanoestadounidenses: "Now, for the first time in his life, he felt discriminated against (p. 163)."

Si el peso de la hegemonía del Anti-Barrio canaliza a Richard hacia una asimilación imposible como miembro de la cultura angloamericana, ¿qué forma toma la respuesta del pocho? El individualismo.[23] Un producto del *otm* de la asimilación, varios semas, principalmente *complex, sophistication, murder, matricide, innate, paradox, patronizing, superior* y *destiny* moldean su individualismo.[24] Facilitado por el micro-*otm* de la academia angloamericana, los primeros cuatro semas (*complex, sophistication, murder* y *matricide*), por referirse a hechos complejos, atestiguan un temprano desarrollo intelectual de Richard. Su intelecto incrementa a tal grado su autoconciencia como individuo que a la edad de diez años, podemos sostener, le hace prorrumpir en una adaptación del ego cartesiano.[25] Su interacción con João Pedro Manõel Alves, el poeta y filósofo portugués, acentúa la resonancia de esta declaración en su desarrollo intelectual.

Los semas *paradox, patronizing, superior* y *destiny* aparecen sólo después de que Richard se ha apropiado de la identidad de *American* y procede a estudiar sistemáticamente a los pachucos. Estas amistades proyectan la ambiguedad cultural en que se ve envuelto. Sus esfuerzos para aculturarse como pachuco debilitan tanto su adoptada identidad de *American* que, poco después de integrarse al grupo mexicanoestadounidense, lo rechaza. Es en este instante de la narración cuando Richard abraza el individualismo como el máximo valor de su autoidentidad pocha:

> I can be a part of everything, he thought, because I am the only one capable of controlling my destiny. . . . Never—no, never—will I allow myself to become a part of a group—to become classified, to lose my individuality. . . . I will not become a follower, nor will I allow myself to become a leader, because I must be myself and accept for myself only that which I value, and not what is being valued by everyone else these days. . . . (pp. 152-153)

Sin embargo, una experiencia violenta y racista de parte de la policía de San José produce una nota cínica en su individualismo. Se aleja aún más de los pachucos, o mexicanoestadounidenses. Su individualismo, empero, lo con-

---

[23]Richard practica este tipo de pensamiento en la niñez, pero se entrega totalmente a éste después de tratar y fallar en convertirse en pachuco, una expresión cultural mexicanoestadounidense.

[24]En *S/Z*, Roland Barthes define el sema como "a signifier which will occur in several places in the text . . . a shifting element which can combine with other similar elements to create characters, ambiances, shapes, and symbols" (p. 17.). En este caso los semas enumerados, a base de cierta combinación figuran el individualismo de Richard Rubio, siendo a su modo aquél un *signifier* o significante de éste como [personaje].

[25]Se alude a ello en la respuesta al consejo de la madre donde le pide que abandone su lectura precoz y se dedique a algo más práctico como desarrollar una carrera profesional para ganar un buen sueldo y proveerle mejores beneficios a su futura familia que los de un trabajador agrícola: "I do not want to be something. I *am* [cursiva suya] (p. 64)."

duce a un callejón sin salida. En un momento de deseperación, ingresa voluntariamente a la marina para pelear en Europa en la ocasión de la Segunda Guerra Mundial. Intenta de esta manera escapar del Anti-Barrio y su hegemonía sociocultural, que incluye la identidad *American* en su sentido eurocéntrico. Escapa igualmente del Barrio. No le importa la incertidumbre de la guerra, pudiendo ser la muerte, que le espera en el Exterior.

Para lograr el entendimiento completo del pocho, queda solamete el elemento de la pasividad colectiva. Mientras que éste no limita el desarrollo del individuo, como se ve en el joven Rubio, sí significa el estancamiento cultural de la minoría racial mexicana, la colectividad. A pesar de que Richard entiende la necesidad de participar en los esfuerzos para negar la opresión cultural del mexicanoestadounidense —*p. ej.*, el plan suyo de escribir cuentos infantiles con una imagen afirmativa del burro— su principal interés es, indudablemente, su propia persona. Los juicios severos contra sus padres y su caracterización de los pachucos como expresión cultural de un sentimiento de inferioridad, señalan su reificación tanto de la cultura mexicanoestadounidense como de la mexicana.[26] El escape de Richard del Anti-Barrio para ingresar a la marina, que implica un nuevo peregrinaje, significa el reconocimiento de los supuestos límites de las raíces culturales mexicanas tanto como la incomprensión de ningún valor en las manifestaciones modernas de éstas. Richard Rubio y el título *Pocho* son sinónimos de un individualismo cultural, una enajenación completa, que aunque critica el modelo asimilacionista al hacer un llamado al desarrollo del mexicanoestadounidense como individuo, lleva a la pasividad colectiva del grupo minoritario.[27]

El mexicano: Juan Rubio

Aunque el signo *American*, como expresión de la hegemonía del Anti-Barrio, abre y establece los límites a cualquier identidad, la de pocho nace y evoluciona del signo de identidad *mexicano* en la narrativa de Villarreal.[28] La función del mexicano reside en introducir al pocho al mundo. Como la identidad de pocho, la de mexicano tiene sus elementos sociohistóricos: el Exterior, el subdesarrollo, la rigidez social y la reificación cultural. La conciencia mexicana, después de la pocha, es la que recibe más atención en el

---

[26]Villarreal, *op. cit.*, p. 149.
[27]Desde nuestro punto de vista, esto crea la necesidad de la autoafirmación literaria presentada en la narrativa de los setenta.
[28]Al nivel de la representación ideológica, el signo *pocho* tiene su origen en la cultura mexicana. Véase: Tino Villanueva, "Sobre el término chicano", *Chicano: Antología histórica y literaria*, ed. Tino Villanueva (México: Fondo de Cultura Económica, 1980), pp. 7-67.

discurso narrativo, aunque se limita al trasfondo a partir del capítulo II y no pasa por ningún desarrollo. De hecho, la identidad mexicana es la que Richard Rubio encuentra anonadadora y aprensiva. Aunque aparecen otros [personajes] mexicanos, Juan Rubio sobresale como la máxima figura.

Para el padre, el Exterior significa el México provinciano. A pesar de haber viajado a través del norte de México —Ciudad Juárez, Santa Rosalia, Torreón, la capital de Zacatecas y México D. F.— durante la fase armada de la Revolución de 1910, el padre de Richard Rubio hereda los valores de un México provinciano y rural: su inmutable identidad. Juan Rubio no tiene conciencia de lo urbano, únicamente de lo rural.[29] Esto lo comunica su sentimiento de nostalgia que surge al conversar con su amigo zacateco, Cirilo:

> The reference to their life in México brought on nostalgia and regret, and a mood of slight depression. They had not been city people, he and Consuelo, but the hacienda was very like a large village, and relatives lived all around them. There had been fiestas and weddings and births and wakes. There was always activity. There had been music and laughter—here, now, there was not much laughter left. On the hacienda, people were poor but they had not been destitute. They had their house, owned by the Spaniard, but, as Cirilo had said, they thought of it as their own. More often than not, they had built it themselves. (p. 121)

El signo de espacio *hacienda*, un *otm* en la narrativa mexicana de la Revolución, señala un México provinciano —subdesarrollado, es decir, feudal— donde Juan Rubio forja su identidad: este espacio no exhibe ni urbanización ni tecnología. El hecho de que sea dueño de la hacienda un español indica asimismo la persistencia del latifundismo, lo cual señala que Juan Rubio pudo haber sido un peón.

Así como Santa Clara, o el Anti-Barrio, moldea los valores de Richard Rubio; del México provinciano provienen los de Juan Rubio. En la hacienda zacatecana vale menos ser peón que jinete. Este último puesto económico era el que ocupaba Juan antes de ingresar a la Revolución de 1910 y autoexiliarse a los Estados Unidos. A nivel cultural, saber leer, como lo saben hacer los esposos Rubio, aumenta el prestigio del provinciano. En estos dos hechos —ser jinete y saber leer— reside el resentimiento que Juan Rubio siente por su condición subordinada como trabajador migratorio en Santa Clara. Además, en la provincia mexicana el machismo es la ley, lo cual favorece a la familia patriarcal, dándole a Juan Rubio el derecho a tener

---

[29]Básicamente, Juan Rubio no rebasa el tipo de pelado como ha sido presentado por Samuel Ramos en su obra *El perfil del hombre y la cultura en México* (México: Espasa-Calpe Mexicana), 1976. Por cierto, Rafael Francisco Grajeda aplica la teoría de Ramos a la narrativa chicana; véase: "The Figure of the Pocho in Contemporary Chicano Fiction," Diss. University of Nebraska-Lincoln, 1974.

queridas, a usar la violencia doméstica y varios otros privilegios. En Santa Clara, todo esto es cuestionado por Consuelo, la esposa. Por último, como parte de los valores provincianos, el peón no puede usurpar ni el poder ni los bienes del hacendado; cualquier delito demanda la muerte. Juan Rubio piensa a veces de esta manera; *p. ej.*: su no participación en la huelga laboral. En fin, hereda los valores de una sociedad cerrada donde no existe la movilidad social. Predomina la rigidez social, valor que comparte Juan Rubio y que lo pone en conflicto con el Anti-Barrio.[30]

Como Juan Rubio sostiene públicamente que regresará a México hasta el momento en que decide comprar casa en Santa Clara, no se abre a cambios culturales. Juan Rubio mantiene congelada una imagen cultural del México provinciano. No evoluciona culturalmente como Federico Robles de *La región más transparente* (1959) de Carlos Fuentes, mexicano que ingresa cuando es peón a la Revolución de 1910 y se asimila a la vida burguesa de un México moderno. La imagen congelada de la sociedad provinciana se traduce a la reificación cultural en el Anti-Barrio: más allá de la expresión magnánima de la cultura provinciana, Juan Rubio practica el machismo y el patriarquismo, prohibe el inglés en su casa, asiste a películas mexicanas y no rebasa el indigenismo aprendido durante la Revolución.[31] Su reificación cultural lo ciega 1) a la hegemonía cultural del Anti-Barrio; 2) a la evolución cultural de su familia (el hijo, la esposa y las hijas); e irónicamente, a pesar de vivir en una sociedad estadounidense conocida como abierta, 3) a su verdadera situación económica de peón, la clase que había rebasado en el México provinciano y rural.

El chicano: el Rooster

En la narrativa de Villarreal, tanto el pocho como el mexicano son parte de una identidad binaria de tipo recesivo. Aunque está presentada por un narrador asimilado y su presencia reducida a un espacio narrativo escaso, casi insignificante, la identidad del signo *chicano* significa, en *Pocho*, el

---

[30] Su adherencia a los valores de una sociedad cerrada ilumina el último consejo del padre a su hijo, Richard, antes de marcharse éste definitivamente de la casa: "There is nothing to forgive," said Juan Rubio. "Only, never let anything stand in your way of it, be it women, money, or—what people talk about today—position. Only that, promise me—that you will be true unto yourself, unto what you honestly believe is right. And, if it does not stand in your way, do not ever forget that you are a Mexican (p. 169)."

[31] Villarreal, *op. cit.*, p. 8. Al cerrarse la misma escena donde Cirilo anuncia su plan de comprar casa, Juan Rubio piensa en preservar los valores provincianos que forman su identidad como mexicano: "It was good to retain these customs, to preserve the old culture as much as possible until his return (p. 122)."

único desafío contra la hegemonía de la identidad del signo *American*.[32] El mismo Richard Rubio, la máxima figura del signo de identidad *pocho*, reconoce esto cuando inicia su estudio de los pachucos, cuya expresión cultural se subsume bajo el signo de identidad *chicano*:

> They had a burning contempt for people of different ancestry, whom they called Americans, and a marked hauteur toward México and toward their parents for their old-country ways. (p. 149)

Esta observación tiene más significado para el lector cuando se entera de los elementos sociohistóricos de la identidad del *chicano*: el Barrio, el bienestar comunitario, la autodeterminación y el desarrollo cultural. Aunque no se divulga su verdadero nombre, sino únicamente su apodo, la figura principal es el Rooster, líder del grupo de pachucos, que reside en San José.

Si la identidad individualista de pocho ocupa el centro de la fábula **quién soy** como lo establece la gran cantidad en combinaciones de signos lingüísticos y códigos a su alrededor, el lector se puede preguntar en qué momento se distinguen tanto el chicano como el pocho del mexicano. ¿Son los mismos? El hecho de que la problemática de identidad —la fábula **quién soy**— se presente en nudos narrativos puede llevar al lector a afirmar que sí lo son, que el chicano y el pocho son la misma identidad. Sin embargo, una lectura cuidadosa revela que el signo *chicano* también aparece en el discurso lingüístico.

Su único uso está ligado a los residentes de San José, o el Barrio, que incluye a los pachucos. De las distintas combinaciones lingüísticas alrededor del signo *chicano*, las siguientes tres señalan, por medio de acciones proairéticas, conexiones específicas con la figura del chicano, que forma parte del sistema de [personajes] novelescos en *Pocho*:

> There were not many Mexican people in Santa Clara in those days, and the few families scattered throughout the far reaches of the valley became close friends. It was another thing in the summer, when people **arrived** [negrilla nuestra] by the hundreds from southern California, first for the apricot and then the prune harvest. (p. 42)

> More **chicanos** [negrilla nuestra], I thought, who have lost their way, and the marshal **has brought** [negrilla nuestra] them to me, for always when Mexican people arrive looking for work, he will bring them to my house. (p. 124)

---

[32]Este es otro indicio que señala al nivel de la figuración el origen de *Pocho* como un proyecto ideológico anterior, no el de los setenta. Mientras que éste enfatiza la realidad del grupo, aquél se limita al individuo.

> In his wanderings into San Jose, he began to see more of what he called "the race." Many of the migrant workers who **came up** [negrilla nuestra] from southern California in the late spring and early summer now settled down in the valley. (p. 149)

Las tres acciones proairéticas —una serie— son: TO ARRIVE, TO BRING y TO COME UP, que contribuyen a figurar al chicano como principalmente trabajador migratorio. El código proarético señala incluso un intercambio entre diferentes comunidades del Barrio: las de California del Sur y las de California del Norte. Por otro lado, el escaso y aislado espacio narrativo ligado a la figura del chicano, no se expande hasta el capítulo IX. Aún así, continúa siendo insignificante, otro indicio de que *Pocho* pertenece a un proyecto ideológico anterior.

A pesar de la ausencia de semas biográficos, inclusive el nombre y el apellido, el Rooster representa en *Pocho* la máxima figura del chicano en el marco de la fábula **quién soy**, ya que el signo de identidad *chicano* no da prominencia a ningún trabajador migrante nacido en los Estados Unidos —ni de California del Sur ni de El Paso, Texas. Las descripciones esqueléticas de San José, el Barrio, que apenas indican una ciudad en aparente desarrollo industrial, y la limitación en el enfocar sólo la vida de los jóvenes mexicanoestadounidenses despliegan el panorama de una sociedad chicana aparte de la angloamericana, lo cual anuncia la imagen del Barrio en la narrativa de los setenta. A esta sociedad pertenece el Rooster.[33] Como miembro de ella, el Rooster se adhiere a principalmente dos elementos sociohistóricos: el bienestar comunitario y el desarrollo cultural.[34] Basados en la autodeterminación, éstos no sólo se expresan en San José, sino también en otros barrios de California: el de Boyle Heights (en la ciudad de Los Angeles), el de Alviso, el de Mountain View, el de Milpitas y el de Ontario. Se menciona inclusive El Paso, Texas.

El Rooster apoya el bienestar comunitario porque entiende el estado subordinado impuesto al Barrio por la sociedad angloamericana. Dirige la rebeldía de sus amigos contra los *Americans* o angloamericanos. Varias experiencias personales le han dejado razones. En su sociedad, el Rooster vive consciente de la manifestación abierta de la contienda colonizado *versus* colonizador.[35] A causa del maltrato de los angloamericanos, el Rooster y su

---

[33]Una huerta y un distrito industrial al norte de San José indican que los adultos trabajan como trabajadores migratorios y obreros de fábrica.

[34]El desarrollo cultural incluye transmitir la tradición oral en la narrativa mexicanoestadounidense de 1848 en adelante; *p. ej.*: el corrido fronterizo.

[35]Esto lo aprenden Richard Rubio y sus amigos angloamericanos de Santa Clara, residentes del Anti-Barrio, cuando la policía de San José los confunde con pachucos y los arresta.

grupo se apartan de la cultura dominante para formar una sociedad distinta, subordinada, donde la ayuda mutua se convierte en la alternativa contra la hegemonía cultural del Anti-Barrio.[36] Esta solidaridad parece inmutable al angloamericano, por ejemplo, el detective blanco. El mismo Richard Rubio, que se siente en San José como un *stranger* (extraño) o un *outsider* (fuereño) y trata de ni patronizar ni portarse como superior ante los pachucos, se beneficia del bienestar comunitario. Pide ayuda al Rooster y a su grupo para que se le haga justicia a otro amigo, Thomas Nakano, que ha sido golpeado por unos racistas blancos simplemente por ser japonés.

Puesto que se reconocen como miembros de una sociedad aparte, Rooster y sus amigos necesitan combatir la hegemonía cultural del Anti-Barrio. De su estado marginado, así como subordinado, emana el desarrollo cultural como valor para Rooster. Este representa la alternativa a la asimilación, aunque tal alternativa se limite a enfrentar las prácticas culturales de la sociedad angloamericana. Para el Rooster, el desarrollo cultural significa un modo particular de vestirse, de portarse, de autonombrarse y de ser bilingüe; es decir, expresa libremente la cultura de la minoría racial mexicana. Como pachuco, su figura queda marcada en el discurso narrativo como símbolo de la continuidad cultural del mexicanoestadounidense, una continuidad que comparte con los residentes de los varios barrios de California y que lo eleva a modelo de resistencia para el Sudoeste de los 1940.[37]

El American: *Ricky Malatesta*

Para todos los [personajes] pertenecientes al sistema novelesco de los 50 hasta ahora examinados (Richard Rubio, Juan Rubio y el Rooster), la identidad *American* juega un papel hegemónico: omnipresente. Anclado en el Anti-Barrio, su poder económico penetra el Barrio y se extiende hasta el Exterior, en particular a México. Su hegemonía cultural, asimismo, influye tanto en el discurso narrativo que la mayoría de los [personajes], como se ha dicho, son angloamericanos.

Cuatro elementos sociohistóricos figuran la identidad de *American* y hacen posible su extensión y su dominio: el Anti-Barrio, el desarrollo, la movilidad social y la asimilación. Aunque varios [personajes] angloamericanos tipifican la identidad de *American*, entre ellos Ronnie y Mary Madi-

---

[36]En *Pocho* el signo *American* se codifica como algo selectivo, pues su acepción continental se reduce al nacionalismo chauvinista.

[37]Aunque son denigrados tanto por el narrador omnisciente como por Richard Rubio como una "lost race", que no habla ni español ni inglés, el Rooster y sus compañeros son la raíz del sujeto narrador chicano de los setenta y su expresión bilingüe/bicultural.

son, los rancheros, Zelda y el entrenador, a nuestro parecer el joven Ricky Malatesta, italoamericano e íntimo amigo de Richard Rubio, ilustra mejor su significado: su poder socioeconómico y cultural recae en las vidas de todos los miembros del sistema de [personajes] novelescos en *Pocho*.[38] Además, el pocho Richard se siente inferior sólo ante Ricky.

En un espacio narrativo donde cuatro rancheros asociados y un banquero determinan la economía agroindustrial cuyo producto, la ciruela, está destinado al Este de los Estados Unidos, Ricky Malatesta hereda sus normas económicas y culturales. Ricky, por lo tanto, aspira tener algún día igual poder económico, como se lo revela a Richard:

> "I'm gonna make a lot of money in the grocery business with my old man soon as I get out of high," Ricky said. "College is a waste of time. Someday I'm gonna have a chain of stores like the Blue and Whites, and I'm gonna get me a Aubrun or a Cord and put reflectors all over it and get a set of shave-and-a-haircut horns. Be the sharpest car around, I bet. I'm gonna be sharp, too, just watch—like my shoes. You notice my shoes yet?" (p. 110)

De su meta de obtener una cadena de mercados se proyecta la movilidad social, que es un elemento sociohistórico de la identidad de *American*. Lógicamente, la meta es posible únicamente en una sociedad desarrollada, como lo prueban los objetos de consumo. Tal hecho, en contraste, no podría llevarse a cabo en el Barrio, donde apenas comienza el desarrollo, cuyo fomento parece estar fuera del alcance de los residentes. En cuanto a la hacienda de Zacatecas, el Exterior, no se conocían los coches ni los supermercados.

Ricky reconoce que sus raíces italianas representan un obstáculo a sus planes. A pesar de ser de ascendencia europea, Ricky necesita asimilarse a la cultura anglosajona, otra norma de la identidad de *American*. Conscientemente, tiene planes para deshacerse del apellido italiano y no le importa mucho la reacción del padre:

> "Sure I got feelings, and I love my dad, but everybody's gotta die sooner or later and he's older'n me. I hafta work with him at first, but after the whole thing will be mine. He told me that himself. I'm going to get myself an American name, 'cause Malatesta's too Dago-sounding. I'll change it to Malloy or something." (pp. 110-111)

---

[38]En un momento decisivo de la narración Ronnie señala, de manera clara y abierta, aquellas identidades excluidas del signo *American*: "My mother's right about this lousy town. No decent people at all—just a bunch of Mexicans and japs and I don't know what kind of crud!" (p. 139). De ascendencia italiana, Ricky forma parte de la metáfora *crud* o mugre sin saberlo.

En contraste con los negros, Thomas Nakano, los pachucos y Juan Rubio, Ricky reconoce que para él existe la posibilidad de formar parte de la sociedad angloamericana, si se asimila y cumple con sus normas.

Ricky Malatesta, sin embargo, teme que algo le impida realizar sus aspiraciones. Su arresto por la policía de San José bajo la sospecha de ser pachuco, por acompañar a su amigo mexicanoestadounidense, representa una obstrucción. Richard toma conciencia de ello después de ser puesto en libertad. Su "mexicanidad" constituye el obstáculo a las aspiraciones del íntimo amigo, Ricky:

> And he knew that from this moment things would not be the same for them again. Something had happened to their relationship, particularly to his relationship with Ricky. More than ever he knew they could never be friends again, because somehow he represented an obstacle to the attainment of certain goals Ricky had imposed upon his life. (p. 164)

Más que los mismos [personajes] claramente angloamericanos como Ronnie y Mr. Jamison, Ricky Malatesta ilumina la hegemonía de la identidad de *American*. A pesar de ser europeo sufre la discriminación que caracteriza al modelo asimilacionista, lo cual magistralmente acentúa los hechos que separan a los mexicanoestadounidenses y mexicanos de la sociedad angloamericana.

La narrativa de los setenta: del pocho al chicano

Al continuar con el estudio de los [personajes] en *Pocho*, "... y no se lo tragó la tierra" y *Peregrinos de Aztlán*, recordamos al lector que el proyecto ideológico, demarcado por su representación ideológica, separa las últimas dos de la primera. El estudio interpretativo de *Pocho* y el análisis de sus [personajes], señalan conclusivametne la existencia de un proyecto ideológico precursor, el de los cincuenta. Por cierto, los pocos elementos que hemos desenterrado de su representación ideológica —como la época histórica de represión, la intención del autor en ser un "*American* writer" y la editorial Doubleday— marcan la distinción decisiva cuando comparamos éstos a los de la representación del proyecto ideológico de los setenta. Al recibir con manos abiertas la segunda edición de *Pocho* en sus prensas y revistas e invitar a José Antonio Villarreal a sus círculos literarios (elementos integrales de la representación ideológica del proyecto de autorrepresentación), los narradores chicanos y los grupos de crítica pertenecientes a la narrativa de los setenta, por su parte, actuaban sólo bajo la intención del nuevo y consciente proyecto narrativo que estableció, o reestableció, la definitiva tradición narrativa del mexicanoestadounidense. La época de militancia y confrontación que caracteriza al Movimiento Chicano, o la lucha por los derechos civiles, establece el sentido de continuidad. Esto necesita quedar claro.

Como un sistema definitivo de [personajes] novelescos es característico de la narrativa de los setenta, así como el género de la *narrative of self-identity*, atestiguamos ahora la rotación principal de los signos lingüísticos alrededor del signo de identidad *chicano* al leer "*. . . y no se lo tragó la tierra*", *Peregrinos de Aztlán* y otros textos similares. El casi incidental, si no exótico, enfoque de este signo en *Pocho*, se invierte y se vuelve central en la narrativa de los setenta. A nivel simbólico el signo de identidad *chi-cano* representa un desafío a la hegemonía del signo de identidad *American* o angloamericano. Este desafío proviene de la visión del mundo chicana, que reconoce la conquista y la subordinación llevada a cabo durante el siglo XIX, y de la ideología descolonizadora, que representa un desarrollo cultural propio en relación recíproca con la sociedad angloamericana y postula una sociedad estadounidense pluralista.

En el estudio del sistema de [personajes] novelescos de la narrativa de los cincuenta, con su fábula **quién soy** de sentido individualista, Richard Rubio resulta frustrado por las normas angloamericanas. Se le excluye a pesar de no ofrecer una visión mundial ni una ideología diferente a la del sujeto narrador angloamericano. Los setenta representan un cambio cualitativo. Como se estableció en los estudios interpretativos, los textos narrativos más reconocidos de los setenta, con su fábula **quién soy**, de sentido colectivo, postulan una búsqueda de identidad bajo la cual las normas de la cultura dominante van hacia el fondo, y se establecen los principios ideológicos del chicano como la pertenencia al Barrio, la autodeterminación y la autoimagen.

El sistema de [personajes] en "*. . . y no se lo tragó la tierra*"

En contraste a la identidad de pocho, cuya existencia no es contraria ni prohibida explícitamente por la identidad de *American* en la narrativa de Villarreal, "*. . . y no se lo tragó la tierra*" proyecta en su sistema de [personajes] novelescos la chicana, acentuada por la presencia de un protagonista anónimo. Esta identidad, por su autodeterminación, sí representa un desafío a la *American*. Más allá de su anonimato, el protagonista de "*. . . y no se lo tragó la tierra*" representa a todo mexicanoestadounidense como delineado por la fábula. Inclusive, se enmascara a veces de narrador omnisciente, distinguiéndose en forma cualitativa de Richard Rubio. Las diferencias entre ambos protagonistas yace en el tipo de sujeto narrador. Mientras que el de *Pocho* opta por la asimilación, el de *"... y no se lo tragó la tierra"* escoge la autodeterminación.

Como de su sueño emana toda la narración, el adolescente anónimo representa la máxima figura de la identidad de *chicano*. Más allá de la inherente ambigüedad en la figuración de *"... y no se lo tragó la tierra"*, los representantes de las otras identidades son: el poliforme viejo, el *American*; el padre del protagonista, el *mexicano*; y la pareja don Hilario y doña Bonifacio, ambos, representantes del *pocho*. En lugar de aplicar en reversa el estudio del sistema de [personajes] como en *Pocho*, que se inicia en base al último signo notorio, *pocho*, en *"... y no se lo tragó la tierra"* se enfoca primero el signo de identidad *American*. Sorpresivamente, esta identidad continúa determinando las identidades de todos los [personajes], aunque el signo notorio, *chicano*, predomine ahora en la rotación y las combinaciones de los signos lingüísticos. Esto se debe a que el lector percibe la narración a través del nuevo sujeto narrador chicano. Su punto de vista es central.

El American: *el poliforme viejo*

El [personaje] principal asociado con el signo de identidad *American* está en el poliforme *viejo*. La suya no es una figuración como individuo, sino como tipo. Para el sujeto narrador chicano, varios [personajes] representan al viejo; otros exhiben sus normas. Específicamente, se figura al viejo en tres selecciones del trabajo de Rivera: "Los niños no se aguantaron", "Es que duele", e "... y no se lo tragó la tierra". La primera toma lugar en la parte del Anti-Barrio junto al pueblo tejano, que es el espacio central de la narrativa. Las otras representaciones del viejo toman forma en la parte del Anti-Barrio que es el Medioeste.[39] En cada figura, el viejo se presenta como el ranchero que emplea a la familia del protagonista.

El viejo mantiene una vigilancia estricta sobre sus trabajadores en "Los niños no se aguantaron". Le concierne bastante que produzcan lo máximo por hora. Les prohibe inclusive tomar el tiempo necesario para beber agua. El viejo persigue tanto la reducción en el costo de la labor, símbolo del desarrollo para él, que no le molesta intimidar a sus trabajadores con disparos sobre la cabeza. Cuando mata accidentalmente a un niño trabajador, esto se proyecta como acto simbólico de la reducción del hombre al interés económico.

En "Es que duele" el viejo, residente ahora del Medioeste, toma la máscara del burlón. Se ríe de las aspiraciones del protagonista de ser operador de teléfonos. Desde el punto de vista de éste, una vez realizado su sueño,

---

[39]El mismo protagonista narra la selección "Es que duele".

microcara del *otm* de la descolonización, le facilitaría escaparse de su presente posición económica: ser trabajador migrante. Por otro lado, la reacción del viejo burlón demuestra que es inaccesible la movilidad social, norma principal de la identidad de *American*, para el protagonista. Queda revelada de este modo su condición como colonizado interno, cuya labor se reserva para los trabajos sin futuro:

> —Sí, compadre, está muy empeñado m'ijo en ser eso, si viera. Cada vez que le preguntamos dice que quiere ser operador. Yo creo que les pagan bien. Le dije al viejo el otro día y se rió. Yo creo que cree que m'ijo no puede, pero es que no lo conoce, es más vivo que nada. Nomás le pido a Diosito que le ayude a terminar la escuela y que se haga operador.[40] (p. 26)

A partir de esta cita, el relato "... y no se lo tragó la tierra", cuyo título coincide con el de la obra, establece la relación del chicano con la identidad de *American*. Para su representante, el poliforme viejo, la familia del protagonista tiene únicamente el papel de trabajador migrante. Así, el derecho a explotarla se antepone, otra vez, a la deshidratación de la familia durante las horas de trabajo. Cuando su padre sufre esta condición, el protagonista se queja ante la madre:

> —... ¿Dígame usted por qué? ¿Por qué nosotros nomás enterrados en la tierra como animales sin ningunas esperanzas de nada? Sabe que las únicas esperanzas son las de venir para acá cada año. (p. 68)

De manera similar a *Pocho*, el símil "como animales" comunica la reducción no sólo del padre del protagonista, sino de todos los trabajadores a la fuerza bruta ejercida por el viejo. La diferencia entre ambas imágenes del trabajador migrante reside en que el protagonista de *"... y no se lo tragó la tierra"* se rebela para combatirla.

El chicano: un adolescente anónimo

Al comparar los espacios dedicados al signo *chicano* en *"... y no se lo tragó la tierra"* y en *Pocho*, se revela inmediatamente que las escasas ocho o nueve páginas dedicadas al Barrio en ésta evolucionan a cubrir casi todo el discurso narrativo de aquélla. Aparte de las selecciones "Los niños no se aguantaron" y "Cuando lleguemos...", el Barrio ocupa el espacio central

---

[40]La selección "Es que duele" ilustra también que aunque el Anti-Barrio valoriza la asimilación como norma, los trabajadores migrantes no pueden integrarse fácilmente a ella. Mientras que los estudiantes angloamericanos en la escuela del Medioeste forman parte de "our boys", al protagonista se le excluye, en particular cuando lo expulsan por tener un pleito para autoafirmar su ascendencia mexicana: —Well, I just hope our boys don't make too much about it to their parents. I guess I'll just throw him out (p. 25).

en "*. . . y no se lo tragó la tierra*". Aun en las excepciones, donde predomina el Anti-Barrio, los protagonistas no son *Americans* ni pochos, sino que siguen siendo los chicanos: en toda escena y diálogo de la narrativa los angloamericanos ocupan el fondo.[41] Ya que la mayoría de los [personajes] son chicanos, el discurso narrativo rebasa la unidimensionalidad del mexicanoestadounidense en el discurso normativo angloamericano, para presentarnos en su lugar una imagen compleja del adolescente anónimo. Aunque de manera distinta, los mismos elementos sociohistóricos en el caso del Rooster figuran su identidad: el Barrio, el desarrollo comunitario, la autodeterminación y el desarrollo cultural. Estos tienen mayor desarrollo. Además, en el discurso narrativo de "*. . . y no se lo tragó la tierra*" la autoafirmación de la minoría racial mexicana juega el papel central.

Como al nivel del espacio narrativo predominan las descripciones ligadas al pueblo y al rancho, el adolescente anónimo jamás duda sobre su derecho de pertenecer al Barrio. A pesar de seguir éste subordinado económicamente, el pertenecer a este espacio se convierte en un principio ideológico de la fábula **quién soy**.[42] Como manifestación del sujeto narrador chicano, que implica cierta conciencia colectiva, el protagonista lo reconoce cuando se le expulsa de la escuela que está en el Anti-Barrio:

> Yo creo que es mejor estarse uno acá en **el rancho** [negrilla nuestra], aquí en la mota con sus gallineros, o en la labor se siente uno a lo menos más libre, más a gusto. (p. 22)

El hecho de residir en el Barrio, por tanto, está patente durante todo el discurso, especialmente en ciertas selecciones donde el protagonista se coloca la máscara del narrador: "Es que duele", "Primera comunión" y "El retrato". El momento cúspide de su pertenencia al Barrio, sin embargo, se reserva para el final del monólogo interior en la selección "Debajo de la casa", que pertenece al protagonista-narrador; en este monólogo aparecen en forma de *collage* todos los [personajes] presentes en el discurso narrativo:

> —*Quisiera ver a toda ese* [sic] *gente junta. Y luego si tuviera unos brazos bien grandes los podría abrazar a todos. Quisiera poder platicar con todos otra vez, pero que todos estuvieran juntos. Pero eso apenas en un sueño.* (p. 168)

---

[41]En cuanto a la representación literaria, el joven anónimo —la figura principal del signo notorio *chicano*— surge como el [personaje] más importante, no el pocho, lo cual atestigua el fuerte y resonante desafío contra la identidad de *American*.

[42]Para el lector consciente de que casi toda la narración —ya sea en tercera o primera persona— es un sueño que el protagonista tiene mientras duerme en el sótano de una casa en el Barrio, queda específicamente explícito el principio ideológico de residir en el Barrio.

En "*. . . y no se lo tragó la tierra*" la autodeterminación toma dos formas: el rechazo de la religiosidad ofuscadora y la rebelión contra la explotación del viejo. El título ya comunica a primera vista el rechazo, anteponiendo el derecho del ser humano a forjar su propio destino. Este derecho repercute en la selección ". . . y no se lo tragó la tierra": desanimado por haber atestiguado los inefectivos ruegos de sus padres ante una deidad religiosa y sus representantes para que curen a su padre de la deshidratación y alarmado de ver a su hermano menor en las mismas condiciones, el protagonista maldice a "Dios", hecho que lo pone en contacto con la naturaleza y con su propio ser, trayéndole el entendimiento de que tiene el poder para resolver su condición histórica. Esta maldición, otro micro-*otm* del *otm* de la descolonización, se extiende al repudio de la creencia en el demonio. El rechazo de la religiosidad ofuscadora pone al protagonista en contacto con su propio ser histórico. De esta nueva conciencia emana la rebelión contra el viejo.[43]

En cuanto a la explotación del viejo, [personaje] que simboliza al colonizador, se presenta en su forma abierta también en la selección, ". . . y no se lo tragó la tierra". Aunque proyecta principalmente un desafío a la tradición religiosa, tanto esta selección —que da título a la obra— como la narrativa en su totalidad se prestan a la dimensión económica, es decir, el título implica también la rebelión contra la explotación. Además del reconocimiento del estado económico subordinado de los trabajadores migrantes en el símil "como animales", el lector escucha dos desafíos, el de la madre (I) y el del protagonista (II):

> I   No se atareen tanto. No le hagan caso al viejo si los apura. Aviéntenle con el trabajo. Como él no anda allí empinado, se le hace muy fácil. (p. 67)
>
> . . .
>
> II   —Ahí nos va a tocar lo mero bueno del calor. Nomás toman bastante agua cada rato; no le hace que se enoje el viejo. (p. 69)

La rebelión contra la hegemonía económica del Anti-Barrio no se presenta sólo como la reacción del protagonista y su familia, sino también como la de otros residentes del Barrio. Incluye los esfuerzos de don Mateo para recuperar el retrato de su hijo y las palabras, las cruces, la rayas y la expresión anónima *con safos* que aparecen en las tarjetas postales del cura. El diálogo entre el padre y el hijo a quien rehusan cortarle el pelo unos barberos anglo-americanos deja patente también la rebelión:

---

[43]En *Pocho*, Richard Rubio no pasa por el mismo rechazo. Simplemente, experimenta una evolución intelectual. Al rebasar la religiosidad, por tanto, no opta por la lucha histórica, sino individual.

. . . estos cabrones te van a cortar el pelo o me los echo [a]l pico. . . . (p. 166)

Los dos principios ideológicos principales del Barrio —el derecho a pertenecer y la autodeterminación— hacen posible el bienestar comunitario ante las amenazas económicas del Anti-Barrio. Además de demarcar un espacio chicano en medio de éste, ya sea en su expresión tejana o del Medioeste, el bienestar comunitario incluye la defensa de la familia. La unidad familiar es crucial por tratarse de un pueblo sin tierra: es todo lo que les queda a sus residentes. El mejor ejemplo de esta unidad se presenta cuando mueren los tíos del protagonista y los parientes distribuyen los niños entre sí para criarlos. Este sentido colectivo explica asimismo la participación de los niños en la labor al lado de los padres, especialmente el protagonista.

El bienestar comunitario se extiende, a pesar de repetidas frustraciones, al deseo de escapar la condición de migrantes subordinados por medio de la escuela o el entrenamiento para desempeñar trabajos calificados.[44] A diferencia de *Pocho*, la academia angloamericana cesa de jugar un papel asimilacionista al nivel de cultura en *". . . y no se lo tragó la tierra"*; al chicano sólo le interesa la función de ésta para adquirir entrenamiento técnico. El bienestar comunitario incluye, en ciertos casos, al angloamericano, como se presenta en la anécdota donde un niño se arranca un botón de su única camisa para dárselo a la maestra. Beneficia además a los miembros dementes del Barrio, *p. ej.*, el mismo protagonista:

> —Pobre familia. Primero la mamá, y ahora éste. Se estará volviendo loco. Yo creo que se le está yendo la mente. Está perdiendo los años. (p. 169)

Si *". . . y no se lo tragó la tierra"* pone tanto énfasis en un espacio chicano donde sólo existen trabajadores migratorios despojados, ¿cómo se expresa el desarrollo cultural? Para entender la función de este elemento en la figura del chicano, sería útil recordar el juicio de Richard Rubio acerca del lenguaje de los pachucos, pues revela en la obra de Rivera un logro a nivel de la figuración, o el discurso narrativo:

> They use a polyglot speech made up of English and Spanish syllables, words, and sounds. This they incorporate into phrases and words that were unintelligible to anyone but themselves.[45]

Este lenguaje identificado por Richard Rubio como *unintelligible* o incomprensible se ha convertido ahora en un discurso narrativo complejo como lo

---

[44]Ejemplos: el deseo del protagonista de ser operador de teléfonos, el entrenamiento planeado por el reverendo protestante para hacer carpinteros a los trabajadores migratorios, el deseo de los García de volver a sus hijos boxeadores, etcétera.
[45]José Antonio Villarreal, *Pocho* (New York: Doubleday, 1970), p. 151.

es *"... y no se lo tragó la tierra"*. El proceso lingüístico en sí forma parte del desarrollo cultural: aunque el texto parte del español estándar, ese medio lingüístico está nutrido de palabras que vienen del inglés como *golfo, dompe, principal* (queriendo significar director), *moralti, abordo, eguis, trailer* y otras. Este nuevo lenguaje hace posible la figuración del propio protagonista, siendo casi todo el discurso narrativo su sueño personal.

Además de verse en el lenguaje el desarrollo cultural, se observa en el adolescente anónimo, los hermanos y otros [personajes] chicanos. El protagonista y sus hermanos pasan por una evolución cultural que los separa de sus padres. Mientras que éstos celebran el día de los Reyes Magos y la venida de don Chon, prácticas culturales de México, aquéllos prefieren celebrar *crismes* (*Christmas*, en inglés). La nueva cultura mexicanoestadounidense, que exhibe elementos tanto mexicanos como angloamericanos, se expresa de manera simbólica en la descripción de la foto que un recluta militar les mandará a sus padres desde Corea: vestido de soldado, en la frente tendrá cruzándose "las banderas americana y mexicana". En la expresión máxima del *otm* de la escritura, por último, el poeta ambulante que escribe sobre los trabajadores, Bartolo, eleva la cultura del trabajador migrante al nivel literario, que es parte de la modernidad.[46]

El mexicano: el padre del protagonista

Excepto su presencia en la representación ideológica, el signo *chicano* no aparece en el discurso lingüístico de *"... y no se lo tragó la tierra"*, pero sí leemos su signo binario, *mexicano*. Por esta razón, la lectura inconsciente puede negar la figuración del chicano, especialmente cuando aparecen [personajes] mexicanos. Empero, la lectura cuidadosa revela que el mexicano no es la identidad central. Estamos conscientes de ello al fijarnos en el desarrollo del padre del protagonista, que es el [personaje] representativo. Esta figura se forma también a base de los cuatro elementos sociohistóricos asociados con Juan Rubio: el Exterior, el subdesarrollo, la rigidez social y la reificación cultural.

Como Juan Rubio en *Pocho*, el padre del protagonista emigra de un México provinciano, que codifica parte del Exterior. Este espacio continúa exhibiendo aspectos latifundistas, de subdesarrollo, aunque se inicia ya alguna industrialización, como lo comunican las tierras de riego que poseía la familia del padre. Ya que ha trabajado en la agricultura desde los cinco

---

[46]Como este poeta es la representación metaliteraria del protagonista-narrador, su hecho artístico acentúa el de éste. Desde el punto de vista chicano, ambos nos presentan la evolución cultural del Barrio. Esta autoimagen es el máximo principio literario del proyecto ideológico de autorrepresentación.

años, sin ser nunca miembro de un sindicato, entendemos la actitud sumisa del padre hacia su patrón del Anti-Barrio, norma que no comparte el protagonista. La misma actitud proyecta la rigidez social como elemento sociohistórico del México provinciano. Esa rigidez sobresale otra vez cuando el abuelo, que emigra también del mismo México (*otm* de la narrativa de la Revolución), le cuenta a su sobrino la causa de su inmigrar al Barrio:

> *Luego vino la revolución y perdimos nosotros al último, a Villa le fue bien, pero yo me tuve que venir para acá, aquí nadie sabe en lo que anduve.* (p. 167)

En cuanto a la reificación cultural como parte de la identidad del signo *mexicano*, ésta se expresa por medio de la continua práctica de los padres de celebrar la venida de don Chon y el Día de los Reyes Magos en vez de *crismes*. Estas celebraciones provincianas impiden que los padres reconozcan el interés del niño mexicanoestadounidense por participar en las prácticas culturales de la cultura dominante. Su visión de la sociedad desarrollada los limita a la necesidad económica, como es el encontrar trabajo y el desear que el hijo se entrene para ser un obrero calificado.

La noción de que la identidad del signo *chicano* pueda ser negada por la del signo *mexicano* tiene poca substancia en *". . . y no se lo tragó la tierra"*. Pocos [personajes] giran a su alrededor. Los signos lingüísticos ligados al signo notorio *mexicano* configuran, en su mayoría, al padre del protagonista y al abuelo ex-revolucionario, [personajes] secundarios. El resto de los signos detallan a unos cuantos indocumentados, de los cuales el mojado, a quien mata la pareja don Laito y doña Bonifacia, recibe la mayor parte. La identidad de mexicano no pone en peligro en ningún instante la de chicano, sino que forma parte del sistema de [personajes] novelescos, donde contribuye a negar que el adolescente anónimo sea mexicano y a comunicar la inexistencia del chicano en México.[47] Por último, la identidad de mexicano, similar a la de pocho, en ningún instante presenta una alternativa a la hegemonía de la cultura angloamericana.

El pocho: la pareja don Hilario y doña Bonifacia

Para cerrar el sistema de [personajes] novelescos de *". . . y no se lo tragó la tierra"*, enfocamos ahora la identidad del signo *pocho*, cuyos elementos sociohistóricos son: el Anti-Barrio, la asimilación, el individualismo y la pasividad colectiva. De manera similar al caso de la identidad del signo *mexicano*, sus [personajes] son escasos, acentuando otra vez la primacía de la autorrepresentación chicana en la narrativa de los setenta.

---

[47]No se establece, a nivel de espacio, una conexión directa entre el protagonista y el Exterior, en su acepción México.

Aunque el vendedor de retratos puede ser también un *pocho*, la pareja don Hilario y doña Bonifacia llena mejor esta identidad. Ellos viven en el pueblo central de *"... y no se lo tragó la tierra"*. Se distinguen, empero, de los residentes del Barrio por sus "buenas relaciones" con los residentes del Anti-Barrio. La frase "hasta los americanos los querían", repetida varias veces, atestigua sus aspiraciones de asimilarse y formar parte del Anti-Barrio. Les atrae su hegemonía.

La pareja juega un papel económico entre el Anti-Barrio y el Barrio. El papel consiste en distribuir a los residentes de éste los comestibles que les regalan los "americanos" o angloamericanos, así como la mercancía que se roban de los grandes supermercados establecidos en el Anti-Barrio. Tal distribución es oportunista. Primero tratan de vender los productos y sólo luego regalan lo sobrante. Su individualismo se debe exactamente a su papel económico.

Detallada escasamente en el discurso narrativo, la pasividad colectiva de don Hilario y doña Bonifacia reside en su insincera participación por lograr el bienestar comunitario y en no luchar por la autodeterminación. Ambos esposos asesinan a un indocumentado en *"... y no se lo tragó la tierra"*. Su acto violento, que no es ajusticiado, significa un esfuerzo por llevar a su máxima expresión la hegemonía del Anti-Barrio: el arrasamiento completo del Barrio como "territorio autónomo".

El sistema de [personajes] en *Peregrinos de Aztlán*

Por el consciente compromiso de Miguel Méndez con el proyecto ideológico de autorrepresentación, la identidad chicana yace al centro de la fábula **quién soy** en *Peregrinos de Aztlán*. Esto queda claro a pesar de que la mayoría de los signos lingüísticos giran en torno al signo *mexicano* y codifican el Exterior como el espacio más cuantitativo. De hecho, la búsqueda de identidad rebasa el espacio donde transcurre la asimilación: el Barrio y el Anti-Barrio. El Exterior la dramatiza: varios [personajes] del Exterior peregrinan hacia el Barrio y el Anti-Barrio y contribuyen a moldear la identidad de chicano. Predomina, no obstante, el sistema de [personajes] novelescos de la narrativa de los setenta.[48] Asimismo, los cuatro signos notorios —*American, chicano, mexicano y pocho*— aparecen gráficamente en el discurso lingüístico.

La escena que nos presenta la fábula **quién soy** toma lugar en la cantina Happy Day. El profesional chicano y Jorge Curiel discuten sobre su

---

[48] Esto queda claro a partir de la temprana escena donde se le presenta al lector la fábula.

amistad y acerca del Sudoeste. Como máxima expresión del sujeto chicano, Curiel desconstruye en el siguiente diálogo las identidades codificadas por los discursos normativos, el angloamericano y el mexicano, y se autodefine como chicano proyectando la función del *otm* de la autodeterminación:

> —... ¿Sabes qué? Ora como que apaño guergüenza, siempre camellando como un pinchi animal, ése, usté que ha leyido tantos "comics". ¿Qué somos slaves, nosotros la raza? Luego, ése ... es como si le filerearan a uno los hígados. Allá, ése, pos es uno "greaser", "un mexican", viene uno acá, ése, y quesque uno es "pocho"; me empieza a cuadrar que me llamen "chicano", bato; me cai a toda madre, carnal; siquiera ya es uno algo, no cualquier greaser o pocho. ¿Qué no? Usté que ha leyido tantos funnys, carnalito, ¿qué semos, ése?
> —Bueno ... pues México-Americanos.
> —¡Chale!, ése es pura pinchi madera, lo de Mexicano domás pa'meterlo al surco, a las minas, nel, pos otra chinga pior. Lo de americanos, pos ya te darás cola, camarada, pa'darnos en la madre en sus pinchis guerras puercas. ¿O qué no, ése? (p. 29)

Rechaza de esta manera los signos de identidad *greaser, mexican, pocho* y *México-Americano*. A este último lo señala como dos formas de la misma hegemonía del Anti-Barrio.

En lugar de las identidades susodichas, Curiel opta por la chicana. Frankie Pérez y el primogénito, que aparece al final de la obra, escogen la misma autoapelación. El uso del signo *chicano* que hace el narrador omnisciente, por consiguiente, presta autoridad a la autoapelación y proyecta la existencia del sujeto chicano al nivel de la figuración.[49] Por tanto, *Peregrinos de Aztlán* presenta, de manera similar a la novela de Rivera, a tipos, no a individuos, en su sistema de [personajes] novelescos. Nos valemos de los siguientes [personajes] para ilustrarlo: Mr. Rudolph H. Smith, el *American*; Jorge Curiel, el *chicano*; Loreto Maldonado, el *mexicano*; y "el Spanish", el *pocho*.

El American: *el juez Rudolph H. Smith*

La imagen del Barrio como lo onírico en *"... y no se lo tragó la tierra"* continúa en *Peregrinos de Aztlán*, pues el Anti-Barrio casi arrasa completamente el Barrio. La hegemonía de la sociedad dominante está presente por doquier, desde Texas y Arizona hasta California. Mr. MacCane limita el Barrio a unos míseros alojamientos para sus trabajadores. No nos extraña entonces que Pánfilo Pérez considere a Texas "una prisión" para los chi-

---

[49]La autoapelación a nivel del discurso lingüístico refleja el lenguaje de la representación ideológica como está expresado en los manifiestos, los artículos críticos y los reportajes periodísticos.

Del pocho al chicano

canos. Tony Baby hereda un restaurante situado en el Barrio donde, a base de la superexplotación del indocumentado, vende a los mexicanoestadounidenses comida angloamericana, como los *hot dogs*, máximo acto de la hegemonía del Anti-Barrio. Mr. Foxye suma el Sudoeste al Anti-Barrio apoyándose en el mito de su familia como colonos que estaban destinados a civilizar a los nativos. Cualquiera de estos tres [personajes] puede representar la identidad de *American*, salvo que no comunican efectivamente sus elementos sociohistóricos: el Anti-Barrio, el desarrollo, la movilidad social, y la asimilación. Puesto que reside en medio de los trabajadores migrantes, el juez Rudolph H. Smith, establecido en el Valle Imperial, sobresale como representante. Al ser agente de la hegemonía del Anti-Barrio, sentencia al Buen Chuco a cuatro años de prisión por el insignificante robo de cuatro botellas de vino:

> —*Jorge Curiel, alias, el Buen Chuco; has violado las leyes con que se gobierna esta sociedad de hombres libres, en que habitas, y donde cada ciudadano tiene las mismas ventajas y privilegios. ¿Aceptas tu culpabilidad?* (p. 140)

El juez Smith tiene, por último, sirvientes mexicanoestadounidenses: una camarera y un jardinero.

La división entre los residentes del Barrio y el Anti-Barrio constituye un hecho tan abierto e instituido que los semas ligados al juez Rudolph H. Smith en la susodicha cita —*leyes, libres, ventajas* y *privilegios*— resultan contradictorios desde el punto de vista de Jorge Curiel, representante del sujeto chicano; de ahí su rebelión. De igual manera, la serie de acciones proairéticas, VIOLAR, GOBERNARSE y TENER, codifican, en realidad, la hegemonía del Anti-Barrio en su práctica de reprimir al trabajador migrante, cuya rebelión se expresa una y otra vez por medio del signo *rabia* asociado con el *otm* de la descolonización. Esta contrariedad entre la hegemonía del Anti-Barrio, por un lado, y la autodeterminación del chicano, por otro, aumenta al tomar en cuenta los elementos de la identidad de *American*. Su adherencia a una estructura socioeconómica de dominación establece y fija el estado social del Buen Chuco como subordinado.

De modo similar al espacio de los MacCane en Texas, saturado de riquezas y lujos para los rancheros pero estéril para los trabajadores migratorios, el Valle Imperial de California abarca dos sociedades igualmente opuestas y divididas por el desarrollo. Mientras que la mexicanoestadounidense sólo tiene su labor, a la anglosajona le pertenece todo: propiedades, productos industriales y servicios. Forma parte de esta última el juez Rudolph H. Smith. Para él, que no trabaja en los campos agrícolas de temperaturas infernales, el Valle Imperial es una utopía, como se lo comunica a Gloria, su esposa: "Vivimos pues en un paraíso" (p. 136). Como los MacCane y sus "palacios de fábula" y los Foxye y sus viajes turísticos, Mr. Smith disfruta de un alto nivel de vida: mantiene un aparato de refrigeración para su casa de cinco recámaras, disfruta de abundantes desayunos y tiene un jardín decorado con esculturas romanas. Su beneficio del desarrollo económico incluye su puesto jurídico. De esta imagen utópica del Anti-Barrio, no muy disímil a la de Tony Baby, emanan las normas personales del juez Smith: la acumulación materialista, el puritanismo, el racismo y la filantropía. Estas facilitaron su movilidad social.

A diferencia de *Pocho*, en el Anti-Barrio de *Peregrinos de Aztlán* la movilidad social parece reservarse exclusivamente a los angloamericanos. Excepto por el chicano que ha recibido un doctorado de una universidad angloamericana,[50] ningún mexicanoestadounidense escapa de la condición como trabajador migrante. Por medio de la movilidad social, Mr. Smith asciende a juez. Sin haber nacido de padres pudientes, como Tony Baby y Foxye Junior, asiste a la escuela de derecho valiéndose de becas. Smith Jr., su hijo, sigue sus pasos. En contraste, a Frankie Pérez, un joven migrante, se le envía a Vietnam, donde muere. Si un anglosajón, Foxye Jr., rechaza la movilidad social, su acto no cambia las normas del Anti-Barrio. Al contrario, acentúa el materialismo del padre (p. 128).

Como no atenta contra la hegemonía del Anti-Barrio, el rechazo a sus beneficios por parte de Foxye Jr. ilumina por tanto el cuarto elemento sociohistórico de la identidad del signo *American*: la asimilación. Esta no se extiende al trabajador mexicanoestadounidense como en *". . . y no se lo tragó la tierra"*. En el espacio narrativo existen dos sociedades diametralmente opuestas. El juez Rudolph H. Smith, a pesar de su cristianismo, su fidelidad a la esposa y su culto a la higiene, desprecia a los chicanos por la piel café. No le interesa asimilarlos, algo simbolizado en la injusta sentencia del Buen Chuco. Cuando se considera posible la asimilación de los chicanos, el motivo, en realidad, es económico, no cultural. Lo explica la frase "nuestros chicanos" de Rudolph Smith:

> Qué sería de nuestros chicanos si no tuvieran el alivio de estas labores, que con la divina gracia de Dios nuestro señor se ayudan a vivir. (p. 136)

El chicano: Jorge Curiel

La figura de Jorge Curiel tiene significado dual: por un lado, nos recuerda la hegemonía del Anti-Barrio, que regula la libertad del subordinado; por otro simboliza el desafío del chicano contra la identidad de *American*.

---

[50]Por ser una excepción, recibe escaso desarrollo y por esto no se carga de significado.

Esta militancia se le atribuye también a Frankie Pérez, al primogénito y a Pánfilo Pérez, mas ninguno supera el papel de Curiel: él se enfrenta directamente a la figura que representa al *American*, mientras que los otros sólo critican a la sociedad dominante. Jorge Curiel, en comparación con los otros [personajes] mexicanoestadounidenses, es fiel a los cuatro elementos sociohistóricos de la identidad de chicano: el Barrio, la autodeterminación, el bienestar comunitario y el desarrollo cultural. Sólo para ilustrar mejor las funciones de éstos, empleamos cuando sea necesario las acciones de otros [personajes] chicanos.

Los escasos signos de espacio que figuran las comunidades mexicanoestadounidenses —desde Arizona hasta el sur de California— señalan la tenue supervivencia de Jorge Curiel. De las varias comunidades nombradas como Puma, Marrana, Wilcox, Yuma, el centro de Los Angeles y el Valle Imperial, ninguna recibe una amplia o profunda descripción, a pesar de que en estos lugares convive Curiel.[51] Los semas ligados a estos espacios, *algodones, minas, surcos, sandía, lechuga, uva, jacalón, liquor store* y *lari* (cárcel), figuran el Barrio como el mismo ambiente donde labora y reside el Buen Chuco, que es parte del Anti-Barrio. Jorge Curiel no tiene comunidad propia. No hay frontera geográfica entre el espacio de explotación y el Barrio, donde pueda Jorge Curiel abastecerse de las necesidades para sobrevivir y ser "libre".

Asimismo, mientras los espacios agroindustriales significan el desarrollo para sus dueños angloamericanos, no ofrecen ningún beneficio para el trabajador migratorio. Aparte de heredar la subordinación histórica, Jorge Curiel es un marginado en medio del desarrollo. Por este hecho, no resultan ilógicos o exagerados los símiles que enuncia el Buen Chuco para expresar su condición personal: "como pinchi animal", "como una bestia enferma", etcétera. (Se parecen bastante a los presente en *". . . y no se lo tragó la tierra"*.) Puesto que Curiel no tiene realmente un espacio autónomo que supere la supervivencia y fomente la autoimagen, se entiende como lógica la *rabia* o rebelión que abraza. Este principio de autodeterminación la comparten otros miembros del Barrio como Frankie Pérez y el primogénito.

La aparente desaparición del Barrio no significa la inexistencia del chicano. La autodeterminación toma formas múltiples: el sentimiento de rabia, la autoapelación como chicano, la reinterpretación del mural y otras. La rebelión de Jorge Curiel en el tribunal del juez Smith se proyecta como la máxima llamada de autodeterminación, proyectando el *otm* de la descolonización. Esta imagen simbólica, que implica la necesidad de un nuevo

---

[51]La descripción del espacio ligado a los Pérez presenta una imagen más amplia del Sudoeste; sin embargo, no se establece un desafío directo al Anti-Barrio, sino mítico.

orden, está presente en el "someday" de Pánfilo Pérez y en el *"más vale darnos en la madre por lo que es justo"* del primogénito, así como en el *"romped el silencio de las centurias"* del narrador omnisciente que cierra la obra.

A pesar de vivir en un espacio marginado, arrasado casi completamente —el Barrio—, Jorge Curiel mantiene su fe en el bienestar comunitario. Este valor forja la cohesión entre los residentes del Barrio. Jorge Curiel no sólo trabaja desde muy joven para mantener a su familia, entregándole a su madre casi todo su pago, sino que como adulto, aspira a ofrecerle a ella los beneficios del desarrollo:

> . . . cálmese, jefita, y le apaño un chante muy de aquella, como los cantones de los gabas, con suaves ranflas y toda la movida. (p. 49)

Su lucha para ayudar a la familia lo motiva, inclusive, a ser campeón de la pizca, lo cual implica el autocastigo y el autosacrificio, traducidos como superexplotación, para producir más y poder ganar un mejor sueldo.

Otros [personajes] chicanos se adhieren al bienestar comunitario. Los vecinos ofrecen su apoyo a los Pérez cuando éstos reciben la noticia de la muerte de Frankie en Vietnam. El profesional chicano se mantiene fiel a su amistad con Curiel aun cuando encarcelan a su amigo por el robo de cuatro botellas de vino. Un novelista chicano asiste al juicio de éste, lo cual proyecta la presencia del *otm* de la escritura. El bienestar comunitario lo comparte inclusive un defensor público de ascendencia anglosajona que defiende al Buen Chuco ante el tribunal del juez Smith. Desde la visión mundial del trabajador migrante, el bienestar comunitario provee la solidaridad entre las diferentes clases que constituyen la minoría racial mexicana. Comparte con la clase media y los obreros cierta continuidad histórica proveída por el sujeto narrador chicano, específicamente su autoconciencia como conquistado y subordinado.

De manera similar a *". . . y no se lo tragó la tierra"*, el desarrollo cultural de la figura chicana reside en el uso del lenguaje chicano y la ayuda mutua entre los residentes del Barrio. Como en los otros elementos sociohistóricos, Jorge Curiel lo representa a nivel del sistema de [personajes] novelescos. De todos ellos, inclusive los narradores, él representa al sujeto narrador chicano en su aspecto bilingüe. Hasta cierto punto la realidad chicana emana de su mundo lingüístico.

El mexicano: el yaqui Loreto Maldonado

En el diálogo entre Jorge Curiel y el profesional chicano resalta el rechazo de la identidad de mexicano. Mientras que los angloamericanos denigran

Del pocho al chicano 219

al chicano como "*greaser*" o "*mexican*", los mexicanos lo insultan con la apelación de "pocho", identidad que significa desertar el pueblo mexicano para asimilarse a la cultura anglosajona. En ambos lados de la frontera se le niega al chicano su autoimagen. Tal no existe ni para los miembros del Anti-Barrio ni para los del Exterior. Como logro singular, *Peregrinos de Aztlán* fija en forma concreta las distinciones entre las identidades de chicano, de pocho y de mexicano. Los miembros de la identidad *mexicano* comienzan ahora a entender la identidad de *chicano*. Al mínimo, se enteran que el espacio los distingue: el Barrio para el chicano, el Anti-Barrio para el pocho y el Exterior para el mexicano. En esta división de espacio, un indio yaqui, Loreto Maldonado, representa la máxima figura de la identidad de mexicano, que ha evolucionado desde la narrativa de *Pocho*. Consecuentemente, se integra al yaqui al sistema de [personajes] novelescos característico de la *narrative of self-identity*. Además del Exterior, otros elementos sociohistóricos moldean a Loreto: el subdesarrollo, la rigidez social y la reificación cultural.

La mayor parte de los signos de espacio en *Peregrinos de Aztlán* toman la forma de México, una parte del Exterior. A diferencia del México provinciano en *Pocho* e "*. . . y no se lo tragó la tierra*", se figura ahora uno fronterizo y semiurbano. Sólo en el pasado de Loreto Maldonado se proyecta un México provinciano. Sin embargo, tanto el espacio provinciano como el semiurbano giran en torno al Anti-Barrio: sus residentes emigran a él. Este peregrinaje se debe a la dependencia económica.

En *Peregrinos de Aztlán*, las descripciones de Tijuana como una sociedad en desarrollo presentan un cambio aparente en la identidad de mexicano. Este emana del elemento sociohistórico del subdesarrollo. Cierto, a primera lectura tenemos una sociedad en desarrollo, lo cual puede llevarnos a pensar que tendrá beneficios y normas similares al Anti-Barrio. El desarrollo tijuanense de los 1960, sin embargo, no tiene raíces autóctonas: como lo deja claro el narrador-vate, este desarrollo es extensión de la hegemonía del Anti-Barrio. Básicamente, la dependencia, que incluye el papel inefectivo del estado mexicano, impide al México fronterizo rebasar el marco del subdesarrollo.[52] La constante peregrinación de campesinos procedentes de la provincia mexicana hacia el Anti-Barrio, a razón de la falta de trabajo en sus pueblos, revela en forma concreta la persistencia del subdesarrollo. Muchos campesinos permanecen en Tijuana únicamente para continuar su peregrinaje otro día, dándole un carácter transitorio a esta ciudad fronteriza.

---

[52]No negamos que las imágenes de desarrollo tengan valor narrativo. Estas apuntan a la narrativa mexicana contemporánea de índole urbana, que tiene su principio en *La región más transparente* (1959) de Carlos Fuentes.

De manera similar a Juan Rubio, los elementos sociohistóricos de Loreto Maldonado se formaron en una sociedad provinciana, cerrada. Antes de ingresar a la Revolución de 1910, Loreto vivía en uno de los pueblos yaquis al norte de México. Los semas ligados a Loreto —*ingenuo, orgullo, honorabilidad* y *dignidad*— codifican el honor como su norma central. Esta norma procede de la provincia. Desafortunadamente, en el presente narrativo Loreto Maldonado no abraza ni la rebelión ni la autodeterminación. Aún así, Loreto representa un cambio en la imagen del mexicano que aparece en la narrativa mexicanoestadounidense. La facultad de visionario le permite entender y aceptar la evolución cultural. Por ejemplo, acepta la existencia de la identidad de chicano.

Como parte del sistema de [personajes] novelescos de la *narrative of self-identity*, Loreto rebasa la función de negar la identidad en el signo *chicano,* lo cual indica una evolución del género narrativo de los setenta en la literatura chicana. Tiene una función dual: 1) sitúa la formación y el "desarrollo" de un México urbano y 2) otorga el reconocimiento a la identidad de chicano, algo no aceptado en *Pocho*. En cuanto a la interconexión del [personaje] Loreto con varios signos industriales (pp. 13-14), inclusive los que conotan los efectos negativos, ésta establece el México en desarrollo. Su reconocimiento del chicano se codifica por medio de los encuentros de Loreto Maldonado con Frankie Pérez y Jorge Curiel. Específicamente, su intercambio con éste pone fin a la práctica del mexicano que confunde al chicano con el pocho. Sorprendido por las injusticias, el yaqui inquiere si los chicanos no se benefician del desarrollo:

—¿Por qué no van ustedes a las leyes? Viven en un país supercivilizado. (p. 86)

La respuesta negativa del Buen Chuco a este hecho abre para el mexicano una nueva perspectiva del Anti-Barrio. Loreto comienza ahora a reconocer la identidad de chicano como colonizado interno, subordinado y marginado.

Cuando Loreto se encuentra con Frankie Pérez, el intercambio profundiza su entendimiento de las contradicciones entre el Barrio y el Anti-Barrio. La reconfirmación del estado marginado del chicano conmueve a Loreto a integrar a Frankie a sus visiones del pasado revolucionario y del futuro: un chicano forma parte de su visión indigenista. Para Loreto, Frankie no sólo es chicano, sino que representa también la continuidad histórica del indígena yaqui, el elemento anticolonial que se suma al *otm* de la descolonización. En *Peregrinos de Aztlán* el mexicano no sólo reconoce la existencia del chicano, sino que toma conciencia de un destino común, ya que ambos son víctimas del Anti-Barrio y su hegemonía.[53]

Si en ciertos instantes Loreto se adhiere a la rigidez social y a la reificación cultural, esto reside en dos hechos ligados a su avanzada edad: su imposibilidad de cambiar su propio estado como marginado y su nostalgia por la Revolución de 1910. La sociedad de consumo, cuyo centro está en el Anti-Barrio, lo domina. Muere así desamparado en su casucha. La reificación cultural se establece específicamente en que no lucha para que la sociedad urbana de México auxilie a sus destituidos, incluso a los ancianos.

El pocho: "el Spanish"

A pesar del insuperable número de [personajes] mexicanos, en *Peregrinos de Aztlán* se desenvuelve en forma compleja principalmente la identidad chicana, de acuerdo al proyecto ideológico de autorrepresentación. El rechazo del signo de identidad *pocho* por Jorge Curiel en el diálogo mencionado se expresa textualmente a nivel de [personajes]. El signo *pocho*, por ejemplo, no genera ningún nombre propio en comparación con los otros, *American*, *chicano* y *mexicano*. Aunque se alude a [personajes] pochos en los diálogos de Jorge Curiel y Frankie Pérez, aparece únicamente uno de éstos como persona en el discurso narrativo. Este se autoapela *Spanish*, signo que rechaza la herencia indígena del mestizo o chicano. Por otro lado, Curiel lo denomina con los signos *vendido, cabrón chicano, puro coco* y *brown anglo*, reduciendo su figura a la pasividad, lo cual contrasta diametralmente con la narrativa de *Pocho*. A pesar de esto, no se elimina al pocho de la visión del mundo chicana. *Peregrinos de Aztlán* indica que esta mentalidad puede ser superada, que el indvíduo, armado con el *otm* de la descolonización, puede autodescolonizarse. Por ejemplo: Loreto Maldonado, el mexicano, que simboliza un indigenismo de liberación, siente compasión ante seres sin su propia conciencia histórica:

—¡Pobrecitos! Cómo sufrirán: desorientados; sin tener orgullo propio. (p. 85)

En *Peregrinos de Aztlán*, los elementos sociohistóricos del pocho continúan siendo los mismos: el Anti-Barrio, la asimilación, el individualismo y la pasividad colectiva. Antes de que aparezca en el discurso lingüístico "el Spanish", se menciona a otros dos pochos en los diálogos de los [personajes] chicanos. Uno de éstos es el mayordomo del rancho algodonero en Marrana, Arizona, donde trabaja y se establece como campeón Jorge Curiel.

---

[53]Sin embargo, tal reconocimiento del chicano, Frankie, por parte del mexicano, Loreto, se debe a una visión indigenista del mundo, que no propone una lucha social directa, sino sólo una solidaridad idealizada.

Por ser el mayordomo, este pocho inspecciona el peso de los sacos y aplica con rigor los reglamentos para los pizcadores mexicanoestadounidenses. Uno de los trabajadores migrantes, como resultado, lo considera "más gacho que los mismos bosses [patrones]".[54] Su juicio genera un comentario de otro trabajador. Para él, los mayordomos pochos en la construcción son peores: requieren obligatoriamente el inglés.[55] Tanto el mayordomo del rancho algodonero como el de construcción representan, proyectando el individualismo, los intereses económicos del Anti-Barrio. Se separan de este modo del Barrio. Asimismo, como uno de ellos requiere que sus trabajadores hablen solamente en inglés, se presenta la asimilación cultural.

En el desenvolvimiento horizontal del discurso lingüístico, los dos pochos pronostican la venida del que se autoapela "el Spanish", un [personaje] individualista y enajenado. En su primera escena, el Spanish se excusa ante Jorge Curiel porque habla solamente en inglés, producto del *otm* de la asimilación, según se desarrolla en *Pocho,* pero al mismo tiempo muestra cierto orgullo en su logro, burlado en este diálogo abajo por no usar el Spanish el tiempo pasado en inglés:

>—Sorry; I am spanish, but I never learn how to speak my grandfather's language.
>—Is that right.
>—You better believe it. (p. 81)

Para el sujeto narrador chicano, este monolingüismo simboliza la pasividad colectiva de la minoría racial mexicana, no su desarrollo cultural. Además, en su segunda escena golpea a Jorge Curiel, a quien socorre Loreto Maldonado. En contraste con las cordiales, si no emotivas, relaciones entre el yaqui octogenario, Jorge Curiel y Frankie Pérez, el Spanish considera a Loreto un entrometido:

>—Ser cosa no importa a usted. You don't care, you mete este business, mi pega madre. (p. 84)

No siente con él ninguna solidaridad ni conexión histórica. Su individualismo le impide adoptar una visión del mundo indigenista, la cual simboliza oposición —aunque sólo sea de solidaridad idealizada— a la hegemonía del Anti-Barrio. El Spanish es el pocho a quien tenía miedo Loreto, pues aquél se aparta tanto del mexicano como del chicano. No cree en el desarrollo cultural, es figura pasiva.

---

[54]Méndez-M., *op. cit.*, p. 49.
[55]Méndez-M., *loc. cit.*

Conclusión

A partir de este análisis del sistema de [personajes] novelescos en las tres narrativas consideradas por el público y la crítica como la máxima expresión de la narrariva chicana de los setenta —*Pocho*, "*. . . y no se lo tragó la tierra*" y *Peregrinos de Aztlán*— ¿se puede mantener que la primera forma parte del proyecto ideológico de autorrepresentación chicana? No. El protagonista, Richard Rubio, simplemente se autoapela con el signo *pocho*, y proyéctandose al mundo a través del título, rechaza conscientemente los signos de identidad *mexicano* y *chicano*.

Al reflejar una época conservadora en la historia de la sociedad estadounidense, *Pocho* contiene una visión del mundo angloamericana y su ideología es asimilacionista, no descolonizadora o de autoafirmación. A pesar de compartir la fábula de identidad, dos *otm* (el viaje y la escritura), *Pocho* acentúa el poder del *otm* de la asimilación, el deseo individualista de formar parte de la cultura angloamericana. Crea asimismo un sistema de [personajes] novelescos donde el pocho predomina. La naturaleza acomodaticia del signo notorio *pocho* enfoca un [personaje] asimilacionista, que toma en serio las normas de la cultura dominante. Giran a su alrededor los signos de espacio que figuran el Anti-Barrio como el espacio preferido. Este hecho, junto con la hegemonía cultural de los [personajes] *Americans* o angloamericanos, señalan a *Pocho* como un discurso narrativo cuyo deseo es formar parte del discurso angloamericano. El mito del Edén ligado al Anti-Barrio, por lo tanto, simboliza la hegemonía total del Anti-Barrio, aún mítica, sobre el Barrio y el Exterior, que incluye a sus residentes. El esfuerzo de Richard Rubio por escaparse de las contradicciones del Anti-Barrio es pírrico: no facilita el escape del servicio militar, no mitiga el deseo asimilacionista o el anhelo de compartir los beneficios de desarrollo; *p. ej.*: el asistir a la universidad. Si se intentó una crítica del modelo asimilacionista, ésta resulta ser un llamado aislado, individualista, sin resonancia histórica.

De los análisis de "*. . . y no se lo tragó la tierra*" y *Peregrinos de Aztlán* emana otro tipo de narrativa. En ambas obras se presenta un nuevo [personaje] mexicanoestadounidense: situado en el Barrio y consciente de su autodeterminación. Muestra además un sentido colectivo, contrario al individualismo de Richard Rubio. En particular, esta nueva figura toma la forma de 1) un adolescente anónimo, quien a cada paso simboliza a todo mexicanoestadounidense, y 2) el Buen Chuco o Jorge Curiel, cuya rebeldía es la autodeterminación. Su papel como protagonista no reduce la importancia de los otros [personajes] mexicanoestadounidenses; al contrario, los complementa, por ejemplo, el primogénito al final de *Peregrinos de Aztlán*. Los nuevos [personajes] abrazan indirecta o directamente el signo de identidad *chicano,* rechazando y distinguiéndose de los otros, *American, mexicano* y *pocho.*

Aunque no se rebasa la hegemonía del Anti-Barrio en el nuevo espacio narrativo, *"... y no se lo tragó la tierra"* y *Peregrinos de Aztlán* contienen una definitiva visión chicana del mundo, cuya ideología impulsa a la autodeterminación en la imagen de los residentes del Barrio para luchar contra la subordinación y la dependencia. En estas dos narrativas el *otm* de la descolonización reemplaza la asimilación. Se liga a los *otm* del viaje y la escritura para presentar [personajes] que desafían los centros de poder de la metrópoli y protestan la relación intermediaria de los residentes entre el Barrio y el Exterior, fijada por la hegemonía económica y militar del Anti-Barrio. Por medio del [personaje] Frankie Pérez, *Peregrinos de Aztlán* presenta la protesta más fuerte contra la explotación del chicano en el Exterior, adonde lo mandan los residentes del Anti-Barrio.

En ambas narrativas los signos de espacio figuran ahora al Barrio como el espacio más importante para el narrador, sin enmascarar el estado de subordinado.[56] El uso limitado del inglés, junto con las nuevas relaciones de espacio, señalan que *"... y no se lo tragó la tierra"* y *Peregrinos de Aztlán* no pertenecen al discurso narrativo angloamericano ni al mexicano, sino que participan en crear el suyo propio. En ambas narrativas coincide el mito revelador con el Barrio. Este ejerce el principio de inclusión y exclusión, el cual regula el ser o no ser miembro del Barrio. En comparación con *Pocho,* en *"... y no se lo tragó la tierra"* y *Peregrinos de Aztlán* no aparece ningún esfuerzo por escaparse del Barrio. Se trata de promover un desarrollo propio. Se presentan ahora principios chicanos propios que marcan la *narrative of self-identity,* narrativa de autodeterminación. Inclusive, éstos se usan en *Peregrinos de Aztlán* para combatir contra las normas de la sociedad anglosajona.

---

[56]En *Peregrinos de Aztlán,* el propio narrador —no únicamente los signos de espacio— señala el estado de subordinación.

VII

CONCLUSION—LA PROBLEMATICA DEL SUJETO CHICANO: LA AUTORREPRESENTACION Y EL DESARROLLO

> What is needed is a theory of literature which takes into account both terms of the dialectic—that is, both the dominant cultures of the world and their dependencies.
> —Jean Franco, "Dependency Theory and Literary History: The Case of Latin America" (1975)

Establecer y mantener una tradición narrativa es un proyecto extraordinario. Los países desarrollados y los subdesarrollados, al obtener su independencia, aunque en el caso de éstos sea principalmente política, lo han podido hacer a partir del siglo XIX.[1] Otra realidad es la de las colonias internas como el Sudoeste.[2] Su problema ha sido mantener una continuidad

---

[1] Para nosotros, cualquier tradición narrativa forma parte de un sistema narrativo mundial donde aquélla ocupa cierta función estética en el marco sociohistórico, en particular el proceso de formación de una sociedad industrial. En su estudio *Novela y semidesarrollo* (1971), Fernando Morán trata la narrativa hispanoamericana y la española dentro de este sistema narrativo mundial, colocándolas como la expresión del semidesarrollo. Cuando examina la narrativa estadounidense como modelo del desarrollo, empero, no incluye a la mexicanoestadounidense, aunque sí menciona la narrativa afroamericana, a la cual considera la producción de una subcultura excluida, que, en medio de una sociedad desarrollada, afirma sus valores humanos. Morán es un ejemplo de la forma en que los críticos del mundo necesitan tomar en cuenta la producción narrativa chicana en sus esquemas internacionales. Véase: Fernando Morán, *Novela y semidesarrollo* (Madrid: Taurus Ediciones, 1971), pp 197-202.

[2] Sin embargo, pueden lograrlo. En los Estados Unidos, los afroamericanos iniciaron su lucha por la autorrepresentación por medio de la narrativa alrededor de 1850. Para una historia de su tradición narrativa, véase: Robert Bone, *The Negro Novel in America* (New Haven: Yale University Press, 1958). Los narradores y críticos chicanos tienen también como ejemplo la literatura de las Antillas, que cubre diversas colonizaciones y países y está escrita en inglés, español y francés. Para una comparación de su historia, sujeto colonizado y expresión lingüística, véase: G. R. Coulthard, *Raza y color en la literatura antillana* (Sevilla: Escuela de Estudios Hispano-Americanos de Sevilla, 1958); y Kenneth Ramchand, *The West Indian Novel and Its Background* (London: Faber and Faber, 1970). La literatura chicana no sólo comparte con estas literaturas la búsqueda de identidad, sino también con la de la India. Con el evento de la lucha por la independencia contra Inglaterra dirigida por Mahatma Gandhi, se establece un movimiento literario de los 1930 hasta los 1960 en el que predomina una reinterpretación cultural del pueblo indio. Véase: Robin Jared Lewis, "National Identity and Social Consciousness in Modern Indian Literature",

narrativa, si no literaria. El hecho de que el mexicanoestadounidense carezca de una academia propia (un sistema educativo, inclusive al nivel universitario) esclarece la problemática; su falta de acceso en el pasado a la academia angloamericana y, recientemente, su dependencia del sistema angloamericano, están al centro de ello: no ha existido ninguna institución para fomentar y sostener la tradición narrativa y literaria del Sudoeste. Los mexicanoestadounidenses y el mundo apenas están tomando conciencia de este hecho histórico.

Por su falta de conciencia histórica, típica del colonizado, el chicano así como sus simpatizadores en otras partes del mundo interpretaron al principio la producción narrativa de los setenta como un fenómeno nuevo, espontáneo. En la mayoría de los casos, las declaraciones públicas de los narradores y los ensayos de los críticos revelan esto. Para ambos, el peso de la historia y las teorías sociológicas del colonizador eran insoportables. Necesitaban autodefinirse. La "nueva producción narrativa" negaba las reducciones estereotípicas del discurso normativo angloamericano, lo cual era suficiente. Los narradores y los críticos no tenían ni la formación académica en la literatura chicana ni el tiempo para hacer un estudio metódico y comprensivo de los textos narrativos de los setenta como extensión de la historia narrativa mexicanoestadounidense, que ha existido desde 1848. En realidad, la narrativa de la década de los setenta, en particular la escrita en forma larga (la novela, la autobiografía y otros géneros), tenía una doble función: desenmascarar como ridículas las teorías racistas de los sociólogos angloamericanos y crear un lugar definitivo y fijo dentro de la narrativa del mundo para el sujeto narrador chicano, lo cual necesitó un proyecto ideológico de autorrepresentación.

El título y el subtítulo originales de la tesis doctoral en la cual se basa este estudio era "El Barrio, el Anti-Barrio y el Exterior: La textualización semiótica del *colonialismo interno* en la narrativa chicana". Una explicación del título completo puede ayudar a entender la metodología empleada. El molde barroco del subtítulo original reside en parafrasear el modelo tripartita de Pierre Macherey: el proyecto ideológico, la representación (con su sujeto y representación ideológica) y la configuración. En su forma completa, el subtítulo describe el proyecto ideológico de autorrepresentación identificado y definido concretamente en la introducción a la quinta edición de la

---

Problems in National Literary Identity and the Writer as Social Critic, ed. Anne Paolucci (New York: Griffon House Publications, 1980), pp. 38-42. Por último, la lucha del chicano por descolonizar su imagen literaria coincide con un movimiento similar en Africa, véase: Chinwizu, Onwuchekwa Jemie, Ihechukwu Madubuike, *Toward the Decolonization of African Literature* (Enugu, Nigeria: Fourth Dimension Publishers, 1980).

antología de literatura chicana *El espejo/The Mirror* (1972), la primera en la historia mexicanoestadounidense. Por separado, las frases "la textualización", "del colonialismo interno" y "la narrativa chicana" proyectan la representación, o contexto histórico, en cuanto a sus dos niveles escritura y sociedad; "la textualización" implica el proceso de producción para los textos narrativos; y el adjetivo "semiótica", por último, se refiere a la configuración, o forma, del texto en sí. Como puede observarse en el título original, esta obra es un estudio de la narrativa chicana de los setenta como expresión literaria de una colonia interna constituida históricamente. Por tal razón, se han tomado en cuenta, como fondo, la historia y la vigencia del discurso normativo angloamericano cuando facilitan la comprensión del impacto de la narrativa chicana en el mundo. El título principal de la tesis doctoral, "El Barrio, el Anti-Barrio y el Exterior", se forjó para ilustrar a nivel de espacio literario la dialéctica particular de una colonia interna en la narrativa del mundo: estas relaciones de espacio no se repiten en ninguna narrativa nacional o de minoría racial. El nuevo título que lleva este texto, *El colonialismo interno en la narrativa chicana*, se desarrolló para facilitar la introducción al mercado. Empero, debemos dejar claro otra vez que usamos la teoría del colonialismo interno sólo como mecanismo heurístico para iluminar el fenómeno narrativo tanto al nivel de fondo como de forma.

Por lo tanto, aunque el título completo de la tesis doctoral describa fielmente el modelo machereano —la metodología para el estudio— no presenta ningún juicio sobre la producción narrativa de los setenta, aparte de señalar concretamente el proyecto ideológico. Los juicios se han ido desenvolviendo a través de los estudios interpretativos de textos específicos y el análisis del sistema de personajes novelescos. Entre los desafíos que enfrenta esta producción narrativa, tenemos: el mercado literario dual, la escasa diseminación, el superar un regionalismo literario, la mayor profundidad de los personajes chicanos, el tratamiento de los personajes burgueses de ascendencia mexicanoestadounidense, el rebase de una imagen unidimensional de la mujer chicana, el evitar marginar a los indocumentados y el ampliar el entendimiento del Exterior.

El primer capítulo, "La narrativa chicana: la lucha de una colonia interna por su autorrepresentación literaria", nos dio una descripción sociológica del fenómeno narrativo de los setenta, señalando el logro, los segmentos de la sociedad mexicanoestadounidense y el papel que juega cada narrador. El segundo, "El proyecto ideológico: la autorrepresentación chicana en la narrativa", identificó concretamente el hecho histórico que hizo posible la producción narrativa de los setenta, documentando la representación (sujeto e ideología) y presentando su configuración poética. De este modo, pudimos señalar los textos de más importancia entre la gran diversidad del fenómeno narrativo, descartando ejemplos de la narrativa precursora como *Pocho* y anunciando la gestación de un nuevo proyecto ideológico en el continuo desarrollo de la narrativa mexicanoestadounidense. Los textos narrativos de los setenta contienen un sujeto chicano específico armado de una visión del mundo descolonizadora. Este aparece y reaparece en los otros niveles de cada texto perteneciente al proyecto ideológico.

Desde la primera edición de "... *y no se lo tragó la tierra*", que codificó el género la *narrative of self-identity*, grandes cambios han ocurrido en la narrativa y la crítica. Al deducir la categoría *narrative of self-identity* para señalar el género nos valimos del modelo machereano. Usamos esta categoría para explicar el proceso de ligar conscientemente el discurso narrativo chicano al discurso del mundo posmoderno (occidental y tercermundista), pues creemos que la falta de conciencia del hecho histórico de una tradición narrativa mexicanoestadounidense contribuyó a que los narradores chicanos no se adhirieran de manera intencionada a los géneros tradicionales del Occidente; procedieron a tientas. La codificación de este género —la *narrative of self-identity*— viene de esta realidad, que muestra al colonizado tratando de apropiarse de una historia literaria. Reconocemos como válido, por lo tanto, un estudio de la narrativa mexicanoestadounidense basado en los géneros del Occidente, aunque asimismo pensamos que no es suficiente para entenderla en su complejidad, porque tal estudio no rebasa la forma.

La colonización interna del mexicanoestadounidense, que incluye la expropiación de su imagen literaria, no sólo condujo a la necesidad del proyecto ideológico chicano de autorrepresentación, sino que se expresó también al nivel de la representación, como hemos visto en los estudios interpretativos. Puesto que producen un nuevo discurso narrativo, los narradores chicanos de los setenta toman en cuenta al sujeto angloamericano con su tendencia de estereotipar al mexicanoestadounidense por medio de un discurso normativo, hecho facilitado por las grandes editoriales neoyorquinas y el numeroso público que las apoya. A consecuencia, algunas imágenes estereotípicas de este discurso aparecen en la narrativa chicana de los setenta como "... *y no se lo tragó la tierra*" y *Peregrinos de Aztlán*.

En el caso de la sociedad estadounidense como parte de la representación ideológica del discurso normativo angloamericano, la *narrative of self-identity* enfrenta, a principios de los setenta, varios obstáculos, siendo el mayor la realidad del mercado literario dual. Este dificulta la lucha contra el discurso normativo al nivel de la distribución. El narrador chicano no tiene acceso ni a las editoriales del Este ni a sus cadenas de distribución. De manera similar al obrero mexicanoestadounidense promedio, a quien se le discrimina en el mercado laboral dual hasta los años setenta, el narrador chicano encuentra la discriminación en el mercado literario. Por eso, para

La problemática del sujeto chicano

asegurar la continuidad del discurso de autorrepresentación chicana así como de la tradición narrativa mexicanoestadounidense, los narradores chicanos necesitan, en la década de los setenta, valerse de sus propias editoriales, que son regionales y pequeñas en relación a las del discurso normativo angloamericano, o publicar por su propia cuenta. Estos esfuerzos autóctonos no excluyen la cooperación con cualquier editorial en el mundo. La realidad del mercado literario dual es la causa de que tome ahora quince años —entre los setenta y los ochenta— para vender doscientos mil ejemplares de la narrativa de más éxito comercial y para que incluso un narrador asimilacionista —no un narrador chicano propiamente— sea reconocido por el *establishment* de los Estados Unidos como el vocero creativo de la minoría racial mexicana, *p. ej.*, Richard Rodríguez.

Para este estudio, ha sido de suma importancia el estudio de la configuración, implícita en el adjetivo *semiótica* del título original. Además de mostrar el continuo desenvolvimiento del proyecto ideológico y de la representación a nivel de la especificidad, el adjetivo codifica el "colonialismo interno" en cierto discurso narrativo, concretamente en cuanto a los niveles del sujeto narrador, los *otm*, la fábula **quién soy**, los espacios estructurantes, el mito de Aztlán y los personajes. El lector atestigua un narrador cuyo interés principal es desenvolver un mundo chicano donde el angloamericano es la *otredad* o *outsider,* enmascarado con los signos [el] *viejo, gringo y gabacho*. Exactamente, este hecho aparta a *Pocho* del proyecto ideológico de autorrepresentación chicana, pues su narrador asimilado, partidario de la visión del mundo angloamericana, intenta un estudio sociológico, no una representación simbólica, de la sociedad chicana. En cuanto a los espacios estructurantes, que son manifestaciones de la visión descolonizadora del chicano, el Barrio es el centro en la narrativa de los setenta. Paralelamente, esto llama la atención a la realidad histórica del mexicanoestadounidense bajo la cual únicamente le queda el Barrio como espacio geográfico y político: su comunidad moderna. Los barrios del Sudoeste son los restos de una región que alguna vez fue propia. El Anti-Barrio y el Exterior, como espacios narrativos, presentan constantemente al lector la posibilidad de que el barrio chicano estadounidense desaparezca, ya sea bajo la hegemonía económica y cultural de la cultura angloamericana o bajo la indiferencia de su existencia como espacio sociocultural ante los ojos del mundo moderno. La serie de relaciones y oposiciones ligadas a los espacios estructurantes dramatiza y simboliza la lucha diaria del chicano por existir como ente cultural del mundo.

Por último, el estudio del sistema de personajes novelescos de la narrativa de los setenta codifica de manera simbólica varios segmentos chicanos en la *narrative of self-identity,* principalmente los trabajadores migratorios, los obreros y la clase media. Como colonia interna, los chicanos enfrentan, hasta los principios de los setenta, la discriminación que sistemáticamente los excluía de los beneficios del desarrollo. En su expresión más sistemática, ésta se expresaba en la forma del mercado laboral dual para las clases migrante y obrera. Creemos que *". . . y no se lo tragó la tierra"* y *Peregrinos de Aztlán* han representado particular y fielmente este mercado discriminatorio: sus personajes migratorios, cuya clase está principalmente reflejada en las narrativas más populares del discurso *narrative of self-identity*, no pertenecen al mercado laboral que ofrece beneficios, seguridad y ascenso. Al contrario, enfrentan el mercado laboral sin ningún futuro, con malas condiciones de trabajo, o el desempleo crónico. Esta realidad la comparten el Rooster, el adolescente anónimo y los trabajadores agrícolas. Todos son chicanos. Pese a todo, algunos personajes parecen haber superado los enormes obstáculos para llegar a un nivel económico comparable al de la clase media baja de la población angloamericana. Incluso éstos, sin embargo, no parecen haberse escapado de la discriminación: sus representantes continúan moviéndose dentro del perímetro del Barrio como don Hilario y doña Bonifacia, el vendedor de retratos, el pocho autollamado Spanish, el chicano doctorado en sociología (que representa la clase profesional/administrativa). Ninguno muestra haber rebasado a fin de cuentas su situación de colonizado interno.[3] Por alguna razón, las clases pequeño burguesa y capitalista no aparecen en la narrativa de los setenta, aparte de aparecer marginalmente en *The Revolt of the Cockroach People* (1973) de Oscar Zeta Acosta.[4] Aún así, a través de los elementos sociales presentes en la *narrative of self-identity*, el lector consciente puede ver el reflejo de los mexicanoestadounidenses como colonia interna. En cuanto a los personajes mexicanos —es decir, los indocumentados— no creemos necesario ilustrar la simbolización de su estado socioeconómico en la narrativa chicana, el cual es peor que el de los chicanos. Son unos marginados dentro de la marginación de una colonia interna.

La colonización interna del mexicanoestadounidense existe en el Sudoeste. A este espacio se dirigieron los narradores pertenecientes al proyecto ideológico de autorrepresentación chicana, adaptándolo como la metáfora primordial. La misma yace al fondo de este estudio. Confesamos, por lo

---

[3]La narrativa de los setenta no intenta presentar a la clase media chicana. Sus obras principales enfocan la clase obrera rural; es una narrativa esencialmente de este tipo.

[4]La necesidad de incluir estas clases en la narrativa chicana es un desafío para la narrativa chicana contemporánea, pues individuos mexicanoestadounidenses pertenecen a ellas, véase: Juan Gómez Quiñones, "On Culture", *Aztlán*, 5:2, (Spring 1977), pp. 29-47. Se necesita una narrativa similar a *La región más transparente* (1959) de Carlos Fuentes para reflejar fielmente la sociedad chicana contemporánea en la narrativa.

tanto, que su presente estado se asemeja al regionalismo literario en el caso individual de los narradores de los setenta: ninguno de ellos pudo llenar a nivel de espacio geográfico la metáfora *Sudoeste*, y tampoco lo hacemos nosotros por ahora. No obstante, creemos haber presentado suficiente investigación histórica e interpretación narrativa convincente para probar nuestra teoría de la narrativa chicana de los setenta.

En el futuro, además de un análisis del impacto de la narrativa feminista chicana en el proyecto ideológico, pensamos realizar otros tres estudios interpretativos sobre: *Memories of the Alhambra, The Road to Tamazunchale* y *Generaciones y semblanzas*. El estudio de *Memories of the Alhambra* se necesita por dos razones: para llenar geográficamente la metáfora *Sudoeste* en cuanto al aporte de Nuevo México al proyecto ideológico y para señalar el fin de la *narrative of self-identity* como género.[5] El estudio de *The Road to Tamazunchale* representaría fielmente la *narrative of self-identity*, porque al presente, *Pocho* da la impresión de ser el desafío californiano al discurso normativo angloamericano. Se incluiría, por último, el estudio de *Generaciones y semblanzas* para mostrar el máximo logro del género y su reconocimiento a nivel internacional, siendo esta novela la recipiente del prestigioso premio Casa de las Américas; además, ha sido traducida al alemán.[6] Con la incorporación de estos cuatro estudios a nuestro análisis interpretativo se logrará un estudio exhaustivo del proyecto ideológico de autorrepresentación chicana, presentando así tanto la tendencia dominante como las variaciones.

Por medio de su sujeto narrador, la narrativa chicana tiende a la unidad. Aparece como un *corpus* colectivo cuyo papel fundamental es desafiar a la pasada y presente unidimensionalidad en el discurso normativo angloamericano. Aparte de la unidad que proyecta el sujeto narrador, la narrativa chicana enfrenta la fragmentación a varios niveles, como reflejo de la colonia interna a la cual pertenece. Es decir, la tradición narrativa mexicanoestadounidense oscila entre varios pares de extremos: continuidad *vs.* discontinuidad, localismo *vs.* regionalismo, editoriales angloamericanas *vs.* chicanas, inglés *vs.* español, narrativa rural *vs.* urbana, forma decimonónica *vs.* posmoderna y otros. Por cierto, la narrativa de los setenta fue principalmente rural; sólo al final se desenvolvió la urbana. Cualquier nuevo texto narrativo mexicanoestadounidense necesita medirse con la narrativa chicana de los setenta para comparar su aporte a la asimilación o al

---

[5]Para una breve historia de los narradores contemporáneos de Nuevo México, véase: José Armás, "Chicano Writing: The New Mexico Narrative", *De Colores*, 5:1 & 2 (1980), pp. 69-81.

[6]Véase: Rolando Hinojosa, *Klail City und Umburg*, trad. Dr. Yolanda Julia Broyles (Berlin: Verlag Volk und Welt), 1980.

desarrollo de una nueva sociedad estadounidense pluralista, donde las minorías raciales tendrían derecho a la autorrepresentación literaria. Por lo pronto, sabemos que la narrativa chicana perteneciente al proyecto ideológico de los setenta optó por la autorrepresentación. Sólo si continúan los narradores en este camino se podrá reapropiar el mexicanoestadounidense de su imagen literaria, haciendo una realidad la sociedad pluralista deseada y necesaria. En este momento es suficiente negar que sea un subgénero literario de cualquier literatura nacional —la angloamericana o la mexicana— pues tiene su propia historia sociocultural, que sólo se entiende en relación a su dialéctica con la narrativa del mundo.[7] Cualquier otra interpretación sería una disminución injustificada.

---

[7]El hecho de que la narrativa chicana tenga su propia tradición no quiere decir que sus simpatizadores angloamericanos o mexicanos cesen de presentarla a sus respectivas sociedades. Puesto que los chicanos mantienen relaciones estrechas con éstas, inclusive sus gobiernos, los angloamericanos y mexicanos, así como otros individuos, pueden organizar y proveer medios para la diseminación y distribución de la narrativa chicana entre ellos mismos. Esto no está fuera de las prácticas generales: los angloamericanos han venido leyendo la narrativa afroamericana por aproximadamente ciento cuarenta años y los mexicanos leen la narrativa de los grupos indígenas de México. La labor del crítico de la narrativa mexicanoestadounidense, especialmente la chicana, no se limita a difundirla entre los chicanos, sino que se extiende al resto del mundo, en particular los angloamericanos y los mexicanos.

Bibliografía

Obras de la narrativa mexicanoestadounidense en orden cronológico

A. Siglo XIX y principios del XX[1]

Orihuela, A. A. *Un cadáver sobre el trono*. *La Crónica* [periódico]. San Francisco, CA: 1854.

Ramírez, J. M. *Celeste*. *El Nuevo Mundo* [periódico]. San Francisco, CA, 8-IX-1865 a 22-IX-1865.

_____. *Ella y nosotros*. *El Nuevo Mundo* [periódico]. San Francisco, CA, 9-X-1865 a 17-XI-1865.

Anónimo. "Deudas pagadas". *Revista Católica*. Las Vegas, NM, 1875.

Loyal, C. [María Amparo Ruiz de Barton]. *The Squatter and the Don*. San Francisco, CA: 1885. Reimpr. Edas. Rosaura Sánchez y Beatrice Pita. Houston, TX: Arte Público Press, 1993.

Salazar, Manuel M. *Historia de un caminante*. 1892.

Chacón, Eusebio. *El hijo de la tempestad*. Santa Fe, NM: 1892.

_____. *Tras la tormenta la calma*. Santa Fe, NM: 1892.

Azuela, Mariano.[2] *Los de abajo*. *El Paso del Norte* [periódico]. El Paso, TX, nov. 1915.

Torres, Teodoro: *La patria perdida*. 1935.

Rembao, Alberto.[3]

---

[1]Nota: Esta lista así como los escasos datos señalan la necesidad de mayor investigación sobre las obras escritas antes del Período mexicoamericano. Dentro de poco, saldrán al público más textos de esa época. En 1992 la editorial Arte Público Press recibió $2.7 millones de la Fundación Rockefeller para inciar un proyecto de recuperación de obras literarias publicadas antes de 1970. De una largura de diez años, el proyecto costará unos $20 millones. La reedición de *The Squatter and the Don* de María Amparo Ruiz de Barton es la primera muestra.

[2]Aunque Mariano Azuela es netamente un reconocido escritor mexicano, se incluye *Los de abajo* en esta bibliografía por tres razones: (1) la minoría racial mexicana experimenta un injerto cultural de los años 1910 a 1930 cuando cerca de 750,000 mexicanos emigran a los Estados Unidos para escapar la violencia y la hambruna desatada por la Revolución Mexicana de 1910; (2) al final de *Los de abajo* un personaje partícipe en la Revolución, Luis Cervantes, se encuentra viviendo en Texas y formando parte del *Salvation Army*, un grupo caritativo y no lucrativo de la sociedad angloamericana; y (3) similar a las novelas mexicanas de la Revolución publicadas en los 1950, varias obras chicanas parten del hecho histórico de la Revolución Mexicana o se refieren a ese suceso; p. ej.: la acción en *The Fifth Horseman* (1974) de José Antonio Villarreal toma lugar casi en el mismo espacio geográfico presente en *Los de abajo*.

[3]Según Luis Leal, Alberto Rembao publica varias novelas. Véase: Luis Leal, "Mexican-American Literature: A Historical Perspective", *Modern Chicano Writers*, eds.

B. Período mexicoamericano

Niggli, Josephina. *Step Down Elder Brother*. New York: Rinehart and Co., 1947.
Chávez, Fray Angélico. *La Conquistadora*. Paterson, NJ: St. Anthony Guild Press, 1954.
Villarreal, José Antonio. *Pocho*. New York: Doubleday, 1959. Reimpr. New York: Doubleday, 1970.
Rechy, John. *City of Night*. New York: Ballantine, 1963.
Ulibarrí, Sabine R. *Tierra Amarilla*. Quito: Editorial Casa de la Cultura Ecuatoriana, 1964. Reimpr. con traducción de Thelma Campbell Nason. Albuquerque, NM: University of New Mexico Press, 1971.
Rechy, John. *Numbers*. New York: Grove Press, 1967.
Salas, Floyd: *Tatoo the Wicked Cross*. New York: Grove Press, 1967.

C. Período chicano

Barrio, Raymond. *The Plum Plum Pickers*. Sunnyvale, CA: Ventura Press, 1967. Reimpr. Binghamton, NY: Bilingual Press/Editorial Bilingüe, 1984.
García, Andrew. *Tough Trip Through Paradise, 1878-1879*. New York: Houghton Mifflin Company, 1967. Reimpr. Sausalito, CA: Comstock Editions, 1986.
Rechy, John. *This Day's Death*. New York: Grove Press, 1969.
Vásquez, Richard. *Chicano*. New York: Avon Books, 1970.
Galarza, Ernesto. *Barrio Boy*. Notre Dame, IN: University of Notre Dame Press, 1971.
Rechy, John. *The Vampires*. New York: Grove Press, 1971.
Rivera, Tomás. *". . . y no se lo tragó la tierra"*. Berkeley, CA: Quinto Sol Publications, 1971. Reimpr. Berkeley: Editorial Justa Publications, 1977. Reimpr. con traducción de Rolando Hinojosa-S., *This Migrant Earth: Rolando Hinojosa's Rendition in English of Tomás Rivera's ". . . y no se lo tragó la tierra"*. Houston, TX: Arte Público Press, 1987. Trad. y rev. *". . . And the Earth Did Not Devour Him"* de Evangelina Vigil-Piñón. Houston, TX: Arte Público Press, 1987.
Acosta, Oscar Zeta. *The Autobiography of a Brown Buffalo*. San Francisco: Straight Arrow Books, 1972. Reimpr. London: Charisma Books, 1974; New York: Vintage Books, 1989.
Anaya, Rudolfo. *Bless Me, Ultima*. Berkeley: Quinto Sol Publications, 1972. Reimpr. Berkeley: Tonatiuh International, 1976.
Carpintero, Rogelio Leonardo. *Las desventuras de un chicano*. México: Imprenta Moderna Pintel, 1972.
Rechy, John. *The Fourth Angel*. New York: Viking Press, 1972.
Acosta, Oscar Zeta. *The Revolt of the Cockroach People*. New York: Bantam Books, 1973. Reimpr. New York: Vintage Books, 1989.
Acosta-Torres, José. *Cachito mío*. Berkeley, CA: Quinto Sol Publications, 1973.
Hinojosa-Smith, Rolando. *Estampas del Valle y otras obras*. Berkeley, CA: Quinto Sol Publications, 1973. Reimpr. *Estampas del Valle*. Tempe, AZ: Bilingual Press/Editorial Bilingüe, 1994.
Navarro, J. L. *Blue Day on Main Street*. Berkeley, CA: Quinto Sol Publications, 1973.
Sánchez, Tomás. *Rabbit Ross*. New York: Knopf, 1973.

Joseph Sommers and Tomás Ybarra-Frausto (Englewood Cliffs, NJ: Prentice Hall, 1979), p. 27.

Medina, Robert C. *Two Ranges*. Las Cruces, NM: Action Printers, 1974.
Méndez-M., Miguel. *Peregrinos de Aztlán*. Tucson, AZ: Editorial Peregrinos, 1974. Reimpr. México: Ediciones Era, 1989. Reimpr. Tempe, AZ: Bilingual Press/ Editorial Bilingüe, 1991. Trad. *Pilgrims in Aztlán* de David William Foster. Tempe, AZ: Bilingual Press/Editorial Bilingüe, 1992.
Villarreal, José Antonio. *The Fifth Horseman*. New York: Doubleday, 1974. Reimpr. Binghamton, NY: Bilingual Press/Editorial Bilingüe, 1984.
Villaseñor, Edmund. *Macho!* New York: Bantam Books, 1974. Reimpr. Houston, TX: Arte Público Press, 1991.
Arellano, Juan Estevan. "Inocencio. . . ." Manuscrito inédito. University of California at Berkeley-Chicano Library, 1975.
Arias, Ron. *The Road to Tamazunchale*. *West Coast Poetry Review* 4.4 (1975). El número completo de la revista se dedica a publicar la novela de Arias. Reimpr. Albuquerque: Pajarito Publications, 1978. Reimpr. Tempe, AZ: Bilingual Press/ Editorial Bilingüe, 1987.
Morales, Alejandro. *Caras viejas y vino nuevo*. México: Joaquín Mortiz, 1975. Reimpr. *Old Faces and New Wine*. Trad. Max Martínez; ed. y rev. José Monleón y Alurista. San Diego, CA: Maize Press, 1981.
Ornelas, Berta. *Come Down from the Mound*. Phoenix, AZ: Miter Publishing Co., 1975.
Portillo Trambley, Estela. *Rain of Scorpions and Other Writings*. Berkeley: Tonatiuh International, 1975. Reimpr. *Rain of Scorpions and Other Stories*. Rev. y nuevas obras. Tempe, AZ: Bilingual Press/Editorial Bilingüe, 1993.
Anaya, Rudolfo. *Heart of Aztlán*. Berkeley: Editorial Justa Publications, 1976. Reimpr. Albuquerque, NM: University of New Mexico Press, 1988.
Brito, Aristeo. *El diablo en Texas*. Tucson, AZ: Editorial Peregrinos, 1976. Reimpr. y trad. *The Devil in Texas* de David William Foster. Tempe, AZ: Bilingual Press/ Editorial Bilingüe, 1990.
Hinojosa-Smith, Rolando. *Klail City y sus alrededores*. La Habana, Cuba: Casa de las Américas, 1976. Reimpr. *Generaciones y semblanzas*. Berkeley: Editorial Justa Publications, 1977. Trad. *Klail City und Umgebung* deYolanda Julia Broyles. Berlin: Verlag Volk und Welt, 1981. Reimpr. *El condado de Belken—Klail City*. Tempe, AZ: Bilingual Press/Editorial Bilingüe, 1994.
López, Tomás. *Chicano, Go Home!* Hicksville, NY: Exposition Press, 1976.
Meléndez, Rudolph R. *Pachuco Mark*. New York: Grossmont Press, 1976.
Ríos, Isabella. *Victuum*. Ventura, CA: Diana-Etna, 1976.
Romero, Orlando. *Nambé—Year One*. Berkeley, CA: Tonatiuh International, 1976.
Torres-Metzgar, Joseph. *Below the Summit*. Berkeley, CA: Tonatiuh International, 1976.
Vaca, Nick Corona.[4] "Sociology Through Literature: The Case of the Mexican American". Tesis-Novela, University of California at Berkeley, 1976.
Alvarado, Arturo Rocha. *Crónica de Aztlán: A Migrant's Tale*. Berkeley, CA: Quinto Sol Publications, 1977.
Apodaca, Rudy S. *The Waxen Image*. Mesilla, NM: Titan Publishing, 1977.
Beal, M. F. *Angel Dance: A Thriller*. New York: Daughters Publishing Co., 1977.

---

[4]Para cumplir con el requisito de escribir una tesis doctoral para la Facultad de Sociología en la Universidad de California, Berkeley, su comité de doctorado le permite entregar su investigación en la forma de una novela.

Candelaria, Nash. *Memories of the Alhambra.* Palo Alto, CA: Cibola Press, 1977. Reimpr. Tempe, AZ: Bilingual Press/Editorial Bilingüe, 1982.
Gonzales, Laurence. *4-4-4: Short Fiction.* Columbia: University of Missouri Press, 1977.
Rechy, John. *The Sexual Outlaw.* New York: Dell, 1977.
Sánchez, Saúl. *Hay plesha lichans tu di flac.* Berkeley, CA: Editorial Justa Publications, 1977.
Sauvageau-Pro, Juan. *A pesar del río.* Kingsville, TX: Twin Palms Editorial, 1977.
Tenes, Rudy. *Mano a mano, gringo chicano.* San José, CA: Editorial Olymco, 1977.
Ulibarrí, Sabine R. *Mi abuela fumaba puros.* Berkeley, CA: Quinto Sol Publications, 1977.
Hinojosa-Smith, Rolando. *Korean Love Songs.* Berkeley, CA: Editorial Justa Publications, 1978.
Medina, Robert C. *Fabian no se muere.* Las Cruces, NM: Bilingüe Publications, 1978.
Salas, Floyd. *Lay My Body on the Line.* San Francisco, CA: Y'bird, 1978.
Sánchez, Tomás. *Zoot-Suit Murders.* New York: E. P. Dutton, 1978.
Anaya, Rudolfo. *Tortuga.* Berkeley: Editorial Justa Publications, 1979. Reimpr. Albuquerque: University of New Mexico Press, 1988.
De Casas, Celso A. *Pelón Drops Out.* Berkeley, CA: Tonatiuh International, 1979.
Delgado, Abelardo. *Letters to Louise.* Berkeley, CA: Tonatiuh International, 1979.
Méndez-M., Miguel. *Cuentos para niños traviesos.* Berkeley, CA: Editorial Justa Publications, 1979.
Morales, Alejandro. *La verdad sin voz.* México: Joaquín Mortiz, 1979. Reimpr. *Death of an Anglo.* Trad. Judith Ginsberg. Tempe, AZ: Bilingual Press/Editorial Bilingüe, 1988.
Rechy, John. *Rushes.* New York: Grove Press, 1979.
Sánchez, Rosaura, ed. *Requisa treinta y dos.* La Jolla, CA: Chicano Research Publications/University of California at San Diego, 1979.

D. Los 1980: la diferenciación del sujeto chicano

1. 1980

Anaya, Rudolfo A., y Antonio Márquez, eds. *Cuentos Chicanos.* Albuquerque, NM: University of New Mexico Press, 1980. Reimpr. *Cuentos Chicanos: A Short Story Collection.* Ed. rev. Albuquerque: University of New Mexico Press, 1984.
Elizondo, Sergio. *Rosa, la flauta.* Berkeley, CA: Editorial Justa Publications, 1980.
Espinoza, Máximo. *Fronteras.* Los Angeles, CA: Holloway House Publishing, 1980.
López, Tomás. *The Aguila Family.* Sacramento, CA: Mexican-American Publications, 1980.
Méndez-M., Miguel. *Tata Casehua y otros cuentos.* Berkeley, CA: Editorial Justa Publications, 1980.
Murgía, Alejandro. *Farewell to the Coast.* San Francisco, CA: Heir Press, 1980.
Rodríguez, Dennis. *Pachuco.* Los Angeles, CA: Holloway House Publishing, 1980.

2. 1981

Alarcón, Justo S. *Chulifeas fronteras: Cuentos.* Albuquerque, NM: Pajarito Publications, 1981.

Hinojosa-Smith, Rolando. *Mi querido Rafa*. Houston, TX: Arte Público Press, 1981.
Moraga, Cherríe, y Gloria Anzaldúa. *This Bridge Called My Back: Writings by Radical Women of Color*. Foreword de Toni Cade Bambara. Watertown, MA: Persephone Press, 1981. Reimpr. New York: Kitchen Table-Women of Color Press, 1983.
Rodríguez, Richard. *Hunger of Memory*. Boston: David R. Godine, 1981. Reimpr. New York: Bantam, 1983.
Valdés, Gina. *There Are No Madmen Here*. San Diego, CA: Maize Press, 1981.

3. 1982

Anaya, Rudolfo A. *The Silence of the Llano: Short Stories*. Berkeley: Tonatiuh-Quinto Sol International, 1982.
Candelaria, Nash. *Not by the Sword*. Ypsilanti, MI: Bilingual Press/Editorial Bilingüe, 1982.
Hayes, Joe. *The Day It Snowed Tortillas: Tales from Spanish New Mexico*. Santa Fe, NM: Mariposa Publishing, 1982.
Hinojosa-Smith, Rolando. *Rites and Witnesses*. Houston, TX: Arte Público Press, 1982.
Martínez, Max. *The Adventures of the Chicano Kid and Other Stories*. Houston, TX: Arte Público Press, 1982.
Taylor, Sheila Ortiz. *Faultline*. Tallahassee, FL: Naiad Press, 1982.
Ulibarrí, Sabine. *Primeros encuentros/First Encounters*. Ypsilanti, MI: Bilingual Press/Editorial Bilingüe, 1982.
Ulica, Jorge. *Crónicas diabólicas*. Ed. Juan Rodríguez. San Diego, CA: Maize Press, 1982.

4. 1983

Gómez, Alma, Cherríe Moraga, y Mariana Romo-Carmona. *Cuentos: Stories by Latinas*. New York: Kitchen Table-Women of Color Press, 1983.
Gonzales, Laurence. *El Vago*. New York: Atheneum, 1983.
Hinojosa-Smith, Rolando. *The Valley*. Tempe, AZ: Bilingual Press/Editorial Bilingüe, 1983.
Martínez, Ricardo A. *The Healing Ritual*. Berkeley, CA: Tonatiuh-Quinto Sol International, 1983.
Moraga, Cherríe. *Loving in the War Years: Lo que nunca pasó por sus labios*. Boston, MA: South End Press, 1983.
Morales, Alejandro. *Reto en el paraíso*. Ypsilanti, MI: Bilingual Press/Editorial Bilingüe, 1983. Reimpr. y trad. Alicia Smithers. México: Grijalbo, 1992.
Ortiz y Pino, José III. *Curandero: A Cuento*. Santa Fe, NM: Sunstone Press, 1983.
Sagel, Jim. *Tunomás Honey*. Ypsilanti, MI: Bilingual Press/Editorial Bilingüe, 1983.
Sandoval, Joaquín. *El Gaco: Americano continental*. 1983.
Santiago, Danny. *Famous All Over Town*. New York: Simon and Schuster, 1983. Reimpr. New York: New American Library, 1983.
Somoza, Oscar, comp. *Nueva narrativa chicana*. México: Editorial Diogenes, 1983.

5. 1984

Alarcón, Justo S. *Crisol: Trilogía*. Madrid: Editorial Fundamentos, 1984.

Anaya, Rudolfo A. *The Legend of La Llorona*. Berkeley, CA: Tonatiuh-Quinto Sol International, 1984.
Elizondo, Sergio. *Muerte en una estrella*. El Paso, TX: Dos Pasos Editores, 1984.
Islas, Arturo. *The Rain God: A Desert Tale*. Palo Alto, CA: Alexandrian Press, 1984. Reimpr. New York: Avon Books, 1991.
Keller, Gary D. *Tales of El Huitlacoche*. Colorado Springs, CO: Maize Press, 1984.
McGuire, Hilary. *Homeboys in College*. San Diego, CA: Harron Graphics, 1984.
Rechy, John. *Bodies and Souls*. New York: Carrol and Graf Publishers, 1984.
Rico, Armando B. *Three Coffins for Niño Lencho*. Berkeley, CA: Tonatiuh-Quinto Sol International, 1984.
Ríos, Alberto Alvaro. *The Iguana Killer: Twelve Stories of the Heart*. New York: Blue Moon/Confluence, 1984.
Romano-V., Octavio I., ed. *The El Grito del Sol Collection*. Berkeley, CA: Tonatiuh-Quinto Sol International, 1984.
Venegas, Daniel. *Las aventuras de don Chipote o Cuando los pericos mamen*. México: Secretaría de Educación Pública/Centro de Estudios Fronterizos del Norte de México, 1984.
Villarreal, José Antonio. *Clemente Chacón*. Binghamton, NY: Bilingual Press/Editorial Bilingüe, 1984.

6. 1985

Candelaria, Nash. *Inheritance of Strangers*. Binghamton, NY: Bilingual Press/Editorial Bilingüe, 1985.
Cisneros, Sandra. *The House on Mango Street*. Houston, TX: Arte Público Press, 1985. Ed. rev. Houston, TX: Arte Público Press, 1989. Reimpr. New York: Vintage Books, 1991.
Cota-Cárdenas, Margarita. *Puppet: A Chicano Novella*. Austin, TX: Relámpago Books Press, 1985.
García, Lionel G. *Leaving Home*. Houston, TX: Arte Público Press, 1985.
Hinojosa-Smith, Rolando. *Partners in Crime: A Rafe Buenrostro Mystery*. Houston, TX: Arte Público Press, 1985.
_____. *Dear Rafe*. Houston, TX: Arte Público Press, 1985.
Pineda, Cecile. *Face*. New York: Viking, 1985.
Soto, Gary: *Living up the Street*. San Francisco, CA: Strawberry Hill Press, 1985.
Taylor, Sheila Ortiz. *Spring Forward/Fall Back*. Tallahassee, FL: Naiad Press, 1985.
Viramontes, Helena María. *The Moths and Other Stories*. Houston, TX: Arte Público Press, 1985.

7. 1986

Alarcón, Justo S. *Los siete hijos de la Llorona*. México: Alta Pimeria Pro Arte y Cultura, 1986.
Anaya, Rudolfo A. *A Chicano in China*. Albuquerque, NM: University of New Mexico Press, 1986.
Castillo, Ana. *The Mixquiahuala Letters*. Binghamton, NY: Bilingual Press/Editorial Bilingüe, 1986. Reimpr. NY: Anchor Books, 1992.

Chávez, Denise. *The Last of the Menu Girls*. Houston, TX: Arte Público Press, 1986. 4ª reimpr., 1991.

Hinojosa-Smith, Rolando. *Claros varones de Belken/Fair Gentlemen of Belken County*. Tempe, AZ: Bilingual Press/Editorial Bilingüe, 1986.

Méndez-M., Miguel. *El sueño de Santa María de las Piedras*. Guadalajara: Universidad de Guadalajara, 1986. Trad. *The Dream of Santa María de las Piedras* de David William Foster. Tempe, AZ: Bilingual Press/Editorial Bilingüe, 1989.

_____. *De la vida y del folclore de la frontera*. Tucson, AZ: Mexican American Studies and Research Center, University of Arizona, 1986.

Palley, Julian, ed. *Best New Chicano Literature 1986*. Binghamton, NY: Bilingual Press/Editorial Bilingüe, 1986. [Cenzontle: Irvine Anthology No. 9. Ninth Chicano Literary Prize 1982-83.]

Pineda, Cecile. *Frieze*. New York: Viking, 1985. Reimpr. New York: Penguin Books, 1987.

Portillo Trambley, Estela. *Trini*. Binghamton, NY: Bilingual Press/Editorial Bilingüe, 1986.

Silva, Beverly. *The Cat and Other Stories*. Tempe, AZ: Bilingual Press/Editorial Bilingüe, 1986.

Soto, Gary. *Small Faces*. Houston, TX: Arte Público Press, 1986.

8. 1987

Aguilar, Ricardo Melantzón. *Madreselvas en flor*. México: Universidad Veracruzana, 1987.

Anaya, Rudolfo A. *Lord of the Dawn: The Legend of Quetzalcoatl*. Intro. David Johnson. Albuquerque, NM: University of New Mexico Press, 1987.

_____, ed. *Voces: An Anthology of Nuevo Mexicano Writers*. Albuquerque, NM: University of New Mexico Press, 1987.

Anzaldúa, Gloria. *Borderlands: La Frontera—The New Mestiza*. San Francisco, CA: Spinsters/Aunt Lute, 1987.

Chávez, Angélico. *The Short Stories of Fray Angélico Chávez*. Ed. Genero M. Padilla. Albuquerque, NM: University of New Mexico Press, 1987.

Elizondo, Sergio D., y otros, eds. *Palabra nueva: Cuentos Chicanos II*. El Paso, TX: Dos Pasos Editores, 1987.

García, Lionel G. *A Shroud in the Family*. Houston, TX: Arte Público Press, 1987.

Hinojosa-Smith, Rolando. *Klail City: A Novel*. Houston, TX: Arte Público Press, 1987.

_____. *This Migrant Earth: Rolando Hinojosa's Rendition in English of Tomás Rivera's . . . y no se lo tragó la tierra*. Houston, TX: Arte Público Press, 1987.

Mendheim, Beverly. *Ritchie Valens: The First Latino Rocker*. Tempe, AZ: Bilingual Press/Editorial Bilingüe, 1987.

Ponce, Mary Helen. *Taking Control*. Houston, TX: Arte Público Press, 1987.

Rodríguez, Alfredo. *Estas tierras*. El Paso, TX: Dos Pasos Editores, 1987.

9. 1988

Burciaga, José Antonio. *Weedee Peepo: A Collection of Essays*. Edinburgh, TX: Pan American University Press, 1988.

Candelaria, Nash. *The Day the Cisco Kid Shot John Wayne*. Tempe, AZ: Bilingual Press/Editorial Bilingüe, 1988.
González, Genaro. *Rainbow's End*. Houston, TX: Arte Público Press, 1988.
Hernández, Jaime. *The Lost Women and Other Stories*. Intro. Brad Holland. Westlake Village, CA: Fantagraphics Books, 1988.
Martínez, Max. *Schoolland*. Houston, TX: Arte Público Press, 1988.
Martínez-Serros, Hugo: *The Last Laugh and Other Stories*. Houston, TX: Arte Público Press, 1988.
Méndez-M., Miguel. *Cuentos y ensayos para reír y aprender*. Hermosillo, Sonora, México: Talleres de Imparcolor, 1988.
Morales, Alejandro. *The Brick People*. Houston, TX: Arte Público Press, 1988.
Preciado Martin, Patricia. *Days of Plenty, Days of Want*. Tempe, AZ: Bilingual Press/Editorial Bilingüe, 1988.
Sagel, Jim. *Sabelotodo Entiendelonada and Other Stories*. Tempe, AZ: Bilingual Press/Editorial Bilingüe, 1988.
Soto, Gary. *Lesser Evils: Ten Quartets*. Houston, TX: Arte Público Press, 1988.
Ulibarrí, Sabine. *El gobernador Glu Glu y otros cuentos/Governor Glu Glu and Other Stories*. Tempe, AZ: Bilingual Press/Editorial Bilingüe, 1988.
Villanueva, Alma Luz. *The Ultraviolet Sky*. Tempe, AZ: Bilingual Press/Editorial Bilingüe, 1988. Reimpr. New York: Anchor Books, 1993.

10. 1989

Corpi, Lucha. *Delia's Song*. Houston, TX: Arte Público Press, 1989.
Hinojosa-Smith, Rolando. *Becky and Her Friends*. Houston, TX: Arte Público Press, 1989.
Kahn, Gordon. *A Long Way from Home*. Tempe, AZ: Bilingual Press/Editorial Bilingüe, 1989.
Palley, Julian, ed. *Best New Chicano Literature 1989*. Tempe, AZ: Bilingual Press/Editorial Bilingüe, 1989.
Ponce, Mary Helen. *The Wedding*. Houston, TX: Arte Público Press, 1989.
Rivera, Tomás. *The Harvest/La cosecha*. Ed. Julián Olivares. Houston, TX: Arte Público Press, 1989.
Rodríguez, Joe. *Oddsplayer*. Houston, TX: Arte Público Press, 1989.
Taylor, Sheila Ortiz. *Slow Dancing at Miss Molly's*. Tallahassee, FL: Naiad Press, 1989.
Ulibarrí, Sabine. *El Cóndor and Other Stories*. Houston, TX: Arte Público Press, 1989.

E. Los 1990: la década del multiculturalismo

1. 1990

Anzaldúa, Gloria, ed. *Making Face, Making Soul/Haciendo Caras: Creative and Critical Perspectives by Women of Color*. San Francisco, CA: Aunt Lute, 1990.
Beltrán Hernández, Irene. *Across the Great River*. Houston, TX: Arte Público Press, 1990.
Castillo, Ana. *Sapogonia*. Tempe, AZ: Bilingual Press/Editorial Bilingüe, 1990. Reimpr. New York: Anchor Books, 1994.

Elizondo, Sergio D. *Suruma*. El Paso, TX: Dos Pasos Editores, 1990.
Fernández, Roberta. *Intaglio: A Novel in Six Stories*. Houston, TX: Arte Público Press, 1990.
García, Lionel G. *Hardscrub*. Houston, TX: Arte Público Press, 1990.
Hinojosa-Smith, Rolando. *Los amigos de Becky*. Houston, TX: Arte Público Press, 1990.
Islas, Arturo. *Migrant Souls*. New York: William Morrow, 1990. Reimpr. New York: Avon Books, 1991.
Martínez, Eliud. *Voice-Haunted Journey*. Tempe, AZ: Bilingual Press/Editorial Bilingüe, 1990.
Martínez, Max. *A Red Bikini Dream*. Houston, TX: Arte Público Press, 1990.
Murguía, Alejandro. *Southern Front*. Tempe, AZ: Bilingual Press/Editorial Bilingüe, 1990.
Paredes, Américo. *George Washington Gómez*. Houston, TX: Arte Público Press, 1990.
Taylor, Sheila Ortiz. *Southbound*. Tallahassee, FL: Naiad Press, 1990.
Trujillo, Charley, ed. *Soldados: Chicanos in Viet Nam*. San Jose, CA: Chusma House Publications, 1990.

2. 1991

Candelaria, Nash. *Leonor Park*. Tempe, AZ: Bilingual Press/Editorial Bilingüe, 1991.
Cano, Daniel. *Pepe Ríos*. Houston, TX: Arte Público Press, 1991.
Castillo, Rafael. *Distant Journeys*. Tempe, AZ: Bilingual Press/Editorial Bilingüe, 1991.
Cisneros, Sandra. *Woman Hollering Creek and Other Stories*. New York: Random House, 1991. Reimpr. New York: Vintage Books, 1992.
Gonzales-Berry, Erlinda. *Paletitas de guayaba*. Albuquerque, NM: Academia/El Norte Publications, 1991.
González, Genaro. *Only Sons*. Houston, TX: Arte Público Press, 1991.
Méndez-M., Miguel. *Que no mueran los sueños*. México: Biblioteca Era, 1991.
Pérez, Ramón "Tianguis". *Diary of an Undocumented Immigrant*. Houston, TX: Arte Público Press, 1991.
Villaseñor, Víctor. *Rain of Gold*. Houston, TX: Arte Público Press, 1991. Reimpr. New York: Dell Publishing, 1992.

3. 1992

Alcalá, Kathleen J. *Mrs. Vargas and the Dead Naturalist*. Corvalis, OR: Calyx Books, 1992.
Baca, Jimmy Santiago. *Working in the Dark: Reflections of a Poet of the Barrio*. Santa Fe, NM: Red Crane Books, 1992.
Beltrán Hernández, Irene. *Heart Beat Drum Beat*. Houston, TX: Arte Público Press, 1992.
Corpi, Lucha. *Eulogy to a Brown Angel: A Mystery Novel*. Houston, TX: Arte Público Press, 1992.
Durán, Miguel. *Don't Spit on My Corner*. Houston, TX: Arte Público Press, 1992.
Keller, Gary D. *Zapata Rose in 1992 and Other Tales*. San Luis Obispo, CA: Maize Press, 1992.
López, Arcadia. *Barrio Teacher*. Houston, TX: Arte Público Press, 1992.
Martínez, Al. *Dancing Under the Moon*. New York: St. Martin's Press, 1992.

Morales, Alejandro. *The Rag Doll Plagues*. Houston, TX: Arte Público Press, 1992.
Olivares, Julián, ed. *Cuentos hispanos de los Estados Unidos*. Houston, TX: Arte Público Press, 1992.
Pineda, Cecile. *The Love Queen of the Amazon: A Novel*. Boston: Little, Brown, 1992.
Rivera, Tomás. *The Complete Works*. Ed. Julián Olivares. Houston, TX: Arte Público Press, 1992.
Rodríguez, Richard. *Days of Obligation: An Argument with My Mexican Father*. New York: Viking Penguin, 1992.
Salas, Floyd. *Buffalo Nickel: A Memoir*. Houston, TX: Arte Público Press, 1992.

4. 1993

Burciaga, José Antonio. *Drink Cultura: Chicanismo*. Santa Bárbara, CA: Capra Press, 1993.
Castillo, Ana. *So Far from God: A Novel*. New York: W. W. Norton, 1993.
Gaspar del Alba, Alicia. *The Mystery of Survival and Other Stories*. Tempe, AZ: Bilingual Press/Editorial Bilingüe, 1993.
Kanellos, Nicolás. *Short Fiction by Hispanic Writers of the United States*. Houston, TX: Arte Público Press, 1993.
Paredes, Américo. *Uncle Remus con chile*. Houston, TX: Arte Público Press, 1993.

5. 1994

Villanueva, Alma Luz. *Naked Ladies*. Tempe, AZ: Bilingual Press/Editorial Bilingüe, 1994.
_____. *Weeping Woman: La Llorona and Other Stories*. Tempe, AZ: Bilingual Press/Editorial Bilingüe, 1994.

Antologías de literatura chicana en orden cronológico

Romano-V., Octavio I. *El espejo/The Mirror*. Berkeley: Quinto Sol Publications, 1969.
Ludwig, Ed, y James Santibáñez, eds. *The Chicanos: Mexican American Voices*. Baltimore: Penguin Books, 1971.
Castañeda-Shular, Antonia, Tomás Ybarra-Frausto y Joseph Sommers, eds. *Literatura chicana: Texto y contexto*. Englewood Cliffs, NJ: Prentice-Hall, 1972.
Romano-V., Octavio I., y Herminio Ríos-C., eds. *El espejo/The Mirror*, 5ª ed. Berkeley: Quinto Sol Publications, 1972.
Valdez, Luis, y Stan Steiner, eds. *Aztlán: An Anthology of Mexican American Literature*. New York: Vintage Books, 1972.
Ortego, Philip D., ed. *We Are Chicanos: An Anthology of Mexican-American Literature*. New York: Washington Square Press, 1973.
Salinas, Luis Omar, y Lillian Faderman, eds. *From the Barrio: A Chicano Anthology*. San Francisco, CA: Canfield Press, 1973.
Harth, Dorothy E., y Lewis M. Baldwin, eds. *Voices of Aztlán: Chicano Literature of Today*. New York: Mentor, 1974.
Simmen, Edward, ed. *The Chicano: From Caricature to Self-Portrait*. New York: Mentor, 1976.

Armas, José, y otros. *Mestizo: Anthology of Chicano Literature*. Núm. especial. *De Colores* 4.1 & 2 (1978).
Houston, James D., ed. *West Coast Fiction*. New York: Bantam Books, 1978.
Vento, Arnold C., y otros, eds. *Flor y canto II: Anthology of Chicano Literature*. Albuquerque, NM: Pajarito Publications, 1979.
Griego y Maestas, José, y Rudolfo A. Anaya, eds. *Cuentos: Tales from the Hispanic Southwest*. Santa Fe, NM: The Museum of New Mexico Press, 1980.
Kanellos, Nicolás, et al. *Latino Short Fiction*. Núm. especial. *Revista Chicano-Riqueña* 8.1 (invierno 1980).
Keller, Gary D., y Francisco Jiménez, eds. *Hispanics in the United States: An Anthology of Creative Literature* [Volume I]. Ypsilanti, MI: Bilingual Press/Editorial Bilingüe, 1980.
Villanueva, Tino, ed. *Chicanos: Antología histórica y literaria*. México: Fondo de Cultura Económica, 1980.
Jiménez, Francisco, ed. *Mosaico de la vida*. New York: Harcourt Brace Jovanovich, 1981.
Zamora, Bernice, y Linda Morales Armas. *The Best of Chicano Fiction*. Núm. especial. *De Colores* 5.3 & 4 (1981).
Jiménez, Francisco, y Gary D. Keller, eds. *Hispanics in the United States: An Anthology of Creative Literature. Volume II*. Ypsilanti, MI: Bilingual Press/Editorial Bilingüe, 1982.
Alurista et al., eds. *Literatura fronteriza: Antología del Primer Festival San Diego Tijuana, Mayo 1981*. San Diego, CA: Maize Press, 1982.
Vigil-Piñón, Evangelina, ed. *Woman of Her Word: Hispanic Women Write*. Houston, TX: Arte Público Press, 1983.
Boza, María del Carmen, et al., eds. *Nosotras: Latina Literature Today*. Binghamton, NY: Bilingual Press/Editorial Bilingüe, 1986.
Bruce-Novoa, Juan, y José Guillermo Saavedra, coords. *Antología retrospectiva del cuento chicano*. México: Consejo Nacional de Población, 1988.
Simmen, Edward, ed. *North of the Río Grande: The Mexican-American Experience in Short Fiction*. New York: Mentor Books, 1992.
Tatum, Charles M. *New Chicana/Chicano Writing I*. Tucson, AZ: University of Arizona Press, 1992.
Augenbraun, Harold, and Ilan Stavans, eds. *Growing Up Latino: Reflections on Life in the United States*. Boston: Houghton Mifflin, 1993.
Tatum, Charles M. *New Chicana/Chicano Writing II*. Tucson, AZ: University of Arizona Press, 1993.
_____. *New Chicana/Chicano Writing III*. Tucson, AZ: University of Arizona Press, 1993.
Rebolledo, Tey Diana, y Eliana S. Rivero. *Infinite Divisions: An Anthology of Chicana Literature*. Tucson, AZ: University of Arizona Press, 1993.

Textos narrativos hispanoestadounidenses en orden cronológico

Soto, Pedro Juan. *Spiks*. Puerto Rico: Editorial Cultural, 1970. Reimpr. New York: Monthly Review Press, 1973.

Mohr, Nicholasa. *Nilda*. New York: Harper and Row, 1973. Reimpr. Houston, TX: Arte Público Press, 1986.

———. *El Bronx Remembered*. New York: Harper and Row, 1975. Reimpr. Houston, TX: Arte Público Press, 1986.

———. *In Nueva York*. New York: Dial Press, 1977. Reimipreso, Houston, TX: Arte Público Press, 1988.

———. *Felita*. New York: Dial Press, 1979.

Ramírez, Immo. *Prisioneros de amor*. Redwood City, CA: Publicaciones Vicuña, 1980.

Fernández, Roberto G. *La vida es un special 1.50.75*. Miami: Ediciones Universal, 1981.

Carrero, Jaime. *El hombre que no sudaba*. Houston, TX: Arte Público Press, 1982.

Vallbona, Rima. *Mujeres y agonías*. Houston, TX: Arte Público Press, 1982.

Espinoza, Herberto. *Viendo morir a Teresa y otros relatos*. Trad. D. J. Espinoza; ed. Alurista. San Diego, CA: Maize Press, 1983.

Hanriot, Hugo. *Johnny Martínez, Presidente de USA*. Sommerville, NJ: SLUSA, 1983.

González, Argüelles. *Un golondrino no compone primavera*. Miami, FL: Ediciones Universal, 1984.

Fernández, Roberto G. *La montaña rusa*. Houston, TX: Arte Público Press, 1985.

Nicholasa Mohr. *Rituals of Survival: A Woman's Portfolio*. Houston, TX: Arte Público Press, 1985.

Vega. Ed. *The Comeback*. Houston, TX: Arte Público Press, 1985.

Alegría, Fernando. *The Funhouse*. Houston, TX: Arte Público Press, 1986.

Levins Morales, Aurora, and Rosario Morales. *Getting Home Alive*. Ithaca, NY: Firebrand Books, 1986.

Martínez Palau, Silvio. *Made in U.S.A.: Estudio en naturalezas muertas*. Hanover, NH: Ediciones del Norte, 1986.

Torres, Omar. *Al partir*. Houston, TX: Arte Público Press, 1986.

Mellizo, Carlos. *Historia de Sonia y otras historias*. Tempe, AZ: Bilingual Press/Editorial Bilingüe, 1987.

Vega, Ed. *Mendoza's Dream*. Houston, TX: Arte Público Press, 1987.

Fernández, Roberto G. *Raining Backwards*. Houston, TX: Arte Público Press, 1988.

Muñoz, Elías Miguel. *Crazy Love*. Houston, TX: Arte Público Press, 1988.

Hijuelos, Oscar. *The Mambo Kings Play Songs of Love*. New York: Farrar, Straus Giroux, 1989.

Ortiz-Cofer, Judith. *Silent Dancing: A Partial Remembrance of a Puerto Rican Childhood*. Houston, TX: Arte Público Press, 1990.

Alvarez, Julia. *How the García Girls Lost Their Accents*. New York: Algonquin Books of Chapel Hill, 1991.

Fernández, Carole. *Sleep of the Innocents*. Houston, TX: Arte Público Press, 1991.

Muñoz, Elías Miguel. *The Greatest Performance*. Houston, TX: Arte Público Press, 1991.

Torres, Omar. *Fallen Angels Sing*. Houston, TX: Arte Público Press, 1991.

Vega, Ed. *Casualty Report*. Houston, TX: Arte Público Press, 1991.

Rodríguez, Víctor. *Eldorado in East Harlem*. Houston, TX: Arte Público Press, 1992.

Suárez, Virgil. *Welcome to the Oasis and Other Stories*. Houston, TX: Arte Público Press, 1992.

Bibliografía cronológica de tesis doctorales sobre la literatura chicana

Moesser, Alba Irene. "La literatura mejicoamericana del Sudoeste de los Estados Unidos". University of Southern California, 1971.
Ortego, Philip Darraugh. "Backgrounds of Mexican American Literature". University of New Mexico, 1971.
Monahan, Sister Helena. "The Chicano Novel: Toward Definition and Literary Criticism". Saint Louis University, 1972.
Paredes, Raymund Arthur. "The Image of the Mexican in American Literature". University of Texas at Austin, 1973.
Reyna, José Reynaldo. "Mexican-American Prose Narrative in Texas: The Jest and Anecdote". University of California at Los Angeles, 1973.
Grajeda, Rafael Francisco. "The Figure of the Pocho in Contemporary Chicano Fiction". University of Nebraska-Lincoln, 1974.
Morales, Alejandro Dennis. "Visión panorámica de la literatura mexico-americana hasta el boom de 1966". Rutgers University, 1975.
Dwyer, Carlota Cárdenas. "Chicano Literature 1965-1975: The Flowering of the Southwest". State University of New York at Stony Brook, 1976.
Moore, Consuela Marie. "The Tri-Colored Caged Muse: A Comparative Study of Afro-American, Mexican-American, and Native-American Literature". The University of Michigan, 1976.
Cordova, Ernesto Herman. "Syntax and Bilingual Chicano Poetry". University of Colorado at Boulder, 1977.
Somoza, Oscar Urquídez. "Visión axiológica en la narrativa". University of Arizona, 1977.
Brito, Aristeo, Jr. "Paraíso, caída y regeneración en tres novelas chicanas". University of Arizona, 1978.
Gonzales-Berry, Erlinda. "Chicano Literature in Spanish: Roots and Contents". The University of New Mexico, 1978.
Johnson, Elaine Dorough. "A Thematic Study of Three Chicano Narratives: *Estampas del Valle y otras obras*, *Bless Me, Ultima* and *Peregrinos de Aztlán*". The University of Wisconsin-Madison, 1978.
Carrillo, Loreta. "The Search for Selfhood and Order in Contemporary Chicano Fiction". Michigan State University, 1979.
Flores, Noe E. "A Study on the Status of Chicano Literature in Selected Texas Secondary Schools". [Tesis de Ed.D.] Texas A & I University, 1979.
Vowell, Faye Nell. "The Chicano Novel: A Study in Self-Definition". University of Cincinnati, 1979.
Ybarra-Frausto, Tomás. "Three Contemporary Chicano Poets: Antecedents and Actuality". University of Washington, 1979.
Vallejos, Thomas. "Mestizaje: The Transformation of Ancient Indian Religious Thought in Contemporary Chicano Fiction". University of Colorado at Boulder, 1980.
Rodríguez del Pino, Salvador. "La novela chicana escrita en español: Cinco autores comprometidos". University of California at Santa Barbara, 1980.
Calvillo, Jaime Darío. "Between Heaven and Earth: Actos of El Teatro Campesino". University of Minnesota, 1981.

Lucero, Marcela Christine. "The Socio-Historical Implications of the Valley as a Metaphor in Three Colorado Chicana Poets". University of Minnesota, 1981.

MacIntosh, Roderick James. "A Comparative Study of French-Canadian and Mexican American Contemporary Poetry". Texas Tech University, 1981.

Miguélez, Generoso Armando. "Antología histórica del cuento literario chicano (1877-1950)". Arizona State University, 1981.

Padilla, Genaro Miguel. "The Progression from Individual to Social Consciousness in Two Chicano Novelists: José Antonio Villarreal and Oscar Zeta Acosta". University of Washington, 1981.

Aguilar-Henson, Marcella. "Angela de Hoyos and Ricardo Sánchez: A Thematic, Stylistic and Linguistic Analysis of Two Chicano Poets". The University of New Mexico, 1982.

Enríquez, Evangelina Mirandé. "Towards a Definition of, and Critical Approaches to Chicano(a) Literature". University of California, Riverside, 1982.

Johnson Stephenson, María Mercedes. "El tema del destierro en *Peregrinos de Aztlán*". Saint Louis University, 1982.

Thomas, George Aaron. "Tres etapas en el desarrollo de la novela chicana contemporánea". Purdue University, 1982.

Bain, Joe Staten, III. "Mexican Americans in Modern American Fiction". University of California, San Diego, 1983.

Boland, Mary Denning. "An Analysis of the Theater of Luis Valdez". Saint Louis University, 1983.

Nelson, Emmanuel Sampath. "Alienated Rebels: John Rechy and James Baldwin". The University of Tennessee, 1983.

Saldívar, José David. "Claiming the Americas: Contemporary Third World Literature". Stanford University, 1983.

Urista, Alberto Heredia. "Oscar Zeta Acosta: In Context". University of California, San Diego, 1983.

Vega, Manuel de Jesús. "El Teatro Campesino y la vanguardia teatral: 1965-1975". Middlebury College, 1983.

Hernández-G., Manuel de Jesús. "El Barrio, el Anti-Barrio y el Exterior: La textualización semiótica del 'colonialismo interno' en la narrativa chicana". Stanford University, 1984.

Pianca, Marina. "El teatro latinoamericano frente a al historia, 1959-1980". University of California at Los Angeles, 1984.

Zaragoza, Cosme. "Del XIX al XX: La novela aztlanense en español". The University of Arizona, 1984.

Gentry, Robert Wayne. "John Steinbeck's Use of Non-Teleological Thinking in His Mexican American Characters". Baylor University, 1985.

Velásquez Treviño, Gloria. "Cultural Ambivalence in Early Chicana Literature". Stanford University, 1985.

Chabram, Angie C. "Chicano Literary Discourse". University of California at San Diego, 1986.

Flores, Arturo Conrado. "El Teatro Campesino de Luis Valdez, 1965-1980". The University of Arizona, 1986.

Zamora, Bernice. "Mythopoia of Chicano Poetry". Stanford University, 1986.

Díaz-Ortiz, Elia Mar. "The Use of Chicano Literature in the University and College Spanish-Language Courses in the Southwestern United States". The University of Texas at Austin, 1987.
Lapresto, Brigitte Loos. "Agricultural Promise and Disillusionment in the California Novel: Frank Norris, John Steinbeck, Raymond Barrio". Bowling Green State University, 1987.
Portillo, Febe. "Syncretism in Counter-Hegemonic Literature by Latinos in the United States". Stanford University, 1988.
Tongchinsub, Helen J. "The Treatment of American Indians, Asian-Americans, and Hispanic-Americans in Selected Literature Anthologies Used in Grades Seven Through Twelve Published Since 1980". University of Pittsburgh, 1988.
Nericcio, William Anthony. "The Politics of Solitude: Alienation in the Literatures of the Americas". Cornell University, 1989.
Quintana, Alvina Eugenia. "Chicana Discourse: Negations and Mediations". University of California at Santa Cruz, 1989.
Torres, Luis Angel. "From Imitation to Diversification: Nineteenth Century California Pre-Chicano Poetry". University of Washington, 1989.
Danler, Paul Stefan. "Der Chicano Roman Im Kontext: Eine Einfuehrung" (The Chicano Novel in Its Context: An Introduction). Universitaet Innsbruck, Austria, 1990.
Martín-Rodríguez, Manuel María. "Klail City Death Trip Series de Rolando Hinojosa: La novela del lector". University of California at Santa Barbara, 1990.
Schaefer, Irene Emma. "Mythos und Realitaet der Chicanos: Eine Literarische Studie Unter Beruecksichtigung Soziologischer Aspekte in den Romanen *Bless Me, Ultima* von Rudolfo Anaya, '. . . *Y no se lo tragó la tierra'/'. . . And the Earth Did Not Devour Him'* von Tomás Rivera und *Generaciones y semblanzas* von Rolando Hinojosa" (Mito y realidad de los chicanos: un estudio literario de los aspectos sociológicos en las novelas *Bless Me, Ultima* de Rudolfo Anaya, ". . . *Y no se lo tragó la tierra/. . . And the Earth Did Not Devour Him*" de Tomás Rivera y *Generaciones y semblanzas* de Rolando Hinojosa). Universitaet Salzburg, Austria, 1990.
Espinosa, Mary Louise. "Rolando Hinojosa's Klail City Death Trip Series as an Historical Novel of Place". [Tesis de Maestría.] California State University at Long Beach, 1991.
González, María Carmen. "Toward a Feminist Identity: Contemporary Mexican-American Women Novelists". The Ohio State University, 1991.
Montes de Oca Ricks, María Elena. "Mediating the Past: Continuity and Diversity in the Chicano Literary Tradition (Jorge Ulica, Daniel Venegas, Ernesto Galarza)". Univeisty of South Carolina, 1991.
Tapia, Fernando Grijalva. "Ideología y poesía en el exilio: cuatro poetas mexicanos en el suroeste norteamericano (1900-1920)". The University of Arizona, 1991.
Mampl, Patricia M. "The Aztec Palimpsest: Discursive Appropriations of Mexican Culture". University of Minnesota, 1992.
Pina Ortiz, Martín Alberto. "Visión de la frontera en la obra de Miguel Méndez". The University of Arizona, 1992.
Tharp, Julie Ann. "Embracing Contradiction: A Cross-Cultural Study of the Mother in Writing by Women of Color". University of Minnesota, 1992.

Bibliografías, reseñas, entrevistas, manifiestos, artículos de periódico y otras obras en orden alfabético

Alarcón, Justo S. "Miguel Méndez-M.: entrevista". *La Palabra* 3.1 & 2 (primavera-otoño 1981): 3-17.

Alurista. *Floricanto en Aztlán*. Los Angeles: Chicano Studies Research Center Publications, UCLA, 1971.

Anaya, Rudolfo A. y Francisco Lomelí, eds. *Aztlán: Essays on the Chicano Homeland*. Albuquerque, NM: Academia/El Norte Publications, 1989.

Anónimo. "El Plan Espiritual de Aztlán". *Aztlán: An Anthology of Mexican American Literature*. Eds. Luis Valdez y Stan Steiner. New York: Vintage Books, 1972. 402-406.

Armas, José. "Chicano Writing: The New Mexico Narrative". *De Colores* 5.1 & 2 (1980): 69-81.

Balassi, William, John Crawford, y Annie O. Eysturoy. *This Is About Vision: Interview with Southwestern Writers*. Albuquerque, NM: University of New Mexico Press, 1990.

Befame, Jeannette. "Cannery Worker Writes Novel About Mexican-Americans' Life". *San Jose Evening News*, 28 octubre 1959: 12.

Bruce-Novoa, Juan D. *Chicano Authors: Inquiry by Interview*. Austin: University of Texas Press, 1980. Reimpr. *La literatura chicana a través de sus autores*. Trad. Stella Mastrangelo. México: Siglo XIX, 1983.

_____. "Interview with José Antonio Villarreal". *Revista Chicano-Riqueña* 4.2 (primavera 1976): 40-48.

Eger, Ernestina N. *Bibliography of Criticism of Contemporary Chicano Literature*. Berkeley, CA: Chicano Studies Library Publications, 1982.

Gonzales-Berry, Erlinda. "*Peregrinos de Aztlán*". *Chasqui* 5.1 (febrero 1976): 86-87.

Jiménez, Francisco. "An Interview with José Antonio Villarreal". *The Bilingual Review/La Revista Bilingüe* 3.1 (enero-abril 1976): 66-72.

Kanellos, Nicolás. *Biographical Dictionary of Hispanic Literature in the United States: The Literature of Puerto Ricans, Cuban Americans, and Other Hispanic Writers*. New York: Greenwood Press, 1989.

Klor de Alva, J. Jorge. "Chicano Philosophy". *Chicano Literature: A Reference Guide*. Eds. Julio A. Martínez y Francisco Lomelí. Westport, CT: Greenwood Press, 1985. 148-161.

Lattin, Vernon E., y Gary D. Keller, eds. *Tomás Rivera 1935-1984: The Man and His Work*. Tempe, AZ: Bilingual Press/Editorial Bilingüe, 1988.

Lomelí, Francisco A. "*Peregrinos de Aztlán*". *Chicano Perspectives in Literature: A Critical and Annotated Bibliography*. Albuquerque: Pajarito Publications, 1976. 43-44.

_____, y Donaldo W. Urioste. *Chicano Perspectives in Literature: A Critical and Annotated Bibliography*. Albuquerque, NM: Pajarito Publications, 1976.

Martínez, Julio A., ed. *Chicano Scholars and Writers: A Bio-Bibliographic Directory*. Metuchen, NJ: The Scarecrow Press, 1977.

Medina, Rubén. "Entrevista con Rolando Hinojosa". *Maize* 5.1 & 2 (otoño-invierno 1981-82): 16-31.

Menton, Seymour. "Review of '... y no se lo tragó la tierra' ". *Latin American Literary Review* 1.1 (otoño 1972): 111-115.
Méndez-M., Miguel. "La alienación en la literatura chicana". *De Colores* 4. 1 & 2 (1978): 151-154.
Montoya, José. "Russian Cowboy: Early Berkeley and Sunstruck Critics: On Being a Chicano Writer". *Metamórfosis* 3.1 (primavera/verano 1980): 48-53.
Olstad, Charles. "*Peregrinos de Aztlán*". *Journal of Spanish Studies* 2.2 (otoño 1974): 119-121.
Ríos-C., Herminio, y Octavio I. Romano-V. "Introducción". *El espejo/The Mirror*. 5ª ed. Eds. Octavio I. Romano-V. y Herminio Ríos-C. Berkeley: Quinto Sol Publications, 1972. x-xii.
Rivera, Tomás. "Chicano Literature: The Establishment of Community". *A Decade of Chicano Literature (1970-1979)*. Eds. Luis Leal y otros. Santa Bárbara, CA: Editorial La Causa, 1982. 9-17.
Robinson, Cecil. "*Peregrinos de Aztlán*". *Arizona Quarterly* 32.2 (invierno 1976): 185-187.
Rodríguez, Manuel. *Barrio Killer: The Story of the Heroin Epidemic in East L.A.* Los Angeles: Buzin Publications, 1991.
Ruiz, Ramón. "On the Meaning of *Pocho*". *Pocho*. 2ª ed. New York: Doubleday, 1970. vii-xii.
Sagel, Jim. *Dancing to Pay the Light Bill: Essays on New Mexico and the Southwest.* Santa Fe, NM: Red Crane Books, 1992.
Segade, Gustavo V. "*Peregrinos de Aztlán*—viaje y laberinto". *De Colores* 3.4 (1977): 58-62.
Tatum, Charles. "Some Examples of Chicano Prose Fiction of the Nineteenth and Early Twentieth Centuries". *Revista Chicano-Riqueña* 9.1 (invierno 1981): 58-67.
Vázquez-Castro, Javier. *Acerca de literatura: Diálogo con 3 autores chicanos.* San Antonio: M & A Editions, 1979.
Villanueva, Tino. "Sobre el término 'chicano' ". *Chicanos: Antología histórica y literaria*. Ed. Tino Villanueva. México: Fondo de Cultura Económica, 1980.
Villarreal-R., José Antonio. "Chicano Literature: Art and Politics from the Perspective of the Artist". *The Identification and Analysis of Chicano Literature*. Ed. Francisco Jiménez. New York: Bilingual Press/Editorial Bilingüe, 1979. 161-168.
―――. "Mexican Americans and the Leadership Crisis". *Los Angeles Times—West Magazine*, 25 septiembre 1966. 44-48.
―――. "Mexican Americans in Upheaval". *Los Angeles Times—West Magazine*, 18 septiembre 1966. 21-27.
Zimmerman, Marc. *U.S. Latino Litertature: An Essay and Annotated Bibliography.* Chicago: MARCH/ABRAZO Press, 1992.

Literaturas relevantes: afroamericana, angloamericana, chicanesca, mexicana y antillana

Balzac, Honoré de. *The Peasants*. Trad. George B. Ives. Philadelphia: George Barrie & Son, 1899.

Berghahn, Marion. *Images of Africa in American Literature*. Totowa, NJ: Rowman and Littlefield, 1977.
Bird, Yellow [John Rollin Ridge]. *The Life and Adventures of Joaquín Murieta* [sic]. Norman, OK: University of Oklahoma Press, 1977. Original: 1854.
Bonham, Frank. *Viva Chicano*. New York: Dell Publishing, 1970.
Brown, Sterling. *The Negro in American Fiction, Negro Poetry and Drama*. New York: Arno Press and the New York Times, 1969.
Ellison, Ralph. *Invisible Man*. New York: Vintage Books, 1972 [1952].
Fuentes, Carlos. *La región más transparente*. México: Fondo de Cultura Económica, 1982.
Hughes, Carl Milton. *The Negro Novelist*. New York: The Citadel Press, 1970.
Jennings, Gary. *Aztec*. New York: Avon Books, 1980.
Muro, Amado. *The Collected Stories of Amado Muro*. Austin, TX: Thorp Spring Press, 1979.
Nelson, Eugene. *Bracero*. Culver City, CA: Peace Press Publishing, 1972.
Nichols, John. *The Magic Journey*. New York: Ballantine Books, 1978.
_____. *The Milagro Beanfield War*. New York: Ballantine Books, 1974.
_____. *The Nirvana Blues*. New York: Ballantine Books, 1981.
Obrenan, Julius, y Nopal Smith. *The Crystal Icon*. Austin, TX: The Galahand Press, 1981.
Paz, Octavio. *El laberinto de la soledad*. México: Fondo de Cultura Económica, 1973. Original: 1950.
_____. *Postdata*. México: Siglo XXI, 1972.
Revueltas, José. *Los motivos de Caín*. México: Tipográfica Impulso, 1957.
Segal, Ronald. *The Race War*. New York: Bantam Books, 1970.
Sender, Ramón J. *Nancy y el Bato Loco*. Madrid: Editorial Magisterio, 1978.
Spota, Luis. *Murieron a mitad del río*. 2a ed. México: B. Costa-Amic, 1959.
Steinbeck, John. *Tortilla Flat*. New York: Viking Press, 1965. Original: 1935.
Thompson, Hunter S. *The Great Shark Hunt*. New York: Fawcett Popular Library, 1979.

Historia y sociología sobre el mexicanoestadounidense

Acuña, Rodolfo. *Occupied America: The Chicano's Struggle Toward Liberation*. San Francisco: Canfield Press, 1972. 2ª ed. *Occupied America: A History of Chicanos*. New York: Harper and Row, 1981. 3ª ed. New York: Harper and Row, 1988.
Barrera, Mario. *Beyond Aztlán: Ethnic Autonomy in Comparative Perspective*. New York: Praeger Publishing, 1988.
_____. *Race and Class in the Southwest*. Notre Dame, IN: University of Notre Dame Press, 1979.
_____, Carlos Muñoz y Charles Ornelas. "The Barrio as an Internal Colony". *People and Politics in Urban Society*. Ed. Harlan Han. Los Angeles: Sage Publications, 1972.
Blauner, Robert. *Racial Oppression in America*. San Francisco, CA: Harper and Row, 1972.
Bonilla, Frank, y Robert Girling, eds. *Structures of Dependency*. Stanford: Institute of Political Studies, 1973.
Camarillo, Albert. *Chicanos in a Changing Society*. Cambridge: Harvard University Press, 1979.

Chávez, John. *The Lost Land: The Chicano Image of the Southwest*. Albuquerque, NM: University of New Mexico Press, 1984.
Cotera, Martha P. *Diosa y Hembra*. Austin: Statehouse Printing, 1976.
Gamboa, Erasmo. *Mexican Labor and World War II: Braceros in the Pacific Northwest, 1942-1947*. Austin, TX: University of Texas Press, 1990.
García, Mario T. *Desert Immigrants: The Mexicans of El Paso, 1880-1920*. New Haven, CT: Yale University Press, 1981.
_____, et al. *History, Culture, and Society: Chicano Studies in the 1980s*. Ypsilanti, MI: Bilingual Press/Editorial Bilingüe, 1983.
Gómez-Quiñones, Juan. *Chicano Politics: Reality and Promise, 1940-1990*. Albuquerque: University of New Mexico Press, 1990.
_____. "On Culture". *Aztlán* 5.2 (primavera 1977): 29-47.
López, Sonia A. "The Role of the Chicana within the Student Movement". *Essays on la Mujer*. Edas. Rosaura Sánchez y Rosa Martínez-Cruz. Los Angeles: Chicano Studies Research Center Publications, UCLA, 1977. 16-29.
McWilliams, Carey. *North from Mexico*. New York: Greenwood Press, 1968.
Moore, Joan W. *Los mexicanos de los Estados Unidos y el Movimiento Chicano*. México: Fondo de Cultura Económica, 1972.
Mora, Magdalena, y Adelaida del Castillo, edas. *Mexican Women in the United States: Struggles Past and Present*. Los Angeles, CA: Chicano Studies Research Center Publications/University of California at Los Angeles, 1980.
Muñoz, Carlos, Jr. *Youth, Identity, Power*. New York: Verso, 1989.
Murguía, Edward. *Assimilation, Colonialism and the Mexican American People*. Austin: University of Texas Press, 1978.
Paredes, Américo. *"With His Pistol In His Hand": A Border Ballad and Its Hero*. Austin: University of Texas Press, 1958.
_____. *A Texas-Mexican Cancionero: Folksongs of the Lower Border*. Chicago: University of Illinois Press, 1976.
Peña, Manuel. *The Texas-Mexican Conjunto: History of a Working Class Music*. Austin: University of Texas Press, 1985.
Pitt, Leonard. *The Decline of the Californios*. Berkeley, CA: University of California Press, 1966.
Quirarte, Jacinto. *Mexican American Artists*. Austin, TX: University of Texas Press, 1973.
Reyna, José. *Raza Humor: Chicano Joke Tradition in Texas*. San Antonio, TX: Penca Books, nd.
Rodríguez O., Jaime E. *The Mexican and Mexican American Experience in the 19th Century*. Tempe, AZ: Bilingual Press/Editorial Bilingüe, 1989.
Samora, Julián, ed. *La Raza: Forgotten Americans*. Notre Dame, IN: University of Notre Dame Press, 1966.
Sánchez, Rosaura, y Rosa Martínez-Cruz, edas. *Essays on la Mujer*. Los Angeles, CA: Chicano Studies Research Center Publications/University of California at Los Angeles, 1977.
Sommers, Joseph. *After the Storm*. Albuquerque: University of New Mexico Press, 1968.
Steiner, Stan. *La Raza: The Mexican Americans*. New York: Harper Colophon Books, 1970.

Wilson, William Julius. *The Declining Significance of Race.* Chicago: University of Chicago Press, 1980.

Teoría y crítica literaria

Alarcón, Justo. "La metacrítica chicana". *Revista Chicano-Riqueña* 10.3 (verano 1982): 47-52.
Alarcón, Norma. "Chicana's Feminist Literature: A Re-vision Through Malitzin/Or Malintzin: Putting Flesh Back on the Object". *This Bridge Called My Back: Writings by Radical Women of Color.* Eds. Cherríe Moraga y Gloria Anzaldúa. Watertown, MA: Persephone Press, 1981.
Almaguer, Tomás. "Class, Race, and Chicano Oppression". *Socialist Revolution* 5.3 (julio-septiembre 1975).
_____. "Historical Notes on Chicano Oppression". *Aztlán: International Journal of Chicano Studies Research* 5.1 & 2 (primavera/otoño 1974): 27-54.
_____. "Ideological Distortions in Recent Chicano Historiography: The Internal Colony Model and Chicano Historical Interpretations". *Aztlán: International Journal of Chicano Studies Research* 18.1 (primavera 1987): 7-28.
_____. "Toward the Study of Chicano Colonialism". *Aztlán: International Journal of Chicano Studies Research* 2.1 (primavera 1971): 7-21.
Althuser, Louis. *Lenin and Philosophy and Other Essays.* Trad. Ben Brewster. New York: Monthly Review Press, 1971.
Arguedas, José María. *Formación de una cultura nacional indoamericana.* México: Siglo XXI, 1975.
Bachelard, Gaston. *The Poetics of Space.* Trad. María Jolas. Boston: Beacon Press, 1964.
Baker, Jr., Houston A., ed. *Three American Literatures: Essays in Chicano, Native American, and Asian-American Literature for Teachers of American Literature.* New York: The Modern Language Association of America, 1982.
Barthes, Roland. "An Introduction to the Structural Analysis of Narrative". *New Literary History* 6.2 (invierno 1975): 237-285.
_____. "The Structuralist Activity". *The Structuralists: From Marx to Levi-Strauss.* Eds. y intro. Richard T. DeGeorge y Fernande M. DeGeorge. New York: Doubleday, 1972. 148-154.
_____. *S/Z.* Trad. Richard Miller. New York: Hill and Wang, 1974.
Blanchot, Maurice. *L'espace littéraire.* Paris: Gallimard, 1955.
Blauner, Robert. "Chicano Writing". *Racial Oppression in America.* New York: Harper and Row, 1972. 162-181.
Bone, Robert. *The Negro Novel in America.* New Haven: Yale University Press, 1958.
Bonfil, Guillermo. "Del indigenismo de la Revolución a la antropología crítica". *De eso que llaman antropología.* Ed. Arturo Warman y otros. México: Editorial Nuestro Tiempo, 1970. 39-65.
Brox, Luis María. "Los límites del costumbrismo en *Estampas del Valle y otras obras*". *Mester* 5.2 (abril 1975): 101-104.
Bruce-Novoa, Juan D. "History as Content, History as Act: The Chicano Novel". *Aztlán: A Journal of Chicano Studies* 18.1 (primavera 1987): 29-44.

_____. "Portraits of the Chicano Artist as a Young Man: The Making of the 'Author' in Three Chicano Novels". *Flor y Canto II: Anthology of Chicano Literature*. Eds. Arnold C. Vento y otros. Albuquerque: Pajarito Publications, 1979. 150-161.

_____. *Retrospace: Collected Essays on Chicano Literature*. Houston, TX: Arte Público Press, 1990.

Brushwood, John S. *Mexico in Its Novel: A Nation's Search for Identity*. Austin: University of Texas Press, 1976.

Calderón, Héctor. "Rudolfo Anaya's *Bless Me, Ultima*. A Chicano Romance of the Southwest". *Crítica: A Journal of Critical Essays* 1.3 (otoño 1986): 21-47.

_____. "To Read Chicano Literature: Commentary and Metacommentary". *Mester* 2.2 (mayo 1983).

Cárdenas, Lupe. "La ciudad como arquetipo de la Madre terrible en *Peregrinos de Aztlán*". *La Palabra* 3.1 & 2 (primavera-otoño 1981): 33-49.

_____. *El arquetipo de la Madre Terrible en* Peregrinos de Aztlán *de Miguel Méndez-M*. México: Alta Pimeria Pro Arte y Cultura, A. C., 1990.

Casemajou, Jean, comp. *Les minorités hispaniques en Amérique du Nord (1960-1980)*. Bordeaux: Presses Universitaires de Bordeaux, 1988.

Caws, Mary Ann, ed. *City Images: Perspectives from Literature, Philosophy, and Film*. New York: Gordon and Breach Publishers, 1993.

Chinweizu, Jemie, Onwuchekwa y Ihechukwn Madubuike. *Toward the Decolonization of African Literature*. Enugu, Nigeria: Fourth Dimension Publishers, 1980.

Córdova, Teresa, et al., eds. *Chicana Voices: Intersections of Class, Race, and Gender*. Austin: CMAS Publications/The University of Texas, 1986.

Coulthard, G. R. *Raza y color en la literatura antillana*. Sevilla: Escuela de Estudios Hispano-Americanos de Sevilla, 1958. Reimpr. *Race and Colour in Caribbean Literature*. Trad. Institute of Race Relations. New York: Oxford University Press, 1962.

Culler, Jonathan. "Linguistic Metaphors in Criticism". *Structuralist Poetics*. New York: Anchor Books, 1972. 96-109.

_____. *Structuralist Poetics*. Ithaca: Cornell University Press, 1977.

DeGeorge, Richard T., y Fernande M. DeGeorge, eds. *The Structuralists: From Marx to Levi-Strauss*. New York: Anchor Books, 1972.

Eagleton, Terry. *Marxism and Literary Criticism*. Berkeley: University of California Press, 1976.

_____. "Pierre Macherey and the Theory of Literary Production". *The Minnesota Review* 5 (otoño 1975): 134-144.

Eco, Umberto. *The Role of the Reader*. Bloomington: Indiana University Press, 1979.

Espinoza Miller, Yvette, eda. "Special Issue of Chicano Literature". *Latin American Literary Review* 5.10 (primavera-verano 1977).

Fernández-Retamar, Roberto. *Calibán*. Montevideo: Aquí Poesía, 1973.

Feuerbach, Ludwig. *The Essence of Christianity*. Trad. George Eliot. New York: Harper Torchbooks, 1957.

Flores, Lauro, y Marc Macatrey. "Miguel Méndez: el subjetivismo frente a la historia". *De Colores* 3.4 (1977): 46-57.

_____. "Notas básicas para la crítica literaria chicana". *La Palabra* 3.1 & 2 (primavera-otoño 1981): 21-29.

Foucault, Michel. *The History of Sexuality*. Trad. Robert Hurley. New York: Vintage Books, 1980.

———. *Vigilar y castigar: Nacimiento de la prisión*. 6ª ed. Trad. Aurelio Garzón del Camino. México: Siglo XXI, 1976.
Franco, Jean. "Dependency Theory and Literary History: The Case of Latin America". *The Minnesota Review* 5 (otoño 1975): 65-80.
———. "El espacio". *Aproximaciones a Octavio Paz*. Ed. Angel Flores. México: Joaquín Mortiz, 1974.
Genette, Gerard. "Espace et langage". *Figures*. París: Editions du Seuil, 1966. 101-108.
González, Ray. "A Chicano Verano". *The Nation* 7 junio 1993: 772-774.
González-T., César A., ed. *Rudolfo A. Anaya: Focus on Criticism*. La Jolla, CA: Lalo Press, 1990.
Grajeda, Ralph. "Tomás Rivera's Appropriation of the Chicano Past". *Modern Chicano Writers*. Eds. Joseph Sommers and Tomás Ybarra-Frausto. Englewood Cliffs, NJ: Prentice-Hall, 1979. 74-85.
Guillén, Claudio. *Literature As System*. Princeton, NJ: Princeton University Press, 1971.
Harari, Josue V., ed. *Textual Strategies: Perspectives in Post-Structuralist Criticism*. Ithaca, NY: Cornell University Press, 1979.
Hegel, Georg Wilhelm Friedrich. *The Philosophy of Hegel*. Ed. Carl J. Friedrich. New York: The Modern Library, 1954.
Hernández-G., Manuel de Jesús. "*Clemente Chacón* (1984): A Precursor's Accommodationist Dialogue". *The Bilingual Review/La Revista Bilingüe* 16.1 (enero-abril 1991): 35-43.
———. *El colonialismo interno en la narrativa chicana: el Barrio, el Anti-Barrio y el Exterior*. Tempe, AZ: Bilingual Press/Editorial Bilingüe, 1994.
———. "El proyeto ideológico: La autorrepresentación chicana en la narrativa". *Culturas hispanas de los Estados Unidos de América*. Ed. María Jesús Buxó Rey y Tomás Calvo Buezas. Madrid: Ediciones de Cultura Hispánica, 1990.
———. "U.S. Latina Writers: Cooperating with Chicanas to Face Anglo Society". *Chicano Discourse*. Houston, TX: University of Houston/Mexican American Studies Program, 1992.
Herrera-Sobek, María, ed. *Beyond Stereotypes: The Critical Analysis of Chicana Literature*. Binghamton, NY: Bilingual Press/Editorial Bilingüe, 1985.
———, ed. *Chicana Creativity and Criticism: Charting New Frontiers in American Literature*. Houston, TX: Arte Público Press, 1988.
———, ed. *Reconstructing a Chicano/a Literary Heritage: Hispanic Colonial Literature of the Southwest*. Tucson, AZ: University of Arizona Press, 1993.
Iser, Wolfgang. *The Implied Reader*. Baltimore: Johns Hopkins University Press, 1974.
Jakobson, Roman. "Linguistics and Poetics". *The Structuralists: From Marx to Levi-Strauss*. Eds. Richard T. DeGeorge and Fernande M. DeGeorge. New York: Anchor Books, 1972.
Jameson, Fredric. *Marxism and Form*. Princeton, NJ: Princeton University Press, 1971.
———. "Of Islands and Trenches: Neutralization and the Production of Utopian Discourse". *Diacritics* 7 (junio 1977): 2-21.
———. *The Political Unconscious*. Ithaca: Cornell University Press, 1981.
———. *The Prison-House of Language*. Princeton, NJ: Princeton University Press, 1972.
Jiménez, Francisco, ed. *The Identification and Analysis of Chicano Literature*. New York: Bilingual Press/Editorial Bilingüe, 1979.

Kloepfer, Rolf. "Dynamic Structure in Narrative Literature: The Dialogic Principle". *Poetics Today* 1.4 (1980): 115-134.
Langford, Walter M. *The Mexican Novel Comes of Age*. Notre Dame, IN: University of Notre Dame Press, 1971.
Lattin, Vernon E., ed. *Contemporary Chicano Fiction: A Critical Survey*. Binghamton, NY: Bilingual Press/Editorial Bilingüe, 1986.
_____. "The 'Creation of Death' in Ron Arias' *The Road to Tamazunchale*". *Revista Chicano-Riqueña* 10.3 (verano 1982): 53-62.
Leal, Luis. *Aztlán y México: Perfiles literarios e históricos*. Binghamton, NY: Bilingual Press/Editorial Bilingüe, 1985.
_____. "Mexican American Literature: A Historical Perspective". *Modern Chicano Writers*. Eds. Joseph Sommers y Tomás Ybarra-Frausto. Englewood Cliffs, NJ: Prentice-Hall, 1979. 18-30.
Leal, Luis, y otros. *A Decade of Chicano Literature (1970-1979): Critical Essays and Bibliography*. Santa Barbara, CA: Editorial La Causa, 1982.
Lewis, Robin Jared. "National Identity and Social Consciousness". *Problems in National Literary Identity and the Writer as Social Critic*. Ed. Anne Paolucci. New York: Griffon House Publications, 1980.
Lizárraga, Sylvia. "Observaciones acerca de la crítica literaria chicana". *Revista Chicano-Riqueña* 10.4 (otoño 1982): 55-64.
Lomelí, Francisco A. "The Novel". *A Decade of Chicano Literature (1970-1979): Critical Essays and Bibliography*. Eds. Luis Leal y otros. Santa Barbara, CA: Editorial La Causa, 1982. 29-40.
Macherey, Pierre. *Pour une théorie de la production littéraire*. Paris: Librairie François Maspero, 1966. Reimpr. *A Theory of Literary Production*. Trad. Geoffrey Wall. Boston: Routledge & Kegan Paul, 1978.
Maciel, David R., ed. *La otra cara de México*. México: Ediciones El Caballito, 1977.
Macksey, Richard, ed. *Velocities of Change*. Baltimore: Johns Hopkins University Press, 1974.
Mariategui, José Carlos. *Siete ensayos de interpretación de la realidad peruana*. México: Ediciones Solidaridad, 1969.
Marín, Mariana. "*Pocho* y *Peregrinos de Aztlán*: Contradicciones textuales e ideología". *Revista Chicano-Riqueña* 5.4 (1978): 59-62.
Marx, Karl, y Frederick Engels. *The German Ideology*. Ed. C. J. Arthur. New York: International Publishers, 1974.
Matore, Georges. *L'espace humain*. Paris: La Colombe, 1962.
Mazón, Mauricio. *The Zoot-Suit Riots: The Psychology of Symbolic Annihilation*. Austin, TX: University of Texas Press, 1984.
Memmi, Albert. *The Colonizer and the Colonized*. Trad. Howard Greenfield. Boston: Beacon Press, 1967.
Mirandé, Alfredo, y Evangelina Enríquez. "Images in Literature". *La Chicana: The Mexican American Woman*. Chicago: The University of Chicago Press, 1979.
Modin, Sandra. "The Depiction of the Chicana in *Bless Me, Ultima* and *The Milagro Beanfield War*: A Study in Contrasts". *Mexico and the United States: Intercultural Relations in the Humanities*. Ed. Juanita Luna Lawhn et al. San Antonio, TX: San Antonio College/The Mexican Cultural Institute, 1984. 137-150.

Monsiváis, Carlos. "De México y los chicanos, de México y su cultura fronteriza". *La otra cara de México*. Ed. David R. Maciel. México: Ediciones El Caballito, 1977. 1-19.

Morán, Fernando. *Novela y semidesarrollo*. Madrid: Taurus Ediciones, 1971.

Mukarovsky, Jan. "Standard Language and Poetic Language". *A Prague School Reader on Esthetics, Literary Structure, and Style*. Comp. y trad. Paul L. Garvin. Washington, DC: Georgetown University Press, 1964. 17-30.

Muñoz Jr., Carlos. "The Quest for Paradigm: The Development of Chicano Studies and Intellectuals". *History, Culture and Society: Chicano Studies in the 1980s*. Ypsilanti, MI: Bilingual Press/Editorial Bilingüe, 1983. 19-36.

Olivares, Julián, ed. *International Studies in Honor of Tomás Rivera*. Houston, TX: Arte Público Press, 1986. Núm. especial. *Revista Chicano-Riqueña* 13.3 & 4 (1985).

Perkings, George. *The Theory of the American Novel*. San Francisco: Holt, Rinehart and Winston, 1970.

Pratt, Mary Louise. *Toward a Speech Act Theory of Literary Discourse*. Bloomington: Indiana University Press, 1977.

Ramchand, Kenneth. *The West Indian Novel and Its Background*. London: Faber and Faber, 1970.

Ramírez, Arthur. "Estela Portillo: The Dialectic of Oppression and Liberation". *Revista Chicano-Riqueña* 8.3 (verano 1980): 106-114.

Ramos, Samuel. *El perfil del hombre y la cultura en México*. México: Espasa-Calpe Mexicana, 1976.

Ríos, Francisco Armando. "The Mexican in Fact, Fiction, and Folklore". *El Grito* 2.4 (verano 1969): 14-28.

Robinson, Cecil. "Chicano Literature". *Mexico and the Hispanic Southwest in American Literature*. Tucson, AZ: University of Arizona Press, 1977. 308-311.

_____. *No Short Journeys: The Interplay of Cultures in the History and Literature of the Borderlands*. Intro. Reed Way Dasenbrock. Tucson, AZ: University of Arizona Press, 1992.

_____. *With the Ears of Strangers: The Mexican in American Literature*. Tucson, AZ: University of Arizona Press, 1963. Reimpr. bajo el título *Mexico and the Hispanic Southwest in American Literature*. Tucson: University of Arizona Press, 1977.

Rocard, Marcienne. *Les fils du soleil: la minorité mexicaine à travers la littérature des États-Unis*. Pref. Jacques Soustelle. París: G.-P. Maisonneuve et Larose, 1980. Reimpr. *The Children of the Sun: Mexican-Americans in the Literature of the United States*. Trad. Edward Brown, Jr. Tucson, AZ: University of Arizona Press, 1989.

Rodríguez, Juan. "La búsqueda de identidad y sus motivos en la literatura chicana". *Identification and Analysis of Chicano Literature*. Ed. Francisco Jiménez. New York: Bilingual Press/Editorial Bilingüe, 1979. 170-178.

_____. "La embestida contra la religiosidad en '. . . *y no se lo tragó la tierra*' ". *PCLAS* (Pacific Council on Latin American Studies) 3 (1974): 83-86.

_____. "El florecimiento de la literatura chicana". *La otra cara de México*. Ed. David R. Maciel. México: Ediciones El Caballito, 1977. 348-369.

_____. "Notes on the Evolution of Chicano Prose". *Modern Chicano Writers*. Eds. Joseph Sommers y Tomás Ybarra-Frausto. Englewood Cliffs, NJ: Prentice Hall, 1979. 67-73.

_____. "*Peregrinos de Aztlán*". *Mester* 5.1 (noviembre 1974): 61-62.

_____. "The Problematic in Tomás Rivera's '. . . y no se lo tragó la tierra' ". *Revista Chicano-Riqueña* 6.3 (1978): 42-50.

Rodríguez del Pino, Salvador. "La novela chicana de los setenta comentada por sus escritores y críticos". *The Identification and Analysis of Chicano Literature*. Ed. Francisco Jiménez. New York: Bilingual Press/Editorial Bilingüe, 1979. 153-160.

Ruffinelli, Jorge. *El otro México*. México: Editorial Nueva Imagen, 1978.

Salazar Parr, Carmen. "Current Trends in Chicano Literary Criticism". *Latin American Literary Review* 5.10 (primavera-verano 1977): 8-15.

Saldívar, José David, ed. *The Rolando Hinojosa Reader: Essays Historical and Critical*. Núm. especial. *Revista Chicano-Riqueña* 12.3 & 4 (otoño-invierno 1984).

_____. "The School of Caliban: Pan American Autobiography". *Multicultural Autobiography: American Lives*. Ed. James Robert Payne. Knoxville: The University of Tennesse Press, 1992.

Saldívar, Ramón. *Chicano Narrative: The Dialectics of Difference*. Madison: University of Wisconsin Press, 1990.

_____. "A Dialectic of Difference: Towards a Theory of the Chicano Novel". *MELUS* 6.3 (otoño 1979): 73-92.

_____. "The Dialectics of the Chicano Novel: Gender and Difference". *Mexico and the United States: Intercultural Relations in the Humanities*. Eds. Juanita Luna Lawhn y otros. San Antonio, TX: San Antonio College, 1984. 151-160.

Sánchez, Rosaura. "La crítica marxista: propuesta para la crítica literaria chicana". *Revista Chicano-Riqueña* 8.3 (verano 1980): 93-96.

Sánchez, Saúl. "Tres dimensiones en la narrativa chicana contemporánea". *Canto al pueblo: An Anthology of Experiences*. Eds. Leonardo Carrillo y otros. San Antonio: Penca Books, 1978. 93-98.

de Saussure, Ferdinand. "From Course in General Linguistics". *The Structuralists: From Marx to Levi-Strauss*. Eds. Richard DeGeorge and Fernande DeGeorge. New York: Anchor Books, 1972. 59-79.

Sommers, Joseph. "From the Critical Premise to the Product: Critical Modes and their Applications to a Chicano Literary Text". *New Scholar* 6 (1977): 51-80.

_____, y Tomás Ybarra-Frausto, eds. *Modern Chicano Writers*. Englewood Cliffs, NJ: Prentice-Hall, 1979.

Somoza U., Oscar. *Narrativa chicana: Principios fundamentales*. México, D. F.: Editorial Signos, 1983.

Staples, Robert. "Race and Colonialism: The Domestic Case in Theory and Practice". *Black Scholar* (junio 1967): 37-48.

Thomas, Marjorie Ann. "An Overview of Miss Anne: White Women As Seen by Black Playwrights". Diss. Florida State University, 1973.

Ubilla-Arenas, Cecilia. "*Peregrinos de Aztlán*: De la crítica social al sueño humanista". *La Palabra* 1.2 (otoño 1979): 64-67.

Valdés, Ricardo. "Defining Chicano Literature or the Perimeters of Literary Space". *Latin American Literary Review* 5.10 (primavera-verano 1977): 16-22.

Vasconcelos, José: *La raza cósmica*. México: Espasa-Calpe Mexicana, 1976. Original: 1925.

Watt, Ian. *The Rise of the Novel*. Berkeley: University of California Press, 1974.

Willis, Susan Gay. "The Textualization of Dependency". Diss. University of California at San Diego, 1977.

Woods, Richard D. "The Chicano Novel: Silence after Publication". *Revista Chicano-Riqueña* 4.3 (verano 1976): 42-47.

Wynter, Sylvia: "In Quest of Matthew Bondsman: Some Cultural Notes on the Jamesian Journey". *Urgent Tasks* 12 (verano 1981): 54-69.

Zamora, Bernice, eda. *Contemporary Chicano Literary Criticism.* Núm. especial. *De Colores* 5.1 & 2 (1980).

CON SAFOS*

---

*Con safos es una expresión idiomática chicana que aparece anónimamente en las paredes de los barrios del Sudoeste. *Safos* refleja una variante en plural del sustantivo *zafo*, que significa al nivel figurativo "libre y sin daño". *Safos* o *zafos* viene del verbo *zafar*, definido por el *Diccionario de la Real Academia Española*, edición de 1984, como "desembarazar, libertar, quitar los estorbos de una cosa".

Indice

Acosta, Oscar Zeta 23, 39, 52, 230
Acuña, Rodolfo 4, 62
el Alamo 68, 79
Alarcón, Justo 153
Almaguer, Tomás 4, 6, 12-14, 18, 42
America 2, 6, 27
American 1, 2, 6, 60, 63, 66, 67, 69, 70, 73, 75, 77, 103, 185, 186, 187, 188, 190, 191, 195-197, 202, 204, 207, 216, 217
Americanism 1, 79, 92, 121, 191
Anaya, Rudolfo 10, 20, 22, 39, 40, 47, 48, 136
Arias, Ron 10, 39, 48
Armas, José 48
Arte Público Press 49-50
Aztlán 42, 53, 55, 56, 136, 179-183
Ballantine Books 49
Bantam Books 49
Barrera, Mario 4, 5, 12, 14-18, 42
Barrio, Raymond 21, 45, 49
Barthes, Roland 37
Bilingual Review/Press 49, 50
Blauner, Robert 4, 12, 13, 14
Brito, Aristeo 10
Bruce-Novoa, Juan D. 10, 22, 57, 58, 60, 112, 148
Camarillo, Albert 3
Candelaria, Nash 26, 40, 41
Canto al Pueblo 46, 48
Casa de las Américas 22, 48, 231
Castillo, Ana 50
Cather, Willa 30, 44
chicano 2, 6, 110, 185-188, 190, 193, 199-202, 204, 205, 207-211, 216-218, 219, 220
Corea 111, 134, 140
Cota-Cárdenas, Margarita 50
cowboy novel 30
código *proairético* 37, 186
Crane, Stephen 30

Culler, Jonathan 120
diacronía 36
difference 11
Dos Pasos Editores 48
Doubleday 49, 64, 204
Editorial Joaquín Mortiz 49
Editorial Justa Publications 48
Elizondo, Sergio 48, 149
Ellison, Ralph 137
espacios estructurantes 54
  el Anti-Barrio 54, 55, 56, 74, 78-83, 95, 96, 131-134, 173-174, 187, 188, 196
  el Barrio 54, 55, 56, 83-88, 97, 115, 125-130, 140, 168-173, 180, 183, 187, 201
  el Exterior 54, 55, 56, 88-94, 134-135, 175-179, 180, 183, 187, 188
  El espejo/The Mirror 38, 39, 42, 44, 47, 136, 142, 147, 154, 227
estructuralismo 35
Faulkner, William 65
fábula 37, 41, 54
fábula **quién soy** 54, 77, 93, 96, 97, 102, 124, 136, 140, 157, 159-162, 165, 166, 173, 179, 180, 181, 187-188, 189, 191, 193, 200, 201, 205, 208, 213, 229
Ferlinghetti, Lawrence 64
Fernández, Roberto G. 50
figuration o figuración 34, 35, 37
Flor y Canto 46, 48, 144
Foucault, Michel 29n
fraccionamiento de clase 16, 16n
Franco, Jean 225
Fuentes, Carlos 25, 145, 151n, 199
Galarza, Ernesto 2
Godine, David R. 49
Goytisolo, Juan 50
Grajeda, Ralph 102
Hall, Major Sam S. 30, 157

Indice

Henry, O. 30, 157
Hinojosa-S., Rolando 22, 39, 40, 47
Hispania 107
Jackson, Helen Hunt 30
Jakobson, Roman 36n, 117
Jameson, Fredric 37
Jiménez, Francisco 64-65
Justa Publications 48
Latinoamérica 12
Leal, Luis 10, 58
Lomelí, Francisco 58, 143
London, Jack 30, 44
Los Angeles Times 51
Macherey, Pierre 6, 32-35, 38, 39, 226-227
mainstream 3, 68
Maize Press 49, 50
McCarthyism 62
McWilliams, Carey 2, 3, 59
Medioeste 1, 206
melting pot 3
Menton, Seymour 102
Méndez-M., Miguel 10, 18n, 20, 23, 39, 40, 136, 142-148
metáfora Sudoeste 231
metrópoli 12
mexicano 6, 185, 187-188, 190, 191, 195, 197-199, 211-212, 213, 218-220
mexicanoestadounidense 1, 19n, 25n, 38, 58, 66, 94
mexicoamericano 29, 103
mito revelador, el 55, 94-97, 136-141, 179-183
Mohr, Nicholasa 50
Monahan, Helen 9, 20
Montoya, José 28
Moore, Joan 12
Morales, Alejandro 10, 23, 49
Movimiento Chicano 20, 24, 60, 61, 64-65, 147, 150, 205
Muro, Amado 106
narrative of self-identity 39-41, 51-53, 54, 56, 102, 110, 124, 144, 153, 154, 184, 185, 187, 220, 228, 230, 231
New York Times 51
Nichols, John 49

Niggli, Josephina 45
Occidente 12, 42, 73, 94
Opinión, La 46
Orihuela, A. A. de 9
Ortego, Philip D. 19, 22
otm 34, 35, 36, 51-53
 otm de la asimilación 74-77, 222, 223
 otm de la descolonización 52-53, 121-124, 165-168, 217, 220, 221
 otm de la escritura 52, 72-74, 117-121, 162-164, 218
 otm del viaje 51-52, 70-72, 114-117, 159-162
otredad 42, 52
Pajarito Publications 47, 48
Paredes, Américo 2, 104, 106
Paredes, Raymund 28, 44
Parra, Nicanor 50
Paz, Octavio 145, 157, 167
phénomène idéologique complex 32-33, 35
Plan espiritual de Aztlán, el 44
pocho 66-67, 185, 187, 188, 189, 191, 193-197, 212-213, 221-222
Pocket Books 49
Portillo Trambley, Estela 39, 48
Premio Casa de las Américas 22
Premio Nacional Literario Quinto Sol 40
Premio Pajarito Nacional 48
Quinto Sol Publications 46-47
Rechy, John 20
representation o representación 33-34, 39
representation idéologique o representación ideológica 33-34, 39
Ridge, John Rollin 30
Rivera, Tomás 10, 20, 22, 26, 40, 101-110
Ríos, Francisco 44
Ríos C., Herminio 42, 44, 142
Robinson, Cecil 19, 30n, 101n
Rodríguez, Juan 10, 58, 101
Rodríguez, Richard 49, 53, 229
Romano-V., Octavio I. 42, 47, 142
Saldívar, Ramón 9, 9n, 11-12
San Francisco Chronicle 51

San Francisco Review 64
Sánchez, Saúl 48
Sarduy, Severo 50
de Saussure, Ferdinand 36
segmentación del mercado laboral 16, 16n
semiótica 37
sémico 37
sincronía 36
Sommers, Joseph 102
Steinbeck, John 30, 44, 157
Straight Arrow Books 49
Suárez, Mario 149
Tatum, Charles 58
Tijuana 172, 176-178, 219
Tonatiuh International 47, 48, 49
Tratado de Guadalupe 9
Twain, Mark 65
Ulica, Jorge 50
Vaca, Nick C. 108
Valdés, Gina 23, 50
Vargas Llosa, Mario 50
Vasconcelos, José 157, 167
Vázquez-Castro, Javier 105
Vietnam 5, 178, 181
Villarreal, José Antonio 12, 20, 23-24, 26, 57-66, 103, 189, 202
Villaseñor, Edmund 23
weltanschauung 11
West Poetry Review 49
western dime novel 113
"With His Pistol In His Hand" 104
Wynter, Sylvia 28
Y'Bird 49
Ybarra-Frausto, Tomás 10